高等院校经济管理类专业基础课系列精品教材

# 统 计 学

主　编　陈鸿雁

副主编　张芸婷　　王金良　　林小芳

参　编　亓梦佳　　车小粉　　李　瑶

　　　　陈瑞华　　刘静超　　王志敏

　　　　林春凉　　牛志慧　　乔　韵

北京理工大学出版社

BEIJING INSTITUTE OF TECHNOLOGY PRESS

## 内 容 简 介

本书吸收了统计学理论和实践的最新成果，本着"理论实在，技能到位"的原则，将统计学的知识体系与统计工作相结合，以任务驱动为主线，按照统计学原理的学科体系进行编排，全面、系统地介绍了统计学的基本理论、基本方法及应用。全书共10章，包括统计学总论、统计调查、统计整理、统计指标分析、抽样推断、时间数列分析、统计指数分析、相关分析与回归分析、统计预测和统计综合分析。每章以案例引入的方式描述项目的实际工作情景并提出问题；通过任务分析明确解决问题的任务明细；在解决任务的过程中把统计知识作为任务完成的手段与工具，在完成任务的同时系统掌握理论知识；每章结束后有针对性地设计应用技能训练、练习题及知识拓展，巩固并拓宽知识结构及视野，实现学生专业知识与素质教育的双重培养。

本书具有定位准确、理论适中、知识系统、案例鲜活、通俗易懂、贴近实际等特点，既可作为高等院校管理类、经济类等非统计学专业学生的必修课教材，也可供从事社会、经济和管理等研究和实际工作的人员阅读参考。

**图书在版编目（CIP）数据**

统计学 / 陈鸿雁主编. -- 北京：北京理工大学出版社，2021.6（2024.9重印）

ISBN 978 - 7 - 5682 - 9914 - 5

Ⅰ. ①统… Ⅱ. ①陈… Ⅲ. ①统计学 Ⅳ. ①C8

中国版本图书馆 CIP 数据核字（2021）第 112042 号

出版发行 / 北京理工大学出版社有限责任公司
社　　址 / 北京市海淀区中关村南大街5号
邮　　编 / 100081
电　　话 / （010）68914775（总编室）
　　　　　（010）82562903（教材售后服务热线）
　　　　　（010）68944723（其他图书服务热线）
网　　址 / http：//www.bitpress.com.cn
经　　销 / 全国各地新华书店
印　　刷 / 唐山富达印务有限公司
开　　本 / 787 毫米 × 1092 毫米　1/16
印　　张 / 20.5　　　　　　　　　　　　　　　　　责任编辑 / 王晓莉
字　　数 / 469 千字　　　　　　　　　　　　　　　文案编辑 / 王晓莉
版　　次 / 2021 年 6 月第 1 版　2024 年 9 月第 5 次印刷　责任校对 / 周瑞红
定　　价 / 52.00 元　　　　　　　　　　　　　　　责任印制 / 李志强

# 前　言

本书在编写过程中，以"培养技能型、应用型人才的基本要求"来构筑教材体系，根据经济、管理类专业教育的培养目标和要求编写，吸收了以往同类教材的长处，结合我国目前的统计实践，在总结多年统计研究和统计教学经验的基础上，组织有关院校的统计教师编写了这部教材。

本书的编写突出了以下特点：

（1）以真实统计工作作业活动顺序（作业流程）为主线进行教材内容的编排设计，反映工作实际。

（2）舍弃冗长的公式推导，注重将深奥的理论问题转化为现实的具体问题加以描述，做到深入浅出，强调实用性。

（3）增加了经济、管理类专业所必备的市场调研知识和技能，把市场调研融合于统计中，注意了与相关课程的联系与衔接，突出了教材内容的针对性、适用性、应用性和实操性。

（4）突出市场调研，统计信息资料搜集、整理、分析、推断和运用的内容。尽量选用微观管理中的案例和现实生活中的素材来阐述教材的内容，使读者感到"学而有用、学而能用、学而会用"。

（5）全书采用一体化规范的结构层次。教材体例设计新颖、清晰。每章开篇设有"知识目标""能力目标""案例引入"等栏目；各章中还设有"小知识""相关链接"等特色栏目；每章后还设有思考题。在知识容量的设计上，力求适度、繁简相宜。内容力求概念准确、层次分明、简明扼要、深入浅出、通俗易懂。

本书共 10 章，包括统计学总论、统计调查、统计整理、统计指标分析、抽样推断、时间数列分析、统计指数分析、相关分析与回归分析、统计预测和统计综合分析。本书既可作为高等院校经济、管理类等非统计学专业学生的必修课教材，也可作为相关专业的公共选修课教材，以及实际工作者的参考用书。

本书第 1 章由泉州信息工程学院主编陈鸿雁教授负责编写，第 2 章由泉州信息工程学院亓梦佳老师负责编写，第 3 章由泉州信息工程学院张芸婷老师负责编写，第 4 章由黄河交通学院车小粉、黄河交通学院李瑶两位老师负责编写，第5章由泉州信息工程学院陈瑞华老师负责编写，第6章由广东科技学院王金良老师负责编写，第7章由黄河交通学院刘静超老师、黄河交通学院王志敏老师负责编写，第8章由南通理工学院林小芳老师负责编写，第9章由泉州信息工程学院林春凉老师负责编写，第10章由黄河交通学院牛志慧老师、黄河交通学院乔韵老师负责编写，感谢各位老师的辛勤工作！

由于编者水平有限，书中难免会存在疏漏之处，恳请专家和同行批评指正。

编 者

# 目　录

**第1章　统计学总论** ································································ （ 1 ）

1.1　统计概述 ······································································· （ 2 ）

1.1.1　统计的含义 ······························································ （ 2 ）

1.1.2　统计学的研究对象和特点 ················································ （ 3 ）

1.1.3　统计学的产生和发展 ···················································· （ 4 ）

1.2　统计学的研究方法和统计工作过程 ············································· （ 8 ）

1.2.1　统计学的研究方法 ······················································ （ 8 ）

1.2.2　统计工作过程 ·························································· （ 10 ）

1.3　统计学中的几个基本概念 ····················································· （ 11 ）

1.3.1　统计总体和总体单位（总体和个体） ········································ （ 11 ）

1.3.2　总体和样本 ···························································· （ 12 ）

1.3.3　参数与统计量 ·························································· （ 12 ）

1.3.4　统计指标与标志 ························································ （ 13 ）

1.3.5　变量 ································································ （ 15 ）

1.3.6　统计指标体系 ·························································· （ 16 ）

1.4　统计的职能及作用 ··························································· （ 17 ）

1.4.1　统计的职能 ···························································· （ 17 ）

1.4.2　统计的作用 ···························································· （ 18 ）

**第2章　统计调查** ································································ （ 20 ）

2.1　统计调查的意义、种类和方法 ················································· （ 21 ）

2.1.1　统计调查的意义 ························································ （ 21 ）

2.1.2　统计调查的种类和方法 ·················································· （ 22 ）

2.2　统计调查方案设计 ··························································· （ 24 ）

2.2.1　确定调查目的 ·························································· （ 24 ）

2.2.2　确定调查对象和调查单位 ……………………………………（24）

2.2.3　确定调查项目和调查表 ………………………………………（25）

2.2.4　确定调查时间和调查期限 ……………………………………（25）

2.2.5　制定调查的组织实施计划 ……………………………………（26）

2.3　统计调查的组织方式 …………………………………………………（26）

2.3.1　统计报表制度 …………………………………………………（26）

2.3.2　普查 ……………………………………………………………（28）

2.3.3　重点调查 ………………………………………………………（30）

2.3.4　典型调查 ………………………………………………………（31）

2.3.5　抽样调查 ………………………………………………………（32）

2.3.6　其他调查方法 …………………………………………………（32）

2.3.7　多种调查的结合运用 …………………………………………（32）

2.4　统计调查问卷的设计 …………………………………………………（33）

2.4.1　问卷设计的一般问题 …………………………………………（33）

2.4.2　调查问卷的问题类型 …………………………………………（38）

2.4.3　问卷设计时应注意的问题 ……………………………………（43）

**第3章　统计整理** ………………………………………………………（46）

3.1　统计整理的意义和程序 ………………………………………………（47）

3.1.1　统计整理的意义 ………………………………………………（47）

3.1.2　统计整理的程序 ………………………………………………（48）

3.2　统计数据的预处理 ……………………………………………………（49）

3.2.1　统计数据的审核 ………………………………………………（49）

3.2.2　统计汇总 ………………………………………………………（50）

3.3　统计分组 ………………………………………………………………（52）

3.3.1　统计分组的意义 ………………………………………………（52）

3.3.2　统计分组的原则 ………………………………………………（54）

3.3.3　分组标志的选择 ………………………………………………（55）

3.3.4　统计分组方法 …………………………………………………（56）

3.3.5　统计分组体系 …………………………………………………（60）

3.4　频数分布和累计频数（或频率） ……………………………………（61）

3.4.1　频数分布 ………………………………………………………（61）

3.4.2　累计频数（或频率） …………………………………………（62）

3.5　统计表和统计图 ………………………………………………………（63）

3.5.1　统计表 …………………………………………………………（63）

3.5.2　统计图 …………………………………………………………（64）

**第4章　统计指标分析** …………………………………………………（71）

4.1　总量指标 ………………………………………………………………（72）

4.1.1　总量指标的概念和作用 ……………………………………………（72）

4.1.2　总量指标的种类 ………………………………………………………（73）

4.1.3　总量指标的计算 ………………………………………………………（75）

4.2　相对指标 ……………………………………………………………………（76）

4.2.1　相对指标的概念和作用 ………………………………………………（76）

4.2.2　相对指标的表现形式 …………………………………………………（76）

4.2.3　相对指标的种类和计算方法 …………………………………………（77）

4.2.4　正确运用相对指标的原则 ……………………………………………（83）

4.3　平均指标 ……………………………………………………………………（84）

4.3.1　平均指标概述 …………………………………………………………（84）

4.3.2　平均指标的计算 ………………………………………………………（85）

4.3.3　调和平均数 ……………………………………………………………（91）

4.3.4　几何平均数 ……………………………………………………………（93）

4.3.5　众数 ……………………………………………………………………（96）

4.3.6　中位数 …………………………………………………………………（98）

4.3.7　各种平均数之间的关系 ………………………………………………（100）

4.3.8　运用平均指标应注意的问题 …………………………………………（102）

4.4　标志变异指标 ………………………………………………………………（103）

4.4.1　标志变异指标的概念和作用 …………………………………………（103）

4.4.2　标志变异指标的计算 …………………………………………………（105）

第5章　抽样推断 ……………………………………………………………（112）

5.1　抽样推断概述 ………………………………………………………………（113）

5.1.1　抽样推断的概念和特点 ………………………………………………（113）

5.1.2　抽样推断的作用 ………………………………………………………（114）

5.1.3　抽样推断的基本概念 …………………………………………………（115）

5.1.4　抽样方法 ………………………………………………………………（117）

5.2　抽样误差和抽样估计 ………………………………………………………（117）

5.2.1　抽样误差 ………………………………………………………………（117）

5.2.2　抽样平均误差 …………………………………………………………（118）

5.2.3　抽样极限误差 …………………………………………………………（120）

5.3　抽样推断方法 ………………………………………………………………（122）

5.3.1　抽样推断优良的标准 …………………………………………………（122）

5.3.2　点估计 …………………………………………………………………（122）

5.3.3　区间估计 ………………………………………………………………（123）

5.4　抽样的组织方式 ……………………………………………………………（126）

5.4.1　简单随机抽样 …………………………………………………………（127）

5.4.2 类型抽样 ································································ (128)

5.4.3 等距抽样 ································································ (133)

5.4.4 整群抽样 ································································ (135)

5.5 必要样本容量的确定和总量指标的推算 ····················· (137)

5.5.1 必要样本容量的确定 ············································· (137)

5.5.2 总体总量指标的推算 ············································· (140)

**第6章 时间数列分析** ························································ (143)

6.1 时间数列分析概述 ······················································ (144)

6.1.1 时间数列的概念 ··················································· (144)

6.1.2 时间数列的种类 ··················································· (145)

6.1.3 时间数列的编制原则 ············································· (146)

6.2 时间数列的水平分析指标 ············································· (147)

6.2.1 发展水平和平均发展水平 ······································· (147)

6.2.2 增长量和平均增长量 ············································· (150)

6.3 时间数列的速度分析指标 ············································· (151)

6.3.1 发展速度和增长速度 ············································· (151)

6.3.2 平均发展速度和平均增长速度 ································· (154)

6.4 时间数列的趋势分析 ··················································· (157)

6.4.1 构成要素 ···························································· (157)

6.4.2 时间数列的分解模型 ············································· (159)

6.5 长期趋势的分析 ························································· (160)

6.5.1 移动平均法 ························································· (160)

6.5.2 趋势模型法 ························································· (163)

6.6 季节变动的分析 ························································· (165)

6.6.1 季节变动的概念 ··················································· (165)

6.6.2 季节变动的测定 ··················································· (166)

**第7章 统计指数分析** ························································ (172)

7.1 统计指数的一般问题 ··················································· (173)

7.1.1 统计指数的概念 ··················································· (173)

7.1.2 统计指数的作用 ··················································· (173)

7.1.3 统计指数的种类 ··················································· (174)

7.2 综合指数 ·································································· (175)

7.2.1 综合指数的概念 ··················································· (175)

7.2.2 综合指数的编制原理 ············································· (176)

7.2.3 综合指数 ···························································· (178)

7.3 平均数指数 ······························································ (181)

7.3.1 平均数指数的概念和特点 ·············································· (181)

7.3.2 平均数指数的编制原理 ················································ (182)

7.3.3 平均数指数与综合指数的比较 ········································· (185)

7.4 指数体系与因素分析 ······················································ (186)

7.4.1 指数体系的概念和作用 ················································ (186)

7.4.2 因素分析法 ··························································· (187)

7.4.3 总量指标变动的因素分析 ·············································· (188)

7.5 几种常用的经济指数 ······················································ (192)

7.5.1 居民消费价格指数 ···················································· (192)

7.5.2 股票价格指数 ························································· (193)

7.6 平均指标对比指数 ························································· (194)

7.6.1 平均指标变动的因素及平均数指数体系 ·································· (194)

7.6.2 综合指数体系与平均数指数体系的结合应用 ····························· (198)

**第8章 相关分析与回归分析** ·················································· (203)

8.1 相关分析概述 ····························································· (204)

8.1.1 相关关系的概念与特点 ················································ (204)

8.1.2 相关关系的种类 ······················································ (205)

8.1.3 相关分析的主要内容 ·················································· (206)

8.2 相关关系的判断 ··························································· (208)

8.2.1 相关关系的一般判断 ·················································· (208)

8.2.2 相关系数 ····························································· (211)

8.3 回归分析概述 ····························································· (218)

8.3.1 回归分析的概念与特点 ················································ (218)

8.3.2 线性回归分析 ························································· (220)

8.3.3 曲线回归分析 ························································· (224)

8.4 线性回归分析的评价和检验 ················································ (227)

8.4.1 判定系数和估计标准误差 ·············································· (227)

8.4.2 线性回归方程的显著性检验 ············································ (228)

8.5 应用相关分析与回归分析应注意的问题 ······································· (230)

**第9章 统计预测** ···························································· (233)

9.1 统计预测概述 ····························································· (233)

9.1.1 统计预测的意义 ······················································ (234)

9.1.2 统计预测的原则 ······················································ (235)

9.1.3 统计预测的步骤 ······················································ (236)

9.2 统计调研推算预测 ························································· (236)

9.2.1 比例推算法 ··························································· (237)

9.2.2 预测分析法 ………………………………………………… (238)

9.2.3 专家意见法 ………………………………………………… (238)

9.2.4 插值推算法 ………………………………………………… (239)

9.3 时间序列预测法 ………………………………………………… (241)

9.3.1 移动平均预测法 …………………………………………… (241)

9.3.2 指数修匀预测法 …………………………………………… (242)

9.3.3 三点法预测法 ……………………………………………… (244)

9.3.4 分割平均预测法 …………………………………………… (246)

9.4 回归预测法 ……………………………………………………… (247)

9.4.1 一元线性回归预测 ………………………………………… (248)

9.4.2 自回归预测法 ……………………………………………… (249)

9.4.3 多元线性回归模型和非线性回归模型 …………………… (251)

9.4.4 回归预测应注意的问题 …………………………………… (253)

9.5 统计预测误差的分析 …………………………………………… (254)

9.5.1 预测误差分析概述 ………………………………………… (254)

9.5.2 预测误差的分析与测定 …………………………………… (255)

9.5.3 预测误差的控制 …………………………………………… (257)

9.5.4 预测方法的选择 …………………………………………… (258)

第10章 统计综合分析 ……………………………………………… (261)

10.1 统计综合分析概述 …………………………………………… (261)

10.1.1 统计综合分析的概念和特点 …………………………… (261)

10.1.2 统计综合分析的种类 …………………………………… (262)

10.1.3 统计综合分析的作用与任务 …………………………… (263)

10.2 统计综合分析的原则、程序和局限性 ……………………… (264)

10.2.1 统计综合分析的原则 …………………………………… (264)

10.2.2 统计综合分析的程序 …………………………………… (265)

10.2.3 统计综合分析的局限性 ………………………………… (267)

10.3 统计比较 ……………………………………………………… (267)

10.3.1 统计比较的概念和作用 ………………………………… (267)

10.3.2 统计比较的种类 ………………………………………… (268)

10.3.3 统计比较标准 …………………………………………… (268)

10.3.4 统计比较的具体规则 …………………………………… (270)

10.3.5 统计比较的主要指标 …………………………………… (271)

10.4 统计综合评价方法 …………………………………………… (272)

10.4.1 统计综合评价概述 ……………………………………… (272)

10.4.2 统计综合分析的一般方法 ……………………………… (272)

    10.4.3　统计综合评价的主要方法 ·················· （273）

10.5　统计分析报告 ··································· （293）

    10.5.1　统计分析报告的概念和特点 ·············· （293）

    10.5.2　统计分析报告的类型 ···················· （294）

    10.5.3　统计分析报告的质量要求 ················ （294）

    10.5.4　统计分析报告的选题 ···················· （295）

    10.5.5　统计分析报告的写作要求 ················ （296）

**参考答案** ··········································· （299）

**参考文献** ··········································· （315）

10.5

# 第 1 章

# 统计学总论

## 知识目标

1. 了解统计学的产生和发展，并理解统计的含义。
2. 熟悉并掌握统计学的研究对象和研究方法。
3. 弄清楚统计的职能、作用、任务和工作过程。
4. 着重理解并掌握统计学中常用的基本概念及各概念之间的相互关系。

## 能力目标

1. 提高对统计学中的基本概念或范畴，以及统计学的研究对象和研究方法的理解能力。能正确理解统计学在认识世界和管理决策中的作用。
2. 形成对全书（学科）体系的整体印象，提升对学科体系的驾驭能力。

## 案例引入

### 身边的统计数据

在信息高速发展的今天，每个现代人几乎每天都能从电视、网络、报纸和杂志等各种渠道接触到大量的统计数据。

据国家统计局官网消息，2017 年 7 月，全国居民消费价格同比上涨 1.4%。其中，城市上涨 1.5%，农村上涨 1.0%；食品价格下降 1.1%，非食品价格上涨 2.0%；消费品价格上涨 0.5%，服务价格上涨 2.9%。7 月，全国居民消费价格环比上涨 0.1%。其中，城市上涨 0.1%，农村持平；食品价格下降 0.1%，非食品价格上涨 0.2%；消费品价格下降 0.2%，服务价格上涨 0.6%。

当你听到或看到这些统计数据时，是否会思考这样一些问题：统计数据对人们的生活有用吗？这些统计数据是如何得来的？统计数据与将要学习的统计学之间有什么样的关系？等等。要想准确回答这些问题，就需要了解"什么是统计"及"统计能解决哪些问题"。

# 1.1　统计概述

### 1.1.1　统计的含义

统计一词来源于拉丁语"status"，其原意是指各种现象的状态和状况。后来由这一语根组成意大利语"stato"，其意为国家的结构和国情方面的知识。可见，统计一词从其产生时就是同国家知识紧密联系在一起的。可以说，自从有了国家，就有了统计。最初统计只是一种计数活动，为统治者管理国家收集资料、提供数据，作为管理国家的依据。随着社会经济的发展，统计的应用领域越来越广泛，不仅局限于经济管理领域，在自然、社会、科技等领域中也大量地运用。如今，"统计"一词在不同的场合已被人们赋予不同的含义。一般认为，统计的含义有三种，即统计工作、统计资料和统计学。

1. 统计工作

统计工作即统计实践，是指关于设计、收集、整理、分析和预测社会经济现象及自然现象总体数量方面资料的活动过程。具体包括统计设计，即根据统计对象的性质和统计研究的目的，对统计工作涉及的各个方面和环节进行规划；统计收集，即对统计资料的调查；统计整理，即对统计资料进行科学的加工；统计分析和预测，即计算相应指标及描述研究对象的特征和规律，反映未来的发展趋势（图1–1）。

图1–1　统计工作过程

2. 统计资料

统计资料即统计信息，是指通过统计工作所获得的反映客观现象的各项数据资料及与之相关的其他资料的总称。统计资料具体表现为各种统计图、统计表、统计公报、统计年鉴、统计手册及统计分析报告等。统计资料能反映客观现象发展的规模、水平、速度、结构、比例及有关情况。

3. 统计学

统计学即统计理论，是指研究如何收集、整理、分析和预测社会经济现象及自然现象统计资料的方法论科学。统计学所包含的一系列收集、处理、分析统计数据的方法来源于对统计数据资料的研究，其目的是探索事物的内在数量规律性，以达到对客观事物的科学认识。

统计的三种含义既有相对的独立性，又有密切的联系（图 1 - 2）。统计工作是人们的统计实践，也是主观反映客观的认识过程；统计资料是统计工作的成果，统计工作与统计资料是工作过程与成果的关系；统计工作与统计学则是实践与理论的关系。一方面，统计理论是统计经验的总结，只有当统计工作发展到一定程度，才可能形成独立的统计学；另一方面，统计工作的发展又需要统计理论的指导，统计学研究大大促进了统计工作水平的提高，统计工作的现代化和统计学的进步是分不开的。

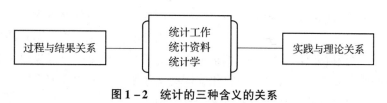

图 1 - 2　统计的三种含义的关系

### 1.1.2　统计学的研究对象和特点

#### 1. 统计学的研究对象

统计学的研究对象是指统计研究所要认识的客体，其决定着统计学的研究领域及相应的研究方法。由统计学的发展史可知，统计学是从研究社会经济现象的数量开始，作为一门实质性科学建立起来的。但是，随着统计学研究范围的不断扩大及统计方法在社会领域和自然领域的有效应用，加之统计方法体系本身的不断完善和发展，统计学的研究对象也发生了变化。统计学已从实质性科学中分离出来，转而将重点集中在研究统计方法上，成了一门认识现象总数量特征和数量关系的方法论科学，其研究方法是关于收集、整理、分析和提供现象总体数量方面的原理、原则和方式、方法。

一切事物都有质和量两个方面，事物的本质都表现为一定的数量，质总是具有一定的量而存在的，数量的积累达到一定界限引起质的变化。只有通过对客观事物的数量方面进行分析研究，才能把握事物本质的特点。因此，要研究客观事物的存在、发展并掌握其规律，必须研究事物的量，研究事物在一定时间、地点、条件下的数量表现所反映的发展规律性。

客观事物的质和量是对立统一的两个方面。统计学在研究客观事物数量方面时，也不能离开质，应以事物的质的分析为基础，来明确事物数量表现的范围，同时要最终说明事物本质的变化。例如，只有弄清楚国内生产总值的本质和经济内容的范围，才能对其进行正确的统计和计算，而统计的目的最终又要说明国内生产总值的产业结构及分配的发展变化情况。

#### 2. 统计学的特点

统计学的认识对象是社会现象总体的数量特征和数量关系，即社会现象总体的数量方面。其在研究社会现象时，首先从定性研究开始，然后进行定量分析，最后达到认识社会现象的本质、特征或规律，这就是质—量—质的研究过程和方法。其特点可以归纳为以下五个方面：

（1）数量性。一切客观事物都有它的质和量两个方面，统计就是要用大量的数字资料，并通过统计指标和指标体系等特有的统计方法，来综合反映现象的规模、水平、结构、比例关系、差别程度、发展速度和效益等，从而揭示事物的本质和规律性。数据是统计的语言，这一特点将它和其他实质性社会科学（如政治经济学）区别开。

（2）总体性。总体性也称大量性，统计学是通过对大量事物进行观察研究，或对一个事物的变化做多次观察研究，才能得出反映现象总体数量特征、反映事物必然性的结论。这是因为客观事物的个别现象通常有其偶然性、特殊性，而现象总体则具有相对的普遍性、稳定性，是有规律可循的。然而统计研究是从个别事物开始的，从个别入手，对个别单位的具体事实进行调查研究，但其目的是认识总体的数量特征。例如，城镇居民调查，虽然是对每户居民进行调查，但目的不在于研究个别居民户的家计状况，而是通过大量的调查来反映一个国家、一个城市、一个地区的居民收入水平、收入分配、消费水平、消费结构等。统计也不是一概不研究个别事物。由于以大量观察为依据的综合数量特征形式来研究客观现象发展过程，不可避免地容易趋于一般化、抽象化，因此，还要有选择地抽取个别典型单位进行深入的具体研究，以便更有效地掌握现象总体的规律性。

（3）具体性。统计学研究的数量方面是指社会现象的具体的数量方面，而不是抽象的数量关系，这是它不同于数学的重要特点。任何社会现象都是质量和数量的统一。一定的质规定一定的量，一定的量表现一定的质。因此，必须对社会现象质的规定有了正确认识后，才能统计它们的量。数学研究抽象的数量关系和空间形式，而统计则反映一定时间、地点条件下具体社会现象的数量特征，它是从定性认识开始，进行定量研究的。比如，只有对工资、利润的科学概念有了确切的了解，才能正确地对工资、利润进行统计。统计学研究社会现象的具体性特点，把它和研究抽象数学关系的数学区别开，但要注意，统计学在研究数量关系时，也要遵守数学表明的客观现象量变的规律，并在许多方面运用数学的方法。

（4）社会性。统计学研究社会现象，这一特点要与自然技术统计学区分开。自然技术统计学研究自然技术现象（如天文、物理、生物等现象），自然技术现象的变化发展有其固有的规律，在其变化进程中，通常表现为随机现象，即可能出现也可能不出现的现象。而统计学的研究对象是人类社会活动的过程和结果，人类的社会活动都是人们有意识、有目的的活动，各种活动都贯穿着人与人之间的关系，除随机现象外，又存在着确定性的现象，即必然要出现的现象。所以，统计学在研究社会现象时，还必须注意正确处理好这些涉及人与人之间关系的社会矛盾，如调查者与被调查者之间、领导者与被领导者之间、部门与部门之间、局部与整体之间的矛盾等。

（5）广泛性。统计学研究的数量方面非常广泛，是指全部社会现象的数量方面。它既研究生产关系，也研究生产力，以及生产关系和生产力之间的关系；既研究经济基础，也研究上层建筑，以及经济基础和上层建筑之间的关系。另外，它还研究生产、流通、分配、消费等社会再生产的全过程，以及社会、政治、经济、军事、法律、文化、教育等全部社会现象的数量方面。广泛性使统计学区别于研究某一特定领域的其他社会科学，如政治学、经济学、社会学、法学等。

### 1.1.3　统计学的产生和发展

统计是适应人类社会实践活动的需要而产生和发展的。最初的统计实践活动可追溯到原始社会一般的计数活动。随着社会生产力的发展和人类社会组织机构的建立与健全，人类的计数活动变得越来越频繁、普遍和复杂，特别是在国家出现之后，统治者为了实现国家管理的职能，需要对国家进行人力、物力和财力的清点计数，一种具有特定目的、特定程序和一定组织形式的总体计数活动——统计便出现了。然而，使人类的统计实践上升到理论并予以总结和概括成为一门系统的学科——统计学，却只是近代的事情，距今只有 300 多年的历史。可见，统计学的产生和发展是与人类的文明史、社会进步紧密相连的。国势学派的后期代表人物斯勒兹曾说过："统计学是静态的历史，历史是动态的统计学。"因此，循着计数—统计—统计学这条历史的、逻辑的线索去追溯和探索，将有利于我们了解统计学的研究对象和性质、学习统计学的理论和方法、提高统计理论水平和统计实践能力。

在远古的原始社会，人类最初的计数活动主要表现在人们对仅有的剩余劳动成果或其视线所及的劳动对象加以清点与计量，这便是统计的萌芽。在奴隶制国家，为了对内统治和对外战争的需要进行征兵、征税，开始了人口、土地和财产统计，统计活动就被明显地作为奴隶制国家的治国手段和管理工具。例如，中国从公元前 21 世纪夏禹立国开始，便有详细记录重大历史活动成果的统计，还被新兴的奴隶制国家用作治国的手段。《史记》记载："禹平水土，定九州，计民数。"意思是说，夏禹立国后就有了人口、土地等方面的统计。到了封建社会我国的统计已略具规模。战国时期，秦国的商鞅辅佐秦孝公时就提出了"强国十三数"，使秦国变为一个"兵革大强，诸侯畏惧"的强国。所谓"十三数"是指一个国家的基本国情国力，应该包括十三个方面的数字资料。《商君书》记载："境内仓、口（府）之数，壮男、壮女之数，老、弱之数，官、士之数，以言谈取食之数，利民之数，马、牛、刍、藁之数。欲强国，不知十三数，地虽利，民虽众，国愈弱而削。"至秦汉，已有地方田亩和户口的记录。唐宋则有计口授田、田亩鳞册等土地调查和计算。明清时期，建立了经常的人口登记和保甲制度等。

在西方，古埃及在公元前 3050 年建造金字塔时，为了征集建筑费用，对全国的人口和财产进行了普查；古希腊于公元前 600 年就进行了人口普查；古罗马在公元前就建立了出生、死亡登记制度等。但是，在奴隶社会和封建社会里，由于生产力水平很低，社会统计工作也只是为了适应奴隶主和封建主王朝实现赋税、徭役、征兵等需要而进行的人口、土地、财产等方面的原始登记和简单汇总计算。统计的广泛迅速发展是在资本主义社会。资本主义社会取代封建社会后，商品经济占主导地位，社会分工日益精细，生产日益社会化，促使生产力迅速地发展。为了追求利润，必须加强企业的经营管理，严格统计核算；在激烈竞争中，要随时掌握国内外市场供求状况和价格行情；为了侵占和掠夺海外殖民地，也需要加强对各国国情、国力的了解。这就引起对情报、信息和统计的新的需要。统计已不限于人口、土地、财产等内容，它逐步扩展到了更为广泛的领域，产生了诸如工业、农业、商业、银行、保险、交通、邮电、外贸、海关等专业的社会经济统计。1830—1849 年，欧洲出现"统计狂热"时期，各国相继设立了统计机关和统计研究机构，统计成为社会分工中的一种独立的部门和专业。

随着统计实践的发展，客观上要求总结丰富的实践经验，使之上升为理论，并进一步指导实践，统计便作为一门科学应运而生。从 17 世纪下半叶开始，欧洲出现了一些统计理论著述，并在学术争鸣中逐步奠定了统计学的科学基础。20 世纪初至今，统计学在广采博纳、兼收并蓄中逐步发展成为现代的统计科学体系。从统计学的产生和发展过程来看，可以大致分为古典统计学、近代统计学和现代统计学三个发展时期。

1. 古典统计学时期

古典统计学时期是指 17 世纪中叶至 18 世纪中叶统计学的萌芽时期。当时主要有政治算术学派和国势学派两大学派。

(1) 政治算术学派。政治算术学派产生于 17 世纪资本主义的英国，代表人物为威廉·配第。威廉·配第在其代表作《政治算术》一书中，第一次用计量和比较的方法，从整体上分析了英国、法国、荷兰三国的经济、军事、政治等方面的实力。他用具体的数量、质量和尺度对社会结构和政治事项进行解剖分析，这在社会科学研究方法上是一个重大的创新，也正是现代统计学广为采用的方法和内容，为统计学的产生奠定了基础。威廉·配第对统计学的形成有着巨大的功绩，因此，马克思称他为"政治经济学之父，在某种程度上也可以说是统计学的创始人"。该学派的另一个代表人物是约翰·格朗特。他通过对伦敦市人口的出生和死亡资料进行分类计算，出版了第一本关于人口统计的著作《关于死亡率的自然观察和政治观察》，证实了出生、死亡、男女性别比例等人口动态存在一定的规律，并编制了世界上第一张"死亡表"。

政治算术学派在统计发展史上有着重要的地位。它在收集资料方面，较明确地提出了大量观察法、典型调查、定期调查等思想；在处理资料方面，较为广泛地运用了分类、制表及各种指标来浓缩与显现数量资料的内容信息。它第一次运用可度量的方法，力求将自己的论证建立在具体的、有说服力的数字上面。但该学派的学者都还没有使用"统计学"这个名称，可谓"有统计学之实，无统计学之名"。

(2) 国势学派。国势学派也称记述学派，产生于 18 世纪封建制度的德国，其代表人物是康令。他以叙述国家显著事项和国家政策关系为内容，在大学康令将对国情的一般叙述变成一门系统学问的研究，引起了许多学者的兴趣。因此，有关国势学的研究在当时的德国很快流行起来，形成了一大学术派别，称为"国势学派"。到 18 世纪，阿亨瓦尔则继承和发展了康令的思想，并在其发表的《近代欧洲各国国势学概论》中，首创了一个新的德文词汇，即"统计学"。1787 年，英国博士齐默尔曼根据语音，将 statistik 译成英语 statistic，后经英国爵士莘克莱的大力推广，"统计学"一词终于为英国广大学者所接受。后来，不仅在英国，而且在其他语种的欧洲国家都陆续接受了阿亨瓦尔首创的"统计学"。这些国家翻译的"统计学"，从字音或字形上十分接近 statistic。19 世纪后半叶，"统计学"传到日本，日本学者根据意思采用汉字"统计学"来表示。之后，作为一门科学名称的"统计学"一词又传到中国。

国势学派对国家显著事项的研究，着重于文字比较和记载，其叙述很少涉及数量方面的分析，只是采用一些笼统的形容词来说明，如"人口稠密""土地广阔"等，未将对事物的数量对比分析作为自己的基本特征。它对统计学的产生和发展的影响，主要体现在其对统计学这门学科起了一个至今仍为世界公认的名词"统计学"和其研究对象（即国家显著事项）上。因此，国势学派也被人们称为是"有名无实"的统计学。

2. 近代统计学时期

18 世纪末到 19 世纪末的 100 多年中，统计学有了很大的发展，又形成了许多学派，其中主要是数理统计学派和社会统计学派。

（1）数理统计学派。概率论的出现，历史上是以两位法国数学家帕斯卡和费马通信解决赌博中的"得点问题"作为标志的。在统计发展史上，最初卓有成效地将古典概率论引进统计学领域的则是法国数学家、统计学家拉普拉斯。他发展了对概率论的研究，阐明了统计学的大数法则，并进行了大样本推断的尝试。

随着资本主义经济的发展，统计被应用于社会经济的各个方面，统计学逐步走向昌盛。19 世纪中叶，比利时统计学家、数学家、天文学家凯特勒完成了统计学和概率论的结合，其代表作为《社会物理学》。凯特勒将概率论和数理统计引入统计的各个领域，提出用数学中的大数定律——平均数定律作为分析社会经济现象的一种工具，进而将整个统计学的理论构筑在大数定律的基础上，形成并确立了统计学是一门对客观现象数量方面进行研究的通用方法论的观点，也对解决政治算术学派、国势学派及其他学术派别在统计学科属性上的纷争产生了重大影响。凯特勒将统计学发展中的三个主要源泉，即英国的政治算术学派、德国的国势学派和意大利、法国的概率统计加以统一、改造并融合形成了具有近代意义的统计学，促使统计学向新的境界发展。可以说，凯特勒是古典统计学的完成者，又是近代统计学的先驱者，在统计学发展史上具有承上启下、继往开来的地位，国际统计学界有人称凯特勒为"统计学之父"。

随着统计学的发展，对概率论的运用逐步增加，同时，自然科学的迅速发展和技术的不断进步，对数理统计方法又提出了进一步的要求。这样，数理统计学就从统计学中分离出自成一派。由于这一学派主要由英、美等国家发展起来，故又称英美数理统计学派。

（2）社会统计学派。自凯特勒之后，统计学的发展开始变得丰富和复杂。由于在社会领域与自然领域，统计学被运用的对象不同，统计学的发展呈现出不同的方面和特色。19 世纪后半叶，正当致力于自然领域研究的所谓英美数理统计学派刚开始发展时，与之迥然异趣的社会统计学派竟异军突起，在德国兴起了。这个学派是近代各种统计学派中比较独特的一派。由于它在理论上比政治算术学派更加完善，在时间上比数理统计学提前成熟，因此，它很快占领"市场"，对国际统计学影响较大，流传较广，直至今日。

社会统计学派由德国大学教授克尼斯首创，主要代表人物有恩格尔和梅尔等人。他们认为统计学是一门社会科学，是研究社会现象变动原因和规律性的实质性科学；统计学所研究的是社会总体而不是个别的社会现象，而且由于社会现象的复杂性和整体性，必须对总体进行大量观察和分析，研究其内在联系，才能揭示社会现象的规律性。他们认为，在社会统计中，全面调查（包括人口普查和工农业调查）居于重要地位；以概率论为理论基础的抽样调查，在一定的范围内具有实际意义和作用。

3. 现代统计学时期

现代统计学时期是指自 20 世纪初至今的统计学发展时期。20 世纪 20 年代以来，数理统计学发展的主流从描述统计学转向推断统计学。19 世纪末和 20 世纪初的统计学主要是关于描述统计学中的一些基本概念及资料的收集、整理、图示和分析等，后来逐步增加概率论和推断统计的内容。直到 20 世纪 30 年代，费希尔的推断统计学才促使数理统计学进入现代范畴。20 世纪 60 年代以后数理统计学的发展越来越广泛地应用数学方法，出现了抽样理论、非参数统计、多变量分析和时间序列分析等新分支和计量经济学、工程统计学等边缘学科，同时，计算机的应用和推广更加快了数理统计学的发展。与此同时，社会统计学也有了很大发展。俄国十月革命胜利后，列宁十分重视统计在社会主义管理中的作用，使统计在社会主义革命和建设过程中，充分发挥了其认识社会的作用、管理经济的作用和社会宣传的作用，社会经济统计学也由此建立起来了。

中华人民共和国成立以后，统计工作从理论到实践，几乎照搬了苏联的统计。客观地说，在计划经济时期，我国的统计工作从无到有逐步建立和发展，并在经济建设中发挥了重要的作用。党的十一届三中全会以后，以社会经济统计学、数理统计学为代表的各统计学派相互独立、并存，统计学进入蓬勃发展时期。1978 年四川峨眉"统计教学科研规划座谈会"后，确立了社会经济统计方法论的科学地位，加强了与数理统计的结合，一方面纠正了长期以来一种有碍统计学发展的错误观点，认为统计学是一门独立的社会科学，即社会经济统计学，对于数理统计学在社会主义经济领域的应用则认为是"数学形式主义"，对它加以排斥；另一方面也使统计科学出现了空前繁荣的新局面。随着经济改革的不断深入，我国的统计体制也在不断深化改革，大量引进世界各国先进的统计科学理论与方法技术，加强与国际统计体制接轨，贯彻执行新的国民经济核算体系，大力推广应用抽样技术，逐步实现统计指标体系科学化、统计分类标准化、统计工作规范化、统计计算技术和数据传输技术先进化、统计服务优质化的统计现代化目标。1992 年 11月，国家技术监督局发布的《中华人民共和国国家标准学科分类与代码》，将统计学与数学、哲学、经济学、管理学一起列为一级学科。

统计发展史表明，统计学是从设置指标研究社会经济现象的数量开始的，随着社会发展与实践的需要、统计方法的不断丰富和完善，统计学也不断发展和演变。从当前世界各国统计研究状况来看，统计学已不仅为研究社会经济现象的数量方面提供各种统计方法，还为研究自然技术现象的数量方面提供各种统计方法；它既研究确定现象的数量方面，又研究随机现象的数量方面；其作用和功能已从描述事物现状、反映事物规律，向抽样推断、预测未来变化方面发展，从一门实质性的社会性学科发展成为方法论的综合性学科。展望统计学的未来，其发展趋势的主要特征为：第一，统计理论和方法不断完善和深化。随着统计应用范围的扩大和要求的提高，对自然界、社会各种纷繁复杂现象的数量表现和数量关系，都要求有比较完备的理论和方法去进行研究，这就要求统计学不断从其他学科汲取营养，从而得到不断充实和完善、不断发展和提高。第二，计算机的使用和统计软件的问世强化了统计计算手段，加速了统计的效率。当今世界，计算机及其软件广泛应用于统计研究与统计分析工作中，复杂的计算和分析都可以通过计算机来解决，为统计学的发展开拓了广阔的前景。第三，国际经济一体化的形成，为统计学的发展提供了更为广阔的天地。

## 1.2 统计学的研究方法和统计工作过程

### 1.2.1 统计学的研究方法

研究方法在科学研究活动中是一个非常重要的问题，方法正确，事半功倍；方法不正确，事倍功半。统计学在研究大量社会经济现象总体数量特征的过程中，要使用多种统计方法，包括大量观察法、统计分组法、综合指标法、归纳推断法和统计模型法等。

1. 大量观察法

所谓大量观察法，是指对所研究事物的全部或足够数量进行观察的方法。这是由统计研究对象的多样性和复杂性所决定的。大量复杂的社会现象是在诸多因素的综合作用下形成的，各单位的特征及其数量表现有很大的差别，如果只选择一部分单位进行观察，是不能代表总体一般特征的，必须选择事物的全部或足够数量的单位加以综合分析，这样使事物中次要的、偶然的因素作用相互抵消或减弱，从而排除其影响，以研究主要的、共同起作用的因素所呈现的规律性。以大量观察法作为统计研究的方法，可以对总体的所有单位进行全面调查，如统计报表、普查；也可以对能够反映总体特征的部分单位进行非全面调查，如重点调查、抽样调查等。当然，大量观察法并不排斥对个别单位的典型调查，大量观察与典型调查相结合，能深化对总体现象的认识。

★小知识

大数定律可以通过掷硬币试验加以证明。在掷硬币试验中，每掷一次只有两种结果，即正面朝上或反面朝上。试验次数越多，正面朝上（或反面朝上）的频率就越接近于50%的概率。通过大量观察，一方面可以掌握认识事物所必需的总体的各种总量；另一方面可以通过个体离差的相互抵消，在一定范围内排除某些个别现象偶然因素的影响，从数量上反映总体的本质特征。

2. 统计分组法

社会现象错综复杂，类型多样，这就决定了统计必须采取分类研究的方法，即统计分组法。统计分组法是指根据事物内在的性质和统计研究任务的要求，将总体各单位按照某种标志划分为若干组成部分的一种研究方法，例如，将人口按照职业分类，工业企业按部门分类或按经济类型分类等。统计分组法将资料分门别类，将性质不同的单位分开，将性质相同的单位归在一起，保持组内各单位的同质性，显示组与组之间的差别性，以区别现象的不同情况和不同特点。通过分组可以研究总体中不同类型的性质和它们的分布情况，可以研究总体中的构成和比例关系，可以研究总体中现象之间的依存关系。必须注意，在统计分组中选择一种分组方法，突出了一种差异，显示了一种矛盾，同时又会掩盖其他差异，忽略其他矛盾，要十分重视分组的科学性。缺乏科学根据的分组，不但无法显示事物的根本特征，甚至会将不同性质的事物混淆在一起，歪曲社会现象的实际情况，也就达不到认识社会的目的。

3. 综合指标法

综合指标法是运用各种统计综合指标来反映和研究社会现象总体的一般数量特征和数量关系的研究方法。对大量的原始数据进行整理汇总，计算各种综合指标，可以显示出现象在具体时间、地点条件下的总体规律、相对水平、集中趋势、变异程度等。在统计分析中广泛运用各种综合指标来探讨总体内部的各种数量关系，揭露矛盾，发现问题，进一步寻找解决问题的方法。如动态趋势分析法、因素影响分析法、相关与回归分析法、抽样推断法等都是运用综合指标法来研究现象之间的数量关系的。

综合指标法与统计分组法是密切联系、相互依存的。统计分组如果没有相应的统计指标来反映现象的数量特征，就不能揭示总体内部各种数量关系。而综合指标如果没有科学的统计分组，就无法划分事物变化的数量界限，就会掩盖现象的矛盾，成为笼统的指标。所以，在研究社会现象的数量关系时，必须科学地进行分组，合理地设置指标，指标体系和分组体系应该相互适应。综合指标法和统计分组法总是结合起来应用的。

4. 归纳推断法

归纳推断法包括归纳和推断两个方面。所谓归纳，是指由个别到一般，由事实到概括的整理、描述方法。归纳法可以使人们从具体的事实中得出一般的知识。所谓推断，是指以一定的逻辑标准，根据局部的、样本的数据来判断总体相应数量特征的推理方法。在研究社会现象的总体数量方面时，通常所观察的只是部分或者有限的单位，而所需要判断的总体范围却是大量的，甚至是无限的。这就产生了如何根据局部的、样本的数据对总体数量方面进行判断、估计和检验的问题。例如，通过对城镇居民生活收入与消费的调查来了解一个地区、一个省甚至全国居民生活收入与消费情况，就属于利用样本资料对总体的相应数量特征的推断问题。归纳推断法是现代统计学的基本方法，既可以用于对总体参数的估计，也可以用作对总体的某种假设检验。归纳推断法广泛应用于农业产量调查、工业产品质量检查与控制，以及根据时间数列进行预测所做的估计和检验等。

5. 统计模型法

统计模型法是指根据一定的经济理论和假设条件，用数学方法去模拟现实客观现象之间相互关系的一种研究方法。利用这种方法可以对客观现象和过程中存在的关系在定性分析的基础上，定量地进行比较完整的近似描述，凸现所研究指标之间的数量关系，从而简化客观存在的其他复杂关系，以便利用模型对所研究的现象变化进行定量的估计和趋势预测。例如，回归分析法模拟变量之间的数量关系，所建立的回归方程就是统计数学模型。统计模型法除用数学方程式反映指标之间的数量关系外，有时还可以依据统计指标之间的逻辑关系，构建框架式的逻辑模型，例如，国民经济指标体系就是表达经济现象之间关系的统计逻辑模型。

以上介绍的是统计研究的基本方法，并不是所有的方法。在运用上还应注意各种方法的结合。在调查方法上要注意将大量观察法和典型调查结合起来，在分析方法上要注意将综合分析和具体情况分析结合起来，多种方法结合应用，可以提高认识能力，全面深入研究分析问题，更好地发挥统计这个认识社会的有力武器的作用。

## 1.2.2 统计工作过程

统计工作过程是对社会现象的数量方面进行调查研究、综合分析，以认识社会现象本质和规律性的过程。就一次统计活动来讲，一个完整的认识过程一般可分为统计设计、统计调查、统计整理和统计分析四个阶段。

1. 统计设计

统计设计是在正式进行具体统计工作之前，根据统计研究的目的和统计对象的性质，对统计工作的各个方面和各个环节所进行的总体规划和全面安排。统计设计的结果表现为各种设计方案，如国民经济核算体系方案、统计指标体系、统计分类目录、统计报表制度、统计调查方案、资料汇总或整理方案及统计分析提纲等。统计设计是统计工作的第一阶段，也是整个统计工作协调、有序、顺利进行的必要条件，还是保证统计工作质量的重要前提。

2. 统计调查

统计调查是根据统计研究的任务和统计设计规定的调查方案的要求，运用科学的调查方法有组织地收集被研究对象的各项数字或文字资料。统计调查是认识事物的起点，这个阶段所收集的资料是否完整、准确、及时，直接关系到统计整理的好坏，关系到统计分析的结果正确与否，决定着统计工作的质量，因此，它是整个统计工作的基础。

3. 统计整理

统计整理是指根据统计研究的目的，将统计调查所得的资料进行科学的分组、汇总、列表的加工处理过程。统计整理使分散的、不系统的原始资料条理化、系统化，从而能够说明现象总体的特征，为统计分析打下基础。统计整理处于统计工作的中间环节，起着承前启后的作用。

4. 统计分析

统计分析是根据统计研究的目的，综合运用各种分析方法和统计指标，对加工整理后的资料和具体情况进行定性和定量的分析，并对未来进行趋势预测。统计分析是统计工作的最后阶段，能揭示出现象本质和得到发展变化规律的结论，是统计工作获取成果的阶段。

# 1.3 统计学中的几个基本概念

## 1.3.1 统计总体和总体单位（总体和个体）

统计总体简称总体，是指根据一定的研究目的，统计所要研究的、客观存在的、具有某一共同性质的许多个别单位所构成的整体。构成总体的各个单位，就是总体单位，简称单位或个体，它是构成总体的最基本单位。

例如，如果要了解全国的工业企业生产经营状况，那么全国所有的工业企业就是所要研究的总体。这些企业尽管经济类型、企业规模、职工人数、生产产品的类型、产量等都不相同，但有一个性质是相同的，那就是它们都是工业企业，而不是商业或建筑业企业，而这些企业中的每一个工业企业都是总体单位，正是这些"许多"总体单位，构成了要研究的总体。又如，要了解消费者对某种品牌保暖衣的满足程度，将所有穿过该品牌保暖衣的人作为一个总体进行调查研究。这些人虽然性别、年龄、职业、收入状况等各不相同，但有一个共同点，那就是都穿过该品牌的保暖衣，而每一个穿过该品牌保暖衣的人都是总体单位。若是对某市的交通事故进行分析，则所发生的全部交通事故构成了总体，总体单位是每一件交通事故。从这些例子中可以看出，作为统计总体的可以是人、物、企业事业单位或事件，其具体形态如何主要是由所研究问题的性质决定的。

统计总体具有以下三个特征：

（1）同质性。同质性是指构成总体的各个单位必须具有某一个共同的特征和性质。同质性是各个个别单位构成统计总体的先决条件。

（2）大量性。大量性是指总体是由许多单位组成的，仅个别或少数单位不能构成总体。这是因为统计研究的目的是描述现象的规律，由于个别单位的现象有很大的偶然性，而大量单位的现象综合则相对稳定，因此，现象的规律性只能在大量个别单位的汇总综合中才能表现出来。

（3）变异性。变异性是指构成总体的各单位只是在某一性质上相同，而在其他性质或特征上具有一定的差异。例如，某市全体工业企业的经济职能相同，但是在所有制类型、经营规模、职工人数等方面是不同的。同质性是构成总体的基础，变异性使统计研究成为必要。如果总体的各个单位没有差异，统计研究就成了毫无意义的活动。

【思考】 在全校学生返校情况的调查中，什么时候金融学专业既可能是总体，也可能是个体？

若调查文理学院各个专业的学生返校情况，则金融学专业是总体单位；若调查金融学专业的学生返校情况，则金融学专业为总体。

统计总体和总体单位是相对的。例如，研究某所高校在校学生的情况，可以将该高校所有班级的集合作为统计总体，这时，每一个班级就是总体单位。如果研究的是全地区所有高校在校学生的情况，则全地区所有高校的集合是统计总体，而每一所高校就是总体单位。

### 1.3.2 总体和样本

样本是按照一定的概率从总体中抽取的一部分个体的集合。抽样的目的是用样本数据推断总体数据特征。

样本容量是构成样本的单位数目；总体容量是总体中个体的数量。

【例1-1】 海关为检测一批进口葡萄酒的质量，对其进行抽样检查，总数为 10 000 瓶，从中抽取 50 瓶开盖检查，则："统计总体"——10 000 瓶葡萄酒，"总体容量"——10 000 瓶；"样本"——被抽中的 50 瓶葡萄酒，"样本容量"——50 瓶。

### 1.3.3 参数与统计量

1. 参数

参数是描述总体综合数量特征的统计数据，是对总体中所有个体某一数量特征的综合。

（1）一般用希腊字母表示；

（2）参数是待定的未知常数，可通过普查等全面调查的方式获得，也可通过随机抽样的方法科学推断而来。

2. 统计量

统计量是描述样本数量特征的统计数据，是对样本中所有个体某一数量特征的综合。统计量是为了估计总体参数。

（1）一般用小写英文字母表示；

（2）由样本数据计算，用以推断参数；

（3）用于显著性检验的统计量一般用大写英文字母表示，如 Z 统计量。

### 1.3.4　统计指标与标志

**1. 统计指标**

统计指标综合反映统计总体数量特征的概念和数值。统计指标有两个组成部分，即指标名称和指标数值（图 1-3）。指标名称是对总体本质特征的一种抽样和概括，反映其内容所属的范畴，体现了对总体"质"的规定性；指标数值是指标在一定时间和对象范围下具体的数量表现，从数量上说明某一现象的总体特征，体现了对总体"量"的规定性。统计指标的指标名称和指标数值有机结合，辩证、统一地反映客观现象的质与量。

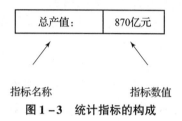

| 总产值： | 870亿元 |

指标名称　　　　　　　指标数值

**图 1-3　统计指标的构成**

统计指标有两个很重要的特点：一是综合性。统计指标是对总体单位的某一特征进行调查、登记并加以汇总整理而得到的数据，构成总体全部单位的综合结果，而不是说明个别单位或部分单位的数量特征。例如，每一个人的工资额只能反映其个人的工资水平，因此，工资是数量标志而不是统计指标。但是，将其加总得到的工资总额或将其平均得到的平均工资则反映了该企业全部职工总的工资水平及工资的平均水平，这里的工资总额和平均工资就是统计指标。二是具体性。统计指标是说明总体在具体时间、地点、条件下的数量特征，而不是无经济意义的抽象的量，任何一个统计指标都是质与量的统一体。

统计指标可以从不同的角度进行分类，具体如下：

（1）统计指标按其数值的形式不同，可以分为总量指标、相对数指标和平均数指标。

①总量指标是反映总体现象的总规模和总水平的总和指标。其形式是具有计量单位的绝对数，如企业的职工总人数、国民生产总值、企业的销售收入等。

在社会经济研究和管理中，总量指标具有重要的作用。它反映一个国家的国情和国力，一个地区、一个企业单位的人力、物力、财力的基本数据。总量指标是认识社会经济现象的起点，是加强社会经济管理、平衡供求关系、保证国民经济协调发展、全面提高社会经济效益的重要工具，也是企业进行经济核算和经济活动分析的基础。总量指标是计算相对数指标和平均数指标的基础。相对数指标和平均数指标一般都是两个有联系的总量指标对比的结果，总量指标的计算是否科学，直接影响到相对数指标和平均数指标的准确性。

a. 总量指标按反映总体的内容不同，可分为总体单位总数和总体标志总量。总体单位总数是表明总体在一定时间、地点条件下达到的总规模。例如，要了解某市工业企业的生产经营状况，则每个工业企业是总体单位，全市工业企业数就是总体单位总数。总体标志总量是总体各单位某一数量标志值的总和，它说明总体在一定时间、地点条件下达到的总水平。例如，将某学校的每一位教师的工资额加总得到的是该校所有教师的工资总额，这里的工资总额就是总体标志总量。

b. 总量指标按反映的时间状况不同，可分为时期指标和时点指标。时期指标是反映社会经济现象在一段时间内发展过程的总量指标，如产品产量、商品销售量、投资额、进出口贸易额等。时点指标是反映社会经济现象在某一时点或某一时刻的数量状态的总量指标，如人口数、职工人数、企业个数、设备台数、产品库存量等。

c. 总量指标按计量单位不同，可分为实物量指标、价值量指标和劳动量指标。实物量指标可以反映产品使用价值的数量。通常采用的实物计量单位有自然单位、度量衡单位和标准实物量单位等。自然单位如计算机用"台"、手表用"只"等。度量衡单位是以统一的度量衡制度规定的单位计量，如钢材用"吨"、电用"度"等。标准实物量单位是用来加总不同规格同类物资的实物数量，以准确地反映产品的使用价值。价值量指标是用价值单位反映产品和劳务的数量，具体用货币单位表示，如国内生产总值、职工工资总额、利税总额等。价值量指标具有较强的综合性。劳动量指标是用劳动时间为单位计算的产品产量或完成的工作量，一般用于工业企业内部的核算。

②相对数指标是两个有联系的指标数值的比值或比率，用于反映社会经济现象的结构、强度、发展速度、普遍程度或比例关系。相对数指标一般用相对数形式表示，如人口的性别之比、人口密度等都是相对数指标。相对数指标在本书的第三章讲述。

③平均数指标是按某个数量标志说明总体单位一般水平的统计指标，如职工的平均工资、工人劳动生产率、产品的单位成本等。平均数指标在本书的第二章将作详细论述。

（2）统计指标按其反映的数量特征不同，可分为数量指标和质量指标。

①数量指标是反映总体现象绝对量多少的统计指标。其说明总体现象规模的大小、数量的多少，用绝对数的形式表示，并有计量单位，如人口数、企业数、产品产量、商品销售额、设备数量、产值等。数量指标是反映总体的各种总量，也称为总量指标。

②质量指标是说明总体内部的数量关系和总体单位水平的统计指标。其是反映现象的相对水平或者工作质量的指标，其数值一般用相对数和平均数表示，如出生率、人口密度、平均工资、劳动生产率、资金利用率、失业率等。从形式上看，相对数指标和平均数指标都是质量指标。质量指标的特点是数值不随着总体范围的大小而增减。

（3）统计指标按其作用不同，可分为描述指标、评价指标和预警指标。

①描述指标是反映社会经济资源条件和基本情况的指标，如社会劳动力资源总数、国有资产总量、外汇储备数、流动资金等。通过这类指标，说明国民经济和社会发展的基本状况。

②评价指标是用来对客观现象活动的结果进行评估和考核的指标，如对工业企业经济效益的评价指标有产品销售率、劳动生产率、资金利用率、流动资金周转速度等。

③预警指标是对现象的宏观运行进行监测，并根据可能出现的总体失衡、结构性矛盾、突发异常情况做出预报的指标，如失业率、人口增长率、通货膨胀率等。这类指标通常涉及面广、敏感性强，对国民经济的发展和社会稳定具有重要的作用。

2. 标志

标志是说明总体单位的属性和特征的。例如，每一位职工可以有性别、年龄、民族、文化程度、工种、工龄、工资等属性和特征。这些都是每一位职工的标志，这些标志在总体单位中各有一定的具体表现，既有相同的，也有不同的。

（1）标志按其具体表现可分为不变标志和可变标志。在总体单位中具体表现都是相同的标志称为不变标志。例如，在女学生总体中，性别标志就是一个不变标志，也是总体同质性的基础。在总体单位中具体表现不完全相同的标志称为可变标志。例如，在女学生总体中，年龄、民族、成绩等是可变标志。

（2）标志可分为品质标志和数量标志。表明总体单位品质特征的名称叫作品质标志（图 1 - 4），如人的性别、民族、职业、文化程度等；表明总体单位数量方面特征的标志叫作数量标志（图 1 - 5），如生产工人的年龄、工资、工龄等。标志的具体表现即标志值，如工人的性别有男、女，文化程度可分为小学、初中、高中等，职工的年龄有 20 岁、30 岁等。有的虽为品质标志，有时也用数值表示，如产品质量的等级用一、二、三等品表示，这里的数值表示并不是真正意义上的数量差别，是不可测量的；又如，学习成绩本属于数量标志，但有时用优、良、中、及格、不及格表示，这实际上是将数量标志进行定性化处理。

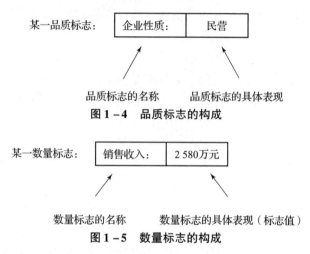

图 1 - 4　品质标志的构成

图 1 - 5　数量标志的构成

### 1.3.5　变量

变量是可变的数量标志或统计指标。总体单位的数量标志有可变的，也有不可变的，称可变的数量标志为变量，如年龄、成绩等。数量标志的具体表现称为变量值（图 1 - 6）。说明总体数量特征的指标，其指标数值随着时间的变化而变化，形成时间序列的资料，这种统计指标也是变量。各个时期的指标的不同表现就是变量值。统计所研究的客观事物的数量主要是研究这些变量的分布状态、特征表现、相互联系和变化的规律。

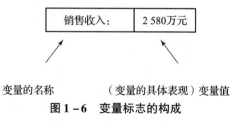

图 1 - 6　变量标志的构成

（1）变量按其取值的连续性可分为离散型变量和连续型变量。离散型变量是指变量的取值只能是整数而不能有小数，如人口数、企业数、设备数等；连续型变量的取值是相邻两个变量值之间可作无限分割，如身高、体重、温度、粮食产量等。

（2）变量按其性质可分为确定性变量和随机性变量。确定性变量是指变量值受某种决定性因素的影响，沿着某种方向有规律地变动的变量；随机性变量是指变量变动的影响因素很多，作用不同，变量的大小没有一个确定的方向，带有一定的偶然性。例如，在同样条件下加工的某种零件，其尺寸大小总是存在着差异，造成这种差异的原因可能有原材料的质量、供电电压和周波的变化、气温和环境的变化及生产工人的注意力等，这些因素都是不确定的，带有偶然性的因素。在这里，零件的尺寸就是一个随机性变量。客观地说，任何事物的变化都具有一定的偶然性，没有偶然因素影响的现象是不多的，从这一点来看，确定性变量是随机性变量的一种特例。

### 1.3.6 统计指标体系

统计指标体系是指由若干个相互联系的统计指标所构成的有机整体，用以说明所研究的总体现象各方面的相互依存和相互制约的关系。

单个的统计指标只能反映总体现象的某一个侧面的特征，而一个总体往往具有多种数量表现和数量特征，并且彼此不是孤立的。如果要全面地认识总体的基本特征，必须将反映总体各方面特征的一系列统计指标结合起来，形成统计指标体系，使得人们对总体有更全面、更系统、更深入的认识，更好地发挥统计的整体功能。

由于总体现象本身的联系是多种多样的，那么统计指标之间的联系也是多种多样的，相应地可以建立各种各样的统计指标体系。例如，要反映工业企业的全面情况，就用一系列关于人力资源、资金、物资、生产技术、供应及销售等相互联系的指标来组成工业企业统计指标体系。如果只反映工业企业的产品生产量的情况，就可用产品实物量、产品品种、质量、总产值、净产值、原材料消耗、产品成本、销售利润等一系列统计指标构成产品生产量统计指标体系。如果要从宏观经济的角度反映国民经济运行不同环节之间的经济联系，就必须从生产、分配、流通、使用等过程相应地建立一系列指标，构建反映国民经济运行状况的统计指标体系。统计指标体系还可以用下列的形式表示：

$$商品销售额 = 商品价格 \times 商品销售量$$
$$农作物收获量 = 亩产量 \times 播种面积$$

社会经济统计指标体系可分为基本统计指标体系和专题统计指标体系两大类。

（1）基本统计指标体系是反映和研究国民经济与社会发展及其各个组成部分基本情况的指标体系。其可分为三个层次：最高层是反映整个国民经济与社会发展的统计指标体系，是由社会统计指标体系、经济统计指标体系和科技统计指标体系三个子系统构成的。中间层则是各个地区和各个部门的统计指标体系，它是最高层统计指标体系的横向分支和纵向分支，是为了满足本地区和本部门的社会经济管理、检查、监督的需要而设置的指标体系。第三个层次是基层统计指标体系，是指各种企业和事业单位的统计指标体系。它既要满足本企业和本单位的管理和监督的需要，同时，也要满足中间层和最高层建立统计指标体系的需要。

（2）专题统计指标体系是针对社会经济的某一个专门问题而制定的统计指标体系，如经济效益指标体系、小康生活水平指标体系、和谐社会指标体系等。

统计指标体系按其功能不同可分为描述统计指标体系、评价统计指标体系和预警统计指标体系。描述统计指标体系全面反映客观事物的状况、运行过程和结果，包括所有必要的统计指标，具有较强的稳定性。评价统计指标体系是比较、判断客观事物的运行过程和结果正常与否，它是根据不同分析评价的需要而建立的。它有一部分指标可以直接从描述统计指标体系中选取，另一部分指标可由描述统计指标体系加工处理后得到，该指标体系比较灵活、变动性大。预警统计指标体系是对客观事物的运行进行监测，并根据指标值的变化，预报即将出现的不正常状态、突发事件及某些结构性障碍等。该体系的指标一部分是由描述统计指标体系中的灵敏性和关键性指标所组成的；另一部分是对一些描述统计指标体系加工而成。在这三种指标体系中，描述统计指标体系是最基本的指标体系，它是建立、评价预警统计指标体系的基础。

# 1.4 统计的职能及作用

## 1.4.1 统计的职能

随着社会经济及科学的发展，人类进入了信息社会和知识经济的社会，政府各级统计部门成为知识型的产业部门。随着政府职能的改变及现代化管理体制的完善，统计的职能逐步扩大，在认识和管理方面所发挥的作用日益增强，发挥着信息职能、咨询职能与监督职能。

（1）信息职能。统计的信息职能是指根据一整套科学的统计指标体系，运用科学的统计调查方法，灵敏、系统地采集、处理、传递、存储和提供大量的以数量描述为基本特征的社会经济现象的信息。信息职能是统计的基本功能。统计部门是提供全面、及时、准确的社会经济统计信息的职能部门，统计信息是社会经济信息的主体。

（2）咨询职能。统计的咨询职能是指利用已经掌握的统计信息资源，运用科学的分析方法和先进的技术手段，深入开展综合分析和专题研究，为科学决策和管理提供各种可供选择的咨询建议和对策方案。在对统计信息进一步加工整理的基础上，对其分析研究，开发利用，就能发挥统计咨询职能。统计信息咨询可以为各级政府管理部门制定规划、政策和管理决策提供依据，可作为企业制定生产经营管理措施的依据，并且是科学研究机构、高等院校结合定性分析进行定量分析和预测分析的资料来源。各级政府统计部门拥有丰富的统计信息资源，已成为国家重要的咨询机构，为各级政府管理部门、企业、事业单位、社会团体、个人和国外的用户开展统计咨询服务，使统计信息社会共享，发挥多方面的社会化功能。

（3）监督职能。统计的监督职能是指根据统计调查和统计分析，及时、准确地从总体上反映经济、社会和科技运行状况，并对其实行全面、系统的定量检查、监测和预警，以促进国民经济按照客观规律的要求，持续、稳定、协调的发展。如果统计是观测经济、社会、科技发展状况的仪表，那么统计监督就是根据该仪表的显示来监测经济、社会、科技发展运行状况是否正常，并对其采取措施进行调节和控制，同时，还可以起到对该仪表本身运行是否正常进行检测的作用。因此，通过统计监督既可以使国民经济健康发展，还可以保障各级政府统计部门的统计工作有效运转。

统计的信息职能、咨询职能和监督职能是一个相互促进、相互制约、紧密联系的有机整体。收集和提供统计信息是统计最基本的职能。统计的信息职能是保证统计咨询职能和统计监督职能有效发挥的基础和前提，没有准确、丰富、系统、灵敏的统计信息，统计咨询和监督职能就是无源之水，无本之木。统计的咨询职能是统计信息职能的延续和深化，使统计信息能对科学决策、管理和人们的实践发挥作用。统计的监督职能是统计信息职能、咨询职能基础上的进一步拓展，它可以通过对统计信息的分析研究来评价和检验决策、计划方案是否科学、可行，并及时对决策、计划执行和管理过程中出现的偏差提出矫正意见。对统计监督职能的强化，必然会对统计信息职能和咨询职能提出更高的要求，从而促进统计信息职能和咨询职能的优化。统计的信息职能、咨询职能、监督职能三者之间这种相辅相成的关系，只有形成合力，提高三者的整体水平，才能够使统计在现代化管理中发挥重要的作用。

### 1.4.2　统计的作用

（1）认识社会的有力武器；
（2）制定政策的基本依据；
（3）政府宏观调控的基础；
（4）经济管理的重要手段；
（5）宣传教育和科学研究的重要工具。

**相关知识图示** ⫸

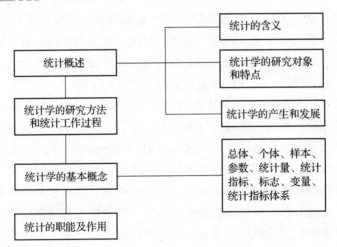

**本章小结** ⫸

　　统计学是一门认识客观现象总体数量特征和数量关系的方法论科学，是研究如何收集数据、整理数据、分析数据以便能对客观现象总体的规律做出正确推断的方法论科学，这些方法可以用于对社会经济现象和自然现象数量方面的研究。统计学的理论和方法是从统计实践活动中产生和发展起来的，形成了国势学派、政治算术学派、数理统计学派、社会统计学派等不同的统计学派。

　　统计学的研究对象是客观事物的总体数量特征和数量关系，以反映其发展过程及规律性。

　　统计学的研究方法有大量观察法、统计分组法、综合指标法、归纳推断法及统计模型法。

　　统计工作过程可分为统计设计、统计调查、统计整理、统计分析等阶段，每个阶段既各自独立又相互连接。

统计学的基本概念有统计总体和总体单位、统计总体的特征、样本、统计量、参数、统计指标、标志、变量、统计指标体系等。

统计的职能有信息职能、咨询职能和监督职能。

## 思考题

1. 简述统计工作、统计资料和统计科学的关系。
2. 统计学的研究对象及其特点是什么？
3. 简述统计工作的流程。

## 即测即评

## 延伸资料

# 第 2 章

# 统计调查

## 知识目标 ▶▶▶

1. 了解统计调查的概念、种类，以及统计调查在统计工作中的基础地位和重要作用。
2. 熟悉并掌握各种统计调查技术的应用和调查问卷的设计。
3. 理解并掌握各种统计调查组织方式和统计调查方案的内容。

## 能力目标 ▶▶▶

1. 能够针对某项调查设计一个调查方案。
2. 能够针对某项调查正确选择调查方式和方法。
3. 能够针对某项调查设计一份调查问卷。

## 案例引入 ▶▶▶

### 收视率的背后

2016 年 12 月 4 日，《美人私房菜》在浙江卫视的黄金时段播出。播出后，因收视率太低惨遭浙江卫视临时撤档，收视率低的原因是该剧制作方未购买收视率。此事件在业内引起了轩然大波，再次将收视率造假的话题推至舆论的风口浪尖。

早在 2010 年 7 月，《人民日报》曾连发 4 篇监督报道，揭露样本"污染"、收视率造假的行为。这 4 篇报道在当年引起了强烈反响，若干家媒体进行转载。然而，时隔 6 年，收视率造假的情况非但没有消失，反而愈演愈烈。为什么会对收视率造假？一方面，长期以来，决策者把"受众反馈测量"等同于一个"看还是没看"的简单统计，收视率几乎成了电视台评价节目的唯一标准。曾经中央电视台（央视）的《读书时间》《实话实说》《挑战主持人》等口碑不错的高品质节目，就因收视率低而相继被停播。另一方面，广告商投资广告以收视率为依据，受众对电视台的认知度以收视率为标准，连电视台对员工的考核、评估也都以收视率为标准。收视率还和制作公司的收益直接挂钩。如果一部电视剧的收视率不高，制作公司的尾款很可能就此泡汤，电视剧甚至面临中途停播的窘境。收视率造假从最初的"个别现象"发展为后来的"行业潜规则"，如今已演变成"地下产业"。收视率的购买价格也由开始的 5 万元/集，飙涨到 30 万元/集至 50 万元/集不等。收视率的虚假，或者是采用非法手段操纵、篡改原始数据所致，或者是样本数量、样本分布、采集及统计方法不科学等原因所致。面对收视率的虚假，怎样使收视率调查走向正道？

2014 年 7 月，国内首个电视收视率调查国家标准《电视收视率调查准则》出台。这是国家标准化管理委员会批准颁布的国内首个电视收视率调查国家标准，于 2014 年 7 月 1 日起实施。2016 年 1 月，国家新闻出版广电总局再下重拳，收视率造假者将被拉进黑名单，进一步加强了对收视率调查的管理，并逐步建立起规范的收视率调查体系。2016 年 12 月，中国电视剧制作产业协会向收视率造假宣战，表示将正式打击收视率造假势力。

电视收视率，是指某一时段内收看某电视频道（或某电视节目）的人数（或家户数）占电视观众总人数（或总家户数）的百分比。中国电视界的收视率调查最早开始于 20 世纪80 年代中期。1986 年，央视在全国 28 个城市进行的电视观众抽样调查被认为是中国首次大范围、专门的观众调查。如今，收视率调查已进入常规调查阶段。收视率调查不仅是电视台发展和节目策划的重要依据，也是广告主购买节目时段的重要依据。

如今，情况正在发生改变。2014 年，全国首个大样本收视数据实时采集分析系统建成，其可对超过 400 万户高清交互数字电视机顶盒终端回传的数据进行大数据分析。在大数据时代，新技术收视率数据的调查和应用迎来变革，CSM、AC 尼尔森等正融入这场变革中。

调查研究是科学决策的首要环节，数据是决策的依据。然而，出于什么目的去调查、怎样组织调查、采用什么方法调查等都将影响调查数据的客观性和准确性。

此案例说明了统计资料的重要性。那么，如何去开展一项统计调查？如何获取高质量的统计数据？这就是统计调查所要解决的问题。

# 2.1  统计调查的意义、种类和方法

## 2.1.1  统计调查的意义

统计调查是按照统计任务的要求，运用科学的调查方法，有计划、有组织地向社会实际收集各项资料的工作过程。统计资料的收集内容有两个方面：一是直接收集反映被调查者的个体原始资料，又称为初级资料；二是根据研究的目的，收集已经加工、整理出来的，说明现象总体的第二手资料，又称为次级资料。由于第二手资料来源于原始资料，因此，统计调查的基本任务是收集社会经济现象的原始资料。

统计调查担负着提供基础资料的任务，是统计工作的基础环节，决定着整个统计工作质量的重要环节，又是统计整理和分析的前提。如果统计调查工作做得好，能准确、及时、全面、系统地占有丰富的统计资料，那么就为统计整理和分析打下了一个坚实的基础，从而有利于正确认识被研究现象的本质及其规律性；反之，若调查工作做得不好，所得到的资料不完整、不真实或不及时，即使是经过科学的整理、严谨周密的分析，也不能得到正确的判断，这将直接影响整个统计工作的成果。因此，调查工作的好坏，取得资料是否完整、准确

和及时，将直接影响到以后各个阶段工作的好坏，影响整个统计工作任务的完成。

为了更好地完成统计工作的任务，发挥统计调查的作用，在统计调查过程中必须达到以下基本要求。

（1）准确性。是指收集的资料要符合客观实际情况。这是保证统计资料质量的首要环节，是统计工作的生命。

（2）及时性。是指统计资料的时效性，要求及时上报各项统计资料以满足各种需要。如果统计资料提供得不及时，即使统计资料准确可靠，也会失去应有的作用。

值得注意的是，统计调查的及时性和准确性是辩证统一的关系，不能顾此失彼。既不能强调及时性而忽视准确性，也不能强调准确性而不顾及时性要求，时过境迁的统计资料是没有多大意义的。

（3）完整性。也即全面性，是指在规定时间内对调查资料毫无遗漏地收集起来。如果统计资料残缺不全，就不可能反映所研究对象的全貌和正确认识社会经济现象总体的特征，最终也就难以对社会经济现象的规律性做出准确的判断，甚至会得出错误的结论。

（4）经济性。是指以尽量少的投入获得所要求的统计资料，也即统计调查也要讲究经济效益。

综上所述，统计调查资料的准确性、及时性、完整性和经济性，是对统计工作的基本要求，它们之间存在着有机的联系。准确性是基础，要在准确中求快、求完整、求效益。

## 2.1.2　统计调查的种类和方法

（1）按被调查者包括的范围不同，统计调查分为全面调查和非全面调查。

①全面调查是指对调查对象中的全部单位，都无一例外地进行登记或观察的一种调查方法，如普查和全面统计报表。

②非全面调查是指只对调查对象中的一部分单位进行登记或观察的一种调查方法，如重点调查、典型调查和抽样调查。

进行非全面调查的必要性主要表现在：一是节省人力、物力、财力和时间。二是有时不需要全面调查，当只要了解基本情况时，一般用重点调查；当只要了解典型情况时，常常选用典型调查；而当需要从部分推断总体时，则通常用抽样调查。三是很难或不可能进行全面调查，如职工家庭收支情况调查，破坏性、消耗性产品质量检查等。

（2）按调查的组织形式不同，统计调查可分为统计报表和专门调查。

①统计报表是指根据统计法规的规定，按照国家规定的表格形式，统一的指标内容、报送程序和报送时间，自上而下统一部署，自下而上逐级提供统计资料的一种统计调查组织形式。

②专门调查也称专项调查，是指为了研究某些专门问题而专门组织的调查。如为了了解一定时点状态上的资料，而组织的人口普查、农村居民生活费用支出的家计调查等。专门调查多属一次性专门调查，既可以是全面调查，如普查；也可以是非全面调查，如重点调查、典型调查、抽样调查等。实践证明，我国经济情况调查多采用专门调查，可以满足各级领导部门制定各项方针、政策和工作的需要。所以，专门调查在我国统计调查中占有重要地位。

（3）按调查登记时间是否连续，统计调查可分为经常性调查和一次性调查。

①经常性调查也称连续调查，是指随着调查对象在时间上的变化而进行连续不断的登记或观察，以了解事物在一定时期内发生、发展的全过程。这种调查在工业等物质生产活动中应用广泛，如工业产品产量调查，主要原材料、动力、燃料消耗调查等。

②一次性调查又称间断调查，是指对调查对象在某一时刻的状况进行一次性登记，以反映事物在一定时点上的发展水平（状态）。其是不连续的调查，如人口可隔一段时间进行一次普查。

按调查登记时间连续与否进行分类，实际上取决于客观现象的特性。因为客观现实中存在两种现象：一种是时期现象，它随着时间的变化而连续不断变化，如商品销售、人口的出生和死亡等；另一种是时点现象，这种现象表现为一定的时点上的状况，如 2000 年 11 月 1 日 0 时 0 分，我国大陆人口是 129 533 万人，这个数字反映了大陆人口在一定时点上的状况。所以，一般来说，当研究的现象在一定时期内数量上变化较大时，或研究的目的是一定时期内客观现象的全部过程时，宜采用经常性调查。当研究的现象在一定时期内变动不大时，如固定资产总值、一国人口数等；或研究对象在某一时间上达到什么水平时（库存调查），通常采用一次性调查。

（4）按收集资料的方法不同，统计调查可分为直接观察法、报告法（凭证法）、采访法（询问法或通信法）、问卷调查法等。

①直接观察法，是指调查人员深入现场对调查对象直接进行点数、测定和计量而取得资料的方法，如为及时了解农作物产量而进行的实割实测、脱粒、晾晒、过秤计量；又如为了解工业企业期末的在制品存量，调查人员进入生产现场进行观察、计数、测量等。但有些社会经济现象还不能用直接观察法进行测量，如对农民或职工家庭收支情况资料的收集，就不宜直接计量和观察。

②报告法又称凭证法，是指要求调查对象以原始记录、台账和核算资料为依据，向有关单位提供统计资料的方法，如报表制度等，当前我国企、事业单位向上级填报统计报表，就是报告法。报告法具有统一项目、统一表式、统一要求和统一上报程序的特点。

③采访法又称询问法或通信法，是指由调查人员向被调查者提问，根据被调查者的答复来收集资料的方法。这一方法又可分为个别访问和开调查会两种。个别访问是由调查人员向被调查者逐一询问来收集资料的方法；开调查会是指邀请了解情况的人参加座谈会，以此来收集资料的方法。

④问卷调查法，问卷是指为了统计调查所用的、以提问的形式表述问题的表格。问卷法就是调查者用问卷对所研究的社会经济现象进行度量，从而收集到可靠的社会经济资料，深刻认识某一现象的一种方法。

随着社会、经济和科技的发展，政府、企业和个人对各类信息的需求与日俱增，于是出现了大量的信息中心、数据工厂、简报中心、市场调查公司、电话呼叫中心（CALL CEN-TER）、媒体研究公司等专业调研机构。统计调查的手段也不断更新，如计算机辅助电话调查（CATI）、计算机辅助面访调查（CAPI）、搭车调查（OMNIBUS）、网络调查（NI）和各种检测记录仪器的问世，使今天的统计数据更加准确、及时和完整，进一步提高了统计调查的速度和质量，降低了统计调查的费用支出。

# 2.2 统计调查方案设计

在实施统计调查之前，应当明确"由何人主持调查及向谁调查？何时开始调查？在何地进行调查？调查的内容是什么？如何进行调查？"五个问题，即统计学家通常所说的"4W1H"（Who、When、Where、What、How）。因此，调查者首先要根据需要与可能，制定科学的调查方案，它是调查工作的依据，也是保证调查顺利进行的前提。调查方案主要包括下列内容。

## 2.2.1 确定调查目的

制定调查方案，首先要明确调查目的。调查目的决定着被调查者、调查内容和方法。有了明确的目的，才能做到有的放矢，正确地确定调查的内容和方法，才能根据调查目的收集与之有关的资料，而舍弃与之无关的资料。这样，就可以节约人力、物力，缩短调查时间，提高调查资料的时效性。

例如，2000 年第五次全国人口普查的目的："为了科学地制定国民经济和社会发展战略与规划，制定人口政策，统筹安排人民的物质和文化生活，实现人口与资源、环境的协调发展。"

## 2.2.2 确定调查对象和调查单位

确定调查对象和调查单位是为了解决向谁调查、由谁来具体提供资料的问题。

（1）调查对象，是指需要调查的那些社会经济现象的总体即总体单位。其是说明向谁调查的问题。确定调查对象，首先需要根据调查目的，对研究对象进行认真分析，掌握其主要特征，科学地规定调查对象的含义；其次需要明确规定调查对象总体的范围，划清它与其他社会现象的界限。只有调查对象的含义确切、界限清楚，才能避免登记的重复或遗漏，保证统计资料的准确。例如，当调查的目的是收集某地区工业企业的生产情况的资料时，调查对象就是该地区所有工业企业；又如，当调查的目的是收集某地区工业企业 200 万元以上设备时，则调查对象就是该地区所有工业企业的 200 万元以上设备。再如，根据 2000 年第五次全国人口普查的目的，这次普查规定："人口普查对象是具有中华人民共和国国籍并在中华人民共和国境内常住的人。"

（2）调查单位，是指调查对象中所要调查的具体单位，即总体单位。调查单位的确定取决于调查目的和调查对象。如上述三个例子中，调查单位分别是该区的每一家工业企业、该地区工业企业的每一台 200 万元以上的设备、人口普查中上述总体中的每个人。

明确调查单位还需要将它与报告单位相区别。报告单位也称填报单位，它是负责向上汇报调查内容、提交统计资料的单位。填报单位一般是在行政上、经济上具有一定独立性的单位，而调查单位既可以是人、单位，也可以是物。根据调查目的，调查单位与报告单位有时一致，有时不一致。例如，对工业企业调查，每个工业企业既是调查单位又是填报单位；调查企业设备情况时，调查单位是企业的设备，而填报单位则是企业；人口普查时，调查单位是总体中的每个人，而填报单位则是家庭（户）。

### 2.2.3　确定调查项目和调查表

调查提纲由调查项目组成。调查项目就是要调查的内容，也就是被调查单位的特征，即标志。确定调查提纲所要解决的问题是：向调查单位调查什么？调查单位有哪些特征？用什么标志反映调查单位的特征？在调查中涉及哪些调查项目？这些都应根据调查目的和调查单位的特点而定，并贯彻"少而精"的原则进行处理。例如，2000 年第五次人口普查根据调查项目拟定了姓名、性别、年龄、民族、文化程度、职业、行业、婚姻状况、迁来本地的原因等 26 个记录调查项目。

在确定所要登记的标志，即调查项目时，应注意以下几点：

（1）各调查项目必须是可行的，是能够取得的确切资料。即必须从实际出发，只列出能够取得资料的项目，不可能取得资料的项目就不应列入提纲。

（2）要有科学的理论依据和统一的解释，即列入调查提纲的内容含义要明确、具体，不能有两种或两种以上的解释，以免调查人员按照各自不同的理解填写，使调查结果无法汇总。

（3）调查项目要少而精，即只列出调查目的所必需的项目，登记与问题本质有关的标志，以免内容庞杂，增加工作量，造成不必要的浪费。

（4）各调查项目之间尽可能做到相互联系，彼此衔接，以便于相互核对和分析。例如，总产值/在职人数 = 全员劳动生产率。

调查表是指调查项目按照一定的顺序排列起来形成的一定的表式。其是统计工作收集资料的基本工具。调查目的、被调查者都可以从调查表中反映出来。调查表主要用于统计调查阶段，是收集原始资料的基本工具，且便于填写或汇总整理。

调查表一般有单一表和一览表两种。单一表是指一张调查表上只登记一个调查单位的表格，它可以容纳较多的项目（标志），便于整理和分类；一览表是指将许多调查单位填写在一张表上，便于合计和核对差错，但它容纳的调查项目有限。

单一表、一览表的应用：一是看项目的多少，调查项目多时一般用单一表，反之则用一览表；二是看填报单位与调查单位是否一致，一致时常用单一表，不一致时用一览表。如我国人口普查的调查表采用的是一览表，统计报表的基层表（即调查表）多采用单一表的形式。

调查表要说明注意事项和项目解释、指标含义、计算方法、分类目录、统计编码等。

★小知识

我国 2000 年人口普查中，分为短表和长表。长表为抽样 10% 的人填报；短表为其余人填报。短表按人填报的项目有 9 项，按户填报的项目有 10 项；长表按人填报的项目有 26 项，按户填报的项目有 23 项。

### 2.2.4　确定调查时间和调查期限

（1）调查时间是指调查资料所属的时间（时期或时点）。从资料的性质来看，有的资料反映现象在某一时点上的状态，而有的资料反映现象在一段时期内发展过程的结果。如果是时点现象，统计调查必须规定统一的标准时刻。如 2000 年第五次人口普查的标准时间是 11 月 1 日 0 时。如果是时期现象，就要明确规定资料所反映的被调查者从何年何月何日始至何年何月何日止的资料。

（2）调查期限是指调查工作从开始到结束的（起讫）时间，包括收集资料和报送资料的整个工作所需要的时间。如第五次人口普查登记工作的期限从 2000 年 11 月 1 日开始，2000 年 11 月 10 日结束。

### 2.2.5　制定调查的组织实施计划

为了保证整个统计调查工作的顺利进行，在调查方案中还应该有一个周密的组织实施计划。也就是要明确调查机构、调查步骤、调查人员及组织训练、资料报送方法、经费来源、检验方法等，是统计过程的总方案。

2000 年第五次人口普查的日程安排：登记：2000.11.01—2000.11.10；复查：2000.11.15；质量抽查：2000.11.30；快速汇总资料上报：2000.12.31；全部汇总资料上报：2001.09.30；完成全部工作：2001.12.31。

## 2.3　统计调查的组织方式

### 2.3.1　统计报表制度

1. 统计报表的定义

统计报表是按照国家或上级部门统一规定的表式、统一的指标、统一的报送程序和报送时间，自下而上逐级提供基本统计资料的一种统计调查组织形式。统计报表所包括的范围比较全面，项目比较系统，指标内容相对稳定，因此，这是我国统计调查中取得国民经济和社会发展情况基本统计资料的一种重要手段。与其他统计调查方式相比较，统计报表有统一性、时效性、全面性、资料的相对可靠性（建立在原始记录和核算数字基础之上）、连续性等特点。

统计报表的优点：一是可以事先布置到基层填报单位，基层单位可根据报表的要求，建立和健全各种原始记录，使统计报表的资料来源有可靠的基础，以保证统计资料的准确、及时、完整。基层单位也可以利用统计报表资料，对生产、经营活动进行科学管理。二是由于它采取逐级上报、汇总的形式，各级领导部门都能得到其管辖范围内的统计报表资料，他们能经常了解本地区、本部门的经济和社会发展情况。三是经常性调查，内容相对稳定，有利于积累和历史对比。

统计报表按统计法制定、实施和管理的一整套办法，称为统计报表制度。制定统计报表制度，首先，要遵循适用与精简的原则，即必须将统计报表的内容、分类、表式的确定建立在适用与精简的基础上，既要满足统计任务的要求，适应经济社会建设的需要，又要力求简明扼要，切实可行；其次，统计报表的制发，必须由同级部门或业务部门的综合统计机构统一组织，严禁滥发报表，避免各搞一套；再次，基层统计报表应做到统一、配套，并保持相对稳定；最后，对已审核的统计报表必须严格执行，要严肃填报纪律，凡报表规定，各填报单位不得擅自更改，应如实填写，不得弄虚作假，虚报瞒报。

统计是计划的基础，没有科学的统计，就不可能有真正的计划。我国国民经济和社会发展计划的编制离不开统计报表提供的统计数字。至于检查监督计划的执行情况，更需要通过统计报表，及时了解计划进程及存在的问题和问题发生的原因，以便采取有效措施，保证计划实现。

2. 统计报表的种类

统计报表担负着为计划的制定及其执行情况的检查提供资料的任务，决定了统计报表必须以全面调查为主、非全面调查为辅。统计报表可按不同的标志划分为以下几种类型：

（1）按内容和实施范围不同，统计报表可分为国家、部门和地方统计报表。国家报表是根据有关的国家统计调查项目和统计调查计划制定的统计报表，也称国民经济基本统计报表。这种统计报表从整个国民经济的角度出发制定，并按照国民经济的部门来划分，如农业、工业、建筑业、固定资产投资、国内贸易、对外经济贸易、劳动工资、交通运输、物价、人民生活等。这些报表在全国范围内的各行各业实施，主要用来收集整个国民经济和社会发展情况的基本统计资料。部门报表是根据有关部门的统计调查项目和统计调查计划制定的统计报表，实施范围限于各业务主管部门系统内，一般用来收集各级主管部门所需要的专门统计资料。地方报表是根据有关地方统计调查项目和统计调查计划相应制定的统计报表，其实施的范围是各省、市、自治区，主要用来满足地方的专门需要。部门和地区报表都是国家统计报表的补充。

（2）按主管系统不同，统计报表可分为基本报表与专业报表。

（3）按调查范围不同，统计报表可分为全面报表与非全面报表。全面统计报表要求调查对象中的每个单位都要填报；非全面统计报表只需要调查对象中的一部分单位填报。非全面调查填报的报表属于非全面统计报表。

（4）按报送周期不同，统计报表可分为日报、旬报、月报、季报、半年报和年报统计报表。其中以月报和年报统计报表为主。周期短的统计报表，投入的人力、物力、财力就要多，因此，指标项目可以少一些、粗一些；周期长的统计报表，指标项目可以多一些、细一些。月报、年报的周期较长，它的内容比较详尽；日报、旬报周期较短，其内容只限于填报少量最主要的指标。统计报表的原则是凡一年、半年报告一次能满足需要的，就不用季报、月报；月报能满足要求的，就不用日报、旬报。

（5）按填报单位不同，统计报表可分为基层报表和综合报表。基层报表主要由基层企、事业单位填报，它所提供的原始资料是统计的基础资料；综合报表是由主管部门根据基层报表逐级汇总填报的统计报表。它汇总后得到各级基本统计指标。填报基层报表的单位称为基层填报单位，填报综合统计报表的单位称为综合单位。

（6）按报送方式不同，统计报表可分为电信报表和书面报表。电信报表又可分为电报、电话报、传真报等。日报和旬报要求迅速上报，通常采用电信方式报送。月报、季报、半年报和年报，除月报中的少数采用电信报告外，一般都以书面的方式报送，报送手段可采用邮局邮寄或电子信箱传递。

3. 统计报表制度的基本内容

统计报表制度是指基层单位和下级机关按照统一规定的表格、内容和报送程序，定期向上级机关和国家报送统计资料的制度。执行统计报表制度，是各地区、各部门、各单位按照国家的法律规定必须向国家履行的一种义务。我国的统计报表制度的基本内容有以下几项：

（1）报表内容和指标体系的确定。

（2）报表表式的设计。报表表式是指统计报表的具体格式。其包括主栏项目、宾栏项目及补充资料项目；表名、表号、填报单位、报告期别、报送日期、报送方式、单位负责人及填报人签署等。其可分为基本表式和专业表式两种。

（3）报表的实施范围。应由哪些单位填报（编报单位），汇总时包括哪些单位（编报单位）。

（4）报表的报送程序和报送日期。报表的报送程序包括填报单位填报报表的份数、方式和受表单位，且要规定其报送日期。

（5）填表说明。具体说明填表的方法、指标说明（指标的概念、计算范围、计算方法）及其他有关问题。

（6）统计目录。统计目录是指统计报表中主栏项目的一览表。大体可分为两类：一类是主栏中填报的统计分组用的目录，如工业部门分类目录等；另一类是主栏中填报的具体项目的目录，如工业产品目录等。

★ 相关链接

我国统计报表制度近年来进行了一系列的改革，主要可分为 7 种基层一套表和 9 套综合报表制度。基层一套表包括农林牧渔企业报表、工业企业报表、建筑工企业报表、交通运输企业报表、批发零售贸易及餐饮业企业报表、服务业企业报表、行政事业单位报表。

**4. 统计报表资料的来源**

统计报表资料的来源与基层单位的原始记录。从原始记录到统计报表，其间还要经过统计台账和企业内部报表两个环节。

（1）原始记录是基层单位通过一定的表格形式，对生产经营活动过程和成果的最初记载，是未经过任何加工的初级资料。

（2）统计台账是根据填报单位的需要而设置的系统积累统计资料的表册。统计台账是原始记录经过系统整理的结果，它既便于统计人员填写报表，也能满足本单位管理的需要。

（3）企业内部报表是根据原始资料和统计台账，经过汇总计算后编制的、供企业内部使用的一种报表形式。其是编制基本统计报表和专业统计报表的基础。

### 2.3.2　普查

普查是为了某种特定目的而专门组织的一次性全面调查。普查主要用以收集重要国情、国力和资源状况的全面资料，为政府制定规划、方针政策提供依据，如人口普查、工业普查、物资库存普查等。由于普查多半是在全国范围内进行，因此，普查只能用来了解那些不能够或不适宜用其他方式收集的统计资料，一般主要用来调查属于一定时点的社会经济现象的总量，如全国的人口、全部生产设备、科技人员总数、第三产业状况等。当然，普查也可以用来反映一定时期的现象的总量，如出生人口总数和死亡人口总数等。

普查是一种很重要的调查方式方法，也是其他调查方式不可替代的。虽然有些情况可以通过定期统计报表收集全面的基本统计资料，但它不能代替普查。因为有些社会经济现象，如人口年龄（与性别结合在一起的）构成变化、物资库存、耕地面积、工业设备等情况不可能也不需要组织经常性的全面调查，而在我国经济建设中，又必须掌握比较全面详细的资料，这就需要通过普查来解决。为了摸清楚有关国情、国力的重要数字，需要分期、分批地进行专项普查。

★ **相关链接**

根据社会主义现代化建设的需要，我国于 1977 年进行了全国职工人数普查，1978 年进行了全国科技人员和基本建设项目普查，1982 年进行了第三次全国人口普查，1990 年进行了第四次全国人口普查，1993 年进行了全国第三产业普查，2000 年进行了第五次全国人口普查，2010 年进行了第六次全国人口普查。2020 年开展了第七次全国人口普查，普查标准时点是 2020 年 11 月 1 日零时，彻查人口出生变动情况以及房屋情况。

由于普查涉及面广，调查项目、指标多，工作量大，时间性强，且需要动用大量的人力、物力和财力，因此不宜经常举行，而是每间隔一段较长的时间举行一次。

★ **小知识**

我国的人口普查从 1953 年到 2020 年一共进行了七次。我国统计法规定，全国人口普查自 1990 年第四次人口普查开始，每间隔 10 年，逢末尾数字"0"的年份进行一次；逢"7"的年份进行农业普查；逢"5"的年份进行工业普查；逢"3"和"8"的年份进行第三产业普查；逢"1"和"6"的年份进行基本单位普查。2004 年我国举行了第一次经济普查，它是基本单位普查、第二产业普查和第三产业普查合并而成的，以后每 5 年进行一次。

普查的组织形式，按资料来源不同可分为两种：一种是通过建立专门的普查机构，配备一定数量的普查人员，对调查单位直接进行登记，如人口普查、工业普查等，都属于这种普查形式；另一种是利用调查单位的原始资料和核算资料，颁发调查表，由调查登记单位填报。如中华人民共和国成立以来历次物资库存普查都属于这种普查形式。这种形式比第一种简便，适用于内容较单一、涉及范围较小的情况，特别是为了满足某种紧迫需要而进行的"快速普查"，即由登记单位将填报的表格越过一些中间环节直接报送到最高一级机构集中汇总。但是，即使是后一种方式，也仍需组建普查的领导机构，配备一定的专门人员，组织领导普查的全面工作。

普查属一次性全面调查，由于调查规模和工作量大、调查范围广、内容要求高、时效性强，通常需要动员许多人力、物力和财力，组织工作十分繁重，因此，必须通盘考虑普查的全过程，做好以下具体的组织工作：

（1）建立统一的组织领导机构，进行广泛的宣传动员；

（2）设计和颁发普查方案；

（3）组织培训普查队伍；

（4）物质准备（如汇总工具、音质普查文件等）和经费预算；

（5）系统有序地组织登记和汇总；

（6）严格审核普查资料，进行整理和分析；

（7）公布资料并进行总结。

另外，普查工作全面开展前应进行试点或在进行过程中抓典型、抓重点，及时总结经验，修订普查办法和工作细则，组织交流推广。

普查作为一次性全面调查，对资料的准确性和实效性要求很高，且由于面广量大，更需要集中统一领导和统一行动。因此，普查的组织工作很复杂，必须遵循以下原则：

（1）统一规定调查资料所属的标准时点或时期，即标准时间。所谓标准时点的确定是用以避免因自然变动或机械变动而产生收集资料的重复或遗漏。

（2）正确选择普查时期，以利于历次普查资料的对比分析。

（3）同时进行调查，以便在方法上、步调上一致，保证普查资料的真实性和时效性。

（4）调查项目不能任意改变，以免影响综合汇总，降低普查资料的质量。同一种普查，每次调查项目的规定也应力求一致。

### 2.3.3 重点调查

#### 1. 重点调查的概念

重点调查，是指在全部调查对象中，只选择一部分重点单位进行的非全面调查。其目的是了解总体的基本情况。所谓重点单位，是着眼于现象的量的方面而言的，尽管这些单位在全部单位中只是一小部分，但是，它们的某一主要标志的标志总量在总体标志总量中却占有较大比重。因此，对这些重点单位的标志进行调查，就可以在数量方面说明总体在该标志总量方面的基本情况。例如，宝钢、马钢、鞍钢、武钢几个大钢铁企业，虽然在全国的钢铁企业中只是少数，但它们的钢铁产量却占了全国钢铁产量的大部分，所以，对这几个重点企业进行调查，就可以了解我国钢铁生产的基本情况。正因为如此，重点调查可以节省大量的人力、物力和财力，并能使调查工作做得更加细致、及时。另外，重点调查的组织也较灵活，既可以组织专门调查，也可以运用统计报表形式进行调查；既可进行一次性调查，也可进行经常性调查。重点调查由于调查单位少，因此，比全面调查省时、省力，能以较少的代价及时收集到总体的基本情况、基本趋势。重点调查的重点单位，虽然不完全等同于工作重点，但这些单位的基本情况对全局工作的影响却是举足轻重的。因此，重点调查对于及时了解基本情况、掌握基本趋势和指导全局有着重要的作用。

#### 2. 重点单位的选择

（1）重点单位的选择要根据调查任务来确定。一般来说，选择出的单位应尽可能少，而其标志值在总体标志总量中所占比重应该尽可能大。另外，选中的单位，管理应比较健全，统计力量应比较充实，统计基础也应比较巩固，这样才能准确、及时地取得资料。

（2）重点单位的选择要客观，要尽量排除主观因素的干扰。由于重点单位的选择是着眼于这些单位的标志值在总体标志总量中的比重，而不是这些单位在技术管理或其他方面是否有特定意义，所以，重点单位的选择应不带有主观因素。

（3）重点单位的选择要有相对的观念，即要用发展变化的眼光看问题。一个单位在某一问题上是重点，在另一问题上不一定是重点；在某一调查总体上是重点，在另一调查总体上不一定是重点；在这个时期是重点，在另一个时期不一定是重点。因此，对不同问题的重点调查，或同一问题不同时期的重点调查，要随着情况的变化而随时调整重点单位。

必须指出，尽管重点单位的标志值在总体标志总量中占大比重，掌握了它们的情况，就基本掌握了总体特征，但是这些情况毕竟不能完整地反映总体总量，而且重点调查的资料也不具备推断总体总量的条件。因此，重点调查只是为了获得反映总体基本情况的统计资料，不宜推断总体。

### 2.3.4　典型调查

1. 典型调查的概念

典型调查是根据调查的目的和要求，在对被研究总体做全面分析的基础上，有意识地从中选取若干具有代表性的单位进行深入研究的一种非全面调查。

典型调查是一种比较灵活的调查方式，具有以下特点：

（1）调查单位是根据调查目的有意识选择的，便于从典型入手，逐步认识事物的一般性和普遍性，调查方法机动灵活，省时、省力，有利于提高调查效率。

（2）典型调查是一种深入、细致的调查研究，既可以收集有关数字资料，又可以掌握具体、生动的情况，研究事物发生、发展的过程和结果，有利于探索事物发展变化的规律性。

在统计工作中，典型调查既可以作为收集资料的一种调查方式，也可以进行分析研究。因此，典型调查具有两个突出作用：一是研究尚未充分发展、处于萌芽状态的新生事物或某种倾向性的社会问题。通过对典型单位深入细致的调查，可以及时发现新情况、新问题，探索事物发展变化的趋势，进而形成科学的预见。二是分析事物的不同类型，研究其差别和相互关系。例如，通过调查可以区分先进事物和落后事物，分别总结其经验教训，进一步进行对策研究，进而促进事物的转化与发展。

另外，在总体内部差异不大，或分类后各类型差异不大的情况下，典型单位的代表性很显著，也可用典型调查资料来补充和验证全面调查资料。

2. 典型单位的选择

典型调查的核心问题是如何正确选择典型单位，这是保证调查质量的关键。在选择典型单位时，必须根据调查目的和任务，在对事物或现象总体情况初步了解的基础上，进行全面分析，综合比较，从事物的总体上和相互关系中分析现象及其发展趋势，选择具有代表性的典型单位，切忌主观片面性和随意性。典型调查要求调查者不仅要有"实事求是"的态度，而且要有科学的方法。根据不同的研究目的和要求，有以下三种方法可供选择：

（1）"个别选典"法，也称"解剖麻雀"法。当总体内部各单位差别不大时，可通过"解剖麻雀"了解总体的一般情况，进而认识总体的内部构成、一般水平和发展规律。

（2）"划类选典"法。"划类选典"法适用于总体内部各单位差异较大的情况。具体方法是：在了解总体概况的基础上，将总体划分成若干类型组，使各类型组内部差异较小，然后从各类型组中选择具有代表性的单位进行调查。这种方法既可用于分析总体内部各类型特征及各类型间的差异和联系，也可以综合各种类型对总体情况做出大致的估计。

（3）"抓两头"法，也称"抓两头，带中间"法。它是分别从先进单位和后进单位中选择典型进行调查的方法。例如，当调查目的是总结成功经验或找出失败的教训时，就可采用此法选典，以总结经验、教训，实现"抓两头，带中间"的目的，推动整体的发展。

### 2.3.5 抽样调查

抽样调查是按照随机原则，从调查对象中抽取一部分单位作为样本进行调查，并根据这一部分单位的调查结果，从数量方面推断总体指标的一种非全面调查方法。抽样调查虽然是一种非全面调查，但它的目的却是取得反映全面情况的统计资料，所以，从一定意义上说，它可以起到全面调查的作用，在我国商品检验中广泛应用。这部分内容将在第五章进行讲述，此处从略。

以上介绍的这几种不同的统计调查方法，各有其特点和作用。在实际的统计工作中，往往需要多种统计调查方法结合运用。这不仅因为国民经济和社会发展情况复杂，门类众多，变化又较快，只有采用多种统计调查方法，才能收集到丰富的统计资料，还因为任何一种统计调查方法，都有它的优越性与局限性，还有各自不同的实施条件，只用一种统计调查方法，是不能满足多种需要的。

### 2.3.6 其他调查方法

为了保证获得正确高质量的统计资料，人们可以广泛运用其他诸如科学推算、专家评估等现代调查统计分析方法进行调整。但是，这些方法只能作为一种必要的补充。

另外，根据实际需要，有关方面还可以利用民间统计调查资料。民间统计调查是指我国具有行政管理职能的国家机关所组织的政府统计调查、部门统计调查和地方统计调查以外的，又不具有行政管理职能的其他组织和个人所组织的各种统计调查活动。目前，我国的民间统计组织主要有社会统计信息服务公司、社会调查事务所、市场调查事务所或统计事务所、信息协会、统计信息咨询服务中心服务部、行业协会、科研机构或大专院校设置的咨询服务部、行业协会，以及工会、妇联共青团等社会团体的统计组织。民间统计组织虽然服务内容、技术手段和活动形式尚不完善，但展示出很好的活力和勃勃生机，必将伴随着我国经济社会的发展，成为我国统计活动的重要力量。

### 2.3.7 多种调查的结合运用

以上介绍的统计调查方法，各有不同的特点和作用。实践证明，在我国统计工作中，只有坚持多种调查方法结合运用的原则，才能取得理想的调查效果。这是因为：随着社会主义市场经济的发展，统计调查对象日趋复杂，经济结构多样化，利益主体多元化，国民经济门类众多，变化多端，必须采用多种多样的统计调查方法，才能收集到丰富的统计调查资料。另外，任何一种统计调查方法都有其自身的优越性和局限性，有着不同的实施条件，只用一种统计调查方法，不能较好地反映社会经济现象的真实情况。

社会主义市场经济体制的建立和发展，客观上要求我国在原有的统计调查方法的基础上，创建一套具有中国特色的、科学实用的调查体系，有意识地依法采用多种多样的调查方法，并将其有机地结合运用，力求做到统计信息准确、全面、及时、迅速和灵敏，充分发挥统计的信息、咨询和监督的职能作用。

那么，究竟应如何结合运用呢？主要根据具体情况而定。就我国来说，整个统计工作事宜以普查为基础，抽样调查为主体，辅之以其他方法收集统计资料。具体方法：一是建立周期性的普查制度，掌握重要的反映国情国力的最主要的、最基本的情况；二是大力普及、广泛采用抽样调查技术，用部分单位资料来推断总体的有关数据；三是适当采用统计报表掌握全面情况，继续发挥重点调查、典型调查和其他科学推算方法的作用，更广泛、更深入、更具体地掌握实际情况。将各种调查方法结合运用，既可以掌握全面基本的统计资料，又可以收集到重点的、典型的资料；既可以观察到事物数量变化的情况，又有助于深入研究事物发展变化的规律。

# 2.4　统计调查问卷的设计

问卷调查法，始于 20 世纪 30 年代的美国，当时的一些调查公司将调查问卷广泛应用于政治选举、商业推销和经济预测等领域，使其逐步成为调查研究中收集资料的一种主要方法。我国改革开放以来，也广泛应用问卷调查来研究社会经济领域里的现象和问题，调查内容涉及民意、观念、行为和态度的任何问题。既可以是抽象的观念，例如人们的理想、信念、价值观和人生观；也可以是具体的习惯或行为，例如人们接触媒体的习惯，对商品品牌的喜好，购物的习惯和行为等。目前我国已将调查问卷纳入统计制度的范围，成为统计调查的重要组成部分。

调查问卷是现代统计调查中被广泛采用的调查手段，是调查者依据调查目的和要求，按照一定的理论设计出来的，由一系列问题和备选答案组成的，向调查者收集资料的一种工具，属于统计调查表的一种特殊形式。调查问卷设计得是否科学、适用，直接影响统计调查的效果。

## 2.4.1　问卷设计的一般问题

### 2.4.1.1　调查问卷设计的原则

决定调查质量的关键是调查问卷的设计质量，调查问卷是调查活动的核心和灵魂。美国有名的兰德调查公司认为，调查问卷设计的总要求是有较高的信度、效度、适度的。具体表述为以下几种设计原则：

1. 可信原则

可信原则是指调查问卷的设计要能够使被调查者讲真话，而不会对被调查者产生误导，能够对被调查者的心理活动进行了解并得到可靠反应的原则。现代市场调查和问卷的设计，其水平主要看是否能够收集到真实的信息资料，即"信度"的高低。"信度"是指调查问卷和收集的信息资料反映实际情况的可信、可靠程度。信度可以简单地区分为再测信度、复本信度和折半信度。

再测信度是指用同一种调查问卷，对同一群被调查者进行前后两次测量，然后根据两次测量的结果计算其相关系数，根据相关系数确定的信度。在实际调查设计中，可以把同一个问题，用相同的语言在不同的时间，询问同一位（组）被调查者。复本信度是指用两个题型、题量、内容和回答难度上一致，但语言表达和调查形式有差异的调查问卷（复本），分别组织调查人员用变换提问的方法，对于相同的调查群体进行前后两次调查，然后对两次调查结果进行相关系数的计算和相关性判定。折半信度是指按照被调查者的回答（测量）情况，按照题目的单、双分成两部分记分，然后计算它们之间的相关系数，由此确定调查问卷的可信程度。

为了提高调查问卷的"信度"，可以在调查问卷设计初步完成后进行试问。对试问结果，可以采取进行相关系数的计算和比较的方法，或主观分析判断的方法，或与同类调查结果进行比较的方法，或验证调查结果与理论推断的一致性方法等，判断"信度"的高低。如果有不满意的地方，可以进行改进，直到满意为止。

2. 有效原则

调查问卷的效度，是指通过对调查问卷的使用，使得到的信息资料能够对企业的决策和其他研究问题的有用程度。这需要调查人员深入了解企业进行调查的根本目的和具体要求，使调查问卷的设计有比较高的针对性。效度只是程度上的差别，因此，只是一个相对的概念。效度和评定，没有绝对的区别。调查问卷效度的具体评定方法一般有内容效度和准则效度等。

内容效度，是指调查问卷的内容是否包含了所有的与企业经营决策有关的特点和范围。如果包含了，则可以认为调查问卷有基本的内容效度。包含程度越高，可以认为内容效度也越高。准则效度，是指对同一概念或者对象，如果用两个以上的测量标准方法进行测量或者调查，可以得出相同的结果，或者说，用不同的方法按照相同的准则进行测量具有相同的结果，则可以认为两种方法的效度比较高。

3. 适度原则

适度就是指调查问卷对于企业问题的解决与调查成本的适宜程度。坚持调查问卷的适度原则就是指坚持调查问卷设计和策划的适度原则。即指调查问卷的内容和范围、需要被调查者回答的问题数量，以及调查问卷印制的数量、被调查者的样本数量等，都应该比较合适。既不会因为简单而使应该了解的内容没有了解到，也不会因为内容过多或者太多的重复而增加费用。

以上的三个"度"的问题，可以通过对调查问卷的分析和题目效果的量化进行比较。为了慎重起见，往往会进行一些初步的调查，以确定问卷符合要求后，再开展大规模的正式调查活动。

### 2.4.1.2 调查问卷的基本类型

问卷作为收集资料的工具，在使用过程中并非完全一致。调查者的研究目的、调查内容、调查方式各有不同，决定了调查问卷的形式不尽相同。

1. 自填式问卷和访问式问卷

按问卷的填写方式不同，可将调查问卷分为自填式问卷和访问式问卷。这两种类型的调查问卷在设计上有所区别，使用过程中各有优缺点。

（1）自填式问卷。这类问卷是指通过邮寄或分发的方式，由被调查者自己填写的问卷。

在这种情况下，被调查者可以不受其他影响，如实表达自己的意见，尤其是敏感性问题的调查，自填式问卷往往可以得到较为可靠的资料。但这类问卷也存在不足：如果问卷填写的答案含糊不清，或对某些问题拒绝回答，是难以补救的；也无法知道被调查者是否独立完成答案及其回答问题的环境，以致影响对问卷质量的判断。

（2）访问式问卷。这类问卷是指由调查人员通过现场询问，根据被调查者口头回答的结果代为填写的问卷。这类问卷的应答率高、可控性强，调查人员可以设法确保被调查者独立回答问题，并能控制按问卷问题的设计顺序回答，从而保证应答的完整性。同时，调查人员还可以观察被调查者的态度及其回答问题的环境，有利于进一步分析、判断相关问题。但这类问卷也存在不足：一般费用高，容易受调查人员的影响，匿名性也差；当被调查者对调查人员的某些举止有偏见或不理解时，就会导致差错或有意说谎；调查人员有时对被调查者的意思没有正确理解或正确记录也可能出错。另外，运用这类问卷调查，由于调查人员知道被调查者的基本情况，有时会给被调查者带来心理压力，甚至出现拒答的情况。

2. 开放型问卷和封闭型问卷

按问卷的问题是否有规定，调查问卷可分为开放型问卷和封闭型问卷。这是比较常用的两种类型的调查问卷，使用过程中各有优缺点。

（1）开放型问卷。开放型问卷，是指对问卷的问题不事先做出任何选择答案，被调查者可根据自己的情况自由回答的问卷。

例如：

①您如何看待我国当前的住房价格？

②您对好又多超市的评价如何？

开放型问卷的优点：一是利于探索性研究。因为通过开放型问卷的调查，可能得到某些研究人员未曾预料到的结果。二是可使用于问卷表上所列问题种类过多时。问题过多，易引起被调查者的厌烦而拒绝填写；删除某些问题，又会缺少该类问题而影响调查效果。在这种情况下，可以通过设立几个开放型问题，将所要调查的内容归纳其中进行解决。三是能给被调查者较多的创造性或自我表述的机会。

开放型问卷的缺点：一是它可能导致收集无价值和不相干的资料。因为被调查者自由发表看法，其看法不一定都与所问主题相关，因而无法保证无价值和不相干的信息不掺杂进去。二是回答的内容常常非标准化，给统计汇总及分析增添了难度。三是开放型问卷常常占被调查者较多的时间和精力，容易引起较高的拒答率。

（2）封闭型问卷。封闭型问卷是指问卷的每一个问题都事先列出了若干个可能的答案，由被调查者根据自己的情况，在其中选择认为恰当的一个或多个答案的问卷。

例如：

①您经常去好又多超市购物吗？

A. 经常去　　　　　　　　B. 偶尔去　　　　　　　　C. 不去

②您认为目前 M 市的房价怎样？

A. 太高了　　　　　　　　B. 一般　　　　　　　　　C. 不高

封闭型问卷的优点：一是标准答案，材料利于统计分析。二是问题具体且清楚，被调查者容易且愿意回答，可获得较高的回收率，调查所得材料的可信度也较高。

其缺点：一是它对问题的答案做了限定，不利于被调查者的自我表述。二是它很容易被一个不知道如何或对该问题没有看法的被调查者随便乱答。三是容易使一个找不到合适答案的被调查者不回答。

### 2.4.1.3 调查问卷的设计方法

调查问卷是以书面的形式记录和反映调查对象的看法和要求，问卷设计的好坏对调查结果影响很大。因此，调查问卷的设计应主题明确、重点突出、通俗易懂、便于回答，同时应便于使用计算机对问卷的汇总和处理。问卷的设计，可根据具体情况采用不同的设计方法，基本的方法如下。

1. 自由询问式

这种方法是只提问不设答案，由被调查者自由回答。它适用对所有问题提问，但如果出现被调查者不愿或不便用文字形式表达自己看法的情况时，就会影响调查结果的全面性与准确性。此外，这种方法不利于进行资料的整理和统计。

2. 二项选择式

这种方法的问卷只是让被调查者在两个可能的答案中选择一个，如"是"与"不是"、"有"与"没有"等。此类方法易于发问，也易于回答，且方便统计汇总，但不便于调查人员了解形成答案的原因。

3. 多项选择式

这种询问方法设置了多种答案供被调查者选择。这种方法能较全面地反映被调查者的看法，又较自由询问易于统计和整理，但在设计时应注意供选择的答案不宜过多，只要能概括各种可能情况即可，一般不应超过 10 个。

4. 顺位式

这是让被调查者依据自己的爱好和认知程度对调查项目中所列答案定出先后次序。顺位式一般分为两种：一种是预先给出多个答案，由被调查者定出先后顺序；另一种是不预先给出答案，而由被调查者按先后顺序自己填写。

5. 赋值评价式

这是指通过打分数或定等级来评价事物的好坏或优劣的方法。打分时，一般用百分制或十分制，等级一般定 1 至 5 级或 1 至 10 级。这种方法简便易行，评价的活动余地较大，而且便于统计处理和比较。缺点是分数的多少和等级的高低不易掌握分寸，而且往往因人而异，差异较大。因此，采用这种方法时，应当对打分或定级的标准做出统一的规定，以便调查者有所参考。

上述的 5 种设计形式，第 1 种属于开放式问卷，第 2、3、5 种属于封闭式问卷，第 4 种既可以用于封闭式问卷，也可以用于开放式问卷。此外，可以采取其他的问卷设计方法。

### 2.4.1.4 调查问卷的基本结构

在设计调查问卷时，应该注意问卷的整体结构，问卷的整体结构可以分为四个部分。

1. 开头

问卷的开头应该有这样的内容：

（1）标题。问卷的标题应该简单而明确，一般情况下不超过15个字，指出"关于××的调查问卷"即可。

（2）开场白。调查问卷的开场白应该简单说明调查的目的和希望被调查者能够配合调查的语言。目的是接近被调查者，获得被调查者的合作。具体语言如"现在邀请您参与关于××的调查，感谢合作"等；有的调查问卷只是要求调查人员进行口头式的开场白而不在调查问卷上列出；有的调查问卷在提第一个正式问题前，列一个与调查问题有关但是又比较风趣的问题，以便引起被调查者的兴趣，使被调查者能够把注意力转移到调查问卷上来，借以代表开场白。需要注意的是，应力求避免在开头提出一些比较私人性的问题，如年龄和收入等，因为这样的问题往往会使被调查者因为厌烦而拒绝回答后续问题。

在调查问卷的开头应设计询问或者排除的问题，以确定被调查者是否符合调查者的条件。如果符合即开始进行正式调查，如果不符合，则需要放弃调查，以确保调查资料的针对性和有用性。例如，有的公司确定需要在本市连续居住5年以上者为被调查者，于是询问对方"何时到本市"等。此外，为了能了解到真实的信息资料，在调查问卷的开头，还应该排除一些可能会给调查活动带来不利影响的因素。不利影响因素主要有与调查内容在职业上有关联的被调查者、曾经接受过调查的人士（职业受访者）、属于其他调查公司人员的被调查者，以及可能在调查活动中提供虚假信息的其他人士或者情况。

（3）填表说明。即用来指导被调查者填写问卷的说明。它一般在开场白之后，并标有"填表说明"的标题，其内容应对填表的方法、要求、注意事项等做一个简明介绍。当然，对于一些比较复杂的问题，也应当有填表说明附在问题后面，并用括号括起来，其作用在于指导被调查者填写该问题。凡是问卷中有可能使被调查者不清楚的地方，都应予以明确的指导。

2. 正文

正文，也就是问卷所提问题与答案，这是调查问卷最基本、最主要的组成部分。调查资料的收集主要是通过这一部分来完成的，也是使用问卷的目的所在。这一部分设计得如何，关系到该项调查有无价值和价值的大小。通常在这一部分既提出问题，又给出回答方式。从形式上看，问题有开放与封闭、客观与主观、直接与间接、假设与断定、文字与图形等之分；从内容上看，又有背景问题、行为问题、态度问题与解释性问题之别。问题的内容取决于调查目的和调查项目。从形式上分的问题类型将在随后的内容中专门介绍。设计时，应该注意如下问题：

（1）问题应该从易到难。按照需要提问的内容，应该从一般的容易回答的问题开始。例如，"有"或"没有"、"是"或"不是"等是非问题，或者叫"客观题"。然后到比较复杂的心理动机、潜在意识以及需要进行广泛性探讨的问题等，使被调查者在不知不觉中回答重要和难以回答的问题。

（2）针对主要问题提问。调查问卷的正文部分，应该对涉及企业进行市场调查的主要目的和内容进行详细的调查提问，应该包括比较多的内容和比较大的范围，应该尽量探讨被调查者的内心活动和心理效应等，不要因为怕浪费时间和精力而压缩主要问题的提问内容。

### 3. 最后部分

在调查问卷的最后部分，可以提出一些需要自由回答的问题、更深层次的问题。因为这些问题，需要被调查者做一定程度的思考，所以应该放在调查问卷的后半部分。因为只有这时，被调查者才不知不觉地进入对调查问题的深度思考，被调查者也可能会愿意将调查配合到底。

### 4. 被调查者的基本情况

这一资料是对调查资料进行分类研究的基本依据。一般而言，被调查者包括两大类：一是个人；二是单位。如果被调查者是个人，则基本情况包括姓名、性别、年龄、文化程度、职业、职务、个人或者家庭收入等。如果被调查者是企事业等单位，则包括单位名称、经济类型、行业类别、职工人数、规模、资产等。若采用不记名调查，则被调查者的姓名可在基本情况中省略。当然，如果被调查者不想讲，也不要勉强。最后应该对被调查者的合作表示感谢。如果有礼物的话，不要忘记把礼物送给被调查者。

## 2.4.2 调查问卷的问题类型

在调查问卷中经常使用的问题类型和问题设计方法有很多，而且在不断地创新。从形式上看，有开放式问题与封闭式问题、客观性问题与主观性问题、直接题与间接题、假设性问题与断定性问题、顺序题、对比题、品牌语意差别题、文字题与图形题等之分。

### 1. 开放式问题

开放式问题也称为自由式问题，是指没有设定答案，由调查对象用自己的语言自由进行回答的问题。例如，问吸烟人士："您通常在什么情况下最想吸烟？"

### 2. 封闭式问题

封闭式的调查题是指在调查问卷上已经事先设定了答案，调查对象只能在已经设定的答案中选择性回答的问题。根据备选答案的多寡和选择答案的多少，封闭式问题又可分为是非题、单选题或者多选题。

（1）是非题。是非题是指提出一些非此即彼（在两个备选答案中只能选其一）的问题，让被调查者从两个答案中选择一个进行回答。是非题可分为是非客观题，如："您本星期去过好又多购物吗？"（答案只能在"去过"或"没有"中选择一个）；是非主观题，如："您喜欢去好又多购物吗？"（答案只能在"喜欢"和"不喜欢"中选择一个）。

（2）单选题。单选题是指在多个备选答案中只能选择一个的问题。同样，单选题也可以分为主观性问题和客观性问题。

例如：

①您去好又多购物，最主要的原因是什么？只可以在下列答案中选择一个答案。（　　）

A. 离住处近　　　　　　　　　　　B. 价格实惠

C. 服务态度好　　　　　　　　　　D. 感觉好

E. 商品质量信得过　　　　　　　　F. 说不清楚原因

②您购买商品房最主要的原因是什么？只可以在下列答案中选择一个。（　　）

A. 解决目前居住紧张问题　　　　　B. 改善居住环境

C. 为子女准备结婚用房         D. 防止货币贬值

E. 低买高卖赚取差价          F. 说不清楚原因

③您认为近几年房价飙升的最主要原因是什么？只可以在下列答案中选择一个。（    ）

A. 土地资源稀缺              B. 人口过多

C. 供不应求                  D. 官商勾结

E. 建造成本提高              F. 说不清楚原因

单选题对于了解被调查者最关注的问题、调查产品属性权重的问题等，都有很好的效果。问题在于设计问卷时，应该把初步调查时获得的可能的答案，尤其是回答概率比较高的答案，都尽可能地写在调查问卷上，避免因为调查对象找不到心目中的答案而放弃回答。

（3）多选题。多选题是指在多个备选答案中可以选择多于一个的问题。

例如：

①您去好又多购物的原因是什么？可以在下列答案中选择多个答案。（    ）

A. 离住处近                 B. 价格实惠

C. 服务态度好              D. 感觉好

E. 商品质量信得过          F. 说不清楚原因

②您购买商品房的原因是什么？可以在下列答案中选择多个答案。（    ）

A. 解决目前居住紧张问题       B. 改善居住环境

C. 为子女准备结婚用房         D. 防止货币贬值

E. 低买高卖赚取差价          F. 说不清楚原因

③您认为近几年房价飙升的原因是什么？可以在下列答案中选择多个答案。（    ）

A. 土地资源稀缺              B. 人口过多

C. 供不应求                  D. 官商勾结

E. 建造成本提高              F. 说不清楚原因

3. 主观性问题

主观性问题也叫意见性、倾向性问题，是指需要被调查者按照自己的主观愿望进行回答的问题，如提出关于态度、兴趣、购买意愿等方面的问题等。例如：向被调查者提出"您把钱存在银行的目的主要是_____" "您购买衣服时主要考虑的因素有_____" 等类似的问题。

4. 客观性问题

客观性问题也叫事实题、状态题，是指要求被调查者进行实事求是回答的问题。例如：询问被调查者是否拥有或者是否购买过某个具体产品的问题，要求被调查者就家庭人口资料进行回答的问题等。

5. 直接问题

直接问题是指直接向被调查者本人进行提问的问题，例如，问："您认为这个产品的名字叫起来有一种亲切感吗？" "您喜欢这个产品的包装吗？"

6. 间接问题

间接问题是指向第三者提问的问题，或者假借一个提问对象间接向被调查者提问的问题。例如："您的朋友会喜欢这个产品吗?""您的邻居会怎么看待这个包装?"间接问题的设计和作用,使市场调查问卷设计水平有了很大的提高,受到业内人士的普遍欢迎。

**7. 假设性问题**

假设性问题,是指调查人员不能确定被调查者对问题的态度而进行的提问。例如:"请问如果您的收入比现在增加两倍,您会首先购买什么呢?"(询问边际消费意向的自由题),"请问如果您的收入比现在增加两倍,您会购买轿车吗?"(封闭题)。

根据假设和回答问题的方式,假设性问题又可分为以下几种:

(1) 定性假设、定性回答的问题。即提出一些可以用实体或者语言的形式进行定性表达的假设问题向被调查者提问,而被调查者也使用定性假设进行回答的问题。

A 市与 B 市相比,您认为 A 市的住宅价格怎样?(　　　)

A. 太低　　　　　　　　　　　　B. 低

C. 适中　　　　　　　　　　　　D. 稍贵

E. 贵得离谱　　　　　　　　　　F. 说不清

(2) 定性假设、定量回答的问题。即使用定性假设的提问方法,但要求向被调查者给予定量回答的问题。

A 市与 B 市相比,您认为 A 市的住宅价格下降到哪个档次合适?(　　　)

A. 4 000 元/平方米以下

B. 4 000~4 500 元/平方米

C. 4 500~5 000 元/平方米

D. 5 000~5 500 元/平方米

E. 5 500~6 000 元/平方米

F. 6 000 元/平方米以上

(3) 定量假设定性回答的问题。即提出一些用数量表示的假设,向被调查者征询意见和态度,而被调查者可以使用定性假设进行回答的问题。

如果 A 市市区的住宅价格下降到哪个档次您会购买?(　　　)

A. 4 000 元/平方米以下　　　　　　B. 4 000~4 500 元/平方米

C. 4 500~5 000 元/平方米　　　　　D. 5 000~5 500 元/平方米

E. 5 500~6 000 元/平方米　　　　　F. 6 000 元/平方米以上

(4) 定量假设、定量回答的问题。即提出一些定量的问题,也要求被调查者进行定量、定时、定概率的回答。

如果 A 市市区的住宅价格下降到 5 000~6 000 元/平方米,您会在 (　　　) 时间内购买?

A. 1 年内　　　　　　　　　　　B. 2 年内

C. 3 年内　　　　　　　　　　　D. 4 年内

E. 5 年内　　　　　　　　　　　F. 5 年以上

**8. 断定性问题**

断定性问题是认为被调查者肯定有某种态度,只是需要了解具体的细节问题而已。问题如："您会购买蓝色的轿车还是黄色的轿车?"（封闭题）;"您购买轿车的话,会购买什么颜色的轿车?"（自由题）。

在实际的调查问卷设计中,往往会先问假设题,而后会立即进行断定题的提问,不能颠倒提问顺序。因为如果先问了断定题,而又断定错误的话,将使调查难以继续。

9. 顺序题

顺序题是在多选题的基础上发展起来的一种类型题。它属于态度量表之一,故也叫顺序量表,是指不仅要求被调查者指出答案,而且要求被调查者对答案进行重要性排序。

（1）正方向排序题。正方向排序题,是指用顺序符号"＞"表示重要性的顺序。即最重要的排在最前面,次重要的排在次前面,最不重要的排在最后面,并且用符号"＞"进行连接的问题和提问方法。

例如:

请挑选下面属于"您去好又多购物的原因"的题序号码,并且用符号"＞"表示您对"原因"重要性的排列。最重要的排在前面,次重要的排在第二,最不重要的排在最后面,并且用符号"＞"进行连接。最少需要进行 3 个以上原因的排列。

（　　）＞（　　）＞（　　）＞（　　）＞（　　）＞（　　）

A. 离住处近　　　　　　　　　　　B. 价格实惠

C. 服务态度好　　　　　　　　　　D. 感觉好

E. 商品质量信得过　　　　　　　　F. 说不清楚原因

（2）反方向排序题。反方向排序题,是指按照问题内容重要性,从相反方向对被调查者的心理活动或者态度进行调查与排序提问的方法。提问的内容可以是被调查者最不乐意看到的、最不乐意听到的、最惧怕的、最有危机感的事情,被调查者认为最不重要的、几乎没有考虑的问题等。回答时最不重要的内容排在最前面,依次次之,最重要的内容排在最后面。这样的提问方法和调查结果叫作反方向排序。

例如:

请挑选下面属于"您买住宅最担心的"的题序号码,填写在下面的括号内,并且用符号"＞"表示您"最担心"程度的排列。最不重要的排在前面,次不重要的排在第二,最重要的排在最后面,并且用符号"＞"进行连接。最少需要进行 3 个以上原因的排列。

我买住宅最担心的事情及其排序是:

（　　）＞（　　）＞（　　）＞（　　）＞（　　）＞（　　）

A. 价格太高买后房价狂跌

B. 房屋质量太差

C. 房屋面积缩水

D. 交付延期

E. 小区环境不好

F. 物业管理混乱

10. 对比题

一对一的对比题是顺序题的一个特例,属于封闭题,是指由调查人员列举出若干个一对一的产品例子，大多是指品牌名称、竞争对手的产品、多种方案的选择、多个同类事物等，让被调查者进行对比。

（1）品牌对比题。

例如：

在以下品牌的空调器的对比中，您认为那个更好？请在您认为更好的那个品牌（　　）内打"√"。

A. 美的（　　）与海尔（　　）

B. TCL（　　）与海尔（　　）

C. 科龙（　　）与海尔（　　）

D. 格力（　　）与海尔（　　）

E. 万家乐（　　）与海尔（　　）

F. 长虹（　　）与海尔（　　）

G. 松下（　　）与海尔（　　）

H. 西门子（　　）与海尔（　　）

I. 索尼（　　）与海尔（　　）

J. 日立（　　）与海尔（　　）

（2）属性对比题。可以罗列关于产品的各种功能、被调查者可能考虑的各种因素，以及其他方面的属性，然后两两对称，进行对比。

例如：

在空调以下的各种属性的对比中，您认为哪个更重要？请在您认为更重要的那个属性的后面的（　　）内打"√"。

A. 制冷（　　）和安静（　　）

B. 舒适（　　）和价格（　　）

C. 性能（　　）和外观（　　）

D. 制冷（　　）和体积（　　）

E. 价格（　　）和服务（　　）

F. 品牌（　　）和价格（　　）

G. 外观（　　）和价格（　　）

H. 耐用（　　）和外观（　　）

I. 耐用（　　）和方便（　　）

J. 性能（　　）和价格（　　）

**11. 品牌语意差别题**

品牌语意差别题也被称为印象调查题，是指用语意差别的词语调查消费者对某个事物的印象。比较经常调查的问题是品牌印象题。用有语意差别的词语调查消费者对某个品牌印象的方法叫作品牌印象调查法，提问的问题称为品牌语意差别题。谈到茅台酒，人们会想起一些有关的词语，例如，"国酒""历史悠久的酒""在国际上获得过金奖的酒"等。这些与茅台酒品牌有关的文字联想和词语，都是人们对茅台酒的印象。印象，尤其是主要印象，是品牌在消费者心目中的客观定位，消费者往往通过对品牌的印象做出购买决策。因此，了解品牌在消费者心中的印象，并且通过产品的改进与促销活动，使产品在消费者心目中与他们的理想品牌接近，可以有效地确定和提高产品的市场定位，增加产品的市场销售。印象调查法多用于对产品品牌、产品包装、商标、CI 设计等方面的调查。

12. 文字型问题

文字型问题是指以传统的文字形式进行设计的问卷问题。

13. 图形问题

图形问题是指以图形、表格及它们与文字相结合的方式进行调查问卷设计的问题。一般而言，这种提问方式，更符合被调查者的心理活动规律，更能够了解到被调查者的真实意图，可以提高调查问卷的信度和效度。

### 2.4.3　问卷设计时应注意的问题

问卷设计是一项十分复杂又需要耐心的细致工作，即使是很有经验的研究人员在进行这项工作时也要反复推敲，否则问卷结果就达不到调查的目的。因此，设计问卷必须注意下列问题：

（1）问卷上所列问题应该都是必要的，可要可不要的问题不要列入。

（2）问题应该易于回答。即所问问题是被调查者熟悉且易于回答的，避免出现被调查者不了解或难以回答的问题。回答问题所用的时间不超过半小时。

（3）问题的安排顺序应该符合逻辑。问卷中问题的安排顺序应该与被调查者的实际行为方式和思考规律相吻合。例如，不能立即问被调查者："您是否会购买某个产品？"这样的提问，因为来得突然，被调查者没有任何思想准备，在仓促的情势下，按照心理活动的规律和思维逻辑，其选择只能要么是拒绝回答，要么是胡乱回答。

（4）提问时的措辞和语气要恰当。注意询问语句的措辞和语气，问题要提得清楚、明确、具体、简短。提问时，应该说明调查目的和要求，便于被调查者消除顾虑。不要把问题提得过大、笼统，每一个问题的内容不要过多，应该把问题拆开进行提问，每个问题都应该很具体，也不要考被调查者的记忆。此外，要明确问题的界限与范围，问句的字义（词义）要清楚，避免用引导性问题或带有暗示性的问题，也应该避免提显而易见的问题。

（5）应该注意回避个人隐私。属于年龄、收入等私人生活问题，最好采用间接提问的方法，不要直接询问"您今年多大年龄"或"您每月的收入是多少"，而应给出范围，如"18～30 岁""30～40 岁"等或"1 000 元以下""1 000～2 000 元""2 000～3 000 元"等，让被调查者选择。问卷问题应避免触及被调查者的个人隐私。

（6）问卷上所拟答案要有穷尽性，避免重复和相互交叉。问卷上拟订的答案要编号。

（7）应该有相互制约与回应的地方。在调查问卷中，除去电话调查和一些简单的调查外，应该在适当的地方设计一些可以相互制约和回应的问题，以便检查和控制调查问卷质量，既可以确认被调查者的回答是不是经过认真思考；也可以监控调查人员的工作作风。例如，把前面已经询问过的一个比较简单的问题——"您是否吸烟？"在调查问卷的后半部分，再进行询问："您一天吸几支香烟？"因为一个进行问卷作假的人，总是不能自圆其说的，匆忙中总会对一些自认为简单的问题做出错误的回答。于是可以立即确定该问卷为虚假问卷。

（8）问卷纸张质量要良好，不易破损，字迹印刷要清晰，留作填写说明的空白处要大，页数较多的要装订成册。

## 相关知识图示

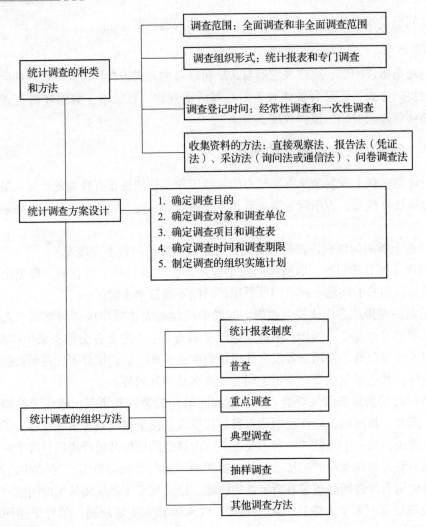

- 统计调查的种类和方法
  - 调查范围：全面调查和非全面调查范围
  - 调查组织形式：统计报表和专门调查
  - 调查登记时间：经常性调查和一次性调查
  - 收集资料的方法：直接观察法、报告法（凭证法）、采访法（询问法或通信法）、问卷调查法
- 统计调查方案设计
  1. 确定调查目的
  2. 确定调查对象和调查单位
  3. 确定调查项目和调查表
  4. 确定调查时间和调查期限
  5. 制定调查的组织实施计划
- 统计调查的组织方法
  - 统计报表制度
  - 普查
  - 重点调查
  - 典型调查
  - 抽样调查
  - 其他调查方法

## 本章小结

　　一个完整的统计工作过程包括统计设计、统计调查、统计整理和统计分析等相互联系又各有侧重的四个阶段。统计设计是统计工作的起点，统计调查是收集统计资料的具体工作，没有统计调查资料，便谈不上统计整理和统计分析。从人们的认识过程来看，统计调查属于感性认识阶段；统计整理是对统计调查资料进行加工的过程；统计分析则是在统计整理的基础上由感性认识上升到理性认识的阶段。可见，统计调查在很大程度上直接影响统计工作任务完成的好坏，决定整个统计工作质量的优劣。

　　统计调查的种类和方法：（1）按被调查者包括的范围不同，统计调查分为全面调查和非全面调查。（2）按调查的组织形式不同，统计调查可分为统计报表和专门调查。（3）按调查登记时间是否连续，统计调查可分为经常性调查和一次性调查。（4）按收集资料的方法不同，统计调查可分为直接观察法、报告法（凭证法）、采访法（询问法或通信法）、问卷调查法等。

统计调查方案设计：确定调查目的、确定调查对象和调查单位、确定调查项目和调查表、确定调查时间和调查期限、制定调查的组织实施计划。

统计调查的组织方法：统计报表制度、普查、重点调查、典型调查、抽样调查、其他调查方法。

统计调查问卷的设计：问卷设计的一般问题、调查问卷的问题类型、问卷设计时应注意的问题。

## 思考题

1. 一份完整的统计调查方案应包括哪些方面的内容？
2. 什么是统计报表？统计报表的地位如何？
3. 重点调查的重点单位的含义是什么？重点调查有什么优点？

## 即测即评

# 统计整理

1. 了解统计整理的重要意义、具体程序和统计汇总的组织形式。

2. 着重理解统计分组的概念、作用，掌握统计分组的具体方法、分配数列的编制规则和汇总的技术。

3. 熟悉统计图表的结构和种类，并能熟练地运用汇总技术和 Excel 进行数据整理及图表绘制。

培养学生运用各种汇总技术汇总资料、整理资料的能力。

### 某班学生"应用经济学"的考试成绩评价

某班级 20 名学生参加"应用经济学"的考试，考试成绩如下，试编制分配数列。

63　70　90　74　74　65　78　80　65　80　82　73　50　86　90　86　74　88　76　95

从上面资料中，我们只能大体看出学生的考试分数有高有低，而很难看出这 20 名学生考试总的情况及特点。然后，我们将资料进行分组并汇总，并列出各组人数，编成分配数列。表 3 - 1 所示为某班 20 名学生考试成绩分组表。

表 3 - 1　某班 20 名学生考试成绩分组表

| 按成绩分组/分 | 学生数/人 | 比重/% |
|---|---|---|
| 60 以下 | 1 | 5 |
| 60 ~ 70 | 3 | 15 |

续表

| 按成绩分组/分 | 学生数/人 | 比重/% |
|---|---|---|
| 70~80 | 7 | 35 |
| 80~90 | 6 | 30 |
| 90 以上 | 3 | 15 |
| 合计 | 20 | 100 |

用 Excel 工作表把表 3-1 的数据资料绘制为图 3-1。

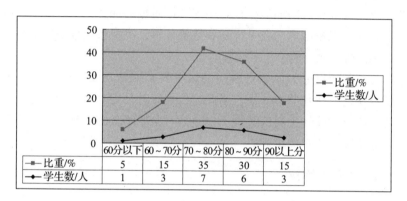

图 3-1 某班学生考试成绩分配折线图

通过分析表 3-1 和图 3-1，对该班学生"应用经济学"的考试成绩做出以下综合评价：

（1）95%以上的学生都通过了该课程的考核；（2）考试分数为 70~90 分的比重占 65%；（3）90 分以上人数占 15%；（4）考试成绩分布正常，呈正态分布。

这个例子说明了统计整理的必要性。

# 3.1 统计整理的意义和程序

## 3.1.1 统计整理的意义

统计整理，是指根据统计研究的目的和要求，对统计调查取得的大量原始资料进行科学的分类、加工和汇总，使其系统化、条理化、科学化，从而得出能够反映事物总体特征的资料，为统计分析做好准备的工作过程。从广义上讲，对已整理过的资料进行再加工也属于统计整理。

统计整理是统计工作的第三阶段，它是统计调查工作的继续和深化，也是统计分析的基础和前提。通过统计调查，获取了大量个体单位的原始统计资料，而我们进行统计研究的目的，不仅仅是了解某一个调查单位的统计资料，更主要的是获取调查对象的总体统计资料。而统计调查最初获得的是一个个具体调查单位的资料，是零散的、不系统的，无法对研究总体的内部规律性、相互联系及结构直接进行分析说明，更不能从量的方面反映事物发展变化的规律性。因此，只有根据统计研究的目的，运用科学的统计整理方法，对数据进行加工整理，同时用图表形式将数据展示出来，才能发现经济社会现象的数量规律性，以便于我们进一步理解和分析。

【例 3-1】 通过人口普查，我们可以取得每个居民的性别、年龄、职业、民族、文化程度等原始资料。这些大量分散的资料，不能集中反映出我国人口的数量、地区分布、男女性别比例、发展变化趋势。只有把大量人口资料进行科学的加工，加以分组、汇总，才能得出反映我国人口的数量、地区分布、男女性别比例等各项综合指标。

可见，统计整理在整个统计工作中起着承前启后、承上启下的重要作用，它既是统计调查工作的继续，也是统计分析的前提。统计整理工作质量的优劣，其结果能否真实地反映客观实际，直接关系到对现象准确的数量描述和数量分析，决定着统计资料的科学价值，也会影响统计分析的准确性和真实性。

统计资料按来源不同可分为原始资料（初级资料）和次级资料两种。由于收集次级资料比收集原始资料快捷方便且节省费用，因此，人们有时只需对次级资料进行加工就可满足研究目的的需要。所以，统计资料的整理不仅包括对原始资料的整理，也包括对次级资料的整理。本章主要介绍原始资料的整理。

### 3.1.2 统计整理的程序

统计整理的目的是通过对事物个性的研究认识事物的共性，揭示事物的发展规律。社会经济现象的数量方面不是单一的，而是多方面的，彼此之间有着密切的联系。因此，在统计整理工作中应该首先对所研究社会经济现象进行深刻的政治经济分析，在此基础上运用最基本的、最能说明问题本质特征的统计分组和统计指标对统计资料进行加工整理。

统计整理是一项细致的、科学性很强的工作，需要有组织、有计划地进行。统计整理的全过程包括对统计资料的审核、分组、汇总和编制统计图表四个环节，需要按照一定的步骤进行：

第一步：统计资料的审核。

原始资料一经汇总，资料中的各种差错就会被掩盖起来，会影响统计资料的质量，对调查资料进行审核是统计整理的第一步，包括以下内容：审核资料的完整性，就是看调查单位或填报单位是否齐全；审核资料的及时性，是看填报单位是否按规定的时间报送了有关资料；审核资料的正确性，是检查所填报的资料是否准确可靠。

对资料正确性的审核包括下面两种方法：

（1）逻辑性审核：审核资料的回答内容是否合情合理，各个项目之间是否有矛盾。例如，在人口调查表中，"与户主的关系"中，填写"母女"，而在"性别"中，填"男"，这其中必有一栏填错。

（2）计算审核：审核资料的统计口径、范围、计算方法和计量单位是否符合要求，统计的数字有无错误。

第二步：统计分组。

根据研究目的和统计分析的需要，选择整理的标志，并进行划类分组。统计分组是统计整理的重要内容和统计分析的基础，只有正确地分组才能整理出有科学价值的综合指标，并借助这些指标来揭示现象的本质与规律。

第三步：统计汇总。

统计汇总就是对分组后的各项指标进行汇总，并计算各组的单位数和合计数，计算出说明总体和各组情况的统计指标数值。

第四步：编制各种统计表。

即通过编制统计表和绘制统计图，将整理出的资料简洁明了、系统有序地显示出来。必须指出，统计分组是统计整理的核心内容。

## 3.2　统计数据的预处理

统计数据的预处理是统计整理的先前步骤，它是在对数据分类或分组之前所做的必要处理，内容包括统计数据的审核和汇总。

### 3.2.1　统计数据的审核

统计数据的审核是保证统计汇总质量的关键环节，也是保证统计整理工作质量的重要手段。统计数据审核，包括汇总前审核和汇总后审核两个环节。

#### 1. 汇总前审核

汇总前审核是对调查阶段取得资料的审核，它关系到整个统计工作的质量，十分重要。按照对统计资料准确性、及时性和全面性的要求，审核的内容同样包括这三方面。其中准确性审核不仅费时费力，难度较大，而且最为重要。

调查资料审核的方法：首先是准确性审核。其主要审核内容是登记性误差（非抽样误差），也是审核的重点，采取的方法是抽样复查、逻辑检查和计算检查。抽样复查是指在所有的调查单位中随机地抽取一定比例的单位进行第二次调查，如果第二次调查的结果与第一次调查的结果非常一致，可以认为第一次调查的结果比较真实地反映了客观实际情况；如果两次调查的结果出入比较大，那么就有理由认为第一次调查的结果存在较大的问题，必须进行更大范围的复查，以取得真实可靠的第一手资料。由于实地复查需要花费较多的时间和较大的精力，很多研究机构和调查公司更多采取电话回访的方式。随着网络的普及，很多调查机构也开始采取邮件回访的方式。逻辑检查，主要看调查资料的内容是否合理，调查项目间是否矛盾，以及与有关资料进行对照，或者检查数据的平衡关系，以暴露逻辑矛盾。例如男性填写了生育年龄；调查研究的对象是中学生，而填写的文化程度为大学，显然存在明显的逻辑错误，可以肯定是在登记过程中有误，应予以纠正。计算检查，主要是从数字上检查，如各分项之和是否等于总量、计量单位是否合适、计算方法是否合理等。其次是全面性审核，就是要核对应调查的单位是否遗漏、所有调查项目和指标是否填写齐全。最后是及时性审核，即是否按照规定时间上报了资料。

通过以上检查，如发现有漏报、缺项等情况，应及时催报、补报，如发现有不正确或可疑之处，应区分不同情况，及时妥善处理。

2. 汇总后审核

统计资料汇总后的审核是检查汇总工作质量的最后一关，主要有以下四方面工作：一是复计审核，是指对每一个指标值重新计算查验；二是表表审核，是指利用表与表之间的联系进行审核，如查验两个表上的同一项指标数值是否相等；三是表实审核，是把表上的数字资料与实际资料核对，一般是让有实际经验的人来检查，判断其正误；四是对照审核，是指利用会计、统计、业务三种核算资料进行审核。

3. 统计资料的预处理

（1）数据筛选。数据的筛选包括两个方面：一是将某些不符合要求的数据或有明显错误的数据予以剔除；二是将符合条件的数据筛选出来，不符合条件的数据予以剔除。数据的筛选可以很方便地借助计算机来完成。

【例3-2】　某班8名学生3门课程的考试成绩见表3-2，试找出数学成绩为80分的学生、平均成绩最高的前3名学生、3门课程都高于70分的学生。（操作步骤略）

表3-2　某班8名学生考试成绩一览表　　　　　　　　　　　单位：分

| 学号 | 姓名 | 性别 | 数学 | 英语 | 计算机 | 平均分 |
| --- | --- | --- | --- | --- | --- | --- |
| 20070101 | 王晓军 | 男 | 76 | 71 | 85 | 77 |
| 20070102 | 李小刚 | 男 | 65 | 50 | 70 | 62 |
| 20070103 | 李萌萌 | 女 | 80 | 85 | 82 | 82 |
| 20070104 | 王　霞 | 女 | 72 | 83 | 84 | 80 |
| 20070105 | 张伟民 | 男 | 56 | 66 | 80 | 67 |
| 20070106 | 刘　佳 | 女 | 60 | 75 | 72 | 69 |
| 20070107 | 王大力 | 男 | 78 | 67 | 82 | 76 |
| 20070108 | 赵国梁 | 男 | 80 | 78 | 91 | 83 |

（2）数据排序。数据排序是按一定顺序将数据排序，以便于研究者通过浏览数据发现一些明显的特征或趋势，找出解决问题的线索。此外，排序有助于对数据检查纠错，以及为重新归类或分组提供方便。

无论是定性数据还是定量数据，其排序均可借助计算机完成。用Excel排序，有升序（递增）和降序（递减）两种，可以进行排序的类型包括数值、文字、逻辑值、日期四种类型。

【例3-3】　以表3-2的资料，对8名学生的平均成绩按升序排列。（操作步骤略）

## 3.2.2　统计汇总

统计汇总是统计资料汇总的简称，数据资料的汇总主要是针对直接调查取得的原始数据进行汇总。通过统计调查收集的原始数据，其中很大部分以问卷或调查表格形式存在，往往分散、不系统，不易表现出总体的数量特征。因此，必须进行统计汇总，而选择科学的统计汇总组织形式，恰当地选择汇总技术，对提高汇总速度，保证汇总质量具有重要意义。

1. 统计汇总的组织形式

统计汇总是一项十分复杂的工作，需要有一套科学的组织形式，以保证统计汇总的顺利进行。统计汇总一般有逐级汇总、集中汇总和综合汇总三种组织形式。

（1）逐级汇总，是指按照一定的统计管理制度，自下而上地对调查资料逐级进行汇总。这种组织形式优点是能够满足各个地区、各部门对统计资料的需要，同时便于就地审核和订正原始资料。缺点是费时，发生差错的概率大。

（2）集中汇总，是指将全部统计资料集中到一个机关或者最高统计机关进行一次汇总。这种组织形式优点是可以缩短汇总时间，减少汇总差错。缺点是原始资料如有差错不能就地更正，汇总结果又不能及时满足各地区、各部门的需要。

（3）综合汇总，是指将逐级汇总和集中汇总结合起来的一种组织形式，即对于各地区和各级都需要的基本资料实行逐级汇总，对要在全国范围内进行加工的资料或者本部门、本系统的全面资料实行集中汇总。例如，我国 2000 年和 2010 年的两次人口普查，采用的就是这种汇总组织形式。即对于主要统计指标实行逐级汇总，对于全部统计指标采用集中汇总的形式。

2. 统计汇总技术

统计汇总技术主要有手工汇总和电子计算机汇总两种。

（1）手工汇总。手工汇总就是用算盘和小型计算器进行汇总，采用这种汇总技术的方法有划记法、过录法、折叠法、卡片法。手工汇总适合总体单位数量和调查项目较少的调查研究，在总体单位数量和调查项目较多的调查研究中，手工汇总花费时间长，而且容易出错。

需要说明的是，手工汇总是最原始、最传统的汇总方式，随着计算机的产生与发展，手工汇总方式渐渐地缩小了适用范围。但是，其在我国许多地区的基层单位和生产一线统计工作中仍有使用，目前尚不能完全被电子计算机汇总取代。

（2）电子计算机汇总。电子计算机汇总是 20 世纪中叶发展起来的进行统计资料汇总的方式。电子计算机的出现，特别是 PC（个人计算机）的快速普及，给统计资料的汇总和加工技术带来了质的飞跃，提高了统计资料汇总、加工的速度和质量，同时使广大的统计工作者从繁重的汇总工作中解脱出来。

一般而言，对于普通的、中小规模的统计调查，利用 PC 及 Excel、SPSS、SAS 等统计软件的功能，通过编码、数据录入、检查与修正、运行相关命令即可方便快捷地完成汇总任务。而对于大型、特大型（全国范围）的统计调查，或者是有特定要求的调研工作，则需要开发相应的专业软件及程序来进行汇总分析，其汇总步骤包括编程、编码、数据录入、检查录入、运行程序等。

电子计算机大大提高了数据汇总的速度和精确度，目前已经成为我国统计工作的重要工具。电子计算机汇总大体分为以下几个步骤：

（1）选择统计软件，目前比较常用的是 Excel、SPSS、SAS 等统计软件；

（2）设置变量；

（3）将问卷或调查表的数据录入；

（4）逻辑检查；

（5）存为数据表。

## 3.3  统计分组

### 3.3.1  统计分组的意义

1. 统计分组的概念

统计分组是根据所研究现象的特点和统计研究目的，按某一标志将统计总体划分成为若干组成部分的一种统计方法。总体的这些组成部分称为"组"。通过统计分组，使同一组内的各单位性质相同，不同组的单位相异。人们之所以能够对统计总体进行分组，是由总体单位所具有的"差异性"特点决定的。构成统计总体的各单位，一方面在某一或某些标志（变量）上具有相同的性质，可以结合在同一性质的总体中；另一方面，又在其他一些标志（变量）上具有彼此相异的性质，从而又可以被区分为性质不同的若干组成部分。因此，统计分组的基本要求，就是使各组内部保持同质性、各组之间呈现出异质性。例如，东方大学学生这一同质总体中，就存在着录取批次的差别（本科、专科等），存在院系不同的差别（商学院、法学院、人文学院等多个学院），存在入学年份的差别，为了研究问题的需要，就必须对总体进行各种分组，以便从数量方面深入了解和研究总体的特征。又如，在企业总体中，我们可以按照企业的生产规模将企业划分为大型企业、中型企业和小型企业三个组，每一组内的企业生产规模相近，各组之间企业的生产规模差异又较大。由此可见，统计分组的实质是在统计总体内部进行的一种定性分类，进而可以揭示总体内在的数量结构以及总体之间的数量依存关系。

统计分组同时具有两方面含义：对整体（总体）而言是"分"，即将总体分为性质相异的若干部分，而对个体（总体单位）而言是"合"，即将性质相同的总体单位归并到一组；对分组标志而言是"分"，而对其他标志而言是"合"。统计分组的"分"，可使人们认识同一总体内部，在其他性质方面存在差异的各组成部分的结构和分布状况，从而据以认识事物在同一性质中存在的特殊性。统计分组中的"合"，是一种特殊的综合，它把性质相同或数量差异很小的单位合为一组，集中了较多的信息，形成一种合力，反映事物的本质，使人们认识事物在特殊性中表现的同一性（共性）。

【思考】  统计分组法运用了马克思主义哲学的哪一原理？

2. 统计分组的作用

统计分组就是根据研究任务的要求和现象总体内在的特点，将统计总体按照一定的标志分为若干个组成部分的一种统计方法。对于现象总体而言，是"分"，即把总体分为性质相异的若干部分；而对于总体单位而言，又是"合"，即把性质相同的许多总体单位合为一组。例如，将参加考试的学生做总体，按成绩这一标志将学生划分为及格与不及格两组，这两组的性质是截然不同的，而组内的性质是相同的。

统计分组的主要作用具体表现在以下几个方面。

（1）划分现象的类型。社会经济现象存在着复杂多样的类型，各种不同的类型有着不同的特点以及不同的发展规律。在整理大量统计资料时，有必要运用统计分组法将所研究的现象总体划分为不同的类型组来进行研究。例如：我国经济成分分为公有制经济和非公有制经济两大类型，公有制经济包括国有及国有控股经济和集体经济，非公有制经济包括个体经济、股份制经济、三资企业、私营经济等。

★相关链接

某市 2019 年的工业经济结构见表 3-3。

表 3-3 某市 2019 年的工业经济结构

| 企业 | 单位数 | 工业总产值/亿元 | 比重/% |
|---|---|---|---|
| 总计 | 139 998 | 4 136.12 | 100 |
| 国有企业 | 56 | 165.14 | 4.0 |
| 集体企业 | 544 | 20.99 | 0.5 |
| 股份合作制企业 | 8 017 | 296.13 | 7.2 |
| 联营企业 | 41 | 5.12 | 0.1 |
| 股份制企业 | 5 266 | 1 225.70 | 29.6 |
| 股份有限公司 | 27 | 33.42 | 0.8 |
| 私营企业 | 15 498 | 1 381.10 | 33.4 |
| "三资"企业 | 612 | 274.21 | 6.6 |
| 个体工业户 | 109 932 | 734.29 | 17.8 |
| 其他 | 5 | 0.02 | 0.0 |

（2）揭示现象内部结构。社会经济现象包括多种类型，它们不仅在性质上有所差异，而且在总体中所占比重也不一样。各组比重大小不同，说明它们在总体中所处地位不同，对总体分布特征的影响也不同，其中比重大的，决定着总体的性质或结构类型。比如，表 3-3 还显示了某市 2019 年各经济类型的工业总产值及其比重，从中可以看出私营企业、股份制企业和个体工业户在某市工业经济中的重要地位，说明该地区的经济性质是以非公有制经济为主。

（3）分析现象之间的依存关系。社会经济现象之间存在着广泛的相互联系和制约关系，但现象之间发生联系的方向和程序各不相同。研究现象之间依存关系的统计方法很多，如相关和回归分析法、指数因素分析法、分组分析法等。分组分析法是最基本的方法，在研究过程中，往往是先通过分组分析法观察出现象之间的依存关系，然后在此基础上应用其他方法进一步深入分析。

【例 3-4】 下面我们列举某一企业，在不同生产规模情况下，产量与单位成本的数据来说明情况（表 3-4）。

表 3 – 4　某企业产量与单位成本的情况

| 按产量分组/万件 | 单位成本/(元·件⁻¹) |
|---|---|
| 2 以下 | 12 |
| 2~4 | 11.5 |
| 4~6 | 10.8 |
| 6~8 | 10 |
| 8 以上 | 8.9 |

从表 3 – 4 资料可以看出，产量越大，产品单位成本越低，表明产品单位成本随产量扩大而降低。这种依存关系，只有通过分组才可以观察到。

社会经济现象之间，存在着许多依存关系，收入和消费之间有一定的联系，一般来说，收入越高，消费水平也越高；教育投入和工资存在一定的依存关系，一般来说，教育投入越多，工资也越高。这些都是一些正向的依存关系。此外，人口的文化程度与生育率水平之间的关系，是一种负向的依存关系。表 3 – 5 是假设的表示某地区不同文化程度和收入水平之间存在依存关系的分组资料，它反映了随着文化程度的提高，平均收入水平也在不断提高，存在正向的依存关系。

表 3 – 5　某地区不同文化程度的平均收入水平

| 文化程度 | 月平均收入/元 |
|---|---|
| 小学及以下 | 800 |
| 初中 | 1 200 |
| 高中 | 2 000 |
| 大学 | 3 500 |
| 研究生 | 5 000 |

统计分组的上述三方面作用并不是相互孤立的，而是相辅相成、相互补充的，共同发挥作用。

### 3.3.2　统计分组的原则

1. 同质性与差别性原则

同质性与差别性即各组内资料的同质性和各组之间资料的差别性。这是统计分组的基本原则。根据这一原则将总体内不同性质的单位分别归入不同的组，表现出组与组之间的差异性，这恰恰是统计分组的出发点，而这样"分"的结果，必然要把总体内性质相同的单位"合"在一起，使组内保持同质性。遵循了这一原则的分组，才能真正通过分组反映所研究问题的本质特征，才能通过进一步的计算分析得出正确的结论。

2. "穷举"或"穷尽"性原则

所谓"穷举"性原则，是指总体中任何一个单位都有所属，即都能归纳到某一组，没有遗漏。例如，居民按文化程度分组，若仅分为大学文化程度、中学文化程度、小学文化程度三组，就不符合"穷举"性原则，因为居民中可能还有大学以上文化程度，以及文盲、半文盲者。

3. "互斥"性原则

所谓"互斥"性原则，是指总体中任何一个单位只能归属到一个组，而不能同属于两个或两个以上的组。也就是说，同一资料只能归属于一组，即属于这一组，就不属于其他组。例如，如果将工人总体分为男性工人、女性工人、青年工人、生产工人四组，就不符合"互斥"性原则。因为，在男、女工人中都有青年工人，而在青年工人中又有男、女之别，组与组之间有所包含，并不完全排斥，这就会使一些工人被重复统计。

### 3.3.3　分组标志的选择

对社会经济现象总体进行分组有许多分组标志可供选择，而正确地选择分组标志又是统计分组的关键。分组的标志作为对现象总体分组的标准或依据，其选择是否科学、正确，关系到能否正确地反映总体数量特征及其变化规律，以及能否实现统计研究的目的和任务。正确选择分组标志，需要考虑以下几点：

1. 根据研究的目的选择分组标志

研究目的不同，分组所依据的标志也不同。研究总体某方面的特征，就应选择能反映该方面特征的标志作为分组标志。否则，分组标志选择不恰当，分组的结果就不能反映总体的性质特征，也就不能达到我们所要研究的目的。

例如，同是以工业部门为研究对象，当研究的目的是分析各部门中不同规模的企业的生产情况时，应该选择产品数量或生产能力作为分组标志；当研究目的在于确定工业内部比例及平衡关系时，应该以行业为分组标志，将工业部门划分为重工业与轻工业或冶金、电力、化工、机械、纺织、煤炭等工业行业。

例如，对温州经济进行研究，目的是了解温州企业的规模状况，就要选择反映企业规模的标志（企业职工数、生产总值等）进行分组；如果目的是了解温州经济的产业结构，就要选择企业的产业类型作为分组标志；如果目的是了解温州企业的股权结构，就要按企业的股权类型进行分组。

2. 选择反映现象本质特征的分组标志

客观事物有多方面的属性特征，同一研究目的也可能有若干相关标志可供选择。分组时应选择最能说明现象本质特征的标志。

例如，在研究人民生活水平变动情况时，可供选择的分组标志有家庭人口数、每户就业人数、每一就业者负担人数、家庭总收入、每户月收入和平均每户人均月收入等。而按每户月收入和每户人均月收入分组，比选择其他标志分组更能反映现象的本质特征。而按人均月收入分组，因为提出了家庭人口多少因素的影响，比按每户月均收入分组更能反映每个家庭的真实收入水平和生活状况。因此，将不同收入水平的家庭分在不同的组中，则可真实地反映各家庭生活水平上的本质差异。

3. 根据现象所处的具体历史条件、环境选择分组标志

随着社会经济现象的发展变化，分组标志的选择也应随之变化。分组标志的选择不是单纯的技术性问题，而是需要研究者对研究目的、研究对象的特征有比较好的了解和把握，才能选择合适的分组标志。例如，在生产力水平较低的情况下，研究企业规模，一般以职工人数作为分组标志。然而，随着生产力水平的提高，"职工人数"不能准确地说明企业规模的大小。因为机械化、自动化、现代化水平较高的企业，虽然职工人数不多，但生产能力很强。因此，在生产力水平较高的情况下，一般使用企业生产能力和固定资产作为分组标志。当然，研究我国目前乡镇企业的生产规模时，由于这些企业大多还是劳动密集型企业，产品生产不固定，生产能力很难计算，因此，目前仍以职工人数作为企业规模的分组标志。

### 3.3.4 统计分组方法

统计分组根据分组标志的性质，可分为按品质标志分组和按数量标志分组；根据分组标志的多少，可分为简单分组和复合分组。统计分组方法一般是指这两种分组方法。

1. 按品质标志分组

按品质标志分组，也称品质分组。即以反映现象属性特征的标志作为分组标志，将总体分为若干不同的组成部分。一般来说，对于以定类尺度或定序尺度计量的，采取品质分组。品质分组按复杂程度大致可分为比较简单的和比较复杂的两种情况：比较简单的分组，分组标志一经确定，一个品质标志表现即一组，组的名称和组数也随之确定。例如，人口按性别分为男性和女性，分出的各组在界限上、性质上是稳定的、明确的。但是，国民经济按部门分组、人口按职业分类、产品按用途分类，各组的界限很难划分。又如，一家市场调查公司为研究不同品牌饮料的市场占有率，对随机抽取的一家超市进行了调查。调查员在某天对50名顾客购买饮料的品牌进行了记录，如果一个顾客购买某一品牌的饮料，就将这一饮料的品牌名字记录一次。对收集的数据进行统计分组，每种饮料品牌为一组（表3-6）。

表3-6 不同品牌饮料的分组表

| 饮料品牌 | 人数/人 | 百分比/% |
| --- | --- | --- |
| 可口可乐 | 15 | 30 |
| 旭日升冰茶 | 11 | 22 |
| 百事可乐 | 9 | 18 |
| 汇源果汁 | 6 | 12 |
| 露露 | 9 | 18 |
| 合计 | 50 | 100 |

表3-7是比较复杂的品质分组，该表记录的内容来自2013—2015年厦门大学对流动人口结婚登记地点的调查结果，该表用了三个分组变量，一是按"有无外出经历"这个标志，将调查总体分成农村未外出人口、农村有流动经历人口、农村流入厦门市打工人口；二是在有外出经历的人口中，还以利用"是否在外出前初婚"的标志将总体分成外出前初婚和外

出后初婚；三是按标志"实际结婚登记地"，将总体分成在男方户口所在地登记结婚和在女方户口所在地结婚。通过这个复合式品质分组表，研究者试图了解流动经历对流动人口结婚行为的影响。

表 3 - 7　2013—2015 年流动人口结婚登记地

| 实际结婚登记地 | 农村未外出人口 | 农村有流动经历人口 | | 农村流入厦门市打工人口 | |
| --- | --- | --- | --- | --- | --- |
| | | 外出前初婚 | 外出后初婚 | 外出前初婚 | 外出后初婚 |
| 男方户口所在地/% | 94.9 | 96.2 | 95.9 | 90.0 | 88.4 |
| 女方户口所在地/% | 5.1 | 3.8 | 4.1 | 10.0 | 11.6 |
| 合计/人 | 157 | 53 | 97 | 40 | 95 |

资料来源：厦门大学流动人口婚姻状况调查课题组

★ 小知识

我国现行的工业企业行业分类就是按产品使用方向、生产工艺及生产工艺流程、使用原材料三个标志，把工业划分为 39 个大类、191 个中类和 525 个小类，而且对重要的品质标志分组编制成分类目录，如《工业产品目录》《商品分类目录》等。

2. 按数量标志分组

按数量标志分组，也称数量分组。即以反映现象数量特征的标志划分各组。

一般地，对于以定距尺度或定比尺度计量的，采取数量分组。例如，学生按学习成绩、年龄、身高等数量标志分组；企业按销售额、职工人数、计划完成程度等数量标志进行分组。按考试成绩分组，划分出 55 ~ 65 分这么一组显然是不合适的。

另外，数量分组又可以分成单项式分组和组距式分组。

（1）单项式分组。单项式分组就是用一个变量值作为一组。例如，某社区家庭户以其生育子女数分组，可分为 0 个、1 个、2 个、3 个 4 组，见表 3 - 8。单项式分组一般适用于离散型变量，且适用于变量值较少的情况，组数太多不便于观察数据分布的特征和规律。离散型变量是指所描述对象的变量值可以按一定次序一一列举的数量变量。

表 3 - 8　某社区家庭户拥有孩子数情况表

| 孩子数/个 | 户数/户 | 百分比/% |
| --- | --- | --- |
| 0 | 150 | 30 |
| 1 | 200 | 40 |
| 2 | 100 | 20 |
| 3 | 50 | 10 |
| 合计 | 500 | 100 |

（2）组距式分组。组距式分组就是将变量值依次划分为几段区间，一段区间表现为"从……到……"距离，把一段区间内的所有变量值归为一组。区间的距离就是组距。其适用于连续型变量或者变量值较多的离散型变量。

①组距式分组的分类。各组包含许多变量值，每一组变量值中，最小值为下限，最大值为上限，组距是上下限的距离。凡是上下组的组限不相连的，称为间断组距式分组。例如，某社区家庭户以其人口数分组，可分为 0～1 个、2～3 个、4～5 个、6 个以上 4 组，见表 3－9。凡是上下组的组限相连的，称为连续组距式分组。例如，工厂工人完成生产定额情况，分为 90% 以下、90%～100%、100%～110%、110%～120%、120% 以上五组，见表 3－10。

表 3－9　某社区家庭户人口数情况表

| 孩子数/个 | 户数/户 | 百分比/% |
| --- | --- | --- |
| 0～1 | 150 | 30 |
| 2～3 | 200 | 40 |
| 4～5 | 100 | 20 |
| 6 以上 | 50 | 10 |
| 合计 | 500 | 100 |

表 3－10　某工厂工人完成生产定额情况表

| 工人完成生产定额/% | 工人数/个 | 百分比/% |
| --- | --- | --- |
| 90 以下 | 30 | 16.7 |
| 90～100 | 40 | 22.2 |
| 100～110 | 60 | 33.3 |
| 110～120 | 30 | 16.7 |
| 120 以上 | 20 | 11.1 |
| 合计 | 180 | 100 |

间断组距式分组适用于离散型变量，连续组距式分组适用于连续型变量。这一区别的原因是离散型变量和连续型变量的特点不同，以及统计分组的"穷尽、互斥"原则。连续型变量的可能取值无法一一列举出来，换句话说，在任何两个数值之间都存在无穷多的其他数值，如果采用间距式分组，各组的组限不相连，很有可能遗漏各组限之间的变量值。也就是说，如果我们把工厂工人完成生产定额的组限定为 89% 以下、90%～99%、100%～109%、110%～119%、120% 以上这样五组，满足了"互斥"原则，但是如果某一工人完成生产定额的 99.5%，应该归在哪一组呢，显然在以上的分组情况下，这位工人将无组可归，我们就无法满足"穷尽"原则。为了遵守"穷尽"原则，连续型变量在分组时必须选择相连的

组限，见表 3-10。那么，这样是否违背了互斥原则呢？若某工人恰巧完成生产额的 90%，应该分在哪一组呢？为了解决这个问题，统计学规定，相邻两组的上下限应用同一变量值表示，即相邻两组的上下限必须重叠。一般应把重叠的数值归入下限的那一组，这叫作"上组限不在组内"原则。有了这一原则作为补充，上面提出的问题就迎刃而解，90% 分在 90% ~ 100% 这一组，100% 分在 100% ~ 110% 这一组，以此类推。

根据各组距是否相等，把组距式分组分为等距分组和异距分组。等距分组就是变量值在各组保持相等的距离，表 3-9 和表 3-10 都属于等距分组。凡是变量值分布比较均匀的情况，一般可采取等距分组。等距分组便于操作和绘制统计图。异距分组就是各组组距不全相等，见表 3-11。

表 3-11　某地区人口年龄分布情况

| 人口年龄分组/岁 | 人口数/万人 | 百分比/% |
|---|---|---|
| 1 以下（婴儿组） | 1 | 1.9 |
| 1 ~ 7（幼儿组） | 6 | 11.6 |
| 7 ~ 17（学龄儿童组） | 12 | 23.2 |
| 17 ~ 55（劳动力人口组） | 24.6 | 47.6 |
| 55 以上（老年组） | 8.1 | 15.7 |
| 合计 | 51.7 | 100 |

一般地，异距分组适用于以下几种场合：一是变量值分布很不均匀的场合。如果采取等距分组，组距大了，很多变量值都集中到某一两个组，总体的内部结构显现不出来；组距小了，一些组的单位数很少。故此在变量值分布存在明显偏斜的情况下，采用异距分组。例如，人口总体的年龄分布，考虑到 80 岁以上的高寿者在总人口中所占比例极小，所以 80 岁以下可按 5 岁组距分组，80 岁以上的组距就应该扩大。二是变量值相等的量具有不同意义的场合。例如，生命每一年对于不同生命阶段是不一样的，若按年龄分组进行人口的生命阶段研究，应采用异距分组，见表 3-11。三是变量值按一定比例发展变化的场合。例如，钢铁厂高炉按容积（立方米）的异距分组为 100 以下、100 ~ 200、200 ~ 400、400 ~ 800、800 ~ 1 600、1 600 以上，其组距间隔等比为 2。

总之，采取等距或异距分组并没有严格的规定，研究者还是应该根据分组标志的特点以及研究的具体需要来确定。

（2）组距式分组中的相关指标。

① 组距。在组距式分组中，组距是上下限之间的距离。连续组距分组的组距计算：

$$组距 = 本组上限 - 本组下限 \tag{3-1}$$

对于间断式分组的组距大小的计算，采用如下公式：

$$组距 = 本组上限 - 前组上限 \tag{3-2}$$

$$组距 = 本组下限 - 前组下限 \tag{3-3}$$

$$组距 = 本组上限 - 本组下限 + 1 \tag{3-4}$$

连续组距式分组的组距大小，也可根据式（3-2）或式（3-3）求得。

②组数。组距的大小直接关系到组数的多少。组距大，组数就少；组距小，组数就大，两者是此消彼长的关系。在实际分组时，可以按美国学者斯德吉斯（H. A. Sturges）提出的经验公式来确定组数 $k$，即

$$k = 1 + \frac{\lg n}{\lg 2} = 1 + 3.322\lg n \qquad (3-5)$$

式中，$n$ 为总体单位数。

可根据全部数据的最大值和最小值及式（3-5）求得的组数来确定组距，即

$$组距 = （最大值 - 最小值）\div 组数 \qquad (3-6)$$

上述的公式仅供参考，不能生搬硬套。组数和组距的确定应以能够显示数据的分布特征和规律为目的，采取组数的多少应依据所研究数据的特性和研究的目的而确定。

③组中值。上下限之间的中点数值称为组中值，组中值的计算公式为

$$组中值 = \frac{上限 + 下限}{2} \qquad (3-7)$$

在计算平均指标或进行其他统计分析时，常以组中值来代表各组变量值的平均水平。当各组变量值均匀分布时，组中值就能较强地代表各组变量值的水平，因此，分组时，应尽可能使组内各单位变量值分布均匀。

④开口组的组距与组中值。在编制组距式变量数列时，使用"……以上"或"……以下"这样不确定组距的组，称为开口组。例如，表3-10中工人完成计划定额分组中，90%以下和120%以上就是开口组。开口组的组距是近似地以相邻组的组距为本组的组距，如上例，90%以下的组，因相邻组的组距为10%，故第一组可视为80%~90%，利用式（3-7）计算其组中值为85%；120%以上的组距以邻组的组距10%为本组组距，视为120%~130%，利用式（3-9）计算组中值为125%。开口组中值的公式：

$$组中值 = 上限 - \frac{相邻组的组距}{2}（适用下开口组） \qquad (3-8)$$

$$组中值 = 下限 + \frac{相邻组的组距}{2}（适用上开口组） \qquad (3-9)$$

### 3.3.5　统计分组体系

社会现象是复杂的，需要从各个方面进行观察和研究，以获得对事物全貌的认识，这就需要采用相互联系、相互补充的多个分组标志对总体进行多种分组，即形成了分组体系。

例如，对人口总体进行统计研究，必须通过按性别、年龄、民族、婚姻状况等多种分组形成的分组体系进行研究，才能对人口总体的自然构成有较深入的认识。

统计分组体系分为平行分组体系和复合分组体系两种。

平行分组体系是对总体采用两个或两个以上标志分别进行简单分组。研究对象是高中学生组成的总体，可采用性别、学科做以下的平行分组体系：

$$大学生总体\begin{cases} 按性别分组\begin{cases} 男 \\ 女 \end{cases} \\ 按学科分组\begin{cases} 文科 \\ 理科 \end{cases} \end{cases}$$

复合分组体系是对总体采用两个或两个以上标志分别重叠起来进行分组。研究对象是高中学生组成的总体，也可采用学科、性别做以下的复合分组体系：

$$大学生总体\begin{cases}文科\begin{cases}男\\女\end{cases}\\理科\begin{cases}男\\女\end{cases}\end{cases}$$

# 3.4  频数分布和累计频数（或频率）

## 3.4.1  频数分布

在统计分组的基础上，将总体的所有单位按组归类整理，并按一定顺序排列，形成总体中各个单位在各组间的分布，称为频数分布或次数分布。频数分布表现为一个数列，故又称分配数列，可以反映总体中各个单位在各组间的分布状态和分布特征。频数分布由两个要素构成：一是总体按某变量所分的组；二是各组所出现的单位数，即频数。例如，表 3–12 中第 1 列是变量（某百货公司商品销售额）的分组；第 2 列是各组出现的次数，或者说分在各组的单位数，即频数，各组频数之和等于总体单位数；第 3 列是频率，频率是各组频数与总体单位数之比，它反映了各组频数的大小对总体所起作用的相对强度。计算公式如下：

$$频率 = \frac{f_i}{\sum f_i} = \frac{f_i}{N} \tag{3-10}$$

频率具有两个性质：一是任何频率都是介于 0 和 1 之间的一个分数，一般以百分比表示，$0 \leqslant f_i / \sum f_i \leqslant 1$；二是各组频率之和为 1 或 100%，即 $\sum \frac{f_i}{\sum f_i} = 1$。

表 3–12  某百货公司商品销售额分组表

| 按销售额分组/万元 | 频数 $(f_i)$/天 | 频率 $(f_i / \sum f_i)$/% |
|:---:|:---:|:---:|
| 25~30 | 4 | 10.0 |
| 30~35 | 6 | 15.0 |
| 35~40 | 15 | 37.5 |
| 40~45 | 9 | 22.5 |
| 45~50 | 6 | 15.0 |
| 合计 | 40 | 100.0 |

对于异距分组，出于各组频数的多少还受到组距不同的影响，各组的频数可能会随着组距的扩大而增加，随着组距的缩小而减少；为消除异距分组所造成的这种影响，须计算频数

密度（或称次数密度）。频数密度的计算公式如下：

$$频数密度 = 频数/组距 \qquad (3-11)$$

$$频率密度 = 频率/组距 \qquad (3-12)$$

各组频数密度与各组组距乘积之和等于总体单位数、各组频率密度与各组组距乘积之和等于1。

### 3.4.2 累计频数（或频率）

累计频数（或频率）可以是向上累计频数（或频率），也可以是向下累计频数（或频率）。向上累计频数（或频率）分布，其方法是先列出各组的上限，然后由变量值小的组向变量值大的组依次累计。向上累计频数表明某组上限以下的各组单位数之和是多少；向上累计频率表明某组上限以下的各组单位数之和占总体单位数的比重。例如，表3-13是某40个企业按产品销售收入分组表，表第4列和第5列分别为向上累计频数和频率，第4列的数字14表示销售收入在110万元以下的企业累计14个，而对应的第5列的35.0%表示销售收入在110万元以下的企业在40个企业中占的比例为35.0%。

表 3-13　某 40 个企业按产品销售收入分组

| 按销售收入分组 /万元 | 频数 /个 | 频率 /% | 向上累计 | | 向下累计 | |
|---|---|---|---|---|---|---|
| | | | 频数/个 | 频率/% | 频数/个 | 频率/% |
| 100 以下 | 5 | 12.5 | 5 | 12.5 | 40 | 100.0 |
| 100~110 | 9 | 22.5 | 14 | 35.0 | 35 | 87.5 |
| 110~120 | 12 | 30.0 | 26 | 65.0 | 26 | 65.0 |
| 120~130 | 7 | 17.5 | 33 | 82.5 | 14 | 35.0 |
| 130~140 | 4 | 10.0 | 37 | 92.5 | 7 | 17.5 |
| 140 以上 | 3 | 7.5 | 40 | 100.0 | 3 | 7.5 |
| 合 计 | 40 | 100.0 | — | — | — | — |

向下累计频数（或频率）分布，其方法是先列出各组的下限，然后由标志值大的组向标志值小的组依次累计。向下累计频数表明某组下限以上的各组单位数之和是多少；向下累计频率表明某组下限以上的各组单位数之和占总体单位数的比重。表3-13中第6列和第7列分别为向下累计频数和频率，第6列的数字14表示销售收入在120万元以上的企业累计14个，而对应的第7列的35.0%表示销售收入在120万元以上的企业在40个企业中占的比例为35.0%。

累计频数分布具有以下两个特点：第一组的累计频数等于第一组本身的频数；最后一组的累计频数等于总体单位数。累计频率同样也具有两个特点：第一组的累计频率等于第一组本身的频率；最后一组的累计频率等于1。

# 3.5　统计表和统计图

经过整理的统计数据，既可以用统计表展示，也可以用统计图展示。统计表条理分明、集中醒目，而且可以节省大量的文字叙述，也便于对比分析与积累；统计图的特点：形象、鲜明、直观，能够清晰地显示现象之间的相互关系。

## 3.5.1　统计表

### 1. 统计表的定义和结构

统计表是把由统计调查得来的原始数据进行整理，使其成为得以说明社会现象及其发展过程的数据，并按一定顺序排列在表格中形成的。统计表可分为广义统计表和狭义统计表两种。广义统计表包括统计工作各阶段中所用的一切表格。狭义统计表，指将汇总结果按一定顺序排列在由横行、纵列交叉结合而成的表格中。狭义统计表是统计分析的重要工具，它清楚地、有条理地显示统计资料，并能直观地反映统计分析特征。

统计表的构成，可以从表式和内容两个方面来认识。

（1）从统计表的形式上看，统计表包括总标题、行标题、列标题、数字资料和附加五个部分。总标题置于表的正上方中间处，是统计表的名称，它简明扼要地说明全表的基本内容。行标题置于表的左端，是横行的名称，即总体各组名称或各指标名称，表示统计研究的对象。列标题置于表的右上端，是各列的名称。行标题与列标题的位置依据统计资料和列表的具体情况，有时可以互换。如果统计表的数据是通过第二手资料整理或者引用他人的调查结果，须在统计表的下端附加数据的来源。统计表的一般结构见图 3 – 2。

图 3 – 2　统计表的一般结构

（2）从统计表的内容上来看，统计表是由主词栏和宾词栏两个部分组成的。主词栏是统计表所要说明的总体及其组成部分，一般都列在表的左半部分；宾词栏是统计表用来说明总体数量特征的各个统计指标及其数值，一般都列在统计表的右半部分。

此外，统计表还有补充资料、注解、资料来源、填表单位、填表人等附加内容（图 3 – 3）。

总标题

**某班20名学生考试成绩分组表**

| 按成绩分组/分 | 频数/人 | 频率/% |
|---|---|---|
| 60以下 | 1 | 5 |
| 60~70 | 3 | 15 |
| 70~80 | 7 | 35 |
| 80~90 | 6 | 30 |
| 90以上 | 3 | 15 |
| 合计 | 20 | 100 |

纵栏标题

横行标题

主词栏　　　　　宾词栏

**图3-3　统计表主词栏与宾词栏**

2. 统计表的设计

统计表设计总的要求：简练、明确、实用、美观、便于比较。统计表设计应注意的事项如下：

（1）统计表应设计成由纵横交叉线条组成的长方形表格，长与宽之间保持适当的比例。

（2）线条的绘制。表的上下端应以粗线绘制，表内纵横以细线绘制。表格的左右两端一般不画线，采用"开口式"。

（3）合计栏的设置。统计表各列若需合计时，一般将合计列在最后一行，各行若需合计时，可将合计列在最后一列。

（4）标题设计。统计表的总标题，行、列标题要简明扼要，以简练而准确地表述统计资料的内容、资料所属的时间和空间范围。

（5）指标数值。表中数字应该填写整齐，对准位数，同一列应精确到小数点后同一位。因数值太小可忽略不计时，可写上"0"；当缺某项数字时，可用符号"…"表示；不应有数字时用符号"—"表示。

（6）计量单位。必须注明数字资料的计量单位。当全表只有一种计量单位时，可将它写在总标题的右下方。如果表中各行的指标数值计量单位不同，可在行标题后添一列计量单位。

（7）注解或资料来源。为了保证统计资料的科学性和严肃性，在统计表下列出资料来源以供查考。必要时，还可在统计表下加上注解或说明。

编制实用、美观的统计表，关键在于实践，通过经常观察、动手绘制，才能熟练掌握。

### 3.5.2　统计图

1. 统计图的定义和结构

统计图是统计资料的一种表达方式，它可以简洁、直观地表示统计表中枯燥的数据，可以帮助我们从众多的数据中发现规律，可以更迅速、更有效地传递信息，给人明确和深刻的印象。

统计图可以表明现象的规模、水平、结构、对比关系、依存关系、发展趋势和分布状况。如果说统计表能够集中有序地表现统计资料，统计图则能够将统计资料展示得更为生动、具体，便于人们直观地认识事物的特征。

统计图可以手工绘制，也可以用电子计算机绘制生成。随着计算机技术的不断发展，计算机制图功能日益强大，使得统计图的制作更加方便和精确。目前，常用 Excel 绘制统计图。

统计图一般包括以下几个基本要素：

（1）标题。标题有图表标题、数值轴（横轴、纵轴）标题。图表标题是统计图的名称，它简明扼要地说明全图的基本内容，一般置于统计图的下端。例如，图 3 – 4 中图表标题是"2018 年中国人口年龄金字塔"，简要地说明了该图反映的研究对象（中国人口）、研究内容（年龄性别人口结构分布），以及研究内容发生的时间（2018 年）等要素。图 3 – 4 中纵轴标题是年龄，即 2018 年时的年龄，从"0 ~ 4 岁组"至"80 岁 + 组"依次在纵轴上排列；横轴标题是人口数（单位百万），2018 年 0 ~ 4 岁的男性人口接近 4 200 万人，而 0 ~ 4 岁的女性人口接近 4 000 万人，性别比例约为 105 ∶ 100，性别比出现失调。

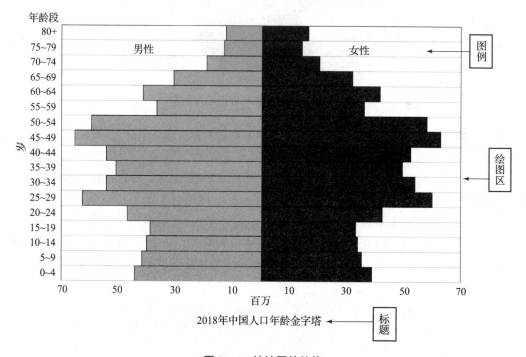

**图 3 – 4　统计图的结构**

（2）绘图区。将统计表中的数据或原始数据绘制出图形的区域。例如，在图 3 – 4 中，根据调查可知 2018 年 10 ~ 14 岁的女性人口数为 3 500 万人，在纵轴上找到 10 ~ 14 岁的所在位置，并将代表人口数的条形向横轴方向延伸至 3 500 万人口的位置，如此便绘出了 2018 年 10 ~ 14 岁女性人口的人口数，依次类推，可以根据各组的男女人口数，分别在图中绘出相应的条形，最终将得到如图 3 – 2 所示的人口年龄金字塔图形，直观、形象地反映出我国各年龄段的人口性别比和人口的年龄结构以及变化趋势。

（3）图例。图例用来表明图中的数据系列，一般置于图表的右上方。如果只有一个数据系列则不需要图例。例如，图3-4中包括男女两个数据系列，在图例中标出浅颜色代表男性，深颜色代表女性，以示区别。

2. 统计图的种类

统计图的种类很多，常用的有饼图、柱状图、直方图、折线图等。

（1）饼图。根据表3-6的数据做出的不同品牌饮料市场占有率的统计图，即"图3-5不同品牌饮料的市场占有率"，从图中可以了解到每一种饮料的市场占有率，其中可口可乐的占有率最高，占30%。饼图中的每一块"小饼"代表一个分组标志，其面积大小代表该分组标志在总体中所占的比例，比例越大，则"小饼"的面积越大，所有"小饼"加在一起就构成一个完整的圆饼，即表示各组的频率之和为1。饼图由于其简单、直观的特点在市场占有率的分析中运用较广。饼图适用于任何分组数据，但更多地应用于定类和定序尺度的数据。

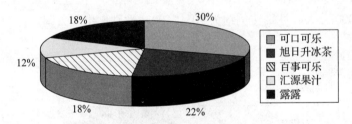

图3-5 不同品牌饮料的市场占有率

（2）柱状图。根据表3-8的数据绘制社区家庭拥有孩子数柱状图。横轴表示各组的代表值，纵轴表示频数或频率，依据各组组距的宽度和频数（频率）的高度绘成柱状形。从图3-6的图例中可以看出，纵轴为户数，表示社区家庭拥有孩子数的频数，其中拥有1个孩子的家庭户为200户，频数最高。从图中可见，柱状图的各个条形柱并不相连，原因在于所反映的数据是离散型定距数据或定序、定类尺度数据，这些数据的特征是其在坐标轴上不连续，社区家庭拥有孩子数0、1、2、3个就是离散型数据。由此我们知道，柱状图只能使用于离散型定距数据或定序、定类尺度数据，不能用于连续型的定距数据。

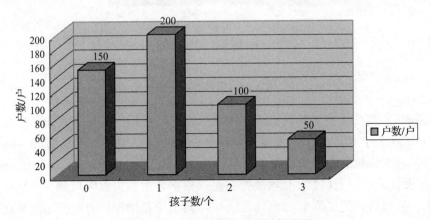

图3-6 社区家庭拥有孩子数柱状图

## 3. 直方图

直方图是用矩形的宽度和高度来表示频数分布的图形。绘制直方图时，横轴表示各组组限，纵轴表示频数或频率，依据各组组距的宽度和频数（频率）的高度绘成矩形。图 3 – 7 是根据表 3 – 12 绘制的直方图。图 3 – 4 的人口年龄金字塔也是典型的直方图应用，只是将频率（频数）变换到横轴。横轴和纵轴的具体设置可以根据研究和表述的需要进行变化，一般情况下，我们在绘制直方图时习惯用横轴表示分组坐标，用纵轴表示频率（频数）。直方图与柱状图存在细小的差异，直方图的长条形紧密地排列在一起，而柱状图的长条形是分散地排列，原因就在于我们前面提到的离散数据与连续数据之间的差别。因此，我们还必须在应用中注意直方图只适用于连续型的定距数据。

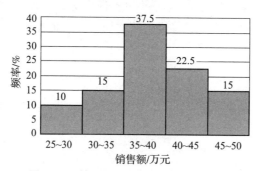

**图 3 – 7　某百货公司商品销售额分布图**

## 4. 折线图

折线图是以线段的起伏表示数量分布的特征。绘制时，横轴表示变量值，纵轴表示频数或频率，先根据变量值和其频数在坐标轴上绘出相应的点，再用折线将所有的点连接起来，直观地表现数量分布的变动规律。可以用单变量频数分布数列来绘制，也可以用分组数据来编制，分组数据各组用其组中值作为代表值。图 3 – 8 是根据表 3 – 12 绘制的折线图，该图直观地反映出商品销售额分布的特征，销售额在 35 万 ~ 40 万元的天数最多，高于 40 万元和低于 35 万元的销售额的天数逐渐下降。

当所观察的组距越小且组数越多时，所给出的折线图就会越光滑，逐渐形成一条光滑的曲线，这种曲线即频数分布曲线，反映了数据或统计量的分布规律。统计曲线在统计学中很重要，是描述各种统计量和分布规律的有效方法。在日常生活和经济管理中，较常见的有四种曲线，即正态分布曲线、偏态曲线、J 形曲线和 U 形曲线。

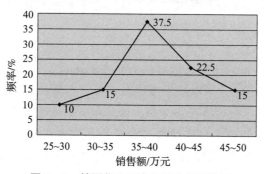

**图 3 – 8　某百货公司商品销售额折线图**

正态分布曲线也称钟形曲线，如图3－9中的（a）图所示，"中间大，两头小"，即中间的变量值分布频数多，靠近两边的变量值分布的频数少，形状为左右对称，犹如挂着的钟。这是客观事物数量特征表现最多的一种频数曲线，例如，人的身高、体重、智商、考试成绩、农作物产量等。

偏态曲线根据尾部拖向哪一方又可分为右偏和左偏两种曲线，如图3－9中的（b）图所示为右偏分布，（c）图所示为左偏分布。例如，人均收入分配的曲线就是右偏曲线，即低收入的人数较多，在收入较低的左边形成高峰，高收入的人数较少，且收入越高的人越少，在右边形成了一个细长的尾巴。

J形曲线包括正J形和倒J形分布，比较常见的例子是西方经济学中的供给曲线和需求曲线。供给曲线如图3－9中的（d）图所示，随着价格的增加，供给量在不断增加；需求曲线如图3－9中的（e）图所示，随着价格的增加，需求量在不断减少。

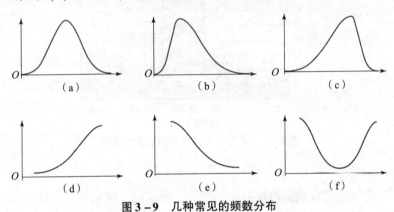

**图3－9　几种常见的频数分布**

（a）正态分布曲线；（b）右偏分布；（c）左偏分布；

（d）正J形分布；（e）反J形分布；（f）U形分布

U形曲线又称生命曲线或浴盆曲线，人和动物的死亡率近似服从U形曲线分布。婴儿由于抵抗力弱，死亡率很高。随着对新环境的适应和年龄的增长，死亡率逐渐降低。到了中年时期，死亡率最低；进入老年后，身体出现衰退性病变，死亡率又逐渐提高。另外，人们的闲暇时间也是呈U形曲线分布的。婴儿和少儿时期，人们的闲暇时间最多；随着年龄的增长，开始上学、就业，闲暇时间逐渐减少；人到中年事业达到最高峰，同时家庭的负担也最重，上有老下有小，工作和家庭的双重压力使得中年人的闲暇时间最少；随着中年步入老年，逐渐退出工作岗位，孩子也都长大离开家庭，老年人的闲暇时间又逐渐增加。

## 本章小结

（1）统计整理就是根据统计研究的目的和任务的要求，对收集得到的初始数据进行审核、分组、汇总，使之条理化、系统化，变成能反映总体特征的综合数据的工作过程。统计整理的全过程包括对统计资料的审核、分组、汇总和编制统计图表四个环节。

（2）统计分组就是根据研究任务的要求和现象总体内在的特点，将统计总体按照一定的标志分为若干个组成部分的一种统计方法。统计分组的关键是分组标志的选择和各组界限的合理划分。

（3）标志分组根据分组标志的性质不同划分为按品质标志分组和按数量标志分组；按分组标志的多少划分为简单分组和复合分组。

（4）在统计分组基础上，将总体的所有单位按组归类整理，并按一定顺序排列，形成总体中各个单位在各组间的分布，称为次数分配或分配数列。

（5）变量分配数列简称变量数列，是按照数量标志进行分组所编制的分配数列。

（6）单项式数列一般只能用在变量值变化幅度不大的离散型变量中。连续型变量和变量值较多的离散型变量适合编制组距式变量数列。划分连续型变量的组限时，采用"重叠分组"和"上组限不在组内"原则。

（7）等距分组就是标志值在各组保持相等的组距，凡是在标志值变动比较均匀的情况下，都可采用等距分组。异距分组就是分组的组距不等。在标志值分布很不均匀，变动幅度很大时应考虑采用异距分组。

（8）统计调查所得来的原始资料，经过汇总整理，得到说明社会现象及其发展过程的数据，将这些数据按一定的逻辑顺序排列在表格上，就形成了统计表。

（9）统计表根据主词是否分组和分组的程度，分为简单表、分组表和复合表三种。统计表按宾词进行分类，可分为宾词简单分组和宾词复合分组两种。

（10）统计图是统计资料的一种表达方式，它可以简洁、直观地表示统计表中枯燥的数据，可以帮助我们从众多的数据中发现规律，可以更迅速、更有效地传递信息，给人明确和深刻的印象。常用的统计图有饼图、柱状图、直方图、折线图等。

## 相关知识图示

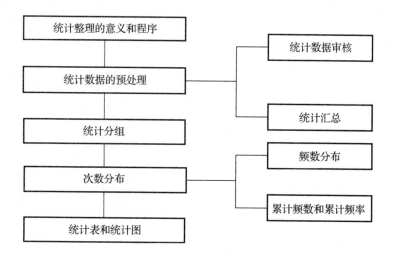

## 思考题

1. 试述统计整理在统计研究中的重要性。

2. 如何正确确定按数量标志分组的分组界限？

3. 组距和组数的关系如何？如何正确地确定组距和组数？

**即测即评** ///

# 第4章

# 统计指标分析

### 2019 年全国科技经费投入统计公报

2019 年，我国科技经费投入力度进一步加大，研究与试验发展经费投入保持较快增长，国家财政科技支出稳步增加，研究与试验发展经费投入强度持续提高。

2019 年，全国共投入研究与试验发展经费 22 143.6 亿元，比 2018 年增加 2 465.7 亿元，增长 12.5%；研究与试验发展经费投入强度为 2.23%，比上年提高 0.09 个百分点。按研究与试验发展人员全时工作量计算的人均经费为 46.1 万元，比上年增加 1.2 万元。

分活动类型看，全国基础研究经费 1 335.6 亿元，比 2018 年增长 22.5%；应用研究经费 2 498.5 亿元，增长 14.0%；试验发展经费 18 309.5 亿元，增长 11.7%。基础研究、应用研究和试验发展经费所占比重分别为 6.0%、11.3% 和 82.7%。

分活动主体看，各类企业研究与试验发展经费支出 16 921.8 亿元，比 2018 年增长 11.1%；政府属研究机构经费支出 3 080.8 亿元，增长 14.5%；高等学校经费支出 1 796.6

亿元，增长 23.2%。企业、政府属研究机构、高等学校经费支出所占比重分别为 76.4%、13.9% 和 8.1%。

分产业部门看，高技术制造业研究与试验发展经费 3 804.0 亿元，投入强度为 2.41%，比 2018 年提高 0.14 个百分点；装备制造业研究与试验发展经费 7 868.0 亿元，投入强度为 2.07%，比 2018 年提高 0.16 个百分点。在规模以上工业企业中，研究与试验发展经费投入超过 500 亿元的行业大类有 9 个，这 9 个行业的经费占全部规模以上工业企业研究与试验发展经费的比重为 69.3%。

分地区看，研究与试验发展经费投入超过千亿元的省（市）有 6 个，分别为广东（3 098.5 亿元）、江苏（2 779.5 亿元）、北京（2 233.6 亿元）、浙江（1 669.8 亿元）、上海（1 524.6 亿元）和山东（1 494.7 亿元）。研究与试验发展经费投入强度超过全国平均水平的省（市）有 7 个，分别为北京、上海、天津、广东、江苏、浙江和陕西。

思考：在这个统计公报中，运用了哪些总量指标分析技术？

# 4.1 总量指标

## 4.1.1 总量指标的概念和作用

总量指标是反映社会经济现象在一定时间、地点、条件下的总规模或总水平的统计指标。由于它的表现形式是绝对数，因此，总量指标也称为绝对指标或绝对数。例如，一个国家或地区的人口数、土地面积、粮食总产量、国内生产总值（GDP）、社会消费品零售总额、货物进出口总额、固定资产投资总额等都是总量指标。

总量指标的数值大小与总体范围大小有关。总体范围越大，其总量指标的数值越大；反之，则越小。

总量指标是统计研究过程中所使用的最基本的统计综合指标，在实际工作中应用得十分广泛。

总量指标的作用主要表现在以下三个方面。

（1）总量指标是人们认识社会经济现象的起点，可以反映一个国家、地区、部门或单位的基本情况。这是因为，客观现象基本情况的数量，首先表现为一定的总量。例如，我国土地总面积 960 万平方千米，2019 年年末全国总人口为 140 005 万人。这两个绝对数说明了我国幅员辽阔、人口众多的基本特点。又如，2019 年我国国民经济发展的情况可以通过以下总量指标加以概括：

年末总人口为 140 005 万人，全年国内生产总值（GDP）988 528.90 亿元、财政收入 190 382.23 亿元、粮食产量 66 384.34 万吨、全社会固定资产投资 560 874.30 亿元、货物进出口总额 45 761.26 亿美元。显然，通过这些总量指标就能对我国经济发展情况有一个基本认识。总之，要对一个国家的国情、国力，对一个地区、一个单位的人力、物力状况有一个最基本的认识，都要通过总量指标来完成。

（2）总量指标是制定政策、编制计划及进行科学管理的重要依据。无论是宏观调控还是微观管理，都不能凭空想象，必须从客观实际出发，以反映客观事物现在和历史的相关总量指标作为重要的参考依据。例如，一个国家的资源存储量、人口数、生产力水平和消费水平等总量指标，就是该国资源开发、利用和管理的重要参考依据。又如，城乡居民储蓄存款余额、全社会固定资产投资总额、货币流通量等总量指标，则是国家制定货币发行量、存贷款利率和额度、基本建设投资规模等各项金融政策和财政政策的基础。

（3）总量指标是计算相对指标和平均指标的基础。相对指标和平均指标一般都是由两个相关的总量指标对比得到的，是总量指标的派生指标。例如，将我国国内生产总值和全国总人口数两个总量指标对比，就得到人均国内生产总值这一相对指标；将某市城镇职工工资总额与城镇职工人数对比，就得到人均工资这一平均指标。因此，总量指标计算正确与否，直接影响相对指标和平均指标的准确性。

## 4.1.2 总量指标的种类

**1. 总量指标按其反映的内容不同，分为总体单位总量和总体标志总量**

总体单位总量简称为总体总量，又称总体单位数，是指一个总体内所包含的总体单位总数，即总体本身的规模大小。总体标志总量简称标志总量，是指总体单位某种数量标志值之和。例如，研究某市工业企业的生产情况时，该市所有的工业企业是总体，每一家工业企业是总体单位，那么，该市的所有工业企业总数便是总体单位总量，而该市的工业总产值、工业利税总额等是总体标志总量，是由各总体单位的数量标志值汇总而来的。

就特定的统计总体来说，一定存在总体单位总量和总体标志总量两个基本的总量指标，两者相互联系、相辅相成。例如，当研究某市工业企业职工的平均工资时，职工人数是总体单位总量，而工资总额是总体标志总量；当研究该市平均每家企业的职工人数时，则职工人数为总体标志总量，而企业总数是总体单位总量。

**2. 总量指标按反映的时间状况不同，分为时期指标和时点指标**

时期指标是指反映现象总体在一段时期内发展过程的总数量，如某种产品的产量、商品销售量（额）、工资总额、国内生产总值、人口增长量、人口出生（死亡）数等。

时点指标是指现象总体在某一时刻（瞬间）上状态的总量，如人口数、商品库存量、固定资产的价值、企业设备台数、外汇储备额等。

时期指标和时点指标具有不同的特点。

（1）时期指标的数值是连续登记取得的，如某市某月人口出生数是该市在本月中每天出生人数的连续记载；而时点指标的数值是通过间断登记取得的，如该市某月月末的人口数是该市在这个月月初出现变动到月末后实有的人口数。

（2）时期指标具有累加性，也就是说，可以把连续几个时期的指标数值相加，其加总后的结果有实际意义。例如，把某市某年第1—3月出生的人口数相加，就得到该市第一季度出生的人口数；把全年四个季度出生的人口数相加，可以得到全年的人口出生数。时点指标不具有累加性，也就是在一般情况下不能把不同时点的指标数值相加，因为加总后的数值没有实际意义。例如，不能把该市一年每个月月末（初）的人口数相加，相加后的结果是不能构成全年的总人口数的。

（3）时期指标数值的大小与时期长短有直接关系，例如，该市一年出生的人口数必然大于一个月的；时点指标数值的大小与时点间隔长短无直接关系，例如，年末的人口数不一定比这年中某个月的人口数多。

3. 总量指标按其采用的计量单位不同，可分为实物指标、价值指标和劳动指标

任何总量指标都具有一定的经济内容，因此都有相应计量单位。按总量指标所反映的客观事物性质的不同，计量单位可分为实物单位、货币单位和劳动单位。

（1）实物指标。实物指标是指根据现象的自然属性或物理的、化学的单位计量的总量指标，即以实物单位计量的总量指标。实物单位包括以下几种。

①自然单位。自然单位是根据事物的自然属性来度量其数量的计量单位，如人口按"人"、火车按"列"、鞋子按"双"、油条按"根"等。

②度量衡单位。度量衡单位是根据度量衡制度规定的计量单位，如长度用"米"、质量用"吨"、容积用"升"等。

③双重或多重单位。双重或多重单位是同时采用两种或两种以上计量单位来表明某一种事物的数量，如发动机用"千瓦/台"表示，属双重单位；高炉生产能力用"吨/（立方米·座·年）"表示，属多重单位。

④复合单位。复合单位是用两种单位的乘积来表明某一种事物的数量，如货运量用"吨千米"表示，发电量用"千瓦时"表示等。

⑤标准实物单位。标准实物单位是按照统一折算标准来度量被研究现象数量的一种计量单位，如不同马力的拖拉机以 15 匹马力折合为一个标准台，不同发热量的煤炭以 7 000 大卡/千克折合为标准煤炭等。

这几个单位中，除了自然单位和度量衡单位以外，双重或多重单位、复合单位和标准实物单位都是派生单位。

（2）价值量指标。价值量指标简称价值指标，是指以货币单位计量的总量指标，如总产值、净产值、增加值、销售收入、工商税收等。价值指标代表一定的社会必要劳动量，具有广泛的综合性和概括性。但是，价值指标如果脱离了具体的物质内容，是比较抽象的。因此，必须将价值指标和实物指标结合起来使用，才能全面地认识问题。

价值指标既可以采用当年价格（现行价格），也可以采用可比价格（不变价格）来计算。所谓当年价格，是指经济行为发生时产品或劳务的价格，即实际成交价格；而可比价格，是指政府统计机构确定的一定时期保持不变的产品或劳务的价格。当年价格价值指标可直接用数量乘以其实际成交价格获得，它包括数量和价格两个因素的变动；按可比价格计算的价值指标不包括价格因素变动，仅包括数量因素变动，能确切地反映数量变动。计算可比价格的价值指标的方法有两种，在此从略。

（3）劳动量指标。劳动量指标是指以劳动单位计算的总量指标。劳动单位是指用劳动时间表示的计量单位，如"工时""工日""台时"等。实际上，劳动单位是由劳动和工作时间组合而成的复合单位，如一个劳动力工作一小时为一个工时，工作一天为一个工日。劳

动单位通常用于劳动消耗量的计量，如劳务工资的核算和有些生产周期长的行业（如造船业）每月进度的核算等。

劳动量指标主要在企业范围内使用，是企业编制和检查计划的重要依据。不同类型、不同经营水平企业的劳动指标不能直接对比。

### 4.1.3　总量指标的计算

1. 总量指标的计算方法

（1）直接计量法。直接计量法是指对研究对象进行直接计算或测量后，将指标数值计算出来的方法。这种方法要求对总体的所有单位都进行登记计量，然后汇总出所需要的总量指标。如商品流转统计表中的商品销售量、库存量，人口普查中的人口总数等指标，都是这样计算的。

（2）间接推算法。在总量指标不能直接计算或不必直接计算的情况下，可采用推算法或估算法。常用的推算法有以下几个

①因素关系推算法。因素关系推算法是指利用客观现象的各影响因素之间的关系，根据已知的因素推算未知因素的方法。如可根据"销售额＝单价×销售量"进行推算等。

②比例关系推算法。比例关系推算法是利用各种资料的比例关系进行推算的一种方法。例如，某地社会集团消费品零售额历年均占零售总额的10%，已知某年当地零售总额为5 000万元。用比例关系推算法推算，则该地社会集团消费品零售额为500万元。

③平衡关系推算法。平衡关系推算法是利用各种平衡关系来推算未知指标的方法。例如，"期初库存＋本期购进＝本期销售＋期末库存"，这一关系式中的三项已知就可以推算另一项未知因素的数值。

（3）估算法是指运用抽样推断的方法估算总量指标。具体内容见第5章抽样推断。

2. 计算总量指标应注意的问题

（1）计算实物量指标时，要注意现象的同类性。例如，人口和钢产量的性质不同，不能将两者加总。但在某些特殊情况下，对于具体形式不同但使用价值相同的产品，可以折算为标准品再行加总，如原煤、原油、天然气、水电等，可以折算成标准煤后加总。

（2）明确总量指标的含义和范围。统计指标包括内涵和外延两个方面，只有明确总量指标的含义，才能科学地确定统计指标的计算范围和计算方法，进而准确地计算总量指标。例如，在计算工业总产值时，首先要明确什么是工业和工业产品，否则，就不可能准确地对工业总产值指标进行统计。再例如，国内生产总值可以采取支出法、生产法和收入法计算。计算方法不同，结果就不一样。因此，一定要根据研究目的，统一规定指标的含义，确定科学的统计方法。

（3）在统计汇总时，必须有统一的计量单位。同类现象的总量指标的数值，其计量单位只有统一时，才能加总，否则，在统计汇总时，首先要换算成统一的计量单位。如原材料的计量单位可用吨或千克表示，棉布的计量单位可用匹或米表示，计算时要统一。我国从1991年起统一使用以国际单位制为基础的法定计量单位制。

# 4.2　相对指标

总量指标虽然能综合反映客观现象的总规模、总水平，但是仅仅根据总量指标还难以对客观现象做出正确的判断。这是因为现象之间存在着相互联系、相互制约的关系，要进一步研究现象之间存在的数量关系、内部特征及其规律性，必须通过相对指标进行比较与分析。

## 4.2.1　相对指标的概念和作用

相对指标是两个或两个以上有联系的统计指标的比值。相对指标主要是用来说明社会经济现象之间的数量对比关系的。由于相对指标的结果表现为相对数，故也称相对数。例如，2019 年我国国内生产总值同比 2018 年增长 7.79%，全年社会消费品零售额同比 2018 年增长 8.84%，人口出生率为 10.48‰，死亡率为 7.14‰，自然增长率为 3.34‰。出生人口性别比为 104.64∶1 等。

总量指标有时不易明显反映现象的内部结构和事物的发展程度，难以对客观现象做出正确的判断。而相对指标有以下重要作用：

（1）利用相对指标可以清楚地反映社会经济现象的内部结构和现象间的数量联系程度，对现象进行更深入的分析和说明。例如，我国海关的出口商品总额 1980 年为 181.19 亿元，其中初级产品 91.14 亿元，占出口商品总额的 50.30%，工业制成品 90.05 亿元，占出口商品总额的 49.70%；2006 年为 9 689.16 亿元，其中初级产品 529.19 亿元，占出口商品总额的 5.46%，工业制成品 9 160.17 亿元，占出口商品总额的 94.54%。这些相对指标深刻地反映了 1980—2006 年的 26 年间，我国出口商品的结构发生了根本改变，已经从出口初级产品转为主要出口工业制成品。

（2）利用相对指标可以将现象的绝对差异抽象化，使原来不能直接对比的总量指标找到可比的基础。如不同企业由于生产规模及条件不同，直接用总产值或总产量、利税总额等绝对指标进行比较，很容易做出错误判断。但用各自的计划完成程度、资金利润率、资金产值率、发展速度等相对指标进行比较，便可对其生产经营的结果做出合理的评价。

**思考题**

2019 年甲、乙两企业的利税总额分别为 3 000 万元和 2 400 万元，企业资本金分别为 3 亿元和 1.5 亿元。请问甲、乙两企业谁的经济效益较好？

（3）相对指标具体表明现象的发展过程及事物之间的相互关联程度，反映事物发展变化的趋势。如用计划完成程度相对数判断一个企业计划任务的执行情况；用人均国内生产总值衡量一个国家或地区的经济实力；用发展速度揭示一个国家或地区的经济发展变化趋势等。虽然这些相对指标不是唯一的判断标准，但仍然为人们进行分析研究带来了很大的方便。

## 4.2.2　相对指标的表现形式

相对指标的表现形式实际上就是它的计量单位，一般有有名数和无名数两种表现形式。

（1）有名数。有名数是将对比的分子和分母指标的计量单位结合使用，以表明事物的密度、普遍程度和强度等。有名数主要用来表现某些强度相对指标的数值，例如，人口密度用"人/平方千米"，人均国内生产总值用"元/人"表示。

（2）无名数。无名数是一种抽象化的数值，多以系数、倍数、成数、百分数和千分数表示。

系数和倍数是将对比的基数抽象化为 1 而计算的相对数。在两个数字对比时，其分子数值与分母数值的比值小于 1 时用系数表示，如工资等级系数、固定资产磨损系数等；当分子数值与分母数值的比值大于 1 时用倍数表示，如我国水泥产量 1978 年为 6 524.00 万吨，2005 年达到 106 884.79 万吨，为 1978 年的 16.38 倍。

成数是将对比的基数抽象化为 10 而计算出来的相对数。如某企业利润比上年增长一成，或者增长 10%，即一成等于 10%。

百分数是将对比的基数抽象化为 100 而计算出来的相对数，其符号为%。它是相对指标中最常用的一种表现形式。

千分数是将对比的基数抽象化为 1 000 而计算出来的相对数，其符号为‰。它适用于对比的分子数值比分母数值小得多的情况。如人口出生率、人口自然增长率等多用千分数表示。

翻番数是指两个进行比较的数值中，一个数是另一个数的"$m^2$"倍，则 $m$ 是番数。某地区 2009 年的工业增加值为 220 亿元，计划 2010 年翻一番（$m=1$），则该地区 2010 年的工业增加值为 440 亿元；若计划翻两番，则为 880 亿元（$m=2$），工业增加值 $220 \times 2^2 = 880$（亿元）。

近年来，报纸、广播、电视中经常能见到"百分点""千分点"这些词，它与这里所说的百分数、千分数是不同的，不能混为一谈。在对比分析中，比较两个百分数或千分数时，有时用相减的方法求其差额，相差数为 1% 称为一个百分点，相差数为 1‰ 称为一个千分点。例如，中国人民银行决定从 2006 年 8 月 19 日起，一年期存款生产率由 2.52% 上调为 2.79%，即可以说是提高了 0.27 个百分点。

### 4.2.3　相对指标的种类和计算方法

由于对比基础和研究目的的不同，相对指标可以分为计划完成程度相对指标、结构相对指标、比例相对指标、比较相对指标、强度相对指标和动态相对指标。下面将各种相对指标的计算方法介绍如下。

1. 计划完成程度相对指标

计划完成程度相对指标是将社会经济现象在一定时期内的实际完成数与计划任务数进行对比，用来检查、监督计划执行情况的相对指标，一般以百分数表示。其计算公式为：

$$计划完成程度相对指标 = \frac{实际完成数}{计划任务数} \times 100\%$$

计划完成程度相对指标的分子是实际完成数，分母是计划任务数，分子指标和分母指标在指标含义、计算方法、计量单位及时间长度等方面应该完全一致。同时，分子、分母不允许互换。

在实际经济工作中，计划任务数既可以是绝对数，也可以是相对数或平均数，因此计划完成程度相对指标在计算形式上有所不同。

（1）计划任务数为绝对数时，可直接用实际完成数和计划任务数对比求得计划完成程度相对指标。

$$计划完成程度相对指标 = \frac{实际水平}{计划水平} \times 100\%$$

【例4-1】 某厂计划完成工业增加值200万元，实际完成220万元，则：

$$计划完成程度相对指标 = \frac{220}{200} \times 100\% = 110\%$$

结果说明，该厂超额10%完成工业增加值计划。

（2）计划任务数为平均数时，其计算公式为：

$$计划完成程度相对指标 = \frac{实际平均水平}{计划平均水平} \times 100\%$$

【例4-2】 某企业一产品平均单位成本计划为100元/件，实际为118元/件，则：

$$计划完成程度相对指标 = \frac{实际完成数}{计划任务数} \times 100\% = \frac{118}{100} \times 100\% = 118\%$$

结果说明，该企业差18%未能完成计划。

（3）计划任务数为相对数时，即以本年计划数比上年实际数提高或降低多少的相对数表示时，如劳动生产率提高率、成本降低率、原材料利用率降低率等，其计算公式为：

$$计划完成程度相对指标 = \frac{实际完成百分数（\%）}{计划任务百分数（\%）} \times 100\%$$

【例4-3】 某厂计划2000年劳动生产率要比上年提高4%，实际提高5%，则：

$$计划完成相对指标 = \frac{100\% + 5\%}{100\% + 4\%} \times 100\% = 100.96\%$$

结果说明，超额0.96%完成劳动生产率计划。

【例4-4】 某企业计划产品单位成本比上年降低5%，实际降低6%，则：

$$计划完成相对指标 = \frac{100\% - 6\%}{100\% - 5\%} \times 100\% = 98.95\%$$

结果说明，该企业成本降低率实际比计划多降低1.05%。

需要说明的是，在计划完成程度相对指标中，100%是判断是否完成计划的数量界限。但是，计划完成程度相对指标同计划完成情况是不同的，计划完成程度相对指标是评价计划完成情况的标准和依据，计划完成程度相对指标是中性的，本身没有好坏之分。计划完成情况则相反，我们可以说完成了计划或没有完成计划。因此，利用计划完成程度相对指标进行评价时，要根据指标的性质和要求而定。对于数值越大越好的指标，如产值、产量、利润、劳动生产率等，计划完成程度要大于100%才算超额完成计划，超过100%的部分为超额完成计划的相对数；对于数值越小越好的指标，如原材料消耗量、单位产品平均成本、亏损额等，计划完成程度要小于100%才算超额完成计划，而超过100%的部分，则表示未完成计划的差距。

【例4-5】 某商场销售三种商品的相关数据见表4-1，请将缺失的数值填上。

表4-1  某商场销售产品的数据表                        单位：万元

| 商场 | 2010年 | | | | 完成计划/% | 2009年实际销售额 | 2010年比2009年增长/% |
| | 计划 | | 实际 | | | | |
| | 销售额 | 比重/% | 销售额 | 比重/% | | | |
| 甲 | | 30 | 1 224 | | | 1 100 | |
| 乙 | 1 000 | | | | 102.6 | | 14.0 |
| 丙 | | 45 | | | 95.0 | | 4.3 |
| 合计 | | | | | — | 3 640 | — |

**解**：运用计划完成程度相对指标的计算公式计算后填入表4-2。

表4-2  某商场销售产品的数据表                        单位：万元

| 商场 | 2010年 | | | | 完成计划/% | 2009年实际销售额 | 2010年比2009年增长/% |
| | 计划 | | 实际 | | | | |
| | 销售额 | 比重/% | 销售额 | 比重/% | | | |
| 甲 | (1 200) | 30 | 1 224 | (30.9) | (102) | 1 100 | (11.27) |
| 乙 | 1 000 | 25 | (1 026) | (25.9) | 102.6 | (900) | 14.0 |
| 丙 | (1 800) | 45 | (1 710) | (43.2) | 95.0 | (1 640) | 4.3 |
| 合计 | (4 000) | (100) | (3 960) | (100) | — | 3 640 | — |

长期计划的检查是指对国民经济5年或10年计划完成情况的考核，其中主要是5年计划完成情况的考核。根据客观现象的性质不同，5年计划指标数值的规定有两种：一种规定计划期末应达到的水平；另一种规定全计划期应该完成的累计总数，因而有水平法和累计法两种不同的检查方法。

（1）水平法。水平法是在5年计划中只规定最后一年应达到的水平，如产品产量、社会商品零售额、人口数等。用水平法检查5年计划执行情况的计算公式为：

$$计划完成程度相对指标 = \frac{5年计划末年实际达到的水平}{5年计划规定的末年水平} \times 100\%$$

计算提前完成时间的方法：在5年计划中，从前往后考察，只要有连续一年时间（可以跨年度）实际完成的水平达到了计划规定的末年水平，就算完成了5年计划，所剩余时间即提前完成5年计划的时间。

**【例4-6】**  某钢铁公司"十一五"计划规定钢产量达到年产钢材630万吨，计划的执行情况见表4-3。

**解**：该公司2010年共产钢材703万吨（161+178+182+182），所以其计划完成程度计算如下：

$$计划完成程度相对数 = \frac{703}{630} \times 100\% = 111.59\%$$

表 4-3 某钢铁公司计划执行情况表 单位：万吨

| 项目 | 2006 | 2007 | 2008 | | 2009 | | | | 2010 | | | |
|---|---|---|---|---|---|---|---|---|---|---|---|---|
| | | | 上半年 | 下半年 | 一季度 | 二季度 | 三季度 | 四季度 | 一季度 | 二季度 | 三季度 | 四季度 |
| 产量 | 420 | 448 | 238 | 266 | 140 | 140 | 147 | 154 | 161 | 178 | 182 | 182 |
| 合计 | | | | | 602 | | | | | | | |
| 合计 | | | | | | | 640 | | | | | |
| 合计 | | | | | | | | | 703 | | | |

表明超额 11.59% 完成了计划。这类计划完成的时间是以整个计划期内连续一年（够 12 个月，可以跨年度）的实际完成数达到计划规定水平的时间为准，以后的时间即提前完成计划的时间。如 2009 年第三季度到 2010 年的第二季度这四个季度里，钢总产量已达 640 万吨，表明至此已超额完成了计划，这就意味着提前期超过了两个季度，那么是两个季度零多少天呢？现假定多 $x$ 天，则提前完成计划的时间为 2 个季度加 $x$ 天。

$$\frac{x}{90} \times 140 + 147 + 154 + 161 + \frac{90-x}{90} \times 178 = 630$$

解得：$x = 23$ 天。由此，可判断该企业提前 2 个季度 23 天完成钢产量计划。

（2）累计法。累计法是在 5 年计划中规定 5 年累计完成量应达到的水平，如基本建设投资额、新增生产能力、新增固定资产等。用累计法检查 5 年计划执行情况的计算公式为：

$$计划完成程度相对指标 = \frac{5 年计划期间实际累计完成数}{5 年计划规定的累计数} \times 100\%$$

计算提前完成计划时间的方法：在 5 年计划中，从期初往后连续考察，只要实际累计完成数达到计划规定的累计任务数，即完成 5 年计划，所剩余时间为提前完成 5 年计划的时间。

【例 4-7】 某钢铁公司"十一五"计划规定钢产量达 2 400 万吨，计划的执行情况见表 4-4。

表 4-4 某钢铁公司计划执行情况表 单位：万吨

| 年份/年 | 2006 | 2007 | 2008 | | 2009 | | | | 2010 | | | |
|---|---|---|---|---|---|---|---|---|---|---|---|---|
| | | | 上半年 | 下半年 | 一季度 | 二季度 | 三季度 | 四季度 | 一季度 | 二季度 | 三季度 | 四季度 |
| 产量 | 420 | 448 | 238 | 266 | 140 | 140 | 147 | 154 | 161 | 178 | 182 | 182 |
| 合计 | | | | | 2 474 | | | | | | | |
| 合计 | | | | | | | 2 656 | | | | | |

**解**：已知该公司"十一五"期间共产钢材 2 656 万吨，则：

$$计划完成程度(\%) = \frac{2\ 656}{2\ 400} = 110.67\%$$

提前完成时间为 1 个季度加 $x$ 天

$$x = (256 - 182) \div 182 \times 90 = 36.59 \approx 37(天)$$

2. 结构相对指标

结构相对指标是总体某部分数值与总体全部数值之比，又称结构相对数、比重或比率，一般用百分数表示。其计算公式为：

$$结构相对指标 = \frac{总体部分数值}{总体全部数值} \times 100\%$$

由于结构相对数是总体的部分数值与全部数值之比，因此个别结构相对数是一个大于 0 小于 1 的数值，而总体中所有结构相对数之和等于 100% 或 1。

需要说明的是，结构相对指标必须在统计分组的基础上才可以计算，在结构相对指标的计算过程中，分子与分母的数值不能互换。

利用结构相对指标可以研究总体内各组成部分的分配比重及其变化情况，从而深刻认识事物各个部分的特殊性及其在总体中所占的地位。

**【例 4 – 8】**　2009 年我国国内生产总值构成资料见表 4 – 5。

**表 4 – 5　我国国内生产总值构成资料**

| 国民经济部门 | 增加值/亿元 | 结构相对数/% |
|:---:|:---:|:---:|
| 第一产业 | 35 477 | 10.6 |
| 第二产业 | 156 958 | 46.8 |
| 第三产业 | 142 918 | 42.6 |
| 合计 | 335 353 | 100.00 |

3. 比例相对指标

比例相对指标是同一总体各组成部分数量之间的对比而得到的相对指标，又称比例相对数。其计算公式为：

$$比例相对指标 = \frac{总体中某部分数值}{总体中另一部分数值}$$

利用比例相对指标，可以分析总体内各组成部分或各局部之间的数量关系是否协调一致。按比例发展是事物发展的客观要求，如人口的性别比例、物质生产部门中两大部类生产之间的比例、国民经济中各产业之间的比例、国民收入使用额中消费和积累的比例等都可以运用比例相对指标进行分析研究。

比例相对数可以用百分数表示，也可以用一比几或几比几的形式表示。

需要说明的是，比例相对数也必须在统计分组的基础上才可以计算，在比例相对数的计算过程中，分子数值和分母数值可以互换。当然，分子数值和分母数值互换后，指标数值所说明的问题也正好相反。

**4. 比较相对指标**

比较相对指标是将两个不同地区、部门、单位的同类指标进行静态对比得到的相对指标，一般用百分数或倍数表示。其计算公式为：

$$比较相对指标 = \frac{某条件下的某类指标数值}{另一条件下的同类指标数值}$$

式中，分子与分母现象所属统计指标的含义、口径、计算方法和计量单位必须一致。例如，中国国土面积为 960 万平方千米，美国为 937 万平方千米，两者之比为：

$$\frac{960}{937} \times 100\% = 102.45\% = 1.024\ 5（倍）。$$

计算比较相对指标时，作为比较基数的分母可取不同的对象，一般有两种情况。

一是比较标准是一般对象。如果把分子与分母概括为甲、乙两个国家、地区、部门或单位，这时既可以用甲比乙，也可以用乙比甲，即分子分母的数值可以互换。例如，中、美两国的国土面积相比，既可以是中国的比美国的（1.024 5 倍），也可以是美国的比中国的（0.976 0 倍）。

二是比较标准（基数）典型化。例如，将本单位产品的质量、成本、单耗等各项技术经济指标都和国家规定的水平比较、和同行业的先进水平比较、和国外先进水平比较等，这时分子和分母的位置不能互换。

需要说明的是，比较相对指标可以用总量指标进行对比，也可以用相对指标或平均指标进行对比。但由于总量指标易受总体范围大小的影响，因而，计算比较相对指标时，更多地采用相对指标或平均指标。

**5. 强度相对指标**

强度相对指标是两个性质不同但有联系的统计指标之间数量对比关系的相对指标。其计算公式为：

$$强度相对指标 = \frac{某一总量指标数值}{另一有联系而性质不同的总量指标数值}$$

**【例 4 – 9】** 2019 年我国的人口总数为 140 005 万人，国土面积为 960 万平方千米，国内生产总值为 9 908 651 000 万元，钢材产量为 120 477.40 万吨，那么：

$$我国人口密度 = \frac{140\ 005\ 万人}{960\ 万平方千米} = 146（人/平方千米）$$

$$我国人均国内生产总值 = \frac{9\ 908\ 651\ 000\ 万元}{140\ 005\ 万人} = 70\ 773.55（元/人）$$

$$我国人均钢铁产量 = \frac{120\ 477.40\ 万吨}{140\ 005\ 万人} = 86.05（吨/百人）$$

强度相对指标数值的表现形式一般是有名数，而且是双重单位，由分子指标和分母指标的计量单位组成，如人均国民生产总值"元/人"、人口密度"人/平方千米"、人均钢产量"吨/百人"等。而有的强度相对指标是无名数，用次数、倍数、系数、百分数或千分数表示，如生产设备利用率、资金周转率、流通费用率、人口出生率等。

在强度相对指标计算过程中，有时分子和分母可以互换，因而有正指标和逆指标之分。正指标是指标数值的大小与现象的发展程度或密度呈正方向变化的强度相对指标，即指标数值越大，现象的发展程度或密度越高，反之就越低；逆指标是指标数值的大小与现象的发展程度或密度呈反向变化的强度相对指标，即指标数值越大，现象的发展程度或密度越低，反之就越高。例如，上例中人口密度的正逆指标分别为：

$$我国人口密度 = \frac{960 \ 万平方千米}{140 \ 005 \ 万人} = 0.006 \ 86(平方千米/人)(正指标)$$

$$我国人口密度 = \frac{140 \ 005 \ 万人}{960 \ 万平方千米} = 146(人/平方千米)(逆指标)$$

需要指出的是，计算强度相对指标时，必须注意社会经济现象之间客观上要存在一定的经济或技术上的联系，这样，两个指标对比才会有现实意义。如人口数与土地面积相比，能够说明人口的密度；但若用钢材产量和土地面积相比，就没有意义了。

**6. 动态相对指标**

动态相对指标是指同类指标在不同时期数量对比关系的相对指标，一般用百分数或倍数表示。其计算公式为：

$$动态相对指标 = \frac{报告期水平}{基期水平} \times 100\%$$

动态相对指标实际上就是发展速度，在统计分析中应用广泛，详细内容见本书第 6 章。

## 4.2.4 正确运用相对指标的原则

相对指标种类较多，各有自己的意义和作用，在计算和应用上也有一些不同的要求和特点，但从总体上说，计算和应用相对指标，要坚持三个方面的原则。

**1. 可比性原则**

可比性原则主要是指对比的分子和分母两个指标之间在经济内容、计算范围、计算方法和计量单位等方面要保持一致或相互适应的状态。

例如，由于不同时期商品或劳务的价格水平是不同的，不能简单地将 2019 年国内生产总值同 2018 年国内生产总值进行对比，为了保证两者的可比性，要么按 2018 年的价格水平对 2019 年国内生产总值进行调整，要么按 2019 年的价格水平对 2018 年的国内生产总值进行调整，使得两个指标的价格水平保持可比。

当然，对于可比性要灵活地运用，不能机械地理解。我们既要防止过分强调可比性而不敢进行事物的对比分析，又不能忽视指标的可比性而盲目地进行对比分析。只要两个指标比得合理、比得符合实际、比得符合研究目的，对比的结果能够确切地说明分析对象固有的联系，这样的对比就符合可比性原则。

**2. 相对指标和总量指标结合运用原则**

相对指标虽可以反映现象之间的差异程度，但把现象的绝对水平抽象化了，说明不了现象之间在绝对数量上的差异。因此，应用相对指标进行统计分析时，必须与其背后的绝对水平及两个对比指标的绝对额结合起来，以全面、正确地认识客观事物。结合使用的方法有两种：一是计算分子、分母的绝对差额；二是计算每增长 1% 的绝对值。

**3. 多种相对指标综合运用原则**

一种相对指标只能说明一个方面的问题，在分析研究复杂现象时，应该将多种相对指标结合起来运用，这样才能把从不同侧面反映的情况结合起来观察分析，从而能较全面地说明客观事物的情况及其发展规律。

　　例如，在研究企业的经济效益时，不仅要看总产值、产品产量、销售收入、利税总额等总量指标，还要结合企业的投入，观察产值利税率、资金利润率等相对指标，客观地反映企业的经济效益。同时，需要将这些指标与企业的计划任务相比较，检查企业计划的执行情况；利用动态相对指标，将当期指标数值与企业过去的同类指标数值进行纵向对比，可以总结经验和成绩，寻找事物发展变化的规律；通过计算各个比较相对指标，能够实现与其他同类企业的横向对比，发现自己的差距和不足，及时制定计划和措施进行补救。

# 4.3　平均指标

## 4.3.1　平均指标概述

### 1. 平均指标的概念与特点

　　平均指标是同类社会经济现象总体内和条件下各单位某一数量标志在一定时间、地点数量差异抽象化的代表性水平指标，因其数值表现为平均数，故简称平均数，如职工的平均工资 2 000 元，学生的平均成绩 81 分，平均利率 3.24%，平均粮食产量 800 千克等。平均指标一般是一种具有单位名称的数值，它的计量单位和标志值的计量单位是一致的。平均指标是社会经济统计中常用的综合指标之一。

　　在社会经济现象同质总体中，同一标志在各单位的数量表现不尽相同，标志值大小各异，这就需要利用平均指标代表总体的一般水平。那么，总体各单位的同质性和某种数量标志值在各单位的差异性，就是计算平均指标的前提条件。显然，平均指标具有以下特点。

　　首先，平均指标是一个抽象化数值。平均指标是把各标志值（变量值）之间的差异抽象化了，从而说明总体的一般水平。如某班学生的成绩就是把学生之间不同成绩的差异抽象化，用以说明该班学生成绩的一般水平。但要注意，一般来说，只有数量标志才可以计算平均数。当然，为了特定统计研究的需要，某些品质标志可计算平均数外，一般的品质标志计算平均数并无实际意义，例如，我们可以计算平均年龄、平均工资、平均工龄等，但不能计算平均性别、平均职业岗位、平均婚姻状况等。

　　其次，平均指标又是一个代表性数值。因为，平均指标并不是某一单位的具体数值，而是代表总体某种数量标志的一般水平，所以它是总体各单位的代表值。

### 2. 平均指标的作用

　　（1）可用于同类现象在不同空间的比较。采用平均指标，可以消除因总体的空间范围不同对统计比较分析的影响，从而得到正确的结论。不同的国家、地区或单位的总量指标，因总体的空间范围不同，其指标数值也不同：空间范围越大，其指标数值也就越大；反之就越小。例如，世界上生活水平最高的国家是瑞士而不是美国，这是根据平均指标来衡量的结果，但如果就国内生产总值或其他总量指标来比较，瑞士显然要远远低于美国。

　　（2）可用于同类现象在不同时间的比较。例如，由于各月的天数可能不一致，所以各月的总产量一般是不可比的，但如果计算出各月每天的平均产量，就可以进行对比了。又如，研究企业工资情况时，不能用工资总额，而要用各个时期的平均工资进行比较。

（3）可用于数量上的推断。在统计的估计推算中，往往利用部分单位标志值计算的平均数推算总体平均数，或者以总体平均数来推算总体标志总量。

（4）可用于分析现象之间的依存关系。例如，商业企业规模的大小和商品流通费用率之间存在依存关系，可以根据商品流转额来划分不同规模的贸易企业，再计算各类企业的平均商品流通费用率，就可看出商品流转额的增减和流通费用率升降的依存关系。

3. 平均指标的种类

平均指标按其反映的时间状况不同，可分为静态平均数和动态平均数。静态平均数是指反映同一时间各单位某一数量标志值一般水平的平均数，又称一般平均数。动态平均数是指反映不同时间某一数量标志值或变量值一般水平的平均数，也称序时平均数。

平均指标按其计算方法的不同，又可分为数值平均数和位置平均数两类。数值平均数是根据所有单位的标志值计算的平均数，包括算术平均数、调和平均数和几何平均数。位置平均数是根据分布数列中某些标志值所处的位置来确定的平均数，包括众数、中位数等。

本章仅介绍静态平均数计算问题，动态平均数将在后文中介绍。各种平均指标的计算方法不同，指标的含义、应用场合也有所不同，但它们都是总体各单位数量标志值的一般水平的代表值。

## 4.3.2　平均指标的计算

1. 算术平均数

算术平均数的基本形式。算术平均数是同级中最基本、最常用的一种平均数。它的基本计算形式是用总体标志总量与总体单位总量（数）之比，表明平均每一单位所分担的标志值或变量值是多少。算术平均数的基本计算公式为：

$$算术平均数 = \frac{总体标志总量}{总体单位总数}$$

在社会经济现象中，总体的标志总量一般是总体单位标志值的算术之和，例如，工人工资总额是各个工人工资的总和；粮食总产量是各块地播种面积产量的总和等。在掌握了总体标志总量与总体单位总量的资料后，就可以按照上面的公式计算算术平均数。

例如，某公司某月份工资总额为 744 万元，工人总数为 2 000 人，则该公司工人的月平均工资为：

$$工人月平均工资 = \frac{7\,440\,000}{2\,000} = 3\,720（元）$$

必须指出，在计算算术平均数时，分子与分母必须同属一个总体，在经济内容上有着从属关系，即分子数值是分母各单位标志值的总和。也就是说，分子与分母具有"一一对应"的关系，有一个总体单位必有一个标志值与之对应。只有这样计算出的平均指标才能表明总体的一般水平。正是在这点上，平均数与强度相对数表现出性质上的差异。强度相对数是两个有联系的不同总体的总量指标对比，这两个总量指标没有依附关系，而只是在经济内容上存在客观联系。以此标准来衡量职工平均工资、农民人均粮食产量等是平均数；而人均收入、人均粮食产量就是强度相对数。又如，人均国内生产总值指标是国内生产总值与人口总数在相同范围内的比值。因为国内生产总值不是全部人口生产的，它不依存于人口数量的多少，所以它是强度相对指标而不是平均指标。

2. 算术平均数的计算方法

算术平均数根据掌握的资料不同和计算的复杂程度不同，可分为简单算术平均数和加权算术平均数。

（1）简单算术平均数。如果所掌握的资料是总体各单位的标志数量，则应该先相加得出标志总量，再除以总体单位数，就得到算术平均数。这样计算出来的算术平均数称为简单算术平均数。计算公式为：

$$简单算术平均数 = \frac{各单位标志值之和}{总体单位总数}$$

若设 $\bar{x}$ 代表平均数，$x_1$，$x_2$，$\cdots$，$x_n$ 代表各总体单位标志值，$n$ 代表总体单位数，则数学公式为：

$$\bar{x} = \frac{x_1 + x_2 + x_3 + \cdots + x_n}{n} = \frac{\sum\limits_{i=1}^{n} x_i}{n} = \frac{\sum x}{n}$$

【例 4 - 10】 某机械厂某班组有 10 名工人，生产某种零件，每个工人的日产量分别为 45 件、48 件、52 件、62 件、69 件、44 件、52 件、58 件、38 件、64 件。试用简单算术平均数法求工人平均日产量。

解：$\bar{x} = \dfrac{\sum x}{n} = \dfrac{45 + 48 + 52 + 62 + 69 + 44 + 52 + 58 + 38 + 64}{10} = 53.2（件）$

当各个标志值的权数都完全相等时，权数就失去了权衡轻重的作用，这时候，加权算术平均数就成为简单算术平均数，即：

当 $f_1 = f_2 = f_3 = \cdots = f_n = f$ 时，则：

$$\bar{x} = \frac{\sum xf}{\sum f} = \frac{x_1 f_1 + x_2 f_2 + x_3 f_3 + \cdots + x_n f_n}{f_1 + f_2 + f_3 + \cdots + f_n} = \frac{x_1 f + x_2 f + x_3 f + \cdots + x_n f}{f + f + f + \cdots + f}$$

$$= \frac{f(x_1 + x_2 + x_3 + \cdots + x_n)}{nf} = \frac{\sum x}{n}$$

由此看出，加权算术平均数是一般，而简单算术平均数是特殊，即简单算术平均数只是加权算术平均数的一种特殊形式，当各组权数（$f$）相等时，加权算术平均数就变成了简单算术平均数。

（2）加权算术平均数。有时候我们研究的统计总体包括许多单位，其中有些单位的标志值相同，而另一些单位的标志值不同，在这种情况下计算平均数，就需要首先对总体各单位标志值进行分组，变成单项变量数列或组距变量数列。这时就不能用简单算术平均数的方法，而用加权算术平均数的方法。

【例 4 - 11】 某机械厂加工车间有 200 名工人，生产某种零件日产量资料见表 4 - 6，求该车间工人人均日产量。

表4-6 生产某种零件日产量资料

| 工人按日产量分组(x)/件 | 工人数 | | 生产零件数 (xf)/件 | 日产零件数乘权重系数 (x·f/∑f) |
|---|---|---|---|---|
| | 人数 (f)/人 | 权重系数 (f/∑f) | | |
| 15 | 10 | 0.05 | 150 | 0.75 |
| 16 | 20 | 0.10 | 320 | 1.60 |
| 17 | 36 | 0.18 | 612 | 3.06 |
| 18 | 60 | 0.30 | 1 080 | 5.40 |
| 19 | 44 | 0.22 | 836 | 4.18 |
| 20 | 30 | 0.15 | 600 | 3.00 |
| 合计 | 200 | 1.00 | 3 598 | 17.99 |

**解:** $\bar{x} = \dfrac{15 \times 10 + 16 \times 20 + 17 \times 36 + 18 \times 60 + 19 \times 44 + 20 \times 30}{10 + 20 + 36 + 60 + 44 + 30} = \dfrac{3\,598}{200} = 17.99$ （件）

上例中，各组每人日产量零件数与各组工人数的乘积是各组工人日产零件合计数，即各组单位标志值之和。将各组日产零件数相加，可以得到全车间工人日产零件总数，再除以工人总数（总体单位总数），便可求得该车间平均每个工人日产零件数。这里平均每个工人日产零件数（$\bar{x}$），不仅受各组日产零件数（$x$）多少的影响，也受各组工人数（$f$）多少的影响。人数多的组，其变量值对平均数的影响大；人数少的组，则对平均数的影响小。也就是说，当标志值比较小的组次数（$f$）多时，平均数（$\bar{x}$）就接近标志值大的一方；当标志值比较大的组次数（$f$）多时，平均数（$\bar{x}$）就接近标志值小的一方。显然，标志值的次数（$f$）对平均数（$\bar{x}$）的大小的影响具有权衡轻重的作用。因此，在统计中通常把各组单位数（本例中为各组工人数）称为权数，而把各变量值乘以权数的过程叫加权，由此计算出的算术平均数称为加权算术平均数。

由上例中我们可以归纳出计算加权算术平均数的一般公式为：

$$\bar{x} = \frac{x_1 f_1 + x_2 f_2 + \cdots + x_{n-1} f_{n-1} + x_n f_n}{f_1 + f_2 + \cdots + f_{n-1} + f_n} = \frac{\sum xf}{\sum f}$$

式中，$f$ 为各组单位数；其他符号同前。

可见，加权算术平均数的大小，受总体各单位标志值或变量值（$x$）的大小和各组单位次数（$f$）多少两因素的影响。

但是，就其本质而言，权数对算术平均数的影响作用，并不是取决于各组单位数（次数或频数）的多少，而是取决于各组单位数（次数或频数）占总体单位数的比重（又称权重系数）的大小。哪一组单位数所占比重大，哪一组标志值对平均数的影响就大。因此，当各组的单位数相等时，各组单位数所占的比重也相等，即权数的作用相等，权数的作用消失，加权算术平均数就等于简单算术平均数。证明如下：

当 $f_1 = f_2 = \cdots = f_n = A$ 时 $\qquad \dfrac{\sum xf}{\sum f} = \dfrac{\sum x}{n}$

证明：因为 $\qquad \bar{x} = \dfrac{\sum xf}{\sum f} = \dfrac{x_1 f_1 + x_2 f_2 + \cdots + x_n f_n}{f_1 + f_2 + \cdots + f_n}$

当 $f_1 = f_2 = \cdots = f_n = A$ 时

所以，$\bar{x} = \dfrac{\sum xf}{\sum f} = \dfrac{A(x_1 + x_2 + \cdots + x_n)}{\underbrace{A + A + \cdots + A}_{n}} = \dfrac{A \sum x}{An} = \dfrac{\sum x}{n}$

可见，简单算术平均数只是加权算术平均数的一种特殊形式，当各组权数（$f$）相等时，加权算术平均数就变成了简单算术平均数。

由此得到加权算术平均数的另一个计算公式：

$$\bar{x} = \sum x \cdot \dfrac{f}{\sum f}$$

式中，$\dfrac{f}{\sum f}$ 为权重系数。

通常在已知各标志值和权重系数的情况下，可直接利用此公式求平均数，计算结果与前述公式相同。

当 $\sum x \cdot \dfrac{f}{\sum f} = 1$ 时

$$\bar{x} = \dfrac{\sum xf}{\sum f} = \dfrac{\sum x \cdot \dfrac{f}{\sum f}}{\sum \dfrac{f}{\sum f}} = \sum x \cdot \dfrac{f}{\sum f}$$

现仍用【例 4 – 11】的资料采用权重系数公式计算如下：

$$\bar{x} = \sum x \cdot \dfrac{f}{\sum f}$$

$$= 15 \times 0.05 + 16 \times 0.10 + 17 \times 0.18 + 18 \times 0.30 + 19 \times 0.22 + 20 \times 0.15$$

$$= 17.99(件)$$

可见，计算结果和【例 4 – 11】计算的加权算数平均数完全相同。

上面的举例是根据单项数列资料计算的算数平均数。在实际工作中，也可根据组距数列资料计算算数平均数。

【例 4 – 12】 2010 年 5 月，某企业工人工资资料见表 4 – 7，求工人月平均工资。

表 4 – 7 某企业工人工资资料

| 按月工资额分组/元 | 组中值/元 | 工人数/人 | 各组工人工资额/元 |
|---|---|---|---|
| （甲） | $x$ | $f$ | $xf$ |
| 2 000 以下 | 1 500 | 180 | 270 000 |

续表

| 按月工资额分组/元 | 组中值/元 | 工人数/人 | 各组工人工资额/元 |
|---|---|---|---|
| 2 000 ~ 3 000 | 2 500 | 350 | 875 000 |
| 3 000 ~ 4 000 | 2 500 | 900 | 3 150 000 |
| 4 000 ~ 5 000 | 4 500 | 520 | 2 340 000 |
| 5 000 以上 | 5 500 | 50 | 275 500 |
| 合计 | — | 2 000 | 6 910 000 |

**解**：工人月平均工资　$\bar{x} = \dfrac{\sum xf}{\sum f} = \dfrac{6\,910\,000}{2\,000} = 3\,455(元)$

应该指出，根据组距数列计算算术平均数的方法具有一定的假定性，即假定各组内部的标志值分布是均匀的。在此前提下，组距越小，计算得到的平均数就越接近实际平均数，其近似程度取决于组距的大小。

在计算算数平均数时，如果变量值是绝对数，其次数就是权数。然而，在统计实践中，在根据相对数或平均数资料计算平均数时，权数的选择就要根据指标间的关系来确定，使加权的结果有实际意义。例如，根据计划完成程度不同的企业数及计划任务数资料求平均计划完成程度时，就要根据计划完成程度、实际完成数和计划完成数这三个指标间的关系来计算计划完成程度（%），即实际完成数除以计划任务数，并确定权数，权数应该是计划数而不是企业数。因为：

计划完成程度(%) × 计划任务数 = 实际完成数

显然，加权的结果有实际意义，求出实际数后就可以求出平均计划完成程度。

由此看出，加权算术平均数是一般，而简单算术平均数是特殊，即简单算术平均数只是加权算术平均数的一种特殊形式，当各组权数（$f$）相等时，加权算术平均数就变成简单算术平均数。

**3. 算术平均数的数学性质**

（1）算术平均数与总体单位数的乘积等于总体各单位标志值的总和。

简单算术平均数：$\bar{x} \cdot n = \sum x \Rightarrow \bar{x} = \dfrac{\sum x}{n}$

加权算术平均数：$\bar{x} \cdot \sum f = \sum xf \Rightarrow \bar{x} = \dfrac{\sum xf}{\sum f}$

（2）如果每个变量值都加或减任意数值 $A$，则平均数也要增多或减少这个数 $A$。

简单算术平均数：$\bar{x} = \dfrac{\sum x}{n}$

$$x_1, x_2, x_3, \cdots, x_n$$
$$x_1 - A, x_2 - A, x_3 - A, \cdots, x_n - A$$

$$\bar{x} = \frac{(x_1 - A) + (x_2 - A) + \cdots + (x_n + A)}{n}$$

$$= \frac{(x_1 + x_2 + \cdots + x_n) - nA}{n} = \frac{\sum x}{n} - A = \bar{x} - A$$

加权算术平均数：$\bar{x} = \dfrac{\sum xf}{\sum f}$

$$x_1, x_2, x_3, \cdots, x_n$$
$$f_1, f_2, f_3, \cdots, f_n$$
$$x_1 + A, x_2 + A, x_3 + A, \cdots, x_n + A$$
$$f_1, f_2, f_3, \cdots, f_n$$

$$\bar{x} = \frac{(x_1 + A)f_1 + (x_2 + A)f_2 + \cdots + (x_n + A)f_n}{f_1 + f_2 + \cdots + f_n}$$

$$= \frac{(x_1 f_1 + x_2 f_2 + \cdots + x_n f_n) + A(f_1 + f_2 + \cdots + f_n)}{f_1 + f_2 + \cdots + f_n}$$

$$= \frac{\sum xf}{\sum f} + A = \bar{x} + A$$

（3）如果每个变量值都乘以或除以一个任意数值 $A$，则平均数也乘以或除以这个数 $A$。

简单算术平均数：$\bar{x} = \dfrac{\sum x}{n}$

$$x_1, x_2, x_3, \cdots, x_n$$
$$\frac{x_1}{A}, \frac{x_2}{A}, \frac{x_3}{A}, \cdots, \frac{x_n}{A}$$

$$\bar{x} = \frac{\frac{x_1}{A} + \frac{x_2}{A} + \cdots + \frac{x_n}{A}}{n} = \frac{\frac{1}{A}(x_1 + x_2 + \cdots + x_n)}{n} = \frac{1}{A} \times \frac{\sum x}{n} = \frac{\bar{x}}{A}$$

加权算术平均数：$\bar{x} = \dfrac{\sum xf}{\sum f}$

$$x_1, x_2, x_3, \cdots, x_n$$
$$f_1, f_2, f_3, \cdots, f_n$$
$$Ax_1, Ax_2, Ax_3, \cdots, Ax_n$$
$$f_1, f_2, f_3, \cdots, f_n$$

$$\bar{x} = \frac{Ax_1 f_1 + Ax_2 f_2 + \cdots + Ax_n f_n}{f_1 + f_2 + \cdots + f_n}$$

$$= \frac{A(x_1 f_1 + x_2 f_2 + \cdots + x_n f_n)}{f_1 + f_2 + \cdots + f_n} = A \frac{\sum xf}{\sum f} = A\bar{x}$$

（4）各个变量值与算术平均数的离差之和等于零。

简单算术平均数：$\sum (x - \bar{x}) = 0$

$$\sum (x - \bar{x}) = \sum x - n\bar{x} = \sum x - \sum x = 0$$

加权算术平均数：$\sum (x - \bar{x})f = 0$

$$\because \sum (x - \bar{x})f = \sum xf - \sum \bar{x}f = \sum xf - \bar{x}\sum f = \bar{x}\sum f - \bar{x}\sum f - 0$$

$$\therefore \sum (x - \bar{x})f = 0$$

（5）各个变量值与算术平均数的离差平方之和等于最小值。

简单算术平均数：$\sum (x - \bar{x})^2 = $ 最小值

设 $x_0$ 为任意数，$c = x_0 - \bar{x}$，则 $x_0 = \bar{x} + c$

$$\because \sum (x - x_0) = \sum [x - (\bar{x} + c)] = \sum [(x - \bar{x}) - c]^2$$
$$= \sum (x - \bar{x})^2 - 2c\sum (x - \bar{x}) + nc^2$$
$$= \sum (x - \bar{x})^2 + nc^2$$

又 $\because nc^2 \geqslant 0$

$$\therefore \sum (x - x_0)^2 \geqslant \sum (x - \bar{x})^2$$

$$\therefore \sum (x - \bar{x})^2 = $$ 最小值

同理可证，加权算术平均数：$\sum (x - \bar{x})^2 f = $ 最小值

由此可计算出：$\dfrac{\sum (x - \bar{x})^2 f}{\sum f} = $ 最小值

### 4.3.3　调和平均数

调和平均数是平均数的一种，它是根据变量值的倒数计算的，是变量值倒数的算术平均数的倒数，故也称倒数平均数。在社会经济统计中，往往由于缺乏总体的单位数资料，而不能直接采用算术平均的方法计算，这时，就需要把算术平均数的形式加以改变，而采用另一种计算方法。所以，实际工作中，它主要是作为算术平均数的变形来使用。其主要特点是用特定的权数（$m = xf$）加权，其变量值多为相对数和平均数。在计算平均数时，由于受到所掌握资料的限制，往往不能直接用加权算术平均数的方法计算，而需要按照平均数基本公式的需要，算出所需总体单位数，或者相当于总体单位数的数字，这时所用的方法，就是加权调和平均数的方法。调和平均数有简单调和平均数和加权调和平均数两种。

**1. 简单调和平均数**

为了方便了解调和平均数的概念和计算方法的说明，请先看下面的简单例子。

【例 4-13】　市场上早、中、晚某种蔬菜价格分别是早上 0.67 元/千克、中午 0.5 元/千克、晚上 0.4 元/千克。现在，我们分别按四种购买方式购买这种蔬菜，分别计算该种蔬菜的平均价格是多少。

购买方式一：早、中、晚各买 1 千克。

则蔬菜的平均价格为：

$$\bar{x} = \frac{\sum xf}{\sum f} = \frac{0.67 + 0.5 + 0.4}{1 + 1 + 1} = \frac{1.57}{3} = 0.52(元／千克)$$

购买方式二：早、中、晚分别买1千克、2千克、3千克。

则蔬菜的平均价格为：

$$\bar{x} = \frac{\sum xf}{\sum f} = \frac{0.67 \times 1 + 0.5 \times 2 + 0.4 \times 3}{1 + 2 + 3} = \frac{2.87}{6} = 0.48(元／千克)$$

购买方式三：早、中、晚各买1元钱的。

这种情况下，计算蔬菜平均价格比上述两种方法稍微复杂一些。计算出早、中、晚花费1元钱所购买蔬菜的数量，即千克数，然后再计算蔬菜的平均价格。

蔬菜的平均价格为：

$$\bar{x} = \frac{1 + 1 + 1}{\frac{1}{0.67} + \frac{1}{0.50} + \frac{1}{0.40}} = \frac{3}{1.5 + 2 + 2.5} = 0.50(元／千克)$$

这种计算平均指标的方法同算术平均法有很大的不同。因为，资料中缺乏总体单位总量（总购买量），所以就不能直接用计算算术平均数的方法求平均价格。为了达到计算目的，首先要用标志值的倒数计算出单位总量来，然后计算平均指标（本例为平均价格）。调和平均数因此而得名，也正是这一原因，调和平均数又称倒数平均数，一般用"$H$"表示。

将第三种购买方式推广到一般，可得到简单调和平均数的计算公式为：

$$H = \frac{1}{\frac{\frac{1}{x_1} + \frac{1}{x_2} + \cdots + \frac{1}{x_n}}{n}} = \frac{n}{\frac{1}{x_1} + \frac{1}{x_2} + \cdots + \frac{1}{x_n}} = \frac{n}{\sum \frac{1}{x}}$$

式中，$H$为调和平均数；其他符号同前。

购买方式四：早、中、晚分别买1元、2元、3元的。

与第三种方式一样，我们还需先计算出早、中、晚购买蔬菜的数量，即千克数，然后再计算蔬菜的平均价格。

蔬菜的平均价格为：

$$\bar{x} = \frac{1 + 2 + 3}{\frac{1}{0.67} + \frac{2}{0.5} + \frac{3}{0.4}} = \frac{6}{1.5 + 4 + 7.5} = 0.46(元／千克)$$

在上述计算平均价格的过程中，早、中、晚三个时段购买蔬菜所花费的现金（各组标志总量）是计算平均价格的权数，这种统计方法称为加权调和平均法，计算出的平均数称为加权调和平均数。

2. 加权调和平均数

将第四种购买方式推广到一般，可得到加权调和平均数的计算公式为

$$H = \frac{m_1 + m_2 + \cdots + m_n}{\frac{m_1}{x_1} + \frac{m_2}{x_2} + \cdots + \frac{m_1}{x_n}} = \frac{\sum m}{\sum \frac{m}{x}}$$

式中，$m$ 为标志总量（$m = xf$）；其他符号同前。

【例 4 - 14】 某农产品收购部门，2010 年购进三批同种产品，每批产品的价格及收购金额见表 4 - 8。求三批产品的平均价格。

表 4 - 8 某农产品收购部门收购情况

| 批次 | 价格($x$)/(元·千克$^{-1}$) | 收购金额($m$)/元 | 收购量($m/x$)/千克 |
|---|---|---|---|
| 第一批 | 50 | 11 000 | 220 |
| 第二批 | 55 | 27 500 | 500 |
| 第三批 | 60 | 18 000 | 300 |
| 合计 | — | 56 500 | 1 020 |

**解**：平均每千克的价格 $H = \dfrac{\sum m}{\sum \dfrac{m}{x}} = \dfrac{56\ 500}{1\ 020} = 55.39$（元）

由此不难看出，加权调和平均数是一般，而简单调和平均数是特殊，也就是说简单调和平均数只是加权调和平均数的一种特殊形式，即当各组权数（$m$）相等时，加权调和平均数就变形为简单调和平均数。即当 $m_1 = m_2 = \cdots = m_n = A$ 时，

（加权调和平均数）$\dfrac{\sum m}{\sum \dfrac{m}{x}} = \dfrac{m_1 + m_2 + \cdots + m_n}{\dfrac{m_1}{x_1} + \dfrac{m_2}{x_2} + \cdots + \dfrac{m_n}{x_n}} = \dfrac{n}{\sum \dfrac{1}{x}}$（简单调和平均数）

需要说明的是，调和平均数是各标志（或变量）值倒数的算术平均数的倒数，是在资料受到限制的条件下算术平均数的一种变形，它与算术平均数并无本质区别，即

若设 $m = xf$ 则有 $f = m/x$ 代入加权算术平均数公式，得：

加权算术平均数 $\bar{x} = \dfrac{\sum xf}{\sum f} = \dfrac{\sum m}{\sum \dfrac{m}{x}} = H$（加权调和平均数）

如【例 4 - 14】中，$m$ 为收购金额，即权数；$x$ 为变量（标志）值；分子是总体标志总量；分母是收购量之和，即总体单位总数。所以，调和平均数仍然是以总体标志总量除以总体单位总数计算的。它在经济内容和计算结果上与算术平均数一致，只是由于计算时依据的资料不同，而在计算公式和计算过程方面有别于算术平均数。

那么，如何判断在什么情况下可以采用算术平均数或调和平均数呢？关键在于应以算术平均数的基本公式为依据进行判断，即必须满足公式的分子为总体标志总量，而分母必须是总体单位总数。当已知分母资料，即已知总体单位总数时，应采用算术平均数公式计算；当已知分子资料，即已知总体标志总量时，应采用调和平均数公式计算。

### 4.3.4 几何平均数

1. 几何平均数的概念和特点

几何平均数不同于算术平均数和调和平均数，它是 $n$ 项变量值连乘积的 $n$ 次方根，是计

算平均比率和平均速度时比较适用的一种方法，符合人们的认识规律。例如，有甲、乙两种商品，甲商品的价格从 200 元上涨到 250 元，其价比为 1.25(250/200)，其上涨率为 25%，而乙商品的价格从 250 元下降到 200 元，其价比为 0.8(200/250)，即降低率为 20%。如果单纯从价格变动角度看两者拉平，应当是没有变动的，但是这两种价比按算术平均法计算平均价比为 1.025[(1.25+0.8)÷2]，即上涨了 2.5%。如果按调和平均法计算，平均价比为：

$$\frac{2}{\frac{1}{1.25}+\frac{1}{0.8}} = \frac{2}{2.05} = 0.975\ 6$$

即平均下降了 2.44%。很明显，由于甲商品涨幅超过了乙商品的涨幅，所以按算术平均法计算的结果偏高，按调和平均法计算的结果偏低，都不符合实际。实际是甲商品上涨了 50 元，乙商品下降了 50 元，从绝对数来说为 0，即甲、乙两种商品平均来说没涨没跌。计算表明，用几何平均法最合适，即平均价比 $= \sqrt{1.25 \times 0.8} = 1$ 或 100%，表明两种商品价格平均来说没涨没跌。所以，凡是变量值的次数等于总比率或总速度的现象都可用几何平均法计算平均数。

2. 几何平均数的计算方法

由于掌握的资料不同，几何平均数也分简单几何平均数和加权几何平均数两种。

（1）简单几何平均数。

$$G = \sqrt[n]{x_1 \cdot x_2, \cdots, x_n} = \sqrt[n]{\prod x}$$

式中，$G$ 为几何平均数；$x$ 为各变量值；$n$ 为变量值的个数；$\prod$ 为连乘积符号。

【例 4-15】 某地区 2006—2010 年工业品的产量分别是上年的 107.6%、102.5%、100.6%、102.7%、102.2%，计算该地区 5 年的平均发展速度。

解：平均发展速度 $G = \sqrt[n]{x_1 x_2 \cdots x_n} = \sqrt[5]{1.076 \times 1.025 \times 1.006 \times 1.027 \times 1.022} = 103.1\%$

为进一步了解它的实质，采用对数计算：

$$\lg G = \frac{1}{n}(\lg x_1 + \lg x_2 + \cdots + \lg x_n) = \frac{\sum \lg x}{n}$$

由此可见，几何平均数的对数，实质上是各个变量值的对数的算术平均数。求出几何平均数的对数后，再由反对数表查出真数，即几何平均数。

【例 4-16】 某机械厂生产某种机器，下设毛坯、粗加工、精加工和装配四个连续作业的车间。某批产品其毛坯车间制品合格率为 97%，粗加工车间制品合格率为 93%，精加工车间制品合格率为 87%，装配车间制品合格率为 91%，求各车间制品平均合格率。

解：方法一：

$$G = \sqrt[n]{x_1 x_2 \cdots x_n} = \sqrt[4]{97\% \times 93\% \times 91\% \times 87\%} = 91.93\%$$

方法二：按对数方法计算车间产品平均合格率（表 4-9）。

$$\lg G = \frac{\sum \lg x}{n} = \frac{7.853\ 81}{4} = 1.963\ 45$$

反对数的产品平均合格率：$G = 91.93\%$。

表 4-9 所示为车间产品平均合格率。

表 4 – 9  车间产品平均合格率

| 车间 | 产品合格率(x)/% | 合格率的对数(lgx) |
|------|------|------|
| 毛坯车间 | 97 | 1.986 77 |
| 粗加工车间 | 93 | 1.968 48 |
| 精加工车间 | 91 | 1.959 04 |
| 装配车间 | 87 | 1.939 52 |
| 合　计 | — | 7.853 81 |

(2) 加权几何平均数。当计算几何平均数的每一个变量值的次数不相等时，则需采用加权几何平均数法，其计算公式为：

$$G = {}^{f_1+f_2+\cdots+f_n}\!\!\sqrt{x^{f_1} \cdot x^{f_2},\cdots,x^{f_n}} = {}^{\sum f}\!\!\sqrt{\prod x^f}$$

式中，$f$ 为变量值的次数；$\sum f$ 为次数总和；其他符号同前。

将上述公式两边取对数，则：

$$\lg G = \frac{f_1\lg x_1 + f_2\lg x_2 + \cdots + f_n\lg x_n}{f_1 + f_2 + \cdots + f_n} = \frac{\sum f\lg x}{\sum f}$$

可见，加权几何平均数的对数，就是各变量值对数的加权算术平均数。求出几何平均数的对数后，再求反对数找出真数，即几何平均数。

【例 4 – 17】　某投资银行 25 年的年利率分别是 1 年 8%、4 年 5%、8 年 4%、10 年 3%、2 年 2%，求平均年利率。(年利率按复利计算。)

解：在计算平均年利率时，根据研究对象性质必须先将各年利率加 100% 换算成各年本利率，然后按加权几何平均法计算平均年本利率，再减 100% 的平均年利率，列表计算如下。

方法一：采用几何平均数的基本公式计算。

$$G = {}^{\sum f}\!\!\sqrt{x_1^{f_1} \cdot x_2^{f_2}\cdots x_n^{f_n}} = \sqrt[25]{1.08^1 \times 1.05^4 \times 1.04^8 \times 1.03^{10} \times 1.02^2} = 103.75\%$$

方法二：按对数的方法计算。表 4 – 10 所示为平均年本利率计算表。

表 4 – 10  平均年本利率计算表

| 本利率 (x)/% | 年数 (f)/年 | 本利率的对数 (lgx) | 次数乘对数 (flgx) |
|------|------|------|------|
| 108 | 1 | 2.033 42 | 2.033 42 |
| 105 | 4 | 2.021 19 | 8.084 76 |
| 104 | 8 | 2.017 03 | 16.136 24 |
| 103 | 10 | 2.012 84 | 20.128 40 |
| 102 | 2 | 2.008 60 | 4.017 20 |
| 合计 | 25 | — | 50.400 02 |

$$\lg G = \frac{\sum f\lg x}{\sum f} = \frac{50.400\ 02}{25} = 2.016\ 00$$

求反对数得本利率：

$$G = 103.75\%$$
$$平均年利率 = 103.75\% - 100\% = 3.75\%$$

结果说明，25 年间的平均年本利率为 103.75%，平均年利率为 3.75%。

我们已知道，平均指标按其计算方法的不同，可分为数值平均数和位置平均数两类。前面学过的算术平均数、调和平均数和几何平均数均是数值平均数，是根据总体各单位的标志值计算的平均数；而位置平均数是根据分布数列中某些标志值所处的位置来确定的平均数，即下面将要介绍的众数、中位数等。

### 4.3.5 众数

1. 众数（$M_0$）的概念

在观察某一总体时，最常遇到的标志值或出现次数最多的标志值，统计上称为众数。换句话说，众数就是所研究的变量数列中最大次数的变量值。它是总体中最常遇到的最普遍、最一般的变量值，它能直观地说明客观现象分布中的集中趋势和一般水平，一般用字母 $M_0$ 表示。

在实际工作中，众数被广泛运用。例如，说明消费者需要的鞋、袜、帽等最普遍的尺码，集贸市场某种商品最普遍的价格水平，企业工人中最普遍的工资水平等，常用它来说明总体各单位某一数量标志值的一般水平。但必须指出，众数只有在总体内单位充分多时才有意义。

如果总体中出现次数最多的标志值不是一个而是两个，那么，合起来就是复（双）众数。

由众数的定义可看出众数存在的条件，就是总体的单位数较多，各标志值的次数分配又有明显的集中趋势时才存在众数；如果总体单位数很少，尽管次数分配较集中，那么计算出来的众数意义也不大；或者尽管总体单位数较多，但次数分配不集中，即各单位的标志值在总体分布中出现的比重较均匀，那么也无所谓众数。

众数是由标志值出现次数多少决定的，不受资料中极端数值的影响，这样增强了众数对总体一般水平的代表性。

2. 众数的计算方法

根据变量数列的不同种类，确定众数可采用不同的方法。

一般来说，众数的计算比较简单，不需要进行复杂的计算，只要大量观察就可以得知。当掌握原始资料时，只要直接观察各数值即可得知，而不必举例。如果根据单项数列确定众数，只需要观察找出次数最多的那个变量值，即众数。这种方法比较简单。

【例 4 - 18】 某商品的价格及销售量资料见表 4 - 11，求众数。

表 4 – 11 某商品的价格及销售量情况

| 价格/元 | 销售量/千克 |
|---|---|
| 8.00 | 20 |
| 8.40 | 60 |
| 9.00 | 140 |
| 10.00 | 80 |
| 合计 | 300 |

经观察可发现，价格为 9.00 元的商品销售量最多，即出现次数最多，则众数为 9.00 元。

又如，某百货商店在女士旅游鞋销售中，$23\frac{1}{2}$ 号为最多，故众数为 $23\frac{1}{2}$（号）。

根据组距数列确定众数，就需计算众数的近似值，即首先由最多次数来确定众数所在组，然后用比例插值法推算众数的近似值。其计算公式为

下限公式：
$$M_0 = L + \frac{\Delta_1}{\Delta_1 + \Delta_2} \times d$$

上限公式：
$$M_0 = U - \frac{\Delta_2}{\Delta_1 + \Delta_2} \times d$$

式中，$M_0$ 为众数；$L$ 为众数所在组的下限；$U$ 为众数所在组的上限；$\Delta_1$ 为众数所在组与以前一组次数之差；$\Delta_2$ 为众数所在组与以后一组次数之差；$d$ 为众数所在组的组距。

由于各组次数可以用绝对数表示，也可以用相对数表示，因而，根据次数来确定众数时，既可以根据绝对次数计算，也可以根据相对次数计算。

【例 4 – 19】 某班学生统计学考试成绩见表 4 – 12，求众数。

表 4 – 12 某班学生统计学考试成绩

| 学生成绩 ($x$)/分 | 学生人数 ($f$)/人 | 学生人数比重 ($f/\sum f$)/% |
|---|---|---|
| 50 以下 | 2 | 2.5 |
| 50 ~ 60 | 4 | 5.0 |
| 60 ~ 70 | 14 | 17.5 |
| 70 ~ 80 | 46 | 57.5 |
| 80 ~ 90 | 10 | 12.5 |
| 90 以上 | 4 | 5.0 |
| 合计 | 80 | 100.0 |

方法一：按绝对数计算。从表 4 – 12 中可看出，考试成绩 70 ~ 80 分者为 46 名，是学生数最多的组，则该组为众数所在组。根据众数的下限或上限公式计算如下。

由下限公式计算得到：

$$M_0 = L + \frac{\Delta_1}{\Delta_1 + \Delta_2} \times d = 70 + \frac{46 - 14}{(46 - 14) + (46 - 10)} \times 10 = 74.706(\text{分})$$

方法二：按相对数计算。

由上限公式计算得到：

$$M_0 = U - \frac{\Delta_2}{\Delta_1 + \Delta_2} \times d = 70 - \frac{57.5\% - 12.5\%}{(57.5\% - 17.5\%) + (57.5\% - 12.5\%)} \times 10 = 74.706(\text{分})$$

应指出，根据上、下限公式计算的结果是一致的。

3. 众数的特点

从众数的计算可看出众数的特点。

（1）众数是一个位置平均数，它只考虑总体分布中最频繁出现的变量值，而不受极端值和开口组数列的影响，从而增强了对变量数列一般水平的代表性。

（2）众数是一个不容易确定的平均指标，当分布没有明显的集中趋势而趋近均匀分布时，则无众数可言；当变量数列是不等距分组时，众数的位置也不易确定。

### 4.3.6 中位数

将总体中各单位标志值按大小顺序排列，居于中间位置的那个标志值就是中位数（$M_e$）。如果总体单位数是偶数，则处于中间位置的两个标志值的算术平均数就是中位数。显然，中位数是处于中间位置的标志值，因而可用来说明社会经济现象各单位数量标志值的一般水平。中位数的确定方法要根据所掌握的资料而定。

若根据未分组资料确定中位数，那么其方法就是将各单位的标志值按大小或多少排列顺序，处于中间位置的标志值就是中位数。将研究的数列项数（无论是奇数或偶数）加 1 除以 2，即可求得中位数的位置，从而可找出中位数。

设未分组的统计数列资料为 $x_1$，$x_2$，$x_3$，$\cdots$，$x_n$（已按大小排序）。

当数列项数 $n$ 为奇数时，则第 $\frac{n+1}{2}$ 项的标志值 $x_{\frac{n+1}{2}}$ 为中位数；当数列项数 $n$ 为偶数时，则以 $x_{\frac{n}{2}}$ 与 $x_{\frac{n+1}{2}}$ 这两个标志值的和的简单平均数为中位数。即：

$$M_e = \frac{x_{\frac{n}{2}} + x_{\frac{n+1}{2}}}{2}$$

由此，中位数 $M_e$ 的确定可表述为：

$$M_e = \begin{cases} x_{\frac{n+1}{2}} & (n \text{ 为奇数}) \\ \dfrac{x_{\frac{n}{2}} + x_{\frac{n+1}{2}}}{2} & (n \text{ 为偶数}) \end{cases}$$

**【例 4-20】** 某工厂某班组 11 名工人生产产品零件数按大小顺序排列，见表 4-13，求中位数。

中位数的位置 $= \frac{n+1}{2} = \frac{11+1}{2} = 6$，则中位数在第 6 号位置，其零件数为 22 件。

表4-13 11名工人生产产品零件数

| 工人 (x)/人 | 1 | 2 | 3 | 4 | 5 | 6 | 7 | 8 | 9 | 10 | 11 |
|---|---|---|---|---|---|---|---|---|---|---|---|
| 生产零件数(f)/件 | 15 | 17 | 19 | 20 | 22 | 22 | 23 | 24 | 25 | 26 | 30 |

如果项数为偶数，即假如上例尚有第12号工人，其生产零件数为31件，则：

中位数的位置 $= \dfrac{n+1}{2} = \dfrac{12+1}{2} = 6.5$。中位数在第6号、第7号两位置中间，即：

$$M_e = \frac{x_6 + x_7}{2} = \frac{22+23}{2} = 22.5(件)$$

【例4-21】 某工厂工人按日产零件数的多少分组，其资料见表4-14，求中位数。

表4-14 某厂工人日产零件中位数计算表

| 按日产零件分组 /(件·日 $^{-1}$) | 工人数/人 | 工人数累计/人 | |
|---|---|---|---|
| | | 向上累计 | 向下累计 |
| 26 | 3 | 3 | 80 |
| 31 | 10 | 13 | 77 |
| 32 | 14 | 27 | 67 |
| 34 | 27 | 54 | 53 |
| 36 | 18 | 72 | 26 |
| 41 | 8 | 80 | 8 |
| 合计 | 80 | — | — |

显然，当累计次数达到一半时（80/2 = 40），中位数就在日生产零件为34件这一组中，中位数为34件。

按向上累计次数，34对应的工人数累计为54人，32对应的工人数累计为27人，故中位数应在月生产零件为34件所在组，即中位数为34件。

如果分组资料为组距式，应先按 $\dfrac{\sum f}{2}$ 的式子求出中位数所在组的位置，然后再用比例插值法确定中位数的值。其计算公式如下：

下限公式（向上累计时用）：$M_e = L + \dfrac{\dfrac{\sum f}{2} - S_{m-1}}{f_m} \cdot d$

上限公式（向下累计时用）：$M_e = U - \dfrac{\dfrac{\sum f}{2} - S_{m+1}}{f_m} \cdot d$

式中，$L$、$U$ 分别表示中位数所在组的下限、上限；$f_m$ 为中位数所在组的次数；$S_{m-1}$ 为中位数所在组以前各组的累计次数；$S_{m+1}$ 为中位数所在组以后各组的累计次数；$\sum f$ 为总次数；

$d$ 为中位数所在组的组距。

**【例 4 – 22】** 某班学生统计学期末考试成绩情况见表 4 – 15，请计算中位数。

表 4 – 15 某班学生统计学期末考试成绩情况表

| 学生成绩/分 | 学生人数/人 | 人数累计/人 | |
| --- | --- | --- | --- |
| | | 向上累计 | 向下累计 |
| 50 以下 | 2 | 2 | 80 |
| 50 ~ 60 | 4 | 6 | 78 |
| 60 ~ 70 | 14 | 20 | 74 |
| 70 ~ 80 | 46 | 66 | 60 |
| 80 ~ 90 | 10 | 76 | 14 |
| 90 以上 | 4 | 80 | 4 |
| 合计 | 80 | — | — |

先按 $\dfrac{\sum f}{2}$ 的式子求出中位数所在组的位置，即 $\dfrac{\sum f}{2} = \dfrac{80}{2} = 40$（人）

∵ $20 < 40 < 66$

∴ 中位数在 $70 \sim 80$（分）这一组

代入下限公式计算：

$$M_e = L + \frac{\dfrac{\sum f}{2} - S_{m-1}}{f_m} \cdot d = 70 + \frac{\dfrac{80}{2} - 20}{46} \times (80 - 70) = 74.35\,(\text{分})$$

同一资料，根据上限公式与下限公式计算的结果完全一致。

### 4.3.7 各种平均数之间的关系

1. 算术平均数、几何平均数和调和平均数之间的关系

（1）$H \leqslant G \leqslant \bar{X}$，即几何平均数介于调和平均数与算术平均数之间。

可证明：设有两个不等的数值 $x_1$、$x_2$，则

∵ $(\sqrt{x_1} - \sqrt{x_2})^2 = x_1 + x_2 - 2\sqrt{x_1 x_2} \geqslant 0$

∴ $\dfrac{x_1 + x_2}{2} \geqslant \sqrt{x_1 x_2}$　即 $\bar{X} \geqslant G$

又 ∵ $\dfrac{x_1 + x_2}{2} \geqslant \sqrt{x_1 x_2} = \dfrac{x_1 x_2}{\sqrt{x_1 x_2}}$

即：$\dfrac{x_1 + x_2}{2} \geqslant \dfrac{x_1 x_2}{\sqrt{x_1 x_2}}$

∴ $\sqrt{x_1 x_2} \geqslant \dfrac{2 x_1 x_2}{x_1 + x_2} = \dfrac{2}{\dfrac{1}{x_1} + \dfrac{1}{x_2}}$

也即 $G \geqslant H$

因此，$H \leqslant G \leqslant \bar{X}$

这种关系，推广到有限的几个变量值也同样成立。

【例 4-23】 假定 5 个工人，他们的劳动生产率水平分别是 10 件/小时、12 件/小时、15 件/小时、20 件/小时、30 件/小时，则他们的劳动生产率正指标的平均数为：

$$\bar{X} = \frac{10 + 12 + 15 + 20 + 30}{5} = 17.4(件/小时)$$

$$G = \sqrt[5]{10 \times 12 \times 15 \times 20 \times 30} = 16.1(件/小时)$$

$$H = \frac{5}{\frac{1}{10} + \frac{1}{12} + \frac{1}{15} + \frac{1}{20} + \frac{1}{30}} = 15(件/小时)$$

（2）根据两个正数值计算的结果 $G = \sqrt{\bar{X} \cdot H}$

如上例中 $\sqrt{\bar{X} \cdot H} = \sqrt{15 \times 17.4} = 16.16 \approx G$

2. 算术平均数（$\bar{X}$）、众数（$M_0$）中位数（$M_e$）三者的关系

（1）总体次数分配为对称的钟形分布时，三个平均数相等，即 $\bar{X} = M_e = M_0$。

（2）当总体分布呈右偏时，则 $\bar{X} > M_e > M_0$。

（3）当总体分布呈左偏时，则 $\bar{X} < M_e < M_0$。

★相关链接

英国统计学家卡尔·皮尔逊认为，当分布只是适当偏态时，三者之间的数量关系为：中位数 $M_e$ 与算术平均数 $\bar{X}$ 的距离是众数 $M_0$ 与算术平均数 $\bar{X}$ 距离的 1/3，即关系式为：

$$|\bar{X} - M_0| = 3|\bar{X} - M_e|$$

由此可以推算出：在轻微偏态的次数分布中，一旦三者之中两者为已知时，就可以近似估计出第三者。以左偏为例：

$$M_0 - \bar{X} = 3(M_e - \bar{X}) \Rightarrow \begin{cases} M_0 = 3M_e - 2\bar{X} \\ M_e = \frac{1}{3}(M_0 + 2\bar{X}) \\ \bar{X} = \frac{1}{2}(3M_e - M_0) \end{cases}$$

【例 4-24】 某企业工人的月收入众数为 800 元，月收入的算术平均数为 1 100 元，则月收入的中位数近似值是：

$$M_e = \frac{1}{3}(M_0 + 2\bar{X}) = \frac{1}{3} \times (800 + 2 \times 1\ 100) = 1\ 000(元)$$

$\because \bar{X} > M_e > M_0$ $\therefore$ 分布为右偏。

### 4.3.8 运用平均指标应注意的问题

平均指标在统计研究中应用十分广泛。平均指标是总体各单位标志值的代表数值，可以反映标志值的集中趋势，说明被研究现象在具体时间、地点、条件下的一般水平。因此，为了保证指标的科学性，正确发挥平均指标在统计中的作用，在计算和应用时，必须注意以下几方面问题。

**1. 注意所研究现象总体的同质性**

所谓同质性，是指被研究现象总体的各单位在某一方面具有相同的性质。同质性是计算和运用平均指标的基本前提。只有在同质总体中，总体各单位才具有共同的特征，这样按某一数量标志值计算的平均数才有意义，否则，就有可能被平均数掩盖现象的本质差别。例如，我们不能把粮食作物和经济作物混同计算平均亩产量；也不能把城镇职工的工资收入与农民的货币收入混同计算所谓的平均收入等。

**2. 注意用组平均数补充说明总平均数**

同质总体的各单位虽然在本质上是相同的，但是受其他因素的影响，往往也存在一些非本质差别。尽管这些非本质差别在计算总平均数的过程中被抽象化了，但是它们对总平均数仍然有着重要影响。为了深入分析这些因素的影响，全面正确地认识客观现象，有必要对平均数表明的总体进一步分组，用组平均数补充说明总平均数，以做出符合客观事实的结论。例如，甲、乙两地粮食生产的有关资料见表 4 – 16。

表 4 – 16　甲、乙两地粮食生产的有关资料

| 按地形分组 | 甲地 | | | 乙地 | | |
|---|---|---|---|---|---|---|
| | 播种面积/亩[①] | 总产量/千克 | 平均亩产/千克 | 播种面积/亩 | 总产量/千克 | 平均亩产/千克 |
| 山地 | 80 | 3 200 | 40 | 720 | 43 200 | 60 |
| 丘陵 | 400 | 40 000 | 100 | 480 | 60 000 | 125 |
| 平原 | 320 | 80 000 | 250 | 400 | 120 000 | 300 |
| 合计 | 800 | 123 200 | 154 | 1 600 | 223 200 | 139.5 |

从表 4 – 16 的资料看，甲地粮食平均亩产 154 千克，乙地平均亩产 139.5 千克，甲地亩产比乙地亩产高。但将总体进一步按照对平均亩产影响最大的地形因素进行分组并计算组平均数，就会发现无论是山地、丘陵还是平原，甲地的平均亩产都低于乙地。这说明乙地并非生产水平低，而是在播种面积的地形结构中，产量低的山地面积占比大，而产量高的平原播种面积占比小。因此，尽管三种地形的平均亩产分别比甲地高，但总的平均亩产低于甲地。这说明，由于播种面积的地形结构不同，总平均数将甲、乙两地在不同地形上的真正的生产水平之间的差异掩盖了，由此可以看出组平均数补充说明总平均数的重要意义。

---

① 　1 亩 ≈ 667 平方米。

3. 注意用分配数列补充说明总平均数

平均指标可以综合反映现象的一般水平，一方面它将总体各单位的差异抽象掉了，另一方面它又掩盖了总体各单位的差异和分布状况。因此，为了进一步分析和说明总体的数量特征，还要将总体各单位按被平均的标志分组，编制分配数量列，以各组的具体分配情况补充说明总平均数。表 4 – 17 所示为 2019 年某公司所属企业生产计划完成情况。

表 4 – 17　2019 年某公司所属企业生产计划完成情况

| 企业按计划完成程度/% | 企业数/个 |
| --- | --- |
| 90 以下 | 2 |
| 90 ~ 95 | 6 |
| 95 ~ 100 | 9 |
| 100 ~ 105 | 45 |
| 105 ~ 110 | 30 |
| 110 以上 | 8 |
| 合计 | 100 |

假定这 100 个企业的平均计划完成程度是 105%，从总平均数看，超额完成了计划，但是如果结合分配数列考察，有 17% 的企业并没有完成计划，有 38% 的企业超过或达到了平均计划完成程度。显然，这些都是从总平均数上看不出来的。而用分配数列资料对总平均数补充说明以后，对全公司企业的先进、落后和一般就有了较全面的认识，有助于进一步改进工作。

## 4.4　标志变异指标

如前所述，平均指标是统计总体中各单位某一数量标志值的一般水平，反映了总体各单位变量值分布的集中趋势，利用平均指标可以对同类现象在不同空间或时间条件下的数量表现进行对比，以反映现象的发展趋势或规律。但是，平均指标掩盖了总体各单位客观上存在的变异，而在有些情况下，对总体变异情况或平均数对总体各单位变量值的代表性进行研究又是非常必要的，这就需要计算统计变异指标。

### 4.4.1　标志变异指标的概念和作用

1. 标志变异指标的概念

实践证明，平均指标的确能反映客观事物的一般水平，在比较不同空间和时间上的情况时能消除规模大小的影响，是衡量其差距的重要指标。但是仅仅依据平均指标来评价客观事物的优劣是远远不够的。因为总体内部各单位标志值之间是有差异的，有高低、大小、多少之别。就总体而言，平均数的背后隐藏最大值与最小值之间的差距，有的差距不大，有的则相差非常悬殊。总体内部各单位标志值差距悬殊的平均数就掩盖着尖锐的矛盾，让人们感到不真实。现实生活中，此种事例很多。所以，在反映具体问题时除了列出总平均指标外，还应把总体内部各单位标志之中最大值、最小值及其差距摆出来，要列出平均差异大小和差异的相对程度，即要测定标志变异指标。

标志变异指标是反映统计数例中以平均数为中心，总体各单位标志值的差异大小范围或差异程度的指标，又称标志变动度、离散程度或离中程度。标志变异指标是社会经济现象数量关系的重要特征之一，它是多种因素制约的结果。如果说平均指标说明总体分布的集中趋势，那么标志变异指标则说明总体分布的离散趋势。

在研究现象总体数量特征时，仅用平均指标是不够的，既应看到总体的集中趋势，也应看到总体的离中趋势，进而才能全面认识总体的数量特征。所以，要把平均指标与变异指标结合运用。

【例 4 - 25】 某车间两个生产班组工人日产量如下：

甲组：20，40，60，70，80，100，120

乙组：67，68，69，70，71，72，73

尽管两组平均日产量都是 70 件，但从图 4 - 1 可以看出甲组离散程度大，乙组离散程度小。

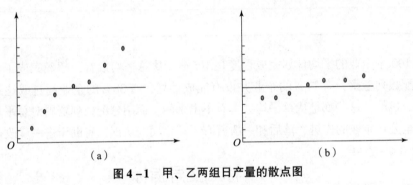

图 4 - 1 甲、乙两组日产量的散点图

(a) 甲组；(b) 乙组

2. 标志变异指标的作用

在统计分析研究中，标志变异指标的作用可概括为以下几点。

(1) 标志变异指标可以衡量或评价平均数代表性的大小。平均指标作为总体各单位某一数量标志的代表值，其代表性的高低与总体差异程度有直接的关系，即标志变异指标值越大，平均数的代表性越低；反之，标志变异指标值越小，平均数的代表性越高。

现仅以【例 4 - 25】为例说明标志变异指标与平均指标之间的关系。

甲组：20，40，60，70，80，100，120

乙组：67，68，69，70，71，72，73

依甲、乙组数据可以算出，两组工人的平均日产量均为 70 件，但是各组工人日产零件的差异程度不同。甲组工人之间日产零件数相差很大，最高与最低相差 100 件；乙组工人之间日产零件数相差较小，最高与最低仅相差 6 件。显然，两组工人的平均日产量虽然都是 70 件，但对于甲组来说，其代表性要小得多，而对于乙组而言，其代表性相对要大得多。

(2) 标志变异指标反映社会经济活动过程的节奏或均衡性。一般来说，标志变异指标数值越大，总体各单位变量值分布的离散趋势越高、均衡性越低；反之，变量值分布的离散趋势越低、均衡性越高。

因此，利用它可以表明生产过程的节奏性和社会经济活动过程的均衡性，进而控制产品质量和评价经济管理工作的质量。

（3）标志变异指标可以反映总体单位标志值的均衡性和稳定性。例如，工业企业检验产品质量状况要求具有均匀性，不希望规格、质量参差不齐。又如，农业生产上要求农作物收获率水平相对稳定，既要求稳产高产，又不希望产量大起大落。

（4）标志变异指标是科学确定必要抽样单位数应考虑的重要因素。

### 4.4.2　标志变异指标的计算

标志变异指标是由多个指标组成的统计指标体系，主要包括全距（极差）、平均差、标准差和变异（离散）系数四个基本指标。

1. 全距

全距又称极差，是总体各单位标志值的最大值和最小值之差，通常用"$R$"表示。由于全距是一个数列中两个极端值之差，故又称极差。全距越大，说明标志值变动的范围越大，集中趋势越弱，代表集中趋势的平均指标的代表性越低。全距越小，则集中趋势越强，平均指标的代表性越高。

对于未分组资料，计算公式为：

$$全距(R) = 最大变量值 - 最小变量 = X_{\max} - X_{\min}$$

对于分组资料，计算公式为：

$$全距(R) = 最高组上限值 - 最低组下限值$$

式中，$X_{\max}$表示总体中最大变量（标志）值；$X_{\min}$表示总体中最小变量（标志）值。

如前例甲、乙两班组日产量的全局分别为：

$$R_{甲} = 120 - 20 = 100（件）\qquad R_{乙} = 73 - 67 = 6（件）$$

两组工人的平均日产量均为 70 件，但甲组全距大，说明日产件数波动范围大，平均日产量的代表性小。而乙组全距小，说明工人日产件数波动范围较小，所以平均日产量的代表性就大。

应该指出，根据未分组资料计算的全距，结果仅仅是一个近似值。原因是在统计分组过程中，最大变量值组上限一般要大于总体最大变量值，而最小变量值组下限一般要小于总体最小变量值，况且，为了统计分析的便利，也一般用 5 或 10 的倍数作为组限。因此，最大变量值组上限往往与总体最大变量值不相等，最小变量值组下限也往往与总体最小变量值不一致。

全距最大的特点是计算简便，容易被人们接受和理解。它是测定离散程度的最简便方法。实际工作中，常用于工业产品质量检查和控制。但是，全距只是根据变量值计算而来的，容易受极端数值的影响。因此，不能全面反映所有变量值的综合变动程度，有很大的局限性。为全面表明总体的变异程度，还应当进一步计算其他变异指标。

2. 平均差

平均差是各单位标志值对平均数离差绝对值的平均数。离差是总体各单位标志值与算术

统计学

平均数之差，用公式表示为 $x - \bar{x}$。由于各标志值与算术平均数的离差总和恒等于零，即 $\sum(x - \bar{x}) = 0$ 或 $\sum(x - \bar{x})f = 0$，因此在计算平均差时，采用离差绝对值的方法计算。

根据所掌握的资料不同，平均差的计算可分为简单算术平均式和加权算术平均式两种。

（1）简单算术平均式。如果所掌握的资料是未分组的资料，可用简单算术平均式计算平均差。公式为：

$$AD = \frac{\sum |x - \bar{x}|}{n}$$

式中，$AD$ 为平均差，其他符号同前。

【例4-26】 某车间5名工人日产零件数资料为12件、13件、14件、14件、15件，平均每人日产量 $\bar{x} = 13.6$ 件，见表4-18。试计算日产零件数平均差。

表4-18  5名工人日产零件离差计算表

| 工人序号 | 日产零件数（$x$）/件 | $x - \bar{x}$ | $|x - \bar{x}|$ |
|---|---|---|---|
| 1 | 12 | -1.6 | 1.6 |
| 2 | 13 | -0.6 | 0.6 |
| 3 | 14 | 0.4 | 0.4 |
| 4 | 14 | 0.4 | 0.4 |
| 5 | 15 | 1.4 | 1.4 |
| 合计 | 68 | 0.00 | 4.4 |

**解：** 工人日产零件数的平均差为：

$$AD = \frac{\sum |x - \bar{x}|}{n} = \frac{4.4}{5} = 0.88（件）$$

（2）加权算术平均式。如果所掌握的是分组资料，则应采用加权算术平均式计算平均差。其公式为：

$$AD = \frac{\sum |x - \bar{x}|f}{\sum f}$$

【例4-27】 某企业工人日产量见表4-19，求日产量的平均差。

**解：** ①用加权平均数公式计算加权算术平均数 $\bar{x} = \dfrac{\sum xf}{\sum f} = 82.62$（件）

②计算离差绝对值填入表内

③对离差绝对值计算加权平均数

$$AD = \frac{\sum |x - \bar{x}|f}{\sum f} = \frac{1\ 650.02}{164} = 10.06（件）$$

表 4 - 19 某企业工人日产量的平均差计算表

| 按日产量组 /件 | 工人数 (f)/人 | 组中值 (x)/件 | 各组日产量 (xf)/件 | $x - \bar{x}$ | $|x - \bar{x}| f$ |
|---|---|---|---|---|---|
| 60 以下 | 10 | 55 | 550 | -27.62 | 276.20 |
| 60 ~ 70 | 19 | 65 | 1 235 | -17.62 | 334.78 |
| 70 ~ 80 | 50 | 75 | 3 750 | -7.62 | 381.00 |
| 80 ~ 90 | 36 | 85 | 3 060 | 2.38 | 85.68 |
| 90 ~ 100 | 27 | 95 | 2 565 | 12.38 | 334.26 |
| 100 ~ 110 | 14 | 105 | 1 470 | 22.38 | 313.32 |
| 110 以上 | 8 | 115 | 920 | 32.38 | 259.04 |
| 合计 | 164 | — | 13 550 | — | 1 650.02 |

平均差的意义明确，同全距相比，计算的依据是总体所有变量值，具有普遍性，能够准确反映总体变异的状况。但是，由于平均差是用总体各单位变量值同总体算术平均数的离差的绝对值来计算的，很难进行更深入的数学计算，因而在实际应用上受到很大限制。

3. 标准差

标准差是总体各单位标志值与其算术平均数的离差平方的算术平均数的平方根，故也叫均方根差。标准差的实质与平均差基本相同，也是各标志值对其算术平均数的平均离差，两者只是在数学处理上不同，它是采用平方的方法消除离差的正负号求得的，即先对 $(x - \bar{x})$ 求平方的方法消除由于 $\sum (x - \bar{x}) = 0$ 或 $\sum (x - \bar{x})f = 0$ 对变异分析带来的影响，利用平方和开平方之间的逆运算关系计算出来的。由于在数学上，$(x - \bar{x})^2$ 比 $|x - \bar{x}|$ 形式可以进行更方便的数学运算，因此在统计分析过程中，标准差就成为应用最广泛的标志变异指标。

需要说明的是，既然标准差是利用平方和开方之间的逆运算关系计算出来的变异指标，采用 $(x - \bar{x})$ 的奇数次方形式或除 2 之外的其他偶数次方形式可不可以呢？对于这个问题，可用初等数学方面的知识来解释。我们知道，如果采用 $(x - \bar{x})$ 的奇数次方形式，会造成 $\sum (x - \bar{x})$ 奇次方内部相互抵消，从而不能客观地反映总体的变异状况。所以必须用 $(x - \bar{x})$ 的偶数次方形式。而在 $(x - \bar{x})$ 的偶数次方形式中，$(x - \bar{x})^2$ 是一种最简捷、最经济的方法。

依据所掌握的资料不同，标准差的计算分为简单平均式和加权平均式两种。

（1）简单平均式。对于未分组资料，采用下列公式计算标准差：

$$\sigma = \sqrt{\frac{\sum (x - \bar{x})^2}{n}} （对于总体数据）$$

$$或\ s = \sqrt{\frac{\sum (x - \bar{x})^2}{n - 1}}\ (对于样本数据)$$

【例 4 - 28】 仍用【例 4 - 26】资料，求日产零件数的平均差（参考表 4 - 20）。

表 4 - 20 某企业工人日产量的简单标准差计算表

| 工人序号 | 日产零件数 $(x)$/件 | $x - \bar{x}$ | $(x - \bar{x})^2$ |
|---|---|---|---|
| 1 | 12 | -1.6 | 2.56 |
| 2 | 13 | -0.6 | 0.36 |
| 3 | 14 | 0.4 | 0.16 |
| 4 | 14 | 0.4 | 0.16 |
| 5 | 15 | 1.4 | 1.96 |
| 合计 | 68 | — | 5.20 |

工人日产零件数的标准差为：

$$\sigma = \sqrt{\frac{\sum (x - \bar{x})^2}{n}} = \sqrt{\frac{5.20}{5}} = 1.02(件)$$

（2）加权平均式。如果掌握的是分组资料，采用下列公式计算标准差：

$$\sigma = \sqrt{\frac{\sum (x - \bar{x})^2 f}{\sum f}}\ (对于总体数据)$$

$$s = \sqrt{\frac{\sum (x - \bar{x})^2 f}{\sum f - 1}}\ (对于样本数据)$$

【例 4 - 29】 某企业工人日产量情况见表 4 - 21，求标准差。

表 4 - 21 某企业工人日产量的加权标准差计算表

| 按日产量分组/件 | 工人数 $(f)$/人 | 组中值 $(x)$/件 | $x - \bar{x}$ | $(x - \bar{x})^2$ |
|---|---|---|---|---|
| 60 以下 | 10 | 55 | -27.62 | 7 628.644 0 |
| 60 ~ 70 | 19 | 65 | -17.62 | 5 898.823 6 |
| 70 ~ 80 | 50 | 75 | -7.62 | 2 903.220 0 |
| 80 ~ 90 | 36 | 85 | 2.38 | 203.918 4 |
| 90 ~ 100 | 27 | 95 | 12.38 | 4 138.138 8 |
| 100 ~ 110 | 14 | 105 | 22.38 | 7 012.101 6 |
| 110 以上 | 8 | 115 | 32.38 | 8 387.715 2 |
| 合计 | 164 | — | — | 36 172.561 6 |

$$\sigma = \sqrt{\frac{\sum (x - \bar{x})^2 f}{\sum f}} = \sqrt{\frac{36\ 172.561\ 6}{164}} = 14.85(件)$$

4. 变异系数

标志变异指标数值的大小，不仅受变异程度的影响，而且受平均水平高低的影响，因此，比较不同总体的变异程度的高低，不能简单地根据平均差或标准差的大小来比较，而应该将平均差、标准差与相应的平均数对比，计算标志变异的相对指标后进行比较，即计算标志变异系数。

变异系数是反映一组数据相对差异程度的变异指标，是各变异指标与其算术平均数的比值。变异系数是一个无名数，可以用于比较不同数据的离散程度，也称离散系数。变异系数主要有全距系数、平均差系数和标准差系数，其中最常用的是标准差系数。

全距与总体平均数对比所得到的比值称为全距系数，计算公式为：

$$V_R = \frac{R}{\bar{x}} \times 100\%$$

平均差与总体平均数对比所得到的比值称为平均差系数，计算公式为：

$$V_{AD} = \frac{AD}{\bar{x}} \times 100\%$$

标准差与总体平均数对比所得到的比值称为标准差系数，计算公式为：

$$V_\sigma = \frac{\sigma}{\bar{x}} \times 100\%$$

【例4－30】 已知甲、乙两班组工人日产量资料如下（单位：件）。

甲组：60、65、70、75、80

乙组：2、5、7、9、12

要求：计算两班组工人的平均日产量，并分析判断哪个班组的平均日产量代表性大。

**解**：（1）求各组平均日产量和标准差。

$$\bar{x}_甲 = 70 \ (件) \qquad \sigma_甲 = 7.07 \ (件)$$

$$\bar{x}_乙 = 7 \ (件) \qquad \sigma_乙 = 3.41 \ (件)$$

因为，$\sigma_甲 = 7.07 > \sigma_乙 = 3.41$，说明乙组工人日产量的平均差异较小，平均日产量代表性较大。但是通过计算标准差系数得出相反的结论。

（2）求标准差系数。

$$V_甲 = \frac{7.07}{70} \times 100\% = 10.1\%$$

$$V_乙 = \frac{3.41}{7} \times 100\% = 48.7\%$$

必须指出，当比较两组数据的离散程度时，如两组平均数相等，可以直接比较标准差；如两组平均数不等，则需比较两组的离散系数。因为标准差的大小，不仅取决于总体的变异程度，而且受变量值水平的影响。总体各单位变量值水平越高，标准差就越大，反之就越小。在这种情况下，只有通过标准差系数的比较，才能得出正确的结论。

计算结果表明，乙组的变异程度大于甲组，因而甲组平均产量的代表性更大。

## 相关知识图示

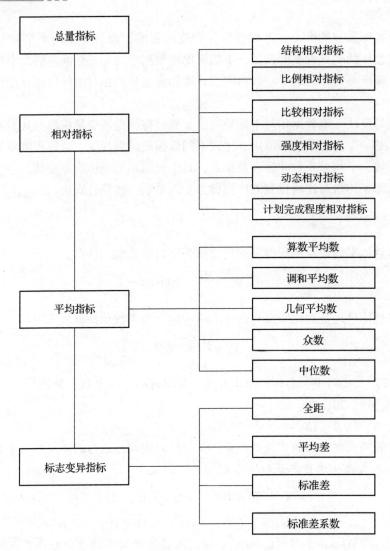

## 本章小结

本章主要介绍了通过综合指标法来对社会经济现象进行分析和研究的方法，主要通过完成总量指标、相对指标、平均指标和标志变异指标分析技术等相关任务来对总体现象的数量方面进行计算和分析。

总量指标是统计指标中最基本的指标，它的计算是否科学合理会直接影响相对指标和平均指标的准确性。总量指标主要反映社会经济现象的总体规模和水平，而相对指标主要反映现象总体内部的结构、比例、发展状况和彼此间的关系，以及对计划完成情况的检查。相对指标有多种，每种指标只能从某一角度出发，反映事物的一个侧面，很难用某一相对指标来说明问题的全部，因此我们必须注意把多种指标结合运用。相对指标的一个重要特点，就是将对比的总量指标进行了抽象。因此，在应用相对指标说明和分析问题时，应该使之与相应的总量指标联系起来观察才能克服认识上的片面性，使我们获得对所研究现象的全面认识。

平均指标是社会统计中非常重要且应用十分广泛的一种综合指标。应掌握算数平均数、调和平均数、几何平均数、众数和中位数的特点、计算方法和应用条件，其中算数平均数是应用最广泛的。平均指标描述的是总体的集中趋势，而标志变异指标是描述总体的离中趋势，它们是两个意义相反的指标，我们要从集中趋势和离中趋势两个方面去认识总体的分布特征，解决有关经济和技术问题。

## 思考题

1. 什么是数据的集中趋势？度量数据集中趋势的指标有哪些？
2. 什么是数据的离散程度？度量数据离散程度的指标有哪些？
3. 在不同的分布类型中（对称、左偏和右偏分布），平均数、众数和中位数之间的关系分别是怎样的？

## 即测即评

## 延伸资料

# 抽样推断

1. 明确抽样调查的概念、特点和作用，了解抽样调查理论和实践的演进历程。
2. 理解抽样误差的影响因素，掌握抽样平均误差的计算方法。
3. 掌握抽样推断和必要抽样数目的确定原理及方法，学会抽样推断。

培养学生正确运用抽样方法收集资料并据以做出准确统计推断的能力。

### 《文学文摘》杂志的调查预测错误

1936 年，美国正从经济大恐慌中复苏，全国仍有 900 万人失业。当年的美国总统大选，由民主党员罗斯福与共和党员兰登进行角逐。《文学文摘》杂志对结果进行了调查预测。他们根据当时的电话号码簿及该杂志订户俱乐部会员名单，邮寄 1 000 万份问卷调查表，回收约 240 万份。工作人员获得了大量的样本，对此进行了精确的计算，根据数据的整理分析结果，他们断言：在总统选举中，兰登将以 370∶161 的优势，即以 57%∶43%，领先 14 个百分点击败罗斯福。与之相反，一个名叫乔治·盖洛普的人，对《文学文摘》调查结果的可信度提出质疑。他也组织了抽样调查，进行民意测试。他的预测与《文学文摘》截然相反，认为罗斯福必胜无疑。结果，罗斯福赢得了 2 770 万张民众选票，兰登得到 1 600 万张选票；罗斯福赢得了除缅因州、佛蒙特州以外 48 个州的民众选票，获得选举团 523 张选票，即总选票的 98%。最终，罗斯福以 62%∶38% 压倒性地大胜兰登，这一结果使《文学文摘》销声匿迹，而盖洛普则名声大噪。

《文学文摘》和乔治·盖洛普都采用了抽样调查的方法。在《文学文摘》的调查中，总体是全体选民的意愿，样本是回收的约 240 万份问卷调查中所反映出的意愿。在这个调查过程中体现了用样本估计总体的统计思想。在 1936 年，能装电话或订阅《文学文摘》杂志的人，在经济上相对富裕，而《文学文摘》杂志忽视了许多没有电话及不属于任何俱乐部的低收入人群。因当时政治与经济分歧严重，收入不太高的大多数选民选罗斯福，占投票总数比例较小的富人则倾向于兰登，所以选举结果使《文学文摘》大跌面子。

思考：《文学文摘》的教训，告诉我们抽样推断时，不仅要关注样本的多少，还要关注什么呢？

通过本章的学习，你不但能体会到抽样推断的重要意义，还能学到如何选取样本，以降低抽样误差。

# 5.1　抽样推断概述

## 5.1.1　抽样推断的概念和特点

### 1. 抽样推断的概念

抽样推断（Sample Inference）是在根据随机原则从总体中抽取部分实际数据的基础上，运用数理统计方法，对总体某一现象的数量性做出具有一定可靠程度的估计判断。通过以上抽样推断的概念，要明确一点：抽样推断是在抽样调查的基础上，利用样本的实际资料计算样本指标，并据以推算总体相应数量特征的一种统计分析方法。

在计划经济条件下，统计为了达到对总体数量特征的认识，往往是采用对总体的所有单位进行全面调查。但自从转变为市场经济以后，对统计调查也进行了改革，由以全面调查为主的调查方法，逐步转变为提倡和推广抽样调查。这种调查方法，不同于全面调查，它是通过组织抽样调查取得部分单位的实际资料，来估计和判断总体的数量特征，以达到对现象总体的认识。

抽样推断，从其内涵来说，包括抽样调查和抽样推断两部分，前者着重调查，后者着重推断。具体地说，所谓抽样调查，是指按照随机原则从调查对象的全部单位中抽取部分单位，进行调查，取得各项准确的数据。所谓抽样推断，是指运用数理统计原理，根据抽样调查资料，对研究对象全体的数量特征，做出具有可靠程度的估计和判断，以达到对现象总体正确认识的目的。总之，抽样推断，不仅是一种科学的非全面的调查方法，而且是一种根据非全面调查资料，推算全面情况的统计研究方法。

### 2. 抽样推断的特点

由抽样推断的概念可知，抽样推断是指根据调查人员的主观经验从总体样本中选择那些被判断为最能代表总体的单位做样本的抽样方法。它具有主观性和随机性的特点，因此，可以简单得知抽样推断有以下三个特点：

（1）抽样推断的前提是按照随机原则抽选调查单位。抽样调查，这种非全面调查与其他非全面调查，如典型调查、重点调查等选择单位的方法完全不同。典型调查、重点调查均由调查者有意识地选择调查单位，因而受调查者主观因素的影响。这样取得的调查资料，不能用来对总体的数量特征进行统计推断。抽样调查则是按随机原则抽选调查单位，完全排除调查者主观因素的影响。这样调查的部分单位资料，可以用来推断总体的数量特征。那么，什么是随机原则呢？随机原则就是在抽选调查单位时，保证总体中每个单位都有相等的中选可能性。所以随机原则又称同等可能性原则。这样，按随机原则抽取部分单位，就有更大的可能性使抽取出来的部分单位所构成的样本总体结构与调查总体结构相似，因而使样本总体对调查总体具有充分的代表性，抽样误差也就更小了。

还须指出，抽样推断只有以随机原则为前提，才能使任何一个样本变量都是随机变量，抽样推断才有可能利用大数定律和中心极限定理等概率论原理来研究样本指标（统计量）与总体指标（总体参数）的关系，确定优良估计的标准，为抽样设计寻求更有效的组织形式建立科学的理论基础。

（2）抽样推断的特有估计方法是概率估计法。样本数据和参数之间，并不存在自变量和因变量严格对应关系，因而它不能利用一定的函数关系推算总体参数，却运用归纳推理原理，即不保证从正确的前提一定得到正确的结论，而只肯定从正确的前提得到的结论有一定程度的可靠性。概率估计从这一原理出发具体确定用样本指标推断总体指标的可靠程度有多大。这种推断估计方法是其他推断估计方法所没有的。

（3）抽样推断的误差可通过事前的计算来加以控制。以样本指标估计相应的总体指标，肯定会存在一定的误差。但抽样误差的范围，可以事先通过有关资料加以计算，并可采取必要的组织措施来控制这一误差范围，保证抽样推断的结果达到一定的可靠程度。这是其他的估算方法所不能做到的。

## 5.1.2  抽样推断的作用

在社会经济统计和现实生活中，抽样推断的运用相当广泛，具有十分重要的作用。

### 1. 抽样推断可在不可能进行全面调查的情况下

对于无限总体，不可能进行全面调查，在工业生产中检验某些产品质量时，常常具有破坏性。如灯泡的寿命检验、棉纱的拉力检验等，不可能对全部产品进行检验，而必须采用抽样推断的方法，以样本资料推断总体的质量状况。

### 2. 抽样推断可提高调查的时效性

抽样推断可以大大节省人力、物力，又可节省时间，提高调查的时效性，并且能取得比较详细的资料。因此，当资料要求紧迫，而且需以较短时间，迅速了解总体全面情况时，可用抽样推断法。有些社会经济现象，如检验水库的鱼苗数、森林的木材积蓄量等，从理论上说，可以进行全面调查，但调查范围太广、单位太大，因而不必要进行全面调查，采用抽样推断便可节省人力、费用、时间，并可提高资料的准确性。

### 3. 抽样推断可用来对全面资料的检验和修正

全面调查由于范围广、工作量大、参加人员多，往往容易发生登记性误差和计算误差。如果在全面调查后，随机抽取一部分单位重新调查一次，将这些单位两次调查的资料，进行对照，加以比较，计算其差错率，并据以对全面资料加以修正，可以进一步提高全面调查资料的准确性。

4. 抽样推断可以用于工业生产过程的质量控制

抽样推断法可以有效地应用于对成批或大量连续生产的工业产品在生产过程中进行质量控制，检查生产过程是否正常，及时提供有关信息，便于采取措施，防止废品的发生。

5. 抽样推断可以对某种总体的假设进行检验

如新工艺新技术的改革，是否能收到明显的效果，需要对未知或完全不知道的总体做出一些假设，然后利用抽样推断法，根据实验的材料对所做假设进行检验，做出判断。

总之，抽样推断，不仅是一种科学的非全面的调查方法，而且是一种根据非全面调查资料，推算全面情况的统计研究方法，对现代经济社会发展产生了极其深远的影响。

### 5.1.3　抽样推断的基本概念

1. 全及总体和抽样总体

（1）全及总体。全及总体，简称总体，是指所要研究对象的全体。它是由所研究范围内具有某种共同性质的许多单位组成的集合体。总体的单位数通常用 $N$ 来表示。总体按其各单位标志性质的不同，可以分为变量总体和属性总体。反映数量标志的总体称为变量总体。如研究其性别差异的新生婴儿总体，研究产业属性的总体；若被研究的标志是数量标志，则将这个总体称为变量总体，如反映体重、身高的学生总体，反映工资高低的职工总体等。

抽样调查首先要弄清总体的范围，构成明确的抽样框，作为抽样的母体。对于一定的问题，全及总体是唯一确定的。

（2）样本总体。样本总体又称子样，简称样本，样本是从全及总体中随机抽取出来，代表全及总体的那部分单位的集合体。如果全及总体称母集，那么样本总体称子集。样本总体的单位数称样本容量，通常用 $n$ 表示。样本容量与总体单位数相比是很小的，一般说来，把样本容量 $n \geqslant 30$ 个单位的样本称为大样本；当 $n < 30$ 个单位时称小样本。社会经济现象的抽样调查多取大样本，而自然试验的现象多取小样本。样本总体的单位数相对全及总体的单位数，是很少的。以很小的样本来推断很大的总体，是抽样推断法的重要特点。

2. 总体指标和样本指标

（1）总体指标。总体指标又称全及指标，是说明总体数量特征或规律性的数字。抽样调查中所要估计的主要总体指标有总体平均数、总体成数、总体方差和总体标准差。

①总体平均数。它是全及总体各单位标志值的平均数。当总体为变量总体时，要计算平均数，用 $\bar{X}$ 代表总体平均数，则在总体未分组情况下：

$$\bar{X} = \frac{X_1 + X_2 + \cdots + X_N}{N} = \frac{\sum X}{N}$$

在总体分组的情况下：

$$\bar{X} = \frac{\sum XF}{\sum F} = \frac{\sum XF}{N}$$

②总体成数。它是指全及总体中具有某一相同标志表现的单位数占全及总体单位数的比重，用 $P$ 表示当总体属于属性总体时，可以计算总体成数。

设总体中具有某一特征的单位数为 $N_1$，则

$$P = \frac{N_1}{N}$$

例如：在 5 000 件产品中，有 50 件次品，则次品的总体成数

$$P = \frac{50}{5\,000} \times 100\% = 1\%$$

③总体方差和标准差。

在总体未分组的情况下：

$$\sigma^2 = \sum (X - \bar{X})^2 / N$$

$$\sigma = \sqrt{\sum (X - \bar{X})^2 / N}$$

在总体分组的情况下：

$$\sigma^2 = \frac{\sum (X - \bar{X})^2 F}{\sum F}$$

$$\sigma = \sqrt{\frac{\sum (X - \bar{X})^2 F}{\sum F}}$$

④总体是非标志的方差和标准差。

$$\sigma^2 = PQ$$

$$\sigma = \sqrt{PQ}$$

（2）样本指标。样本指标是由样本总体各单位标志值或标志特征计算的，反映样本数量特征的综合指标，它是用来估计全及指标的。由于抽样调查的基本方法是以样本推断总体，因此，需要针对全及指标，构造相应的样本指标。抽样指标主要有样本平均数、样本成数、样本方差和样本标准差。

①样本平均数。它是样本总体各单位标志值的平均数，用 $\bar{x}$ 表示。在样本未分组的情况下：

$$\bar{x} = \frac{\sum x}{n}$$

在样本分组的情况下：

$$\bar{x} = \frac{\sum xf}{\sum f} = \frac{\sum xf}{n}$$

②样本成数。设样本中具有某一特征的单位数为 $n_1$，具有该特征单位的样本成数 $p = \frac{n_1}{n}$。

③样本方差和标准差。

在样本未分组的情况下：$s^2 = \sum (x - \bar{x})^2 / n$

$$s = \sqrt{\sum (x - \bar{x})^2 / n}$$

在样本分组的情况下：

$$s^2 = \frac{\sum (x - \bar{x})^2 f}{\sum f}$$

$$s = \sqrt{\frac{\sum (x - \bar{x})^2 f}{\sum f}}$$

④样本是非标志的方差和标准差。

$$s^2 = pq \quad s = \sqrt{pq}$$

样本指标均为一个不确定的量。不同的样本就有不同的样本指标值。但当样本确定之后，样本指标也就随之而确定。

### 5.1.4　抽样方法

在抽样调查中，从总体中抽取样本单位的方法有两种，即重复抽样和不重复抽样。

**1. 重复抽样**

重复抽样也称重置抽样、回置抽样。它是指从 $N$ 个总体单位中，抽取一个单位进行观察，记录后，放回去，然后抽取下一个单位，这样连续抽取 $n$ 个单位组成样本的方法。在抽样过程中，总体单位数始终保持不变，因此，各单位被抽中的机会都是相等的。

**2. 不重复抽样**

不重复抽样也称不重置抽样、不回置抽样。它是指从 $N$ 个总体单位中，抽取一个单位进行观察记录后，不再放回去，再抽取下一个单位，这样连续抽取 $n$ 个单位组成样本的方法。这样总体每抽取一次，就少一个单位，抽 $n$ 次就少 $n$ 个单位。抽样完毕时，还剩下 $N-n$ 个单位。总体中的每一个单位被抽中的机会都在变动，$n$ 次抽选的结果也不是互相独立的。

## 5.2　抽样误差和抽样估计

### 5.2.1　抽样误差

**1. 抽样误差的含义**

抽样误差是指由于随机抽样的偶然因素使样本各单位的结构对总体各单位结构的代表性差别，而引起的样本指标和总体指标之间的绝对离差，如抽样平均数与总体平均数的绝对离差、抽样成数与总体成数的绝对离差等。

**2. 误差的类型**

（1）登记性误差。登记性误差指在调查过程中由于主客观原因未能如实登记事实或在汇总整理过程中登录错误而造成的误差。在抽样调查中，登记性误差是能够预防、克服的。

（2）代表性误差。代表性误差指由于样本的结构不同于总体的结构而产生的样本指标与总体指标之间的误差。这种误差不仅抽样调查中可能发生，其他各种调查方式中都有可能发生。代表性误差可能是系统性误差，也可能是偶然性误差。

①系统性误差。系统性误差是指组织抽样时，没有严格遵循随机原则而产生的误差。在抽样调查中，系统性误差是能够预防、克服的。

②偶然性误差。偶然性误差又称随机误差，是指按随机原则抽样时，由于调查范围的非全面性及样本的随机性而产生的样本指标与总体指标之间的误差，它是抽样的随机性而产生的样本与总体之间的误差，不可克服、不能避免，只能通过一定的方法进行计算并加以控制。抽样误差，就是指这种偶然性代表误差。

3. 影响抽样误差的因素

影响抽样误差的因素多种多样，主要有如下几种：

（1）总体被研究标志的变异程度。在其他条件不变的情况下，总体单位标志值的变异程度越小，则抽样误差也越小，抽样误差和总体变异程度成正比变化。

（2）样本单位数的多少。在其他条件不变的情况下，抽样单位数越多，抽样误差就越小；反之，抽样单位数越少，抽样误差就越大。

（3）抽样方法。抽样方法不同，抽样误差也不同，一般来说重复抽样的误差比不重复抽样的误差要大。

（4）抽样调查的组织形式。抽样调查的组织形式不同，抽样误差也不相同，而且同一组织形式的合理程度也会影响抽样误差。

## 5.2.2　抽样平均误差

抽样平均误差是反映抽样误差一般水平的指标。由于从一个全及总体中可以抽出很多个样本，因而样本指标（如样本平均数、样本成数）就有许多不同数值。这就是说，从理论上讲，可以计算出很多个误差，这些误差有大有小。要反映抽样误差的一般水平，就有必要计算抽样平均误差。

1. 抽样平均数的抽样平均误差

计算平均数的抽样平均误差的理论公式为

$$\mu_{\bar{x}} = \sqrt{\frac{\sum (\bar{x} - \bar{X})^2}{N}}$$

该公式表明了抽样平均误差的意义。但是当总体单位数较大，而抽取的样本单位数也较大时，样本可能数目就非常大。即使求出样本可能数目，上述公式仍然不适用，这是因为，在该公式中出现的总体平均数是未知的。这也正是抽样调查所要推算出的数值。

抽样调查实践中用来计算抽样平均误差的基本公式是根据定义公式推导出来的。

⊗ **重要知识**

**抽样平均数抽样平均误差计算公式：**

重复抽样条件下抽样平均误差 $\mu_{\bar{x}} = \dfrac{\sigma_{\bar{x}}}{\sqrt{n}}$

不重复抽样条件下抽样平均误差 $\mu_{\bar{x}} = \sqrt{\dfrac{\sigma_{\bar{x}}^2}{n}\left(\dfrac{N-n}{N-1}\right)}$

当 $N$ 较大时，在不重复抽样条件下计算抽样平均误差的公式可简化为

$$\mu_{\bar{x}} = \sqrt{\frac{\sigma^2_{\bar{x}}}{n}\left(1 - \frac{n}{N}\right)}$$

可以看出，不重复抽样条件下计算抽样平均误差是重复抽样条件下计算抽样平均误差乘上一个校正因子 $\sqrt{\frac{N-n}{N-1}}$ 或 $\sqrt{1 - \frac{n}{N}}$。

$\sigma_{\bar{x}}$ 是总体标准差，是未知数。但在大样本条件下，可用样本标准差 $S$ 代替；也可用以前时期或性质相同的现象的标准差代替。当有几个可供选择的数值时，为了使抽样误差的估计更加可靠，应选最大标准差（或方差）。

【例 5 - 1】　从某厂生产的 100 000 只灯泡中随机抽取 100 只进行检查，假如该产品以往抽样中平均使用寿命的标准差为 100 小时，试计算该厂灯泡平均使用寿命的平均误差。

**解：** 该厂灯泡平均使用寿命的平均误差

在重复抽样条件下：$\mu_{\bar{x}} = \dfrac{\sigma_{\bar{x}}}{\sqrt{n}} = \dfrac{100}{\sqrt{100}} = 10$（小时）

在不重复抽样条件下：$\mu_{\bar{x}} = \sqrt{\dfrac{\sigma^2_{\bar{x}}}{n}\left(\dfrac{N-n}{N-1}\right)} = \sqrt{\dfrac{100^2}{100}\left(\dfrac{100\,000 - 100}{100\,000 - 1}\right)} = 9.995$（小时）

或 $\mu_{\bar{x}} = \sqrt{\dfrac{\sigma^2_{\bar{x}}}{n}\left(1 - \dfrac{n}{N}\right)} = \sqrt{\dfrac{100^2}{100}\left(1 - \dfrac{100}{100\,000}\right)} = 9.995$（小时）

2. 抽样成数的抽样平均误差

❖ **重要知识**

　　抽样成数的抽样平均误差计算公式：

　　在重复抽样条件下：　　　$\mu_p = \dfrac{\sigma_p}{\sqrt{n}} = \sqrt{\dfrac{p(1-p)}{n}}$

　　在不重复抽样条件下：　　$\mu_p = \sqrt{\dfrac{p(1-p)}{n}\left(\dfrac{N-n}{N-1}\right)}$

计算公式 $\mu_p = \sqrt{\dfrac{p(1-p)}{n}\left(\dfrac{N-n}{N-1}\right)}$，当 $N$ 很大时，可简化为 $\mu_p = \sqrt{\dfrac{p(1-p)}{n}\left(1 - \dfrac{n}{N}\right)}$

抽样成数总体的标准差，是未知的。所以，一般都用样本总体的相应指标来代替，也可用以前时期或性质相同的现象的标准差代替；或选择是非比率等于 50% 时的标准差，这样可使抽样误差的估计更加可靠。

【例 5 - 2】　从某厂生产的 100 000 只灯泡中，随机抽取 1 000 件进行调查，测得有 20 只为不合格。试求产品合格率的抽样平均误差。

**解：** 根据条件可知，合格率 $p = (1\,000 - 20)/1\,000 \times 100\% = 98\%$

则产品合格率的抽样平均误差为：

在重复抽样条件下：$\mu_p = \sqrt{\dfrac{p(1-p)}{n}} = \sqrt{\dfrac{0.98 \times (1 - 0.98)}{1\,000}} \times 100\% = 0.44\%$

在不重复抽样条件下：

$$\mu_p = \sqrt{\frac{p(1-p)}{n}\left(1-\frac{n}{N}\right)} = \sqrt{\frac{0.98 \times (1-0.98)}{1\ 000} \times \left(1 - \frac{1\ 000}{100\ 000}\right)} \times 100\% = 0.44\%$$

【例 5-3】 某企业生产的产品，按正常生产经验，合格率为 90%，现从 5 000 件产品中抽取 50 件进行检验，求合格率的抽样平均误差。

**解：**根据题意，在重复抽样条件下，合格率的抽样平均误差为：

$$\mu_p = \sqrt{\frac{p(1-p)}{n}} = \sqrt{\frac{0.9 \times 0.1}{50}} = 4.24\%$$

在不重复抽样条件下，合格率的抽样平均误差为：

$$\mu_p = \sqrt{\frac{p(1-p)}{n}\left(1-\frac{n}{N}\right)} = \sqrt{\frac{0.9 \times 0.1}{50} \times \left(1 - \frac{50}{5\ 000}\right)} \times 100\% = 4.22\%$$

### 5.2.3 抽样极限误差

**1. 抽样极限误差的概念**

抽样极限误差是指样本指标和总体指标之间抽样误差的可能范围，也称为抽样误差范围。由于总体指标是一个确定的数，而样本指标是围绕着总体指标上下变动的量，它与总体指标可能产生正离差，也可能产生负离差，样本指标变动的上限或下限与总体指标之差的绝对值就可以表示抽样误差的可能范围 $\Delta$。抽样极限误差的大小可以根据有关方法进行估计；但在实践中，人们也常常根据调查目的和任务规定该项调查极限误差的大小，此时，极限误差也称为允许误差，利用它对调查结果的误差范围进行约束，以保证调查结果的精确度满足调查任务的要求。

以 $\Delta_{\bar{x}}$ 和 $\Delta_p$ 分别表示抽样平均数极限误差和抽样成数极限误差，则有 $|\bar{x} - \bar{X}| = \Delta_{\bar{x}}$ 和 $|p - P| = \Delta_p$。

上面等式可以变换为下列不等式关系：

$$\bar{X} - \Delta_{\bar{x}} \leqslant \bar{x} \leqslant \bar{X} + \Delta_{\bar{x}} \quad \text{和} \quad P - \Delta_p \leqslant p \leqslant P + \Delta_p$$

表明抽样平均数 $\bar{x}$ 是以总体平均数 $\bar{X}$ 为中心，在 $\bar{X} - \Delta_{\bar{x}}$ 至 $\bar{X} + \Delta_{\bar{x}}$ 之间变动，区间 $[\bar{X} - \Delta_{\bar{x}}, \bar{X} + \Delta_{\bar{x}}]$ 称为样本平均数的区间估计，区间的总长度为 $2\Delta_{\bar{x}}$，在这个区间内样本平均数和总体平均数的绝对离差不超过 $2\Delta_{\bar{x}}$；抽样成数是以总体成数 $P$ 为中心，在 $P - \Delta_p$ 至 $P + \Delta_p$ 之间变动，抽样成数在 $[P - \Delta_p, P + \Delta_p]$ 区间内与总体成数的绝对离差不超过 $2\Delta_p$。

由于总体平均数 $\bar{X}$ 和总体成数 $P$ 是未知的，它要用实测的抽样平均数和成数来估计。因而极限抽样误差的实际意义是希望总体平均数 $\bar{X}$ 落在抽样平均数 $\bar{x} \pm \Delta_{\bar{x}}$ 的范围内。总体成数 $P$ 落在抽样成数 $p \pm \Delta_p$ 的范围内。因此上述不等式可推导为：

$$\bar{x} - \Delta_{\bar{x}} \leqslant \bar{X} \leqslant \bar{x} + \Delta_{\bar{x}} \quad \text{和} \quad p - \Delta_p \leqslant P \leqslant p + \Delta_p$$

**2. 抽样极限误差的计算**

基于概率估计的要求，抽样极限误差通常需要以抽样平均误差 $\mu_{\bar{x}}$ 或 $\mu_p$ 为标准单位来衡量，从而将极限误差表示为 $t$ 倍的平均误差，而 $t$ 是测量估计可靠程度的一个参数，称为抽样平均误差的概率度。抽样估计的概率度是表明样本指标和总体指标的误差不超过一定范围的概率保证程度。由于样本指标值随着样本的变动而变动，它本身是一个随机变量，因而样本指标和总体指标的误差仍然是一个随机变量，并不能保证误差不超过一定范围这个事件是必然事件，而只能给以一定程度的概率保证。因此，就有必要来计算样本指标和总体指标的误差不超过一定范围的概率大小，即计算样本指标落在一定区间范围内的概率，这种概率称为抽样估计的概率度。

> ❖ 重要知识
>
> 极限误差、抽样平均误差、抽样平均误差的概率度的关系式为：
>
> $$\Delta_{\bar{x}} = t\mu_{\bar{x}} \text{ 或 } \Delta_{\bar{p}} = t\mu_p$$

从抽样极限误差的计算公式看，极限误差与概率度 $t$ 和抽样平均误差三者之间存在如下关系：

（1）在保持抽样平均误差不变的情况下，增大 $t$ 值，把握程度相应增加，误差范围也随之扩大，这时估计的精确度将降低；反之，要提高估计的精确度，就得减小 $t$ 值，此时把握程度也会相应降低。

（2）在 $t$ 保持不变的情况下，抽样平均误差小，则误差范围就小，估计的精确度就高；反之，抽样平均误差大，误差范围就大，估计的精确度就低。

根据数理统计的有关理论，抽样极限误差与抽样平均误差（$\Delta/\mu$）的比值与概率保证程度是一一对应的关系，每一个 $t$ 值都对应一个概率保证程度。在大样本条件下，可以根据"正态分布概率表"查到它们之间对应的值。

表 5 – 1 所示是一些常用的 $t$ 值和对应的概率数值。

表 5 – 1　常用的 $t$ 值和对应的概率数值

| 序号 | $t$ | $F/t$ |
|------|------|------|
| 1 | 1.00 | 0.682 7 |
| 2 | 1.645 | 0.900 0 |
| 3 | 1.96 | 0.950 0 |
| 4 | 2.00 | 0.954 5 |
| 5 | 3.00 | 0.997 3 |

【例 5 – 4】　用【例 5 – 1】资料，若以 95.45% 的概率度估计，则抽样极限误差是多少？

抽样极限误差 $\Delta_{\bar{x}} = t\mu_{\bar{x}} = 2 \times 9.995 = 19.99$（小时）

抽样推断时不能只考虑提高估计的把握程度或只考虑缩小允许误差。若误差范围太大，则估计精确度太低，这时尽管估计的把握程度非常接近 100%，抽样估计本身也会失去意义；反之，若把握程度太低（错误估计的可能性太大），尽管误差范围很小，估计结果也无多大作用。因此，进行抽样估计时必须在两者之间进行慎重选择。实际处理时有两种考虑方法，一是先提出推断可靠性要求，然后根据其所对应的 $t$ 值及抽样平均误差计算误差的可能范围；二是先提出允许的误差范围（即极限误差），再求出 $t$ 值，查找其对应的概率保证程度。两种方法视具体问题而确定。

## 5.3　抽样推断方法

### 5.3.1　抽样推断优良的标准

抽样推断能否发挥最大的作用，取决于优良的估计量，作为对总体参数的优良估计量，要求满足下列三个条件。

#### 1. 无偏性

无偏性是指样本指标的均值应等于被估计总体指标。也就是说，对于不同的样本有不同的估计值，虽然从一个样本来看，估计值与总体实际值之间可能有误差，但从所有样本来看，估计值的平均数等于总体参数的实际值，即平均说来，估计是无偏的。用数学语言表达，如果抽样估计 $\hat{\theta}$ 的期望值等于总体指标 $\theta$，即 $E(\hat{\theta}) = \theta$，则这个估计量 $\hat{\theta}$ 叫作无偏估计量。

#### 2. 有效性

有效性是指作为优良的估计量，除了满足无偏性外，其方差应比较小。这样才能保证估计量的取值能集中在被估计的总体参数的附近，对总体参数的估计和推断更可靠。用数学语言表达，如果抽样估计量 $(\hat{\theta})$ 对总体指标 $\theta$ 有 $E(\hat{\theta}) = \theta$，并且除估计量 $(\hat{\theta})$ 外的估计量 $(\hat{Q})$ 有 $\sigma_{\hat{\theta}}^2 < \sigma_{\theta}^2$，则 $\hat{\theta}$ 为对 $\theta$ 的最佳有效估计量。

#### 3. 一致性

一致性是指用样本指标估计总体指标，当样本容量增加时，样本指标越来越接近总体指标，则称样本指标为总体指标的一致估计量。用数学语言表达，当样本单位数 $n$ 无限增大时，估计量与参数间绝对值之差大于任意常数的概率趋近于 0，用公式表示为

$$\lim_{n \to \infty} P\{ |\hat{\theta} - \theta| \leqslant \varepsilon \} = 0$$

则称 $\hat{\theta}$ 为 $\theta$ 的一致估计量。

抽样成数是 (0, 1) 分布平均数形式，所以也完全符合优良估计的三个基本要求。

### 5.3.2　点估计

抽样推断是用抽样资料来推断（估计）相应的总体指标的数值，也称为参数估计。对总体参数的估计方法有点估计和区间估计两种。

点估计是以样本指标数值直接作为总体指标估计值的一种估计方法。例如，以实际计算的抽样平均数作为总体平均数的估计值，以实际计算的抽样成数作为相应总体成数的估计值等。即 $\bar{X} = \bar{x}$ 或 $P = p$。

【例 5 – 5】 某地水稻产量抽样调查中，所抽样本平均产量为 475 千克/亩，则推断该地粮稻食平均单位面积产量也为 475 千克/亩。

【例 5 – 6】 对某企业从其生产产品中进行抽样调查，抽查 10 000 件产品，其中有 50 件不合格，则样本合格率 = ( 10 000 – 50)/10 000 = 99.5%，就推断该企业产品合格率为 99.5%。这些都是对总体平均数或是非比率（成数）做出的点估计。

点估计的方法优点是简便易行，常为实际工作采用。但不足之处是没有表明抽样估计的误差，更没有表明误差在一定范围内的概率保证程度有多大。要了解这个问题，就必须采用区间估计方法。

### 5.3.3 区间估计

**1. 区间估计的含义**

区间估计就是根据样本指标和抽样极限误差以一定可靠程度推断总体指标的可能范围。区间估计不是指出被估计总体指标的确切数值，而是指出它的可能范围。这种估计方法不仅以样本指标为依据，而且考虑了抽样误差的大小，并能指出总体指标在其区间范围内的把握程度。区间估计是抽样估计的主要方法。由前面的讨论，总体平均指标 $\bar{X}$ 和成数 $P$ 的估计区间分别为：

$$\bar{x} - \Delta_{\bar{x}} \leqslant \bar{X} \leqslant \bar{x} + \Delta_{\bar{x}} \text{ 和 } p - \Delta_p \leqslant P \leqslant p + \Delta_p$$

其相应的总体总量或总体标志总量 $XN$ 及 $PN$ 的估计区间分别为：

$$(\bar{x} - \Delta_{\bar{x}})N \leqslant XN \leqslant (\bar{x} + \Delta_{\bar{x}})N \text{ 和 } (p - \Delta_p)N \leqslant PN \leqslant (p + \Delta_p)N$$

**2. 区间估计的方法**

在进行区间估计的时候，根据所给定条件的不同，总体平均数和总体成数的估计有两套模式，下面分别举例说明。

（1）根据已给定的置信度，求抽样极限误差。具体步骤：首先抽取样本；然后计算样本指标，即计算样本平均数 $\bar{x}$ 和抽样成数 $P$，作为总体指标的估计值，并计算样本标准差 $s$ 以推算抽样平均误差；再根据给定的置信度 $F(t)$ 的要求，查正态分布概率表求得概率度 $t$ 值，根据概率度 $t$ 和抽样平均误差 $\mu$ 推算抽样极限误差 $\Delta$，并根据抽样极限误差求出被估计总体指标的上限和下限，得出估计区间。

【例 5 – 7】 现用表 5 – 2 资料，以 95.45%（$t = 2$）的概率保证程度估计，在重复抽样和不重复抽样情况下，该地职工平均工龄和工龄在 30 年以下的职工比重。

表 5 – 2 某地 10 000 职工抽样调查资料

| 工龄/年 | 工龄组中值 (x)/年 | 职工人数 (f)/人 | 职工人数比重(f/∑f)/% |
|---------|------------------|----------------|---------------------|
| 10 以下 | 5 | 45 | 45.00 |
| 10 ~ 20 | 15 | 35 | 35.00 |

| 工龄/年 | 工龄组中值 $(x)$/年 | 职工人数 $(f)$/人 | 职工人数比重$(f/\sum f)$/% |
|---|---|---|---|
| 20~30 | 25 | 15 | 15.00 |
| 30 以上 | 35 | 5 | 5.00 |
| 合计 | — | 100 | 100.00 |

**解：** 1. 该地职工平均工龄估计（推断）。由表 5 - 2 抽样资料可计算：

（1）计算平均工龄（平均数）$\bar{x} = \dfrac{\sum xf}{\sum f} = 13$（年）

（2）计算平均工龄（平均数）标准差 $s_{\bar{x}} = \sqrt{\dfrac{\sum (x - \bar{x})^2 f}{\sum f}} = 8.72$（年）

（3）计算抽样平均工龄的平均误差：

重复抽样时，$\mu_{\bar{x}} = \sqrt{\dfrac{8.72^2}{100}} = 0.872$（年）

不重复抽样时，$\mu_{\bar{x}} = \sqrt{\dfrac{8.72^2}{100} \times \left(1 - \dfrac{100}{10\,000}\right)} = 0.868$（年）

（4）根据要求以及 95.45%（$t = 2$）的概率保证程度估计，查"正态分布概率表"得 $t = 2$。

（5）计算抽样平均工龄极限误差：

重复抽样时：$\Delta_{\bar{x}} = t\mu_{\bar{x}} = 2 \times 0.872 = 1.744$（年）

不重复抽样时：$\Delta_{\bar{x}} = t\mu_{\bar{x}} = 2 \times 0.868 = 1.736$（年）

（6）平均工龄区间估计（推断）：

重复抽样时：

平均工龄下限为 $\bar{x} - \Delta_{\bar{x}} = 13 - 1.744 = 11.256$（年）

平均工龄上限为 $\bar{x} + \Delta_{\bar{x}} = 13 + 1.744 = 14.744$（年）

平均工龄区间估计为 $[\bar{x} - \Delta_{\bar{x}}, \bar{x} + \Delta_{\bar{x}}]$，即 $[11.256$ 年，$14.744$ 年$]$

不重复抽样时：

平均工龄下限为 $\bar{x} - \Delta_{\bar{x}} = 13 - 1.736 = 11.264$（年）

平均工龄上限为 $\bar{x} + \Delta_{\bar{x}} = 13 + 1.736 = 14.736$（年）

平均工龄区间估计为：$[\bar{x} - \Delta_{\bar{x}}, \bar{x} + \Delta_{\bar{x}}]$，即 $[11.264$ 年，$14.736$ 年$]$

所以，在重复抽样时，该地职工平均工龄在 $[11.256$ 年，$14.744$ 年$]$ 的概率保证程度为 95.45%；在不重复抽样时，该地职工平均工龄在 $[11.264$ 年，$14.736$ 年$]$ 的概率保证程度为 95.45%。

由上计算可知，在样本单位数远小于总体单位时，重复抽样与不重复抽样这两种抽样方式的抽样平均误差和抽样极限误差基本一致。

2. 该地工龄在 30 年以下的职工比例估计（推断）。由表 5 - 2 资料计算样本指标：

（1）计算 30 年工龄以下职工比重（成数）$p = \dfrac{f}{\sum f} \times 100\% = 95\%$

（2）计算 30 年工龄以下职工比重（成数）标准差 $s_p = \sqrt{p(1-p)} \times 100\% = 21.79\%$

（3）计算成数标准差 30 年工龄以下的职工人数比重的平均误差

$$\mu_p = \sqrt{\frac{p(1-p)}{n}} = \sqrt{\frac{0.95 \times (1 - 0.95)}{100}} \times 100\% = 2.18\%$$

（4）根据要求以及 95.45%（$t = 2$）的概率保证程度估计，查"正态分布概率表"得 $t = 2$。

（5）计算 30 年工龄以下的职工比重极限误差：

$$\Delta_p = t\mu_p = 2 \times 2.18\% = 4.36\%$$

（6）推断 30 年工龄以下的职工比重区间：

30 年工龄以下的职工比重下限为 $P - \Delta_p = 95\% - 4.36\% = 90.64\%$

30 年工龄以下的职工比重上限为 $P + \Delta_p = 95\% + 4.36\% = 99.36\%$

30 年工龄以下的职工比重区间 [90.64%，99.36%]

所以，估计该地 30 年工龄以下的职工比重区间 [90.64%，99.36%] 的概率保证程度为 95.45%。

（2）根据已给定的抽样误差范围，求概率保证程度。具体步骤：第一步，抽取样本，计算样本指标，即计算样本平均数 $\bar{x}$ 和抽样成数 $p$，作为总体指标的估计值，并计算样本标准差 $s$ 以推算抽样平均差。

第二步，根据给定的抽样极限误差范围，估计总体指标的上限和下限。

第三步，将抽样极限误差除以抽样平均误差，求出概率度 $t$，再根据 $t$ 值查"正态分布概率表"，求出相应的概率保证程度。

【例 5 - 8】　若【例 5 - 7】中要求估计平均工龄误差不超过 2 年和工龄低于 30 年的职工比例误差小于 3%，求其概率保证程度。

**解：**

1. 估计平均工龄误差不超过 2 年，其概率保证程度。

第一步和第二步与【例 5 - 7】中相同，不再重复。

计算平均工龄不超过 2 年时的概率度 $t$：

$$t = \frac{\Delta_{\bar{x}}}{\mu_{\bar{x}}} = \frac{2}{0.872} = 2.3$$

查"正态分布概率表"求出相应的概率保证程度为 97.86%。

2. 工龄低于 30 年的职工比例误差小于 3%，求其概率保证程度。

第一步和第二步与【例 5 - 7】中相同，不再重复。

$$t = \frac{\Delta_p}{\mu_p} = \frac{3\%}{2.18\%} = 1.38$$

查"正态分布概率表"求出相应的概率保证程度为 83.24%。

**【例 5 – 9】** 某地区农业居民共 100 万户，按不重复方式随机抽取 2 000 户调查，得其年平均纯收入为 6 550 元，年平均收入的标准差为 500 元；年平均纯收入低于 5 000 元的比重为 20%。要求以 95.45% 的把握程度估计该地区农业居民的年平均每户纯收入及纯收入总额；年平均纯收入低于 5 000 元的比重及总户数。

**解：** 由资料知 $N = 1\,000\,000$ 户，$n = 2\,000$ 户，$\bar{x} = 6\,550$ 元，$s = 500$ 元，$p = 20\%$，$F(t) = 95.45\%$，查表得 $t = 2$。

（1）年平均户纯收入及纯收入总额推断。据资料可计算：$\mu_{\bar{x}} = \sqrt{\dfrac{\sigma_{\bar{x}}^2}{n}\left(1 - \dfrac{n}{N}\right)}$

抽样平均误差 $\mu_{\bar{x}} = \sqrt{\dfrac{500^2}{2\,000} \times \left(1 - \dfrac{2\,000}{1\,000\,000}\right)} = 11.17（元）$

抽样极限误差 $\Delta_{\bar{x}} = t\mu_{\bar{x}} = 2 \times 11.17 = 22.34（元）$

抽样户均年收入下限 $\bar{x} - \Delta_{\bar{x}} = 6\,650 - 22.34 = 6\,627.66（元）$

抽样户均年收入上限 $\bar{x} + \Delta_{\bar{x}} = 6\,650 + 22.34 = 6\,672.34（元）$

年总收入下限 $(\bar{x} - \Delta_{\bar{x}})N = 6\,627.66 \times 100 = 662\,766（万元）$

年总收入上限 $(\bar{x} + \Delta_{\bar{x}})N = 6\,672.34 \times 100 = 667\,234（万元）$

则该地农业居民年平均收入在 6 627.66（元）至 6 672.34（元）之间、总收入在 662 766（万元）至 667 234（万元）之间概率保证程度为 95.45%。

（2）年平均纯收入低于 5 000 元户数的比重及总户数推断。

抽样平均误差

$$\mu_p = \sqrt{\dfrac{p(1-p)}{n}\left(1 - \dfrac{n}{N}\right)} = \sqrt{\dfrac{0.2 \times (1 - 0.2)}{2\,000} \times \left(1 - \dfrac{2\,000}{1\,000\,000}\right)} \times 100\% = 0.89\%$$

推断极限误差 $\Delta_p = t\mu_p = 2 \times 0.89\% = 1.78\%$

年纯收入低于 5 000 元户数的比重下限为 $p - \Delta_p = 20\% - 1.78\% = 18.22\%$

年纯收入低于 5 000 元户数的比重上限为 $p + \Delta_p = 20\% + 1.78\% = 21.78\%$

年纯收入低于 5 000 元总户数的下限 $(p - \Delta_p)N = 18.22\% \times 100 = 18.22（万户）$

年纯收入低于 5 000 元总户数的上限 $(p + \Delta_p)N = 21.78\% \times 100 = 21.78（万户）$

则该地农业居民年纯收入低于 5 000 元户数的比重在 18.22% 至 21.78% 之间、总户数在 18.22（万户）至 21.78（万户）之间概率保证程度为 95.45%。

# 5.4 抽样的组织方式

❖**重要知识**

抽样调查有四种基本的组织方式，即简单随机抽样、等距抽样、分类抽样和整群抽样。在具体的抽样调查中，可根据调查对象的特点，单独使用其中一种方式，也可以多种方式结合使用。

### 5.4.1　简单随机抽样

**1. 简单随机抽样的概念**

简单随机抽样也称为单纯随机抽样、纯随机抽样、SPS 抽样，是指从总体 $N$ 个单位中任意抽取 $n$ 个单位作为样本，使每个可能的样本被抽中的概率相等的一种抽样方式。就是从总体中不加任何分组、划类、排队等，完全随机地抽取调查单位。一般地，设一个总体含有 $n$ 个个体，如果通过逐个抽取的方法从中抽取一个样本，且每次抽取时各个个体被抽到的概率相等，则这样的抽样方法叫作简单随机抽样。

通过简单随机抽样的定义，可以看出简单随机抽样必须具备下列特点：

（1）简单随机抽样要求被抽取的样本的总体个数 $N$ 是有限的。

（2）简单随机样本数 $n$ 小于等于样本总体的个数 $N$。

（3）简单随机样本是从总体中逐个抽取的。

（4）简单随机抽样是一种不放回的抽样。

（5）简单随机抽样的每个个体入样的可能性均为 $n/N$。

**2. 简单随机抽样方式**

简单随机抽样是抽样中最基本也最单纯的形式，它适用于总体单位数不是太多的均匀总体，即具有某种特征的单位均匀地分布于总体的各个部分。简单随机抽样方式的具体做法主要有三种：

（1）直接抽选法。这种方法是指直接从调查对象中随机抽选。例如，从仓库中存放的所有同类产品中随机指定若干件产品进行质量检验；从粮食仓库中不同的地点取出若干粮食样本进行含杂量、含水量的检验等。

（2）抽签法。即先将全及总体各个单位按照某种自然的顺序编上号，并做成号签，再把号签掺和起来，任意抽取所需单位数，然后按照抽中的号码取得对应的调查单位加以登记调查。

**【例 5–10】**　某系共有学生 360 人，系学生会打算采用简单随机抽样的办法，从中抽取 60 人进行调查。为了保证抽样的科学性，他们先从系办公室那里得到一份全系学生的名单，然后给名单中的所有学生都编上号（从 001 到 360）。抽样框编好后，他们又用 360 张小纸条分别写上 001，002，…，360 的号码。他们把这 360 张写好不同号码的小纸条放在一个盒子里，搅乱掺混后，随便摸出 60 张写好不同号码的小纸条。然后，他们按这 60 张小纸条上的号码找到总体名单上所对应的 60 位同学。这 60 位同学就构成他们本次调查的样本。

这种方法简便易行。但当总体单位很多时，工作量就很大，搅拌均匀也不容易，因而此法往往在总体单位较少时使用。

（3）查随机数表法。所谓随机数表是指含有一系列组别的随机数字的表格。这种表格的编制，既可以借助电子计算机产生，也可以采用数码机产生或自己编制。表中数字的出现及其排列是随机形成的。查随机数表时，可以竖查、横查、顺查、逆查；可以用每组数字左边的头几位数，也可以用其右边的后几位数，还可以用中间的某几位数字。这些都需事先完全自定好。但一经决定采用某一种具体做法，就必须保证对整个样本的抽取完全遵从统一规则。

**【例5-11】** 假设我们要考察某公司生产的500克袋装牛奶的质量是否达标，现从800袋牛奶中抽取60袋进行检验，利用随机数表抽取样本时，可以按照下面的步骤进行。

第一步，先将800袋牛奶编号，可以编为000，001，…，799。

第二步，在随机数表中任选一个数，例如选出第8行第7列的数7（为了便于说明，下面摘取了附表1的第6行至第10行）。

| | | |
|---|---|---|
| 16 22 77 94 39 | 49 54 43 54 82 | 17 37 93 23 78 |
| 84 42 17 53 31 | 57 24 55 06 88 | 77 04 74 47 67 |
| 63 01 63 78 59 | 16 95 55 67 19 | 98 10 50 71 75 |
| 33 21 12 34 29 | 78 64 56 07 82 | 52 42 07 44 38 |
| 57 60 86 32 44 | 09 47 27 96 54 | 49 17 46 09 62 |
| 87 35 20 96 43 | 84 26 34 91 64 | |
| 21 76 33 50 25 | 83 92 12 06 76 | |
| 12 86 73 58 07 | 44 39 52 38 79 | |
| 15 51 00 13 42 | 99 66 02 79 54 | |
| 90 52 84 77 27 | 08 02 73 43 28 | |

第三步，从选定的数7开始向右读（读数的方向也可以是向左、向上、向下等），得到一个三位数785，由于785＜799，说明号码785在总体内，将它取出；继续向右读，得到916，由于916＞799，将它去掉，按照这种方法继续向右读，又取出567，199，507，…，依次下去，直到样本的60个号码全部取出，这样我们就得到一个容量为60的样本。

**【说明】** 查随机数表法的步骤：

（1）将总体的个体编号。

（2）在随机数表中选择开始数字。

（3）读数获取样本号码。

## 5.4.2 类型抽样

### 1. 类型抽样的含义

（1）类型抽样的概念。类型抽样也叫分层抽样、分类抽样。它是运用统计分组法，把全及总体按主要标志划分为几个类型组，然后从各组中再按随机原则抽取样本单位的一种组织形式。

如图5-1所示，分层抽样的特点为：由于通过划类分层，增大了各类型中单位间的共同性，容易抽出具有代表性的调查样本。该方法适用于总体情况复杂，各单位之间差异较大，单位较多的情况。例如，在一所高校抽取大一学生进行调查时，我们可以先把总体按系分为5类，然后采用随机抽样的方法，分别从各系中抽取40名学生。这样，由这200名学生所构成的就是一个由分层抽样所得到的样本。当然我们还可以按性别、按年级或者按专业来对总体进行分类（层）。

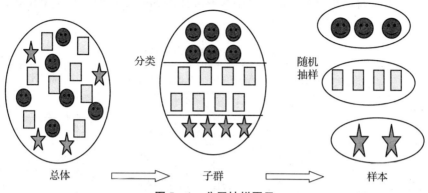

**图 5 - 1　分层抽样图示**

（2）类型抽样的优缺点。类型抽样的优点为：能提高对总体估计值的精度；能保证样本对被定义为层的那些子总体的代表性，从而得到有效的估计；操作与管理方便；能避免得到一个"差的"样本；在不同的层中可以使用不同的抽样框和不同的抽样方法。

类型抽样的缺点为：要求抽样框中的所有单元，都必须有能用于分层的辅助信息；调查框的创建较简单随机抽样和系统抽样需更多的费用，也更为复杂。

**2. 类型抽样的方法**

经过划类分组后，确定各类型组抽样单位数一般有两种方法：

（1）不等比例抽样。即各类型组所抽选的单位数，不是按相同比例确定，而是根据情况具体确定各层抽样比例。如按各类型组标志值的变动程度来确定，变动程度大的多抽一些单位，变动程度小的少抽一些单位，没有统一的比例关系。

**【例 5 - 12】** 某高校为了解 10 000 名大一学生对在校恋爱的态度，采取分层抽样方式，随机抽取 2.00% 即 200 人进行调查。现把该校 5 个系分为 5 组（层），每个组（层）随机抽查 40 人，由于各系学生人数不同，而要抽取相同人数调查，故各系抽样比例不相等，是不等比例抽样。具体抽样数见表 5 - 3：

**表 5 - 3　某校各系抽取人数表**

| 系 | 学生数（$N$）/人 | 抽样数（$n$）/人 | 抽样比例（$n/N$）/% |
|---|---|---|---|
| 经贸 | 3 500 | 40 | 1.14 |
| 计算机 | 2 000 | 40 | 2.00 |
| 文传 | 1 500 | 40 | 2.67 |
| 机电 | 2 000 | 40 | 2.00 |
| 艺术 | 1 000 | 40 | 4.00 |
| 合计 | 10 000 | 200 | 2.00 |

（2）等比例抽样。即按照样本单位数在各类之间分配的比重与总体在各类之间分配相同的比重进行抽样。各层抽样数 $n_i = N_i \cdot (n/N)$，式中，$n/N$ 为总体抽样比例，为定值（如

2.00%），$N_i$ 为某层总体单位数。如上例中采取等比例抽样方式抽取样本单位数，具体见表 5-4：

表 5-4 某校各系抽取人数表

| 系 | 学生数($N$)/人 | 抽样数($n$)/人 | 抽样比例($n/N$)/% |
|---|---|---|---|
| 经贸 | 3 500 | 70 | 2.00 |
| 计算机 | 2 000 | 40 | 2.00 |
| 文传 | 1 500 | 30 | 2.00 |
| 机电 | 2 000 | 40 | 2.00 |
| 艺术 | 1 000 | 20 | 2.00 |
| 合计 | 10 000 | 200 | 2.00 |

在实际工作中，由于事先很难了解各组的标志变异程度，因此，大多数类型抽样采用等比例类型抽样法。

**3. 类型抽样的抽样推断**

根据各种方差之间的关系，总方差（$\sigma^2$）等于组间方差（$\sigma_{\bar{x}_i}^2$）与平均组内方差（$\sigma_i^2$）之和。由于类型抽样对各组来说是全面调查，而对于每一组内部来说是抽样调查，所以，类型抽样的误差仅与组内方差有关，而与组间方差无关。因此，当测定平均数指标时，计算抽样误差不是用总方差，而是用各组组内方差的加权算术平均数。根据同样的道理，在测定成数指标时，计算抽样误差不是用抽样成数的方差 $p(1-p)$，而是用各组方差的加权算术平均数 $\overline{p(1-p)}$ [注意不是 $p(1-p)$]。所以，类型比例抽样和必要抽样数目的公式如下。

（1）抽样平均误差确定。

① 在重复抽样条件下。

抽样平均数的平均误差：$\mu_x = \sqrt{\dfrac{\overline{\sigma^2}}{n}}$

其中：$\overline{\sigma^2} = \dfrac{\sum\limits_{i=1}^{k} \sigma_i^2 N_i}{N}$ 或 $\overline{\sigma^2} = \dfrac{\sum\limits_{i=1}^{k} \sigma_i^2 n_i}{n}$

抽样平均数的平均误差：$\mu_p = \sqrt{\dfrac{\overline{p(1-p)}}{n}}$

其中：$\overline{p(1-p)} = \dfrac{\sum\limits_{i=1}^{k} p_i(1-p_i) N_i}{N}$ 或 $\overline{p(1-p)} = \dfrac{\sum\limits_{i=1}^{k} p_i(1-p_i) n_i}{n}$

② 在不重复抽样条件下。

抽样平均数的平均误差：$\mu_x = \sqrt{\dfrac{\overline{\sigma^2}}{n}\left(1 - \dfrac{n}{N}\right)}$

抽样平均数的平均误差：$\mu_p = \sqrt{\dfrac{p(1-p)}{n}\left(1-\dfrac{n}{N}\right)}$

在实际工作中，同样不知道全及总体各类的组内方差，所以，同样用各类型组内方差来代替。

（2）类型抽样推断的步骤。根据类型抽样的特点，可归纳出类型抽样推断的步骤（以平均数的推断为例）：

①计算各组的平均数：

$$\overline{x_i} = \frac{\sum xf}{\sum f}; \quad p = \frac{f}{\sum f}; \quad i = 1,2,3,\cdots,k$$

②计算各组的组内方差：

$$\sigma_i = \frac{\sum (x-\overline{x})^2 f}{\sum f} \quad i = 1,2,3,\cdots,k$$

③计算抽样的样本平均数：

$$\overline{x} = \frac{\sum\limits_{i=1}^{k} \overline{x}_i n_i}{n}$$

④计算抽样的组内方差的平均数：

$$\overline{\sigma^2} = \frac{\sum\limits_{i=1}^{k} \sigma_i^2 n_i}{n}$$

⑤计算抽样的平均误差：

$$\mu_x = \sqrt{\frac{\overline{\sigma^2}}{n}} \ (\text{重复抽样}); \quad \mu_x = \sqrt{\frac{\overline{\sigma^2}}{n}\left(1-\frac{n}{N}\right)} \ (\text{不重复抽样})$$

⑥计算抽样推断极限误差：

$\Delta_x = t\mu_x$ 或确定抽样推断的置信度 $F(t)$。

【例 5－13】 某地家计调查中，从 500 000 户中按 0.2% 抽取 1 000 户进行调查，了解生活费支出情况，现采用分层抽样方式，按居住地分为城市和乡镇两类，从各类中随机抽取样本单位，所调查资料经整理计算见表 5－5：

表 5－5 调查资料经整理计算表

| 分组 | 总户数（N）/户 | 样本数（n）/户 | 平均月生活费支出（x）/元 | 平均月生活费支出标准差（$\sigma_x$）/元 |
|---|---|---|---|---|
| 城市 | 80 000 | 160 | 450 | 500 |
| 乡镇 | 420 000 | 840 | 245 | 350 |
| 合计 | 500 000 | 1 000 | 277.8 | 378.02 |

现要求以 95.45% 的概率保证程度推断该地人均月生活费用支出水平。

样本平均数：

$$\bar{x} = \frac{\sum\limits_{i=1}^{k} \bar{x}_i n_i}{n} = \frac{450 \times 160 + 245 \times 840}{1\,000} = 277.8(元)$$

组内方差的平均数：

$$\overline{\sigma^2} = \frac{\sum\limits_{i=1}^{k} \sigma_i^2 n_i}{n} = \frac{500^2 \times 160 + 350^2 \times 840}{1\,000} = 142\,900$$

抽样的平均误差：

$$\mu_x = \sqrt{\frac{\sigma^2}{n}\left(1 - \frac{n}{N}\right)} = \sqrt{\frac{142\,900}{1\,000} \times \left(1 - \frac{1\,000}{500\,000}\right)} = 11.94(元)$$

抽样推断极限误差：

$$\Delta_x = t\mu_x = 2 \times 11.94 = 23.88(元)$$
$$抽样推断下限 = 277.8 - 23.88 = 253.92(元)$$
$$抽样推断上限 = 277.8 + 23.88 = 301.68(元)$$

则该地人均月生活费用支出水平在 253.92 元和 301.68 元之间的概率保证程度为 95.45%。

**【例 5 – 14】** 某地家计调查中，从 500 000 户中按 0.2% 抽取 1 000 户进行调查，了解生活费支出情况，现采用分层抽样方式，按居住地分为城市和乡镇两类，从各类中随机抽取样本单位，了解人均月生活费支出 500 元以上的户数比重。所调查资料经整理计算见表 5 – 6：

表 5 – 6 调查资料经整理计算表

| 分组 | 总户数($N$)/户 | 样本数($n$)/户 | 比重($p$) |
| --- | --- | --- | --- |
| 城市 | 80 000 | 160 | 0.4 |
| 乡镇 | 420 000 | 840 | 0.15 |
| 合计 | 500 000 | 1 000 | 0.19 |

现要求以 95.45% 的概率保证程度推断该地人均月生活费用支出 500 元以上的户数比重。

人均月生活费用支出 500 元以上的户数比重：

$$p = \frac{\sum\limits_{i=1}^{k} n_i p_i}{n} = \frac{0.4 \times 160 + 840 \times 0.15}{1\,000} \times 100\% = 19\%$$

抽样推断平均方差：

$$\overline{p(1-p)} = \frac{0.4 \times (1 - 0.4) \times 160 + 0.15 \times (1 - 0.15) \times 840}{1\,000} = 0.145\,5$$

抽样推断平均误差：

$$\mu_p = \sqrt{\frac{\overline{p(1-p)}}{n}\left(1 - \frac{n}{N}\right)} = \sqrt{\frac{0.144\,5}{1\,000} \times \left(1 - \frac{1\,000}{100\,000}\right)} \times 100\% = 1.20\%$$

抽样推断极限误差：$\Delta_p = t\mu_p = 2 \times 1.20\% = 2.40\%$

抽样推断下限 $= 19\% - 2.40\% = 17.60\%$

抽样推断上限 $= 19\% + 2.40\% = 21.40\%$

95.45% 的概率保证程度推断该地人均月生活费用支出 500 元以上的户数比重在 17.60% 和 21.40% 之间。

### 5.4.3　等距抽样

1. 等距抽样的含义

（1）等距抽样的概念。等距抽样又称机械抽样。它是先将总体单位按一定标志排列起来，而后按一定顺序和一定距离来抽取样本单位的抽样方式。抽样距离的确定是由总体单位数和样本单位数决定的，它们的关系是抽样距离 $k =$ 总体单位数 $N$/样本单位数 $n$。第一个样本单位确定后，其他样本单位就可以确定了，相邻的两个样本单位的距离固定为 $k$。

【例 5 - 15】　从某高校一年级 10 000 名学生中抽取 50 名学生进行调查，则抽样距离为 $k = 10\ 000/50 = 200$。即每隔 200 人（号）抽取 1 人进行调查。

一般地讲，等距抽样比简单随机抽样更能保证样本具有较高的代表性。这是因为，等距抽样抽取的样本单位比简单随机抽样抽取的样本单位在全及总体中分布更均匀。而按有关标志排队比按无关标志排队抽取的样本更有代表性。等距抽样均为不重复抽样。

（2）等距抽样的优缺点。

等距抽样的优点：在事先没有总体单元名录的情况下，也可以用。此时，我们可以使用并构造一个概念抽样框（只需要单元的排列顺序），每隔 $k$ 个单位抽一个单元直到总体的末尾。这种方法的缺点：只有抽样完成后才知道实际样本量 $n$；与简单随机抽样一样，不需要辅助的抽样框信息；与简单随机抽样相比，样本的分布较好（这还取决于抽样间隔及名录是如何排列的）；与简单随机抽样一样，估计值容易计算。

等距抽样的缺点：如果抽样间距正好碰上总体变化的某种未知的周期性，就会得到一个"差的"系统样本，从而影响抽样精度；由于不使用抽样框中的辅助信息，抽样策略的效率不高；在使用概念框时，不能预先知道最终样本量；抽样方差没有一个无偏的估计量；在总体大小 $N$ 不能被样本量 $n$ 整除且不使用圆形抽样法时，会得到样本量不同的样本。

需要指出的是，等距抽样的前提是总体中个体的排列相对于研究的变量来说是随机的，即不存在与研究变量相关的规则分布。排除下列两种情况：

①个体的排列有次序的先后、等级上高低的情况。

②总体名单中，个体的排列与抽样间隔有相对应的周期分布。

2. 等距抽样的种类

（1）无关标志排队等距抽样。无关标志排队等距抽样，指排队标志与调查内容没有直接关系。例如，对大学生调查，将大学生的学号顺序排队；产品质量检查按产品生产的时间先后顺序排队，每隔一定时间或每生产一定数量的产品就抽取一单位（或一定时间）产品。

按无关标志排队的结果，以所要调查的标志来看，总体单位的排列顺序仍是随机的，其抽样起点可以随机确定，其抽样效果类似简单随机抽样，因此抽样误差的计算同简单随机抽样。

若抽样随机起点为 $r(1 \leqslant r \leqslant k)$ ，则各样本单位为：

第 1 个抽中单位：$r$

第 2 个抽中单位：$r + k$

第 3 个抽中单位：$r + 2k$

第 4 个抽中单位：$r + 3k$

$\vdots$

第 $i$ 个抽中单位：$r + (i-1)k$

如从某高校大一 10 000 名学生中要抽取 50 名学生进行调查，现按学号顺序排队抽取样本单位，就是按无关标志排队。若随机起点为 50，则抽取 200 名学生的学号分别为

第 1 个抽中学生学号：50

第 2 个抽中学生学号：$50 + 200 = 250$

第 3 个抽中学生学号：$50 + 2 \times 200 = 450$

第 4 个抽中学生学号：$50 + 3 \times 200 = 650$

$\vdots$

（2）有关标志排队等距抽样。所谓有关标志排队就是指排队标志与调查内容有密切关系。

例如，农产品产量抽样调查将全部播种面积按当年预计亩产或近三年平均亩产排队；职工家计调查按职工工资水平排队，这些都是按有关标志排队。由于排队标志与调查内容有密切关系，排队后，从所要调查的标志来看，总体单位也大致呈按标志值大小的顺序排列。如某高校要从大一 10 000 名学生中抽取 50 名学生进行调查，以了解学生入学成绩情况，现按学生入学成绩高低顺序排队，就是按有关标志排队。

一般而论，有关标志排队等距抽样的抽样起点一般不宜随机确定。否则，若在第一个抽样距离内随机地抽取一个标志值较小（或较大）的单位作为抽样起点，整个样本势必出现偏低（或偏高）的系统偏差。故抽样起点的确定，一般采用以下两种方法：

①半距起点等距抽样（中点等距抽样）。即以抽样距离（$k$）的一半（$k/2$）为抽样起点，以后每间隔 $k$ 个单位抽一个单位。由于单位标志值大致呈大小顺序排列，所以中点标志值最能代表各部分的一般水平（特别当各单位标志值呈线性趋势顺序时，中心位的样本比任何随机位置的样本更有代表性），故利用这种方法抽取的样本抽样误差比任何方式都更小。但这种方法大大限制了抽样的随机性，且只能抽出一个样本。为了克服这一不足，实践中产生了对称等距抽样。

第 1 个抽中单位：$k/2$

第 2 个抽中单位：$k/2 + k$

第 3 个抽中单位：$k/2 + 2k$

第 4 个抽中单位：$k/2 + 3k$

$\vdots$

第 $i$ 个抽中单位：$k/2 + (i-1)k$

**【例 5 – 16】** 　　如某高校大一 10 000 名学生中要抽取 50 名学生进行调查，以了解学生入学成绩情况，现按学生入学成绩高低顺序排队。若半距起点为 $200/2 = 100$，则半距起点等距抽样抽取 200 名学生的名次顺序号分别为：

第 1 个抽中名次顺序号：100

第 2 个抽中名次顺序号：$100 + 200 = 300$

第 3 个抽中名次顺序号：$100 + 2 \times 200 = 500$

第 4 个抽中名次顺序号：$100 + 3 \times 200 = 700$

$\vdots$

②对称等距抽样。指在第一个抽样距离内随机地确定抽样起点 $r(1 \leqslant r \leqslant k)$，然后以组界 $[k, 2k, \cdots, (n-1)k]$ 为对称点两两对称地抽取样本单位，各样本单位位置可这样确定：

第 $n$ 个抽样单位位置 $= (n-1)k + r$（当 $n$ 为奇数时）

或第 $n$ 个抽样单位位置 $= nk - r$（当 $n$ 为偶数时）

如图 5 – 2 所示，符号 ▲ 表示样本单位的位置。

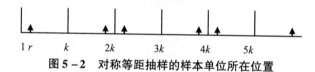

**图 5 – 2　对称等距抽样的样本单位所在位置**

**【例 5 – 17】** 　　某高校大一 10 000 名学生中要抽取 50 名学生进行调查，以了解学生入学成绩情况，现按学生入学成绩高低顺序排队。若随机起点为 80，则对称等距抽样抽取 200 名学生的名次顺序号分别为：

第 1 个抽中名次顺序号：$(n-1)k + r = (1-1) \times 200 + 80 = 80$

第 2 个抽中名次顺序号：$nk - r = 2 \times 200 - 80 = 320$

第 3 个抽中名次顺序号：$(n-1)k + r = (3-1) \times 200 + 80 = 480$

第 4 个抽中名次顺序号：$nk - r = 4 \times 200 - 80 = 720$

第 5 个抽中名次顺序号：$(n-1)k + r = (5-1) \times 200 + 80 = 880$

第 6 个抽中名次顺序号：$nk - r = 6 \times 200 - 80 = 1\ 180$

$\vdots$

由上可见，在第一组（第 $(n-1)k$ 个单位）内，$r$ 标志值虽然偏小，但第二个样本单位标志值必然偏大。反之，若第一个样本单位标志值偏大，则第二个样本单位标志值必然偏小。以此类推，从整体来看，样本必然能有较好的代表性，同时能保证抽样的随机性，根据排队结果可以抽出 $n$ 个样本。

有关标志排队等距抽样相当于分层较多且各层单位数相等、每层只抽一个调查单位的分层抽样，故抽样效果类似分层抽样。其抽样误差的计算公式同等比例分层抽样。

### 5.4.4　整群抽样

**1. 整群抽样的概念**

整群抽样也叫集团抽样。这种抽样方式是将总体全部单位分为若干群体（部分），按随机原则从全部群体中抽取部分群体,抽中群体的所有单位构成样本,并对其中每一个单位进行调查。例如,设某大学共有50个专业、400个班,每班有30~40名学生,总共有13 000名学生。现要了解学生的消费观念,如果采用整群抽样的方法,随机抽取40个班的学生进行调查,那么这40个班级的全体学生就构成了调查的样本。

整群抽样对群体的划分可以是人为的,如按年级分群、职工分班组等;也可以是自然形成的,如按学生所住宿舍、街道、乡村划分居民群体等。

群体大小可以相等,也可以不等,但最好相差不要太悬殊。划分群体时应使各群体所含的总体单位数尽可能相等或接近。

2. 整群抽样的优点

整群抽样的群体为抽样单元,只需对群体进行编号,从而大大简化了抽样组织工作;样本单位相对集中,便于集中力量调查,减少调查费用,同时便于组织管理。由于样本单位比较集中,其在总体中的分布不够均匀,所以在其他条件相同的情况下,整群抽样和其他抽样方法比较,样本代表性可能较差。为了保证样本有足够的代表性,借以降低抽样误差,提高抽样结果的准确程度,要适当多抽一些样本单位,并且只能采取不重复抽样方法。整群抽样的抽样误差公式如下:

$$\sigma^2 = \frac{\sum (\bar{x}_i - \bar{x})}{r}$$

$$\mu_{\bar{x}} = \sqrt{\frac{\sigma^2}{r}\left(\frac{R-r}{R-1}\right)} = \sqrt{\frac{\sigma^2}{r}\left(1 - \frac{r}{R}\right)}$$

$$p = \frac{1}{r}\sum_{i=1}^{r} p_i$$

$$\mu_{\bar{x}} = \sqrt{\frac{\sigma_p^2}{r}\left(\frac{R-r}{R-1}\right)} = \sqrt{\frac{\sigma_p^2}{r}\left(1 - \frac{r}{R}\right)}$$

式中  $\sigma_p^2 = \frac{1}{r}\sum_{i=1}^{r} (p_i - p)^2$

【例 5 - 18】 某企业连续生产某种灯泡,6月份每隔12小时抽查0.5小时内生产的产品,对其进行全面检验,结果:灯泡平均耐用时数为1 550小时,群间标准差为90小时。要求以95.45%的可靠程度推断该企业产品的平均耐用时数。

解:由题意知,总群数 $R = 30 \times 24 = 720$(小时),样本数 $r = 720/12 = 60$(小时),样本平均数 $\bar{x}$,群间平均数标准差为90小时,则有:

样本平均数平均误差: $\mu_x = \sqrt{\frac{\sigma^2}{r}\left(\frac{R-r}{R-1}\right)} = \sqrt{\frac{90^2}{60} \times \frac{720-60}{720-1}} = 11.29$(小时)

样本平均数极限误差: $\Delta_{\bar{x}} = t\mu_x = 2 \times 11.29 = 22.58$(小时)

抽样平均数推断下限 = 1 550 - 22.58 = 1 527.42(小时)

抽样平均数推断上限 = 1 550 + 22.58 = 1 572.58(小时)

说明该企业6月份生产的灯泡耐用时数在1 527.42小时和1 572.58小时之间的可靠程度为95.45%。

## 5.5 必要样本容量的确定和总量指标的推算

### 5.5.1 必要样本容量的确定

1. 样本容量的含义

样本容量就是抽样数目。根据大数定理，在抽样调查中样本容量越多，样本对总体的代表性越大，抽样误差越小；样本容量减少，抽样误差就要增大。同时，样本容量越多，抽样调查的费用也越高，而且会影响抽样调查的时效性。因此，确定样本容量时，应在保证满足抽样调查对数据的估计精确度和概率把握程度下，尽量缩小样本容量，即必要样本容量。

2. 确定必要样本容量的意义

确定样本容量是抽样方案设计的一个重要内容。必要样本容量是指为了完成抽样调查任务，满足抽样调查的各项要求而科学计算的需要抽取的样本单位数，即样本单位数"$n$"的具体数值。

确定样本容量既要满足抽样估计的精确度要求，也要尽可能节省人力、物力，减少抽样调查的费用。为了提高抽样估计精确度，样本容量越多越好，根据大数定律，抽样单位数越多，样本的代表性越大，抽样误差越小，抽样推断越可靠。但抽取单位数过多，就失去了抽样推断的意义；从节省角度看，样本容量也是越少越好。

科学地确定必要样本容量是一个十分重要的问题。实践中要做到，在抽样实施之前，必须根据抽样原理和要求，科学、合理地确定样本容量，在满足抽样误差要求的前提下，使样本容量尽可能少；或在限定调查费用的条件下，使样本容量尽可能多。或者说，抽样误差不超过给定的允许范围至少应抽取的样本单位数目。通常情况下，要根据规定的允许误差来确定必要的样本容量。

3. 必要样本容量的确定

简单随机抽样方式下，必要样本容量是根据抽样极限误差的计算公式计算的。

（1）在重复抽样条件下，用于平均数推断和用于成数推断的必要样本容量，可分别由相应的极限误差计算公式推导而来。

❖ **重要知识**

在重复抽样条件下的必要样本容量：

用平均数推断必要样本容量 $n = \dfrac{t^2 \sigma^2}{\Delta_{\bar{x}}^2}$

用成数推断必要样本容量 $n = \dfrac{t^2 p(1-p)}{\Delta_p^2}$

（2）在不重复抽样条件下，用于平均数推断和用于成数推断的必要样本容量，可分别由相应的极限误差计算公式推导而来。

◈ **重要知识**

在重复抽样条件下的必要样本容量：

抽样平均数推断的必要样本容量 $n = \dfrac{t^2 N \sigma^2}{N \Delta_{\bar{x}}^2 + t^2 \sigma^2}$

抽样成数必要样本容量 $n = \dfrac{t^2 N p (1-p)}{N \Delta_p^2 + t^2 p (1-p)}$

为了保证抽样设计原定的各项要求，当样本容量 $n$ 的计算结果有小数时，应取包含原结果的整数，即应按"收入法"而不是"四舍五入"法处理。

必要样本容量计算公式汇总见表 5-7。

**表 5-7 必要样本容量计算公式汇总表**

| 抽样方式 | 极限误差 | | 必要样本容量 | |
|---|---|---|---|---|
| | 平均数 | 成　数 | 平均数 | 成　数 |
| 重复 | $\Delta_{\bar{x}} = t \sqrt{\dfrac{\sigma^2}{n}}$ | $\Delta_p = t \sqrt{\dfrac{p(1-p)}{n}}$ | $n = \dfrac{t^2 \sigma^2}{\Delta_{\bar{x}}^2}$ | $n = \dfrac{t^2 p(1-p)}{\Delta_p^2}$ |
| 不重复 | $\Delta_{\bar{x}} = t \sqrt{\dfrac{\sigma^2}{n} \left(1 - \dfrac{n}{N}\right)}$ | $\Delta_p = t \sqrt{\dfrac{p(1-p)}{n} \left(1 - \dfrac{n}{N}\right)}$ | $n = \dfrac{t^2 N \sigma^2}{N \Delta_{\bar{x}}^2 + t^2 \sigma^2}$ | $n = \dfrac{t^2 N p(1-p)}{N \Delta_p^2 + t^2 p(1-p)}$ |

【例 5-19】 某地为了解当地 100 000 户居民的收入水平，若以往抽样调查，平均月收入标准差为 100 元，人均月收入少于 600 元的家庭比重为 15%。要求以 95.45% 的可靠性估计人均月收入误差超过 20 元、成数误差不超过 5%，至少应抽多少个家庭进行调查？

**解：** $F(t) = 95.45\%$，$t = 2$

重复抽样条件下：

$$n = \frac{t^2 \sigma^2}{\Delta_{\bar{x}}^2} = \frac{2^2 \times 100^2}{20^2} = 100 (户)$$

$$n = \frac{t^2 p(1-p)}{\Delta_p^2} = \frac{2^2 \times 0.15 \times (1 - 0.15)}{0.05^2} = 204 (户)$$

即在重复抽样条件下为达到平均数推断的要求至少要抽查 100 户；为达到成数推断的要求至少要抽查 204 户。

不重复抽样条件下：

$$n = \frac{t^2 N \sigma^2}{N \Delta_{\bar{x}}^2 + t^2 \sigma^2} = \frac{2^2 \times 100\,000 \times 100^2}{100\,000 \times 20^2 + 2^2 \times 100^2} = 99.90 \approx 100 (户)$$

$$n = \frac{t^2 N p(1-p)}{N \Delta_p^2 + t^2 p(1-p)} = \frac{2^2 \times 100\,000 \times 0.15 \times (1 - 0.15)}{100\,000 \times 0.05^2 + 2^2 \times 0.15 \times (1 - 0.15)} = 203.58 \approx 204 (户)$$

即在不重复抽样条件下为达到平均数推断的要求至少要抽查 100 户；为达到成数推断的要求至少要抽查 204 户。

两推断指标必要样本容量不一样，应选取样本容量大的，即上例中必要样本容量为 204 户。

**4. 影响样本容量的因素**

（1）总体被研究标志的变动程度。如果总体被研究标志的变动程度大，则应抽取较多的样本单位，如果总体被研究标志的变动程度小，则可抽取较少的样本单位。

（2）允许的误差范围。也可以说是要求的估计精度，如果允许的误差范围小，即要求的精确度高，应抽取较多的样本单位。反之，应抽取较少的样本单位。

（3）抽样推断的可靠程度。要求的可靠程度越高，则应抽取的样本单位数越多；要求的可靠程度越低，则应抽取的样本单位数越少。

**5. 简单随机抽样的样本容量的决定**

数理统计证明，可用概率 $F(t)$ 保证抽样误差不超过 $\Delta$（$\Delta = t\mu$）。因此，在抽样调查中，可以用决定样本容量的方法来保证抽样误差不超过预定的范围。下面我们来研究简单随机抽样决定样本容量的方法：

（1）在简单随机抽样重复抽样条件下。

①测定平均数时：

$$\Delta = t\mu = t\sqrt{\frac{\sigma^2}{n}}$$

故

$$\Delta^2 = \frac{t^2\sigma^2}{n}$$

因此

$$n = \frac{t^2\sigma^2}{\Delta^2}$$

②测定成数时：

用同样方式可求出：

$$n = \frac{t^2 p(1-p)}{\Delta^2}$$

（2）在简单随机不重复抽样条件下。

①测定平均数时：

用同样方式可求出：

$$n = \frac{t^2 N\sigma^2}{N\Delta^2 + t^2\sigma^2}$$

②测定成数时：

用同样方式可求出：

$$n = \frac{t^2 Np(1-p)}{N\Delta^2 + t^2 p(1-p)}$$

运用上述公式时，还要注意下述几点：

（1）当总体单位数不大时，如果应用不重复抽样调查，必须应用不重复抽样公式；当总体单位数很大时，虽应用不重复抽样调查，但一般可以应用重复抽样公式。

（2）测定平均数时，要事先知道总体均方差 $\sigma$，如果过去曾经进行过这种调查，则可利用过去最大的 $\sigma$ 值代替；如果过去未曾进行过这种调查，则可做调查，用试查的 $\sigma$ 值代替。

（3）测定成数时，要事先知道总体成数 $p$。如过去曾经进行过这种调查，则可取最接近

0.5 的值；如过去未曾进行过这种调查，则直接取 $p = 0.5$。

**【例 5 – 20】**　假定总体为 3 000 单位，被研究的标志方差不少于 400，当抽样误差不超过 3，保证概率为 0.997 3 时，需抽取多少单位？

**解：** 已知：$N = 3\ 000$，$\sigma_2 = 400$，$\Delta = 3$

$t = 3$（因保证概率为 0.997 3）

则 $n = \dfrac{t^2 N \sigma^2}{N \Delta^2 + t^2 \sigma^2} = \dfrac{3\ 000 \times 3 \times 400}{3\ 000 \times 3^2 + 3^2 \times 400} = 353$（单位）

这里因总体单位不大，故需采用不重复抽样公式。

6. 类型抽样的样本容量的决定

类型抽样的公式与简单随机抽样公式，只是标志变异结构不同。在简单随机抽样时，其标志变异指标是总体的平均方差平方，而在类型抽样时，其标志变异指标是各类的平均方差平方的平均数。

（1）类型比例重复抽样。

抽样平均数必要样本容量：$n = \dfrac{t^2 \overline{\sigma^2}}{\Delta_x^2}$

抽样成数必要样本容量：$n = \dfrac{t^2 \overline{p(1-p)}}{\Delta_p^2}$

（2）类型比例不重复抽样。

抽样平均数必要样本容量：$n = \dfrac{t^2 N \overline{\sigma^2}}{N \Delta_x^2 + t^2 \overline{\sigma^2}}$

抽样成数必要样本容量：$n = \dfrac{t^2 N \overline{p(1-p)}}{N \Delta_p^2 + t^2 \overline{p(1-p)}}$

运用上述公式时应注意的问题，与运用简单随机抽样样本容量的公式相同。

类型抽样的样本容量与简单随机抽样的相同。

## 5.5.2　总体总量指标的推算

1. 总量指标的含义

总量指标是反映统计总体在一定时间、空间条件下的总规模或水平的综合数据。它反映总体绝对数量，因此，总量指标也称统计绝对数。如 2006 年某地区国内生产总值 752 亿元，年末人口数 320 万人等。

2. 总量指标的分类

（1）按照总量指标的总体内容划分。按照总量指标的总体内容不同，可分为总体单位总量和总体标志总量。

总体单位总量即总体所包含的单位总个数，是从构成角度反映总体大小的指标。

总体标志总量是指总体单位某一数量标志的总和。

（2）按照总量指标反映的时间状况划分。按照总量指标反映的时间状况不同，可分为时期总量指标和时点总量指标。

时期总量指标是指能够反映总体在一段时期内发展变化结果的总数量。

时点总量指标是指反映总体在某一时刻上呈现、存在或达到的总数量的指标。

3. 总体总量指标的推算

（1）使用总量指标必须注意的问题：

①要有明确的含义；

②要明确时域概念；

③要有统一的计量单位。

（2）总体总量指标的推算：总体总量指标的推算方法主要有点估计和区间估计，点估计和区间估计在5.3中已做详细介绍，在此从略。

## 相关知识图示

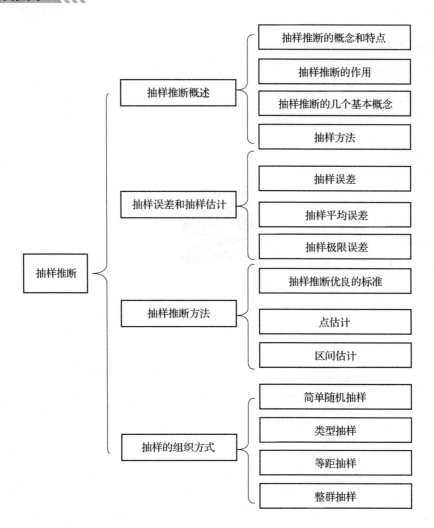

## 本章小结

通过本章的学习，了解抽样推断的概念、特点与适用范围，正确理解抽样推断中的一些基本概念；掌握抽样分布理论和抽样平均误差、极限误差的计算方法；样本是按照一定的抽样规则从总体中抽取的一部分单位的集合。根据抽取的原则不同，抽样方法有概率抽样和非概率抽样两种。概率抽样是根据一个已知的概率来抽取样本单位，也就是说，哪个单位被抽中与否不取决于研究人员的主观意愿，而是取决于客观的机会，即概率。因此，哪个单位被抽中与否完全是随机的。非概率抽样则是研究人员有意识地选取样本单位，样本单位的抽取不是随机的。一般的抽样推断都是建立在概率抽样的基础上进行的。本章主要介绍了四种常用的概率抽样方法：简单随机抽样、类型抽样、等距抽样和整群抽样。在此基础上，能运用抽样推断的一般原理估计总体指标数值；掌握必要样本容量的计算和各种抽样组织形式的概念与适用范围。

## 思考题

1. 如何理解总体与样本的关系？
2. 重复抽样与不重复抽样有什么不同？
3. 影响抽样误差的因素有哪些？

## 即测即评

# 第6章

# 时间数列分析

1. 了解时间数列的概念、种类及编制原则。
2. 熟练掌握时间数列的水平指标、速度指标的含义、计算方法和应用条件。
3. 掌握动态数列变动趋势和季节变动规律的分析方法。

## 能力目标

培养并提高学生运用时间数列分析方法对现象进行动态分析的能力。

## 案例引入

### 如何描述社会经济现象的发展规律和变化趋势?

我国 2015—2019 年国内生产总值资料见表 6-1:

**表 6-1  我国 2015—2019 年国内生产总值资料**　　　　　单位：亿元

| 年份 | 2015 | 2016 | 2017 | 2018 | 2019 |
|------|------|------|------|------|------|
| 国内生产总值 | 688 858 | 746 395 | 832 036 | 919 281 | 990 865 |

资料来源：中华人民共和国 2019 年国民经济和社会发展统计公报

　　社会经济现象总是随着时间的推移而不断发展变化。如果我们在若干个连续时期内对某一个经济变量进行测算，收集到"过去"的时间里大量的数据资料，采用科学方法，从中总结出规律性的结论，然后结合"目前"的客观现状，就可以对"未来"做出判断和预测，这将是经济生活中很有意义的事情！实际上，生活中许多值得我们关注的经济变量都是时间数列的数据。例如，将我国 2015—2019 年的国内生产总值按时间先后顺序排列后，就形成一个数列，这一数列就是时间数列。据此就可以计算国内生产总值的发展速度、增长速度，即国民经济发展速度、增长速度等指标，进而判断未来国民经济发展变化的趋势。如何将这些有用的信息汇编成科学的时间数列？怎样描绘、分析数列中的指标？时间数列的数据是否具有规律性变动特征，又该如何反映其发展趋势并据此对未来进行预测？本章将简要介绍有关时间数列的理论和方法。

# 6.1 时间数列分析概述

## 6.1.1 时间数列的概念

任何现象都不是静止的，而总是处在不断运动和不断发展变化过程中。统计分析，不仅要从静态上分析现象所达到的规模、水平和比例关系等，而且要从动态上，即从时间的发展变动上来分析现象的发展变化。所谓时间数列也称动态数列或时间数列，它是指各个不同时间的社会经济统计指标，按时间先后顺序排列而形成的统计列数。表 6-2 显示的就是我国 2007—2017 年若干统计指标的时间数列。

表 6-2 中国的国内生产总值、人口及第三产业产值

| 年份 | 国内生产总值/亿元 | 年末人口数/万人 | 年平均人口/万人 | 人均国内生产总值/(元·人⁻¹) | 第三产业产值/亿元 | 第三产业所占比重/% |
|---|---|---|---|---|---|---|
| (1) | (2) | (3) | (4) | (5) | (6) | (7) |
| 2007 | 270 844 | 132 129 | 131 788.5 | 20 505 | 115 810.7 | 42.9 |
| 2008 | 321 500.5 | 132 802 | 132 465.5 | 24 121 | 136 805.8 | 42.8 |
| 2009 | 348 498.5 | 133 450 | 133 126.0 | 26 222 | 154 747.9 | 44.3 |
| 2010 | 411 265.2 | 134 091 | 133 770.5 | 30 876 | 182 038.0 | 44.1 |
| 2011 | 484 753.2 | 134 735 | 134 413.0 | 36 403 | 216 098.6 | 44.2 |
| 2012 | 539 116.5 | 135 404 | 135 069.5 | 40 007 | 244 821.9 | 45.3 |
| 2013 | 590 422.4 | 136 072 | 135 738.0 | 43 852 | 277 959.3 | 46.7 |
| 2014 | 644 791.1 | 136 782 | 136 427.0 | 47 203 | 308 058.6 | 47.8 |
| 2015 | 686 449.6 | 137 462 | 137 122.0 | 50 251 | 346 149.7 | 50.2 |
| 2016 | 740 598.7 | 138 271 | 137 866.5 | 53 935 | 383 365.0 | 51.6 |
| 2017 | 824 828.4 | 139 008 | 138 639.5 | 59 660 | 427 031.5 | 51.6 |

资料来源：《中国统计年鉴》（2018 年），北京：中国统计出版社。

从表 6-2 中可以看出，时间数列有两个基本构成要素：一是统计指标所属的时间；二是统计指标在特定时间的具体指标值。

编制时间数列，对统计分析工作而言，具有十分重要的意义。首先，编制时间数列，可以描述社会经济现象的发展状态、发展趋势和结果；其次，通过对时间数列的分析，可以掌

握现象发展变化的规律；最后，时间数列可用来对现象未来的发展变化进行预测。

## 6.1.2 时间数列的种类

时间数列按统计指标的表现形式不同，可分为总量指标时间数列、相对指标时间数列和平均指标时间数列三类。总量指标时间数列也称绝对数时间数列，是基本的时间数列，而相对指标时间数列和平均指标时间数列，则是在总量指标时间数列的基础上形成的派生数列。

### 1. 总量指标时间数列

总量指标时间数列是指把一系列同类的总量指标按时间先后顺序排列起来形成的时间数列。它反映社会经济现象在各个时期达到的绝对水平及其变化发展的状态。表 6-2 中的国内生产总值、人口及第三产业产值都属于总量指标时间数列。按照总量指标所反映的内容不同，可以分为总体单位总量和总体标志总量两种。年末人口数是总体单位总量指标，而国内生产总值和第三产业产值是总体标志总量指标。

根据总量指标反映的社会经济现象所属的时间状况不同，总量指标时间数列又可分为时期数列和时点数列两类。

（1）时期数列。当数列中排列的指标为时期指标，各项指标都是反映某种现象在一段时期内发展过程的总量时，称为时期数列。如表 6-2 中第（2）和（6）列的国内生产总值和第三产业产值数列就是时期数列。时期数列有以下特点：

①不同时期的总量指标可以相加，即相加具有一定的经济意义。由于时期数列中每个指标数值是表明现象在一段时期内发展变化的累积总量，所以相加以后的数值就表示现象在更长一段时期内发展变化的累积总量。例如，表 6-2 中将 2011—2015 年 5 年的国内生产总值加总为 2 945 532.8 亿元，就是我国"十二五"时期完成的国内生产总值总量。

②数列中每个指标数值的大小与所属的时期长短有直接的联系。一般指标所属时期越长，指标值越大，反之则越小。

③每个指标的数值，通过连续不断的登记而取得。由于时期指标是反映现象在一段时间内的发展过程总量，因而必须在这段时间把现象发生的数量逐一登记，并进行累计得到指标值。

（2）时点数列。时点数列是反映现象在某一时点上（瞬间）所处的数量水平的时间数列。表 6-2 中的年末人口数就是时点数列。它具有以下特点：

①不可加性。由于时点数列中每个指标都是表明某一时间上瞬间现象的数量，相加以后无法说明属于哪一时点的数量，不具有实际经济意义。

②指标数值的大小与时点间隔的长短没有直接关系。在时点数列中两个相邻指标在时间上的距离叫作"间隔"。时点指标的时间单位是瞬间，因而许多现象时间间隔的长短与指标值的大小没有直接关系。如果现象本身存在长期变化趋势，呈现增长或下降趋势，则指标数值与时间间隔有一定的关系。例如，我国总人口呈增长趋势，时点间隔越长，指标的数值越大。

③指标值采取间断统计的方法获得。例如，我国历年的人口普查就是采取 10 年一次的方式获得的。

2. 相对指标和平均指标时间数列

相对指标和平均指标都是由总量指标派生出来的，它们分别反映社会经济现象达到的相对水平和平均水平。将一系列同类的相对指标或平均指标按时间先后顺序排列起来而形成的时间数列，就成了相对指标时间数列和平均指标时间数列。表 6 - 2 中第（7）列的第三产业所占比重就属于相对指标时间数列。

### 6.1.3 时间数列的编制原则

编制时间数列的目的就是要通过不同时间的各个指标值的比较，分析社会经济现象的发展规律。因此，保持时间数列中指标值的可比性是编制时间数列的基本原则。具体表现在以下几个方面。

1. 时期长短应一致

在时期数列中，由于时间长短直接影响指标值的大小，所以必须保持各指标值所属时期长短一致。在时点数列中，虽然指标值的大小与时间间隔没有直接关系，但为了更好地分析其长期趋势、增加可比性，应尽量保持时间间隔一致。

2. 总体范围应一致

不同时期的研究对象范围要一致。例如，研究某市的人口发展情况，要注意该市的行政区划是否变动，这种变动将使人口数发生变动。如果各个指标数值所属的总体空间范围不一致，则前后数值就不能直接进行对比，此时应对指标数值进行调整，使总体范围前后达到一致，然后进行动态分析。

3. 指标的经济内容应一致

例如，中华人民共和国成立以来，我国曾经采取过工农业总产值、社会总产值、国民收入和国内生产总值等指标反映我国的经济活动总量，这些指标都有不同的经济内容。在编制中华人民共和国成立以来的经济活动总量时间数列时，就需要对这些指标加以区别和调整，才具有可比性。

4. 计算口径应一致

计算口径应一致是指指标的计算方法、计算价格和计量单位等要保持一致。采用什么方法计算、按照何种价格或单位进行计量，各个指标值都要保持前后一致。如国内生产总值的计算有三种方法——生产法、支出法和收入法，理论上这三种方法的计算结果应该相同，但由于资料获得的渠道不同，三种方法计算的国内生产总值往往存在差异。所以，在编制时间数列时，应注意各指标的计算方法是否统一。另外，在研究工业企业劳动生产率时，产量可以用实物量计算，也可以用价值量计算；人数可以是全部职工数，也可以是生产工人数。编制时间数列时要给予明示，以保证前后各期的统一。如果按实物指标计算，就应采取统一的计量单位，否则就违背了指标值可比性的原则；如果按价值量计算，就涉及以现行价格或不变价格进行计算的问题。在同一时间数列中，各指标值的计算价格应该保持一致。

保证时间数列中各个时期（时点）指标数值的可比性是认识客观事物发展变化的原则。但是任何事物绝对可比是不存在的，在利用时间数列进行动态分析时，只要能满足统计研究目的的基本要求，就可视为可比。

为了研究现象的发展规模和程度，揭示事物发展的规律，需要根据时间数列的资料计算一系列动态分析指标。这些动态分析指标可分为两大类：一类是发展水平指标；另一类是发展速度指标。

## 6.2 时间数列的水平分析指标

### 6.2.1 发展水平和平均发展水平

#### 1. 发展水平

在时间数列中，各项具体的指标数值称为发展水平，即该指标反映的社会经济现象在所属时间的发展水平。在表 6 - 2 中，2007 年的国内生产总值为 270 884 亿元，即 2007 年的 GDP 发展水平，2017 年年末人口数为 139 008 万人，即 2017 年的人口发展水平。在一个时间数列中，各时间上的发展水平按时间顺序可以记为 $y_0$，$y_1$，$y_2$，$\cdots$，$y_{n-1}$，$y_n$。在对各个时间的发展水平进行比较时，把作为比较基础的那个时间称为基期，相对应的发展水平称为基期水平；把所研究考察的那个时间称为报告期，相对应的发展水平称为报告期水平。基期和报告期将根据研究的需要而定。

#### 2. 平均发展水平

平均发展水平是指将不同时期的发展水平加以平均而得的平均数，又称序时平均数或动态平均数。它与前面讲过的一般平均数既有相同的一面，也有明显的区别。相同点：两者都是将现象的个别数量差异抽象化，概括地反映现象的一般水平。不同点有二：一是平均发展水平平均的是现象在不同时间上指标数值的差别，是从动态上说明现象的一般水平，是根据时间数列计算的；而平均指标平均的是现象在同一个时间上的数量差别，是从静态上说明现象的一般水平，是根据变量数列计算的。二是平均发展水平是对同一现象不同时间上的数值差异的抽象化，而一般平均数是对同一时间总体某一数量标志值的抽象化。另外，平均发展水平还可以解决时间数列中某些可比性问题。例如，各月的日历天数不同，这会影响企业总产值的大小，但如果以计算出各月的每日平均总产值指标来计算对比，就具有可比性，更能反映总产值的发展情况。

计算平均发展水平的方法，依时间数列指标的性质而定。既可根据绝对数时间数列计算，也可根据相对数或平均数时间数列计算。而根据绝对数时间数列计算序时平均数的方法是最基本的方法。

（1）由绝对数时间数列计算序时平均数。由于绝对数时间数列分为时期数列和时点数列，两者各具不同的性质，因此计算序时平均数的方法也不同。

①由时期数列计算序时平均数。由于数列中的各项指标数值相加等于全部时期的总量，因此可采用简单算术平均数方法计算。公式为：

$$\bar{a} = \frac{a_1 + a_2 + a_3 + \cdots + a_{n-1} + a_n}{n} = \frac{\sum a}{n} \qquad (6-1)$$

式中，$\bar{a}$ 代表平均发展水平；$a_1$，$a_2$，…，$a_n$ 为各期发展水平；$n$ 为数列水平项数。

【例6-1】 根据表6-2第（2）列的数据计算2007—2017年我国的年均国内生产总值。

解：将2007—2017年的国内生产总值代入式（6-1），即：

2007—2017年的平均国内生产总值为

$$\bar{a} = \frac{\sum a}{n} = \frac{270\ 844 + 321\ 500.5 + \cdots + 824\ 828.4}{11} = 5\ 863\ 068.1(亿元)$$

②由时点数列计算序时平均数。如果利用式（6-1）计算时点数列的序时平均数，理论上要求掌握现象在每一时点上的数据。然而，由于我们不可能统计出现象发展变化过程中每一时点上的数值，只能每隔一段时间统计其余额。所以，根据时点数列计算的序时平均数是假定在某一时间间隔内现象的增减变动比较均匀或波动不大的前提下推算出的近似值。时点数列按其间隔的表现形式不同，可分为间隔相等的连续时点数列、间隔不等的连续时点数列、间隔相等的间断时点数列、间隔不等的间断时点数列四种。

a. 由间隔相等的连续时点数列求序时平均数。这种数列是以日为间隔编制的，其特点是间隔都为一天，逐日记录资料并将考察期内资料按日加以排列。可用简单算术平均法求解序时平均数。公式同式（6-1）。

例如，若已知某企业某月每天的工人数，要计算该月每天平均工人数，则可将每天的工人数相加，除以该月的日历天数即可。

b. 由间隔不等的连续时点数列求序时平均数。此数列的特点是考察期内被研究现象并不是逐日发生变动统计的，而是隔一段时间变动后统计一次，并根据变动情况进行分组，以不相等的时点间隔数为权数，采用加权算术平均法求序时平均数。

【例6-2】 某企业2020年6月份某成品的库存量资料见表6-3，计算该企业6月份某成品的平均库存量。

表6-3 某企业2020年6月份某成品的库存量

| 日期 | 6月1日 | 6月8日 | 6月15日 | 6月21日 | 6月30日 |
|------|--------|--------|---------|---------|---------|
| 库存量/头 | 85 | 6 | 105 | 50 | 20 |

解：该企业6月份某成品的平均库存量为：

$$\bar{a} = \frac{85 \times 7 + 6 \times 7 + 105 \times 6 + 50 \times 9 + 20 \times 1}{7 + 7 + 6 + 9 + 1} \approx 58(头)$$

由此推广到一般公式为：

$$\bar{a} = \frac{a_1 t_1 + a_2 t_2 + a_3 t_3 + \cdots + a_{n-1} t_{n-1} + a_n t_n}{t_1 + t_2 + t_3 + \cdots + t_{n-1} + t_n} = \frac{\sum at}{\sum t}$$

式中，$a_1$，$a_2$，…，$a_n$ 为各期发展水平；$t_1$，$t_2$，…，$t_n$ 为与现象各期水平相对应的时间距离；其他符号同式（6-1）。

c. 由间隔相等的间断时点数列求序时平均数。在实际工作中，许多统计指标都不是逐日登记的，而是每隔相同的时间段登记一次，这就组成了间隔相等的间断时点数列。对于这种间隔相等的时点数列，应采用"首末折半法"求序时平均数，公式如下：

$$\bar{a} = \frac{\dfrac{a_1}{2} + a_2 + a_3 + \cdots + \dfrac{a_n}{2}}{n-1}$$

式中，$n$ 为各时点指标数值个数；$n-1$ 为间隔数；其他符号同式（6-1）。

必须指出，这个公式基于一个假设，即假设每个时点间隔内的现象数量的变化是均匀的。

【例6-3】 根据表6-2第（3）列的数据，计算2008—2017年我国年平均人口数。

解：首先要考虑的是首项应该是哪一年的数据，显然，首项不是2008年年末人口数，而是2007年年末人口数。2008年的人口变化从2007年年末开始到2008年年末，所以2008年年末人口数不能作为2008年人口的代表值，将2007年年末的人口数看成2008年年初的人口数，2008年的年平均人口就是年初和年末人口的简单平均数。

类似地可以计算2009—2017年的各年平均人口数，计算结果如表6-2中第（4）列所示。然后再对各年平均人口数进行算术平均，求出2008—2017年的年平均人口数。即：

$$\bar{a} = \frac{\dfrac{a_1}{2} + a_2 + a_3 + \cdots + \dfrac{a_n}{2}}{n-1}$$

$$= \frac{\dfrac{132\,129}{2} + 132\,802 + \cdots + \dfrac{139\,008}{2}}{11-1} = 135\,463.8(万人)$$

d. 由间隔不等的间断时点数列求序时平均数。根据间隔不等的间断时点数列求序时平均数，其思路与间隔相等的时点数列相同，同样假设每个时间间隔之间的数量变化是均匀的。由于时点间隔不等，需要以时间间隔长度为权数，用加权序时平均法来求序时平均数。公式如下：

$$\bar{a} = \frac{\dfrac{a_1 + a_2}{2} \cdot t_1 + \dfrac{a_2 + a_3}{2} \cdot t_2 + \cdots + \dfrac{a_{n-1} + a_n}{2} \cdot t_{n-1}}{t_1 + t_2 + t_3 + \cdots + t_{n-1}}$$

式中，$t_1$，$t_2$，$\cdots$，$t_n$ 为与现象各期水平相对应的时间距离；其他符号同式（6-1）。

【例6-4】 某农场某年的生猪存栏数见表6-4，计算该农场的年平均生猪存栏数。

表6-4 某农场某年的生猪存栏数

| 日期 | 1月1日 | 3月1日 | 8月1日 | 10月1日 | 12月31日 |
|---|---|---|---|---|---|
| 生猪存栏数/头 | 1 420 | 1 400 | 1 200 | 1 250 | 1 460 |

解：该农场的年平均生猪存栏数为：

$$\bar{a} = \frac{\dfrac{a_1 + a_2}{2} \cdot t_1 + \dfrac{a_2 + a_3}{2} \cdot t_2 + \cdots + \dfrac{a_{n-1} + a_n}{2} t_{n-1}}{t_1 + t_2 + t_3 + \cdots + t_{n-1}}$$

$$= \frac{\dfrac{1\,420 + 1\,400}{2} \times 2 + \dfrac{1\,400 + 1\,200}{2} \times 5 + \dfrac{1\,200 + 1\,250}{2} \times 2 + \dfrac{1\,250 + 1\,460}{2} \times 3}{2 + 5 + 2 + 3} \approx 1\,320(头)$$

（2）由相对数或平均数时间数列求序时平均数。由于相对数和平均数是由绝对数派生出来的，因此，相对数或平均数时间数列也是派生数列，即其中各项指标都是由两个绝对数对比计算出来的。所以在计算绝对数和平均数的序时平均数时，就不能直接计算其各项指标的平均数，而是要分别先计算出两个绝对数的平均水平，然后进行对比即可。

设：某相对数或平均数 $c = \dfrac{a}{b}$，则该相对数或平均数的序时平均数的计算公式为

$$\bar{c} = \frac{\bar{a}}{\bar{b}}$$

式中，$\bar{c}$ 为相对数或平均数的序时平均数；$\bar{a}$ 为分子数列的序时平均数；$\bar{b}$ 为分母数列的序时平均数。

**【例 6 - 5】** 根据表 6 - 2 的数据计算 2008—2017 年我国年平均的人均 GDP 值。

**解：**根据资料的性质，不能对人均 GDP 的各项发展水平直接进行算术平均，而是先计算国内生产总值的平均发展水平和年均人口数，再对比得到年人均 GDP 值。具体计算如下：

$\because \bar{a} = 559\,222.41（亿元）\quad \bar{b} = 135\,463.8（万人）$

$\therefore \bar{c} = \dfrac{\bar{a}}{\bar{b}} = \dfrac{559\,222.41}{135\,463.8} \times 10\,000 = 41\,282.07（元/人）$

### 6.2.2 增长量和平均增长量

1. 增长量

增长量也称增长水平，是表明某种现象在一段时期内增长的绝对量，它等于报告期发展水平与基期发展水平之差，即增长量 = 报告期水平 - 基期水平。

增长量有正负之分，若为正值，表明增加；若为负值，则说明减少。所以又称为"增减量"指标。

按采用的基期不同，增长量可分为逐期增长量和累计增长量。逐期增长量是报告期水平与前一期水平之差，即以前一期为基期，表明报告期较其前期增长的绝对量。累计增长量是报告期水平与某一固定时期水平之差，即将基期固定在某一时期，说明报告期较某一固定基期增长的绝对量，也就是由某固定基期至报告期总的增长量。

这两个增长量虽然计算基期和说明的问题不同，但它们之间存在一定的换算关系：同一动态数列各逐期增长量之和，等于相应的累计增长量；两个相邻的累积增长量之差，等于相应报告期的逐期增长量。

设基期水平为 $a_0$，各报告期水平为 $a_i(i = 1, 2, 3, \cdots, n)$，则：

$$逐期增长量之和 = (a_1 - a_0) + (a_2 - a_1) + \cdots + (a_n - a_{n-1})$$

$$= \sum (a_i - a_{i-1}) = a_n - a_0$$

两个相邻累计增长量之差 $= (a_i - a_0) - (a_{i-1} - a_0) = a_i - a_{i-1}$

**【例 6 - 6】** 根据表 6 - 5 的数据计算 2012—2017 年我国 GDP 的逐期增长量和累计增长量。

表6-5 2012—2017年中国GDP逐期增长量和累计增长量

单位：亿元

| 年份 | | 2012 | 2013 | 2014 | 2015 | 2016 | 2017 |
|------|------|------|------|------|------|------|------|
| GDP | | 539 117 | 590 422 | 644 791 | 686 450 | 740 599 | 824 828 |
| 增长量 | 逐期 | 54 363 | 51 306 | 54 369 | 41 659 | 54 149 | 84 230 |
| | 累计 | 268 273 | 319 579 | 373 948 | 415 607 | 469 756 | 553 986 |

必须指出，增长量是一个时期指标。不论是由时期数列还是由时点数列计算得到的增长量，都是时期数列，因为一段时期内的增长量并非突然增长的。另外，在统计实践中还经常使用年距增长量。年距增长量是报告年某月（季）水平与其上年同月（季）水平之差。对受季节影响较大的现象，使用年距增长量指标进行分析，可以排除季节变动的影响。

2. 平均增长量

平均增长量也称平均增长水平，它是某种现象各逐期增长量的序时平均数，可表明该现象在一定时间内，单位时间平均增长量的绝对量。由于增长量是时期指标，所以，平均增长量可以用简单算术平均法计算。公式如下：

$$平均增长量 = \frac{逐期增长量之和}{逐期增长量的个数} = \frac{累计增长量}{时间数列项数 - 1}$$

【例6-7】 根据表6-2的数据计算2007—2017年我国GDP的平均增长量。

解：$平均增长量 = \dfrac{逐期增长量之和}{逐期增长量个数} = \dfrac{50\ 657 + 26\ 998 + \cdots + 84\ 230}{10} = 55\ 398.6(亿元)$

或 $平均增长量 = \dfrac{累积增长量}{时间数列项数 - 1} = \dfrac{553\ 986}{10} = 55\ 398.6(亿元)$

平均增长量也有正负之分，正值为平均增长量，负值为平均减少量。

# 6.3 时间数列的速度分析指标

## 6.3.1 发展速度和增长速度

1. 发展速度

发展速度是反映社会经济现象发展快慢的相对指标。用两个不同时期的发展水平相对比而求得。计算公式如下：

$$发展速度 = \frac{报告期水平}{基期水平}$$

发展速度一般用百分比来表示，当比值较大时，也可用倍数和翻番数表示，它说明现象报告期水平为基期水平的百分之几、若干倍或翻几番。当它大于100%（或1）时，表明现象在增长，当它小于100%（或1）时，则表明现象在下降。

由于采用的基期不同，可将发展速度分为环比发展速度和定基发展速度。环比发展速度是报告期水平与前一期水平之比，反映现象的逐期发展程度。定基发展速度是报告期水平与某一固定基期水平（通常是最初水平）之比，它表明报告期水平为某一固定基期水平的百分之几、若干倍或翻几番，反映现象在较长一段时间内的发展程度，故也称为总发展速度。

这两个增长速度虽然计算基期和说明的问题不同，但它们之间存在一定的换算关系，即同一动态数列，各期环比发展速度的连乘积，等于相应的定基发展速度；相邻两个时期的定基发展速度之商等于相应时期的环比发展速度。

设基期水平为 $a_0$，各报告期水平为 $a_i(i=1，2，3，\cdots，n)$，则：

各期环比发展速度的连乘积 $= \dfrac{a_1}{a_0} \times \dfrac{a_2}{a_1} \times \dfrac{a_3}{a_2} \times \cdots \times \dfrac{a_n}{a_{n-1}} = \prod\limits_{i=1}^{n} \dfrac{a_i}{a_{i-1}} = \dfrac{a_n}{a_0}$

两个相邻定基发展速度之商 $= \dfrac{a_i}{a_0} \div \dfrac{a_{i-1}}{a_0} = \dfrac{a_i}{a_{i-1}}$

【例 6-8】 某公司 2011—2019 年销售收入及其发展速度见表 6-6。

表 6-6 某公司 2011—2019 年销售收入及其发展速度

| 年份 | 2011 | 2012 | 2013 | 2014 | 2015 | 2016 | 2017 | 2018 | 2019 |
|---|---|---|---|---|---|---|---|---|---|
| 发展水平 /万元 | $a_0$ 13 395.23 | $a_1$ 16 386.04 | $a_2$ 18 903.64 | $a_3$ 21 715.25 | $a_4$ 26 396.47 | $a_5$ 31 649.29 | $a_6$ 38 760.20 | $a_7$ 51 321.78 | $a_8$ 61 330.35 |
| 环比发展速度/% | — | 122.33 | 115.36 | 114.87 | 121.56 | 119.90 | 122.47 | 132.41 | 119.50 |
| 定基发展速度/% | — | 122.33 | 141.12 | 162.11 | 197.06 | 236.27 | 289.36 | 383.13 | 457.85 |

**解**：各期环比发展速度连乘积 $= \dfrac{a_1}{a_0} \times \dfrac{a_2}{a_1} \times \cdots \times \dfrac{a_8}{a_7}$

$= 1.223\,3 \times 1.153\,6 \times 1.148\,7 \times 1.215\,6 \times 1.199\,0 \times 1.224\,7 \times 1.324\,1 \times 1.195\,0$

$= 4.578\,5$

两个相邻定基发展速度之商 $= \dfrac{a_4}{a_0} \div \dfrac{a_3}{a_0} = 1.970\,6 \div 1.621\,1 = 1.215\,6$

2. 增长速度

增长速度是表明社会经济现象增长程度的相对指标。它可以根据某一现象报告期增长量与基期发展水平对比求得，也可以根据发展速度减 1（或 100%）求得。公式如下：

$$增长速度 = \dfrac{增长量}{基期发展水平} = 发展速度 - 1$$

增长速度也有正负之分，正值表示增长的程度，负值表示下降的程度。

增长速度由于采用的基期不同，也有环比增长速度和定基增长速度之分。环比增长速度是将基期定为报告期的前一期，用报告期的增长量与前一期的发展水平对比而得，反映现象的逐期增长程度。定基增长速度是将基期固定为某一期，用报告期的增长量与固定基期的发展水平对比而得，反映现象在较长一段时间内的增长程度。

$$定基增长速度 = 定基发展速度 - 1$$
$$环比增长速度 = 环比发展速度 - 1$$

**【例 6 - 9】** 某企业近几年产量不断增长。已知 2015 年比 2014 年增长 20%，2016 年比 2014 年增长 50%，2017 年比 2016 年增长 25%，2018 年比 2017 年增长 15%，2019 年比 2014 年增长 132.5%，计算表 6 - 7 中的空缺数字。

表 6 - 7 某企业 2015—2019 年产量增长速度

| 年份 | 2015 | 2016 | 2017 | 2018 | 2019 |
| --- | --- | --- | --- | --- | --- |
| 环比增长速度/% | 20 | （ ） | 25 | 15 | （ ） |
| 定基增长速度/% | （ ） | 50 | （ ） | （ ） | 132. 5 |

**解**：根据环比发展速度和定基发展速度之间存在的数量关系，增长速度可以根据发展速度求得，所以计算增长速度时先计算各期的发展速度，然后再通过 "增长速度 = 发展速度 - 1" 的关系式，计算出各增长速度。

2015 年定基增长速度 = 20%

2016 年环比增长速度 = $\left( \dfrac{1 + 50\%}{1 + 20\%} - 1 \right) \times 100\% = 25\%$

2017 年定基增长速度 = $\{ [ (1 + 20\%) \times (1 + 25\%) \times (1 + 25\%) ] - 1 \} \times 100\% = 87.75\%$

2018 年定基增长速度 = $[ (1 + 87.5\%) \times (1 + 15\%) - 1 ] \times 100\% = 115.6\%$

2019 年环比增长速度 = $\{ [ (1 + 132.5\%) \div (1 + 115.6\%) ] - 1 \} \times 100\% = 7.84\%$

必须指出，环比增长速度与定基增长速度无直接的换算关系。如果由一个环比增长速度数列求其定基增长速度数列，需先将各期环比增长速度换算成各期环比发展速度，再将它们连乘，求得各期的定基发展速度，最后，将各期定基发展速度分别减 1 或 100%，可得各期的定基增长速度。相反，若知现象各期的定基增长速度，求各期的环比增长速度，也要经过一定的变换计算求得。

另外，在统计实践中，为消除季节变动的影响，还需使用年距发展速度和年距增长速度。年距发展速度是现象报告年某月（季）的水平与其上年同月（季）水平之比。年距增长速度是现象报告年某月（季）的年距增长量与上年同月（季）现象的水平之比，或者用年距发展速度减 1 或减 100% 求得。

为进一步对比分析现象的增长情况，实践中还需计算 "增长 1% 的绝对值" 指标。计算公式为

$$增长 1\% 的绝对值 = \frac{报告期的逐期增长量}{报告期的环比增长速度}$$

$$= \frac{前期水平}{100} = \frac{a_{i-1}}{100}$$

**【例 6 - 10】** 甲、乙两厂，报告期甲厂利税额的环比增长速度为 10%，增长量为 5 万元；乙厂为 5%，增长量为 7.5 万元。请判断两厂谁的效益好、贡献大。

**解**：若单从增长速度看，甲厂的增长速度是乙厂的两倍，似乎甲厂好于乙厂。但是联系

两厂报告期的逐期增长量，计算增长 1% 的绝对值后，则会得出相反的结论。

乙厂：增长 1% 的绝对值 = 7.5/5 = 1.5（万元）

甲厂：增长 1% 的绝对值 = 5/10 = 0.5（万元）

显然，乙厂的效益好于甲厂。增长 1% 的绝对值的实质就是现象前期水平（$a_{i-1}$）的 1%。

### 6.3.2 平均发展速度和平均增长速度

平均发展速度是某种现象各期环比发展速度的平均数，它说明该现象在一个较长时期内，发展速度变化的平均程度，即平均单位时间发展变化的程度。

平均增长速度是某种现象各期环比增长速度的平均数，它说明该现象在一个较长时期内，平均单位时间增长的程度。平均增长速度虽然是各期环比增长速度的平均数，但它不能直接由各期环比增长速度计算，而是由平均发展速度减 1 或减 100% 求得。平均增长速度有正负之分，正值表示平均增长的程度，负值表示平均下降的程度。

在我国，根据被研究现象的特点和统计分析的目的不同，平均发展速度的计算有水平法和累计法两种。水平法又称几何平均法，累计法又称代数平均法或方程法。

一般地，在正常情况下，两种方法计算的平均每年增长速度比较接近。但在经济发展不平衡、出现大起大落时，两种方法计算的结果差别则较大。在我国的实际统计工作中，除固定资产投资、造林面积等采用"累计法"计算外，其余多用"水平法"计算。

1. 水平法

水平法又称几何平均法，是以时间数列最后一年的发展水平同基期水平对比来计算平均每年增长（或下降）速度。一般地，凡用年发展水平表现其规模的现象，如产品产量、产值、商品销售额和职工人数等，适合用水平法计算平均发展速度。计算公式如下：

设 $\bar{X}$ 为平均发展速度，则

$$\bar{X} = \sqrt[n]{\frac{a_1}{a_0} \cdot \frac{a_2}{a_1} \cdot \cdots \cdot \frac{a_n}{a_{n-1}}} = \sqrt[n]{\frac{a_n}{a_0}}$$

$$\bar{X} = \sqrt[n2]{X_1 \cdot X_2 \cdot \cdots \cdot X_n} = \sqrt[n]{\prod X}$$

$$\bar{X} = \sqrt[n]{R}$$

当 $R = 2^m$ 时，$\bar{X} = \sqrt[n]{2^m}$

式中，$\bar{X}$ 代表平均发展速度；$X_1$，$X_2$，$X_3$，$\cdots$，$X_n$ 为各期环比发展速度；$R$ 为总速度；$n$ 为各期环比发展速度指标的项数；$m$ 为翻番数。

平均增长速度和平均发展速度的关系是：

平均增长速度 = 平均发展速度 − 1（100%）

【例 6 – 11】 按可比价格计算，某地区人均生产总值 1999 年为 379 元，2019 年为 6 392 元，试计算该地区 2000—2019 年生产总值的平均发展速度和平均增长速度。

解：$\because a_0 = 379$，$a_n = 6\ 392$，$n = 20$，则：

$$R = \frac{a_n}{a_0} = \frac{6\,392}{379} = 16.865\,4$$

$$\therefore \bar{X} = \sqrt[n]{R} = \sqrt[20]{16.865\,4} = (16.865\,4)^{\frac{1}{20}}$$

两边取对数得：

$$\lg \bar{X} = \frac{1}{n}\lg R = \frac{1}{20}\lg 16.865\,4 = \frac{1}{20} \times 1.226\,997 = 0.061\,35$$

查反对数表得 $\bar{X} = 1.151\,7$，即平均发展速度为115.17%，平均增长速度为11.17%。

应指出，上述计算只是为了从理论上说明，实际中是运用多功能计算器计算，计算方法从略。

【例6−12】 某地区2014—2019年甲产品的单位成本及环比发展速度见表6−8，试计算2014—2019年的平均发展速度。

表6−8 某地区2014—2019年甲产品的单位成本及环比发展速度

| 年份 | 2014 | 2015 | 2016 | 2017 | 2018 | 2019 |
|---|---|---|---|---|---|---|
| 甲产品单位成本/（台·元$^{-1}$） | 200 | 198 | 188 | 175 | 170 | 160 |
| 环比发展速度（$x_i$）/% | — | 99.0 | 94.9 | 93.1 | 97.1 | 94.1 |

**解**：根据表中资料可知，$n = 5$ 时各年环比发展速度 $x_i$（具体数值见表），则：

$$\bar{X} = \sqrt[n]{\prod X} = \sqrt[5]{0.99 \times 0.949 \times 0.931 \times 0.971 \times 0.941}$$

$$= \sqrt[5]{0.8} = 0.956\,4(95.64\%)$$

所以，平均增长速度为 95.64% − 100% = −4.36%，即平均下降4.36%。

【例6−13】 某地区2010年税收总额为12亿元，计划到2030年较2010年翻两番，试求平均增长速度是多少。

**解**：$\because m = 2$，$n = 20$，则代入公式得：

$$\bar{X} = \sqrt[n]{2^m} = \sqrt[20]{2^2} = \sqrt[20]{4} = 1.071\,8 \ (107.18\%)$$

$$1.071\,8 - 1 = 0.071\,8 \ (7.18\%)$$

所以，平均增长速度为 107.18% − 100% = 7.18%，即平均增长速度为7.18%。

需要指出，在统计实践中，为提高工作效率，学者们根据几何级数原理编制了"水平法平均增长速度查对表"，该表分为平均增长和平均下降两部分，只要知道某一段时期的定基发展速度 $R$，而后知道该段时间的间隔年数或环比发展速度的个数 $n$，则可查表直接得到平均增长速度或下降速度，然后将之加100%即得平均发展速度。应注意，查表前，应先判断现象是增长或下降，凡 $R > 100\%$，属增长，应查增长部分表；反之，应在下降部分查表。

若某种现象在一定时期内的各期环比发展（或增长）速度大体相等，则可据此进行预测。

2. 累计法

累计法又称代数平均法或高次方程法，是以时间数列内各年发展水平的总和同基期水平对比来计算平均每年的增长（或下降）速度，即时间数列中各年发展水平的总和等于全期的总水平，各期发展水平是基期水平与各该期定基发展速度的乘积。一般地，对用若干年累计数表现其规模的现象，适宜于采用累计法计算平均发展速度。

按这种方法计算平均发展速度的数理依据是：从现象的最初水平 $a_0$ 出发，每年若都按平均发展速度 $\bar{X}$ 发展，所得各年水平之和，等于现象各报告年实际发展水平之和。

现象各报告年实际发展水平之和为：

$$a_1 + a_2 + a_3 + \cdots + a_{n-1} + a_n = \sum a$$

从 $a_0$ 出发，每年多按 $\bar{X}$ 发展，所得各年计算水平之和为：

$$a_0\bar{X} + a_0\bar{X}\bar{X} + a_0\bar{X}\bar{X}\bar{X} + \cdots + a_0\bar{X}^{n-1} + a_0\bar{X}^n = \sum a$$

移项整理得：

$$\bar{X}^n + \bar{X}^{n-1} + \cdots + \bar{X}^3 + \bar{X}^2 + \bar{X} - \frac{\sum a}{a_0} = 0$$

解此高次方程所得正根，即所求的平均发展速度。显然，解此方程是非常麻烦的，通常是借助事先编制的"累计法平均增长速度查对表"解决。该表也分为平均增长和平均下降两部分，只要掌握现象某一段时间的总发展速度（即各年发展水平总和与基期水平之比，通常以 $M$ 且用百分数表示，$M = (\sum a / a_0) \times 100\%$），以及该段时间的间隔年数 $n$，就可查表直接得到平均增长速度或平均下降速度。同样，在查表前，必须判断现象是增长还是下降。凡 $\frac{M}{n} > 100\%$，为增长，在增长部分查表；反之，在下降部分查表。

【例 6 – 14】　某地区固定资产投资额 2015 年为 4 679 万元（$a_0$），2016—2019 年每年分别为 5 220 万元、5 628 万元、5 943 万元和 6 124 万元，共计 22 915 万元（$\sum a$）。试用累计法求此期间年平均增长速度和年平均发展速度。

解：$\because M = \sum a / a_0 = (22\ 915/4\ 679) \times 100\% = 489.74\%$，$n = 4$，$M/n = \dfrac{489.74\%}{4} = $ 122.43% > 100%，属增长，故应在增长部分查表。

从 $n = 4$（年）看，总发展速度 489.74% 是在 489.00% 和 490.18% 之间，按比例计算得

$$\frac{489.74 - 489.00}{490.18 - 489.00} = 0.6$$

则有：

$$8.2 + (8.3 - 8.2) \times 0.6 = 8.26$$

$\therefore$ 平均增长速度为 8.26%，平均发展速度为 108.26%。

【例 6 – 15】　某地区造林面积 2014 年为 200 公顷①（$a_0$），2015—2019 年隔年分别为 198 万公顷、188 万公顷、175 万公顷、170 万公顷和 160 万公顷，共计 891 万公顷（$\sum a$）。试用累计法求此期间年平均增长速度和年平均发展速度。

———————————

①　1 公顷 = 10 000 平方米。

**解：** $\because M = \sum a/a_0 = (819/200) \times 100\% = 445.5\%$，$n = 5$，$M/n = \dfrac{445.5\%}{5} = 89.1\% < 100\%$，

属下降，故应在下降部分查表。

从 $n = 5$ 年看，总发展速度 445.5% 是在 445.81% 与 444.45% 之间，按比例计算得：

$$\frac{445.5 - 444.45}{445.81 - 444.45} = 0.08$$

则有：

$$-3.9 + \left[\,-3.8 - (-3.9)\,\right] \times 0.08 = -3.82$$

$\therefore$ 平均下降速度为 3.82%，平均发展速度为 96.18%。

必须指出，水平法和累计法不同，水平法侧重于考察最末一期（年）的发展水平，按这种方法确定的平均发展速度，推算的最后一年发展水平，等于最末一期（年）的实际发展水平；推算的最末一期（年）的定基发展速度和根据实际资料计算的最末一期（年）定基发展速度是一致的。累计法侧重考察全期的总和水平，按这种方法确定的平均发展速度，推算的全期的总和水平与各期实际水平总数是一致的；推算的各部分定基发展速度的总和与根据实际资料计算的定基发展速度的总和是一致的。

另外，平均发展速度指标是现象在一个较长时期内，各年环比发展速度的平均数，用以说明现象在该时期内逐年发展变化的一般程度，它抽象了各年的实际变化程度。因此，计算和应用平均发展速度指标应注意以下两个问题：

第一，要结合具体情况确定基期。因为基期水平是起点、标准，它对研究目的的实现具有重要意义，对平均发展速度也是有影响的。例如，如果研究某五年计划期内的平均发展速度，应以该五年计划的前一年为基期；若研究我国改革开放以来的平均发展速度，就应以1978 年为基期；若研究中华人民共和国成立以来我国的平均发展速度，则以 1949 年为基期更恰当。

第二，应计算分段平均发展速度来补充全期的平均发展速度。因为在一个较长的历史时期，现象的变化各阶段各有特点，即有快有慢、有增有减，为更具体地反映情况，必须用分段平均发展速度来补充说明全期的平均发展速度。

# 6.4　时间数列的趋势分析

## 6.4.1　构成要素

客观事物随着时间推移而发展变化，是受多种因素共同影响的结果。在诸多影响因素中，有的是长期因素在起作用，对事物的发展变化发挥着决定性作用；有的只是短期因素在起作用，或者只是偶然性因素发挥着决定性的作用。例如，一个国家的经济发展可能受到劳动力、资源和生产力水平的长期稳定的影响，同时可能受到自然灾害、国际环境、政治因素等非长期因素的影响。在分析时间数列的变动规律时，我们很难将这些因素的影响精确地一一区分，但是我们可以对这些影响因素进行归纳分类，以更好地揭示时间数列变动的规律性。可以将时间数列的构成要素归纳为长期趋势、季节变动、循环变动和不规则变动四类。

## 1. 长期趋势

长期趋势（$T$）是指现象在一段相当长的时期内所表现出来的持续上升或下降或不变的趋势。长期趋势是受某种根本性的支配因素影响的结果。例如，我国改革开放以来经济持续增长，表现为国内生产总值呈现逐年上升的态势。需要注意的是，这里的长期并非时间意义上的绝对长短，而是针对时间数列的各期间隔而言的。也就是说，当我们的时间数列以年为间隔，那么两年三年不为长期，所表现出来的变化趋势不具有长期规律性；如果时间数列以月为间隔，则一年有 12 个月，也可以从中看出一些长期规律。

## 2. 季节变动

季节变动（$S$）是指时间数列在一年内重复出现的周期性波动。原本意义上的季节变动是指受自然界季节更替影响而发生年复一年的有规律的变化，例如，农产品的生产、水电消费的季节变动等。在实际分析中，季节变动也包括一年内由于社会、政治、经济、自然因素影响形成的有规律的周期性的重复变动，例如，民工潮造成的交通部门的客流量在一年中的规律性变化。图 6-1 是某农场禽蛋产值一年内随月份变动的图形。

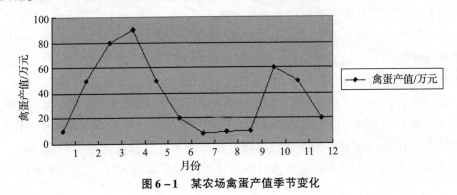

**图 6-1　某农场禽蛋产值季节变化**

## 3. 循环变动

循环变动（$C$）是指某种现象在比较长的时期内呈现出的有一定规律的周期性波动，即变动周期大于一年的有一定规律的重复变动，如商业周期的繁荣、衰退、萧条、复苏四个阶段的循环变动。循环变动和季节变动都是一种重复出现的周期性变动，不同的是，季节变动是一年内的按月或按季的周期性变动，而循环变动的周期一般超过一年，而且循环变动的周期长短不一致，规律性不明显。循环变动与长期趋势也不同，它不是单一方向的持续变动，而是有涨有跌的交替波动。

## 4. 不规则变动

不规则变动（$I$）也称随机变动，指现象受众多偶然因素的影响，而呈现出的无规则变动。包括由自然灾害、意外事故或重大政治事件所引起的剧烈变动，也包括大量无可名状的随机因素干扰造成的起伏波动，是时间数列长期趋势、季节变动和循环变动后余下的变动。例如，2005 年东南亚海啸对该地区的旅游业造成的影响，表现在旅游人数上就是一种不规则变动。

总之，时间数列的变动一般都是以上四种构成因素的影响而形成的。时间数列分析的任务之一，就是对时间数列中的这几种构成要素进行统计测定和分析，从中划分出各种要素的具体作用，揭示其变动的规律和特征，为认识和预测事物的发展提供依据。

### 6.4.2　时间数列的分解模型

进行时间数列分析的一个重要前提，就是了解长期趋势、季节变动、循环变动和不规则变动四种变动因素以什么样的形式结合（假定在时间数列中均包含四种因素）。把这四种影响因素同时间数列的关系用一定的数学关系式表示出来，就构成了时间数列的分解模型。将各影响因素分别从时间数列中分离出来并加以测定的过程，称为时间数列的构成分析。

按照四大构成要素对时间数列的影响方式不同，时间数列可以分解为多种模型，如乘法模型、加法模型、混合模型等。各种模型都是在一定假定情况下成立的，其中最常用的是乘法模型。

1. 乘法模型

假设四种因素变动相互交叉影响，则时间数列中的观察值是四个构成因素之积，即乘法模型：

$$Y = T \cdot S \cdot C \cdot I$$

式中，$Y$ 表示时间数列的指标数值；$T$ 表示长期趋势成分；$S$ 表示季节变动成分；$C$ 表示循环变动成分；$I$ 表示不规则变动成分。

根据这一模型，要求出某个构成因素的影响，就用其余构成部分除以时间数列即可。但求出长期趋势 $T$ 以后，以 $Y$ 除以 $T$，则可得不含长期趋势的派生时间数列 $\dfrac{Y}{T} = S \cdot C \cdot I$；若再求出季节变动 $S$，用 $S$ 去除，则可得不含长期趋势及季节变动的时间数列 $\dfrac{Y/T}{S} = C \cdot I$。

如果时间数列中仅含长期趋势和季节变动，则可以按以上相除的方法将两种因素分解开来进行分析。

2. 加法模型

假设四种因素变动相互独立，则时间数列中的观察值是四个构成因素之和，即为加法模型：

$$Y = T + S + C + I$$

同样，当欲求出某种因素变动的影响时，则可用相减的形式。如长期趋势 $T$ 测定出来后，用 $Y$ 减去 $T$，即得不含长期趋势 $T$ 的派生时间数列。如果此时时间数列只受两因素（$T$ 和 $S$）的影响，则 $Y - T = S$，得到只含季节变动的时间数列，就可直接分析季节变动这一因素了。

3. 混合模型

如 $Y = T \cdot S + I$，$Y = S + T \cdot C \cdot I$ 等。

在实际工作中，具体应用哪种模型进行分析，需根据研究对象的性质、目的和掌握的资料等情况而定，但一般以乘法模型应用最多。

对时间数列各个构成因素的分析，通常以长期趋势和季节变动为主。因此，本章仅介绍长期趋势和季节变动的测定。

对长期趋势的测定和分析，是时间数列分析的重要内容，其主要目的：一是认识现象随时间发展变化的趋势和规律性；二是对现象未来的发展趋势做出预测；三是从时间数列中剔除长期趋势成分，以便分解出其他类型的影响因素。

根据表现形态的不同，现象发展的变动趋势有线性趋势和非线性趋势。下面分别介绍它们的一些重要分析方法。

## 6.5 长期趋势的分析

统计对客观现象进行动态分析，不仅要编制时间（或动态）数列、计算各种动态分析指标，而且要进一步揭示现象的长期趋势和季节变动的规律，这对于预见未来，克服盲目性，增强预见性，做好各项工作，具有重要意义。

所谓长期趋势，是指某种现象在相当长的时期内，其发展过程表现为不断增长或不断下降的总趋势。任何现象的发展变化，都同时受到多种因素的影响，这些因素大体可分为两类：一类是基本因素；另一类是偶然因素。凡总是朝着一个方向促使某种现象不断增长或不断下降的那些因素，属基本因素。时而影响增长，时而影响下降，或者有时影响有时不影响的那些因素，属偶然因素。例如，在农业方面，耕作技术的改进、优质化肥的推广使用和种子的改良等对农产量的增长有影响，属基本因素；而气候、雨量和温度等属偶然因素。这些基本的和偶然的因素综合影响的结果，使现象在不同时间上的发展水平时高时低，因而，有时不易看出现象的变化趋势。但是运用科学的分析方法，消除那些偶然因素的影响后，被研究现象的发展趋势就会比较明显地呈现出来。在统计上，把原来不易看出现象变化趋势的时间数列，通过加工和分析后，使现象的变化趋势明显化的方法，就是长期趋势分析法，又称时间数列修匀法。

分析时间数列长期趋势的方法很多，最常用的有移动平均法和趋势模型法。

### 6.5.1 移动平均法

1. 间距扩大法

在介绍移动平均法之前，我们先来介绍间（时）距扩大法。间距扩大法是测定长期趋势最原始、最简单的方法。它是将原来时间数列中较小时距单位的若干个数据加以合并，得到较大时距单位的数据。当原始时间数列中各指标数值上下波动，使得现象变化规律表现不明显时，可通过扩大数列时间间隔，使得较小间距数据所受到的偶然因素的影响相互抵消，以反映现象发展的长期趋势。

【例 6 – 16】 根据表 6 – 9 的数据，用间距扩大法分析某商场商品销售额的长期趋势。

表 6 – 9　某商场某年商品销售额资料　　　　　　　单位：万元

| 月份 | 1 月 | 2 月 | 3 月 | 4 月 | 5 月 | 6 月 | 7 月 | 8 月 | 9 月 | 10 月 | 11 月 | 12 月 |
|------|------|------|------|------|------|------|------|------|------|-------|-------|-------|
| 销售额 | 50 | 55 | 48 | 46 | 56 | 57 | 56 | 52 | 57 | 54 | 60 | 66 |

**解：** 将以月为时距的时间数列合并为以季为时间距离的时间数列，见表 6 - 10。由原时间数列，并不能很好地观察出长期趋势，在扩大间距后的新时间数列中，可以明显地看出商场的销售量呈现增长的趋势。

表 6 - 10　间距扩大法计算某商场某年商品销售额的长期趋势　单位：万元

| 销售额 | 一季度 | 二季度 | 三季度 | 四季度 |
|---|---|---|---|---|
| 商品销售额 | 153 | 159 | 165 | 180 |
| 平均月销售额 | 51 | 53 | 55 | 60 |

间距扩大法的优点是简便直观。但是它的缺点也很突出，扩大间距后形成的新时间数列包含的数据减少，信息量大量流失，不便于做进一步分析。另外，间距究竟扩大到何种程度为宜，应以现象和原时间数列的特点来定，以能明显反映现象的发展趋势为准。

**2. 序时平均法**

由于时点数列各期水平相加无实际意义，因此，时点数列不能直接用间距扩大法，需利用序时平均法消除偶然因素的影响，以反映现象的变化趋势。例如，表 6 - 9 中的时点数列的变化趋势不够明显，采用序时平均法消除偶然因素影响后，其变动趋势则较明显（表 6 - 11）。

表 6 - 11　某商场 2019 年各月月末售货员人数资料　单位：人

| 月份 | 上年 12 月 | 1 月 | 2 月 | 3 月 | 4 月 | 5 月 | 6 月 | 7 月 | 8 月 | 9 月 | 10 月 | 11 月 | 12 月 |
|---|---|---|---|---|---|---|---|---|---|---|---|---|---|
| 月末人数 | 85 | 75 | 81 | 101 | 87 | 93 | 99 | 85 | 105 | 99 | 97 | 103 | 107 |

由于以月为时点间隔且间隔相等，则可采用首末折半法，计算各季度的序时平均数并填入表 6 - 12。

表 6 - 12　某商场 2019 年季度平均售货员人数资料　单位：人

| 季度 | 1 季度 | 2 季度 | 3 季度 | 4 季度 |
|---|---|---|---|---|
| 季平均人数 | 83.0 | 93.3 | 96.3 | 101.0 |

显然，经过平均后各季售货员人数递增的趋势就很明显。时期数列也可采用此法。

**3. 移动平均法**

移动平均法是对间距扩大法的一种改良。它是采取逐期递推移动的方法对原数列按一定间距扩大，得到一系列扩大间距的平均数。其原理与间距扩大法类似，通过扩大间距来消除时间数列中的不规则变动和其他变动的影响，揭示出时间数列的长期趋势。较间距扩大法的优点在于，移动平均法可以保留更多的数据信息，对原时间数列的波动起一定的修匀作用。移动平均法的具体步骤如下：

第一步：扩大原时间数列的时间间隔，选定一定的间距项数 $N$。

第二步：采用递次移动的方法对原数列递次移动 $N$ 项计算一系列序时平均数。

**【例 6 - 17】** 某地区 2009—2019 年粮食产量资料见表 6 - 13，请用移动平均法修匀该地区的粮食产量数据。

表 6 – 13　某地区 2009—2019 年粮食产量资料　　　　　　　　　单位：万吨

| 年份 | 2009 | 2010 | 2011 | 2012 | 2013 | 2014 | 2015 | 2016 | 2017 | 2018 | 2019 |
|---|---|---|---|---|---|---|---|---|---|---|---|
| 粮食产量 | 320 | 342 | 336 | 361 | 388 | 380 | 406 | 435 | 430 | 456 | 480 |
| 三项<br>移动平均 | — | 332.7 | 346.3 | 361.7 | 376.3 | 391.3 | 407.0 | 423.7 | 440.3 | 455.3 | — |
| 五项<br>移动平均 | — | — | 349.4 | 361.4 | 374.2 | 394.0 | 407.8 | 421.4 | 441.4 | — | — |

**解：**

$$三项移动平均\ T_{2010} = \frac{Y_{2009} + Y_{2010} + Y_{2011}}{3}$$

$$= \frac{320 + 342 + 336}{3} = 332.7\ （万吨）$$

$$五项移动平均\ T_{2011} = \frac{Y_{2009} + Y_{2010} + Y_{2011} + Y_{2012} + Y_{2013}}{5}$$

$$= \frac{320 + 342 + 336 + 361 + 388 + 380}{5} = 349.4\ （万吨）$$

其他各年数字以此类推，所得移动平均数，写在间距最中央的那一年的位置上即可。

显然，五项移动平均法与三项移动平均法相同，只是间距更大些。当然，也可做七项移动平均、九项移动平均等。那么，究竟做几项移动平均，要视数列和现象的具体情况而定。

一般来说，间距项数越多，移动平均时间数列的修匀程度越大，而所得新的时间数列的项数则越少。即新时间数列项数 = 原时间数列项数 – 时距项数 + 1，如上例三项移动平均的项数 = 11 – 3 + 1 = 9。

必须指出，实际工作中也可做四项、六项、八项等偶数移动平均，即对原数列进行间距为偶数项移动平均时，对所得移动平均数应该再做一次二项移动平均，以移正其位置。一般来说，如原数列为年度资料时，间距定为三项、五项或七项为宜；原数列为月度或季度资料时，间距定为四项或十二项为宜。

从上例不难看出，移动平均法有以下特点。

（1）间距项数 $N$ 越大，对时间数列的修匀效果越强。如三项移动平均的波动较原数列明显削弱了，但是仍存在一些小波动，而五项移动平均进一步削弱了波动，时间数列呈现出持续上升的长期趋势。

（2）移动平均时距项数 $N$ 为奇数时，一般只需一次移动平均，其移动平均值作为移动平均项数的中间一期的趋势代表值；当移动平均时距项数 $N$ 为偶数时，移动平均值代表的是偶数项的中间位置，无法对正某一时期，所以需进行一次相邻两项平均值的再次移动平均，如此才能使得平均值对正某一时期。第二次移动平均称为移正平均，也称中心化的移动平均数。

（3）$N$ 的选择要考虑周期性波动的周期长短，平均间距 $N$ 应和周期长度一致。当时间数列包含季节变动时，移动平均时距项数 $N$ 应与季节变动长度一致，一般为 4 个季度或 12 个月。

（4）移动平均以后，其数列的项数较原序列减少。当原数列的项数为 $N$ 时，移动 $n$ 项，那么，移动后新数列项数为 $N-(n-1)=N-n+1$ 项，比原数列项数减少 $(n-1)$ 项。

（5）虽然移动项数越多，修匀效果越强，但是移动项数过多，必将造成数据丢失增多的结果。因此，实际中，必须综合考虑以上特点来选择适宜的移动平均间距项数。

## 6.5.2　趋势模型法

时间数列的长期趋势可以分为线性趋势和非线性趋势。当时间数列的长期趋势近似地呈现为直线，每期的增减数量大致相同时，则称时间数列具有线性趋势。当时间数列在各时期的变动随时间而不同，各时期的变化率或趋势线的斜率有明显变动但又有一定规律性时，现象的长期趋势就不再是线性趋势，而可能是非线性趋势。本部分重点介绍线性趋势模型法和半数平均法。

### 1. 线性趋势模型法

线性趋势模型法也称直线配合法，是利用以时间 $t$ 为解释变量和以 $y$ 为被解释变量的线性回归方法，对原时间数列进行拟合，以消除其他成分变动影响，揭示时间数列的长期线性趋势。线性方程的一般形式为

$$y_c = a + bt$$

式中，$y_c$ 为时间数列的趋势值；$t$ 为时间变量；$a$ 为趋势线在 $y$ 轴上的截距；$b$ 为趋势线的斜率，表示时间 $t$ 增加或减少，即变动一个单位时趋势值 $y_c$ 的平均变动数量。通常利用最小二乘法估计线性趋势方程的参数。

最小二乘法又称最小平方法，其基本思想是：$\sum (y-y_c)^2 = $ 最小值。

将 $y_c = a+bt$，代入 $\sum (y-y_c)^2$，令 $Q = \sum (y-y_c)^2 = \sum (y-a-bt)^2$，根据微分求极值的原理，分别对 $a$ 和 $b$ 求偏导，令其为零。
得：

$$\frac{\partial Q}{\partial a} = -2\sum (y-a-bt) = 0$$

$$\frac{\partial Q}{\partial b} = -2\sum (y-a-bt)t = 0$$

整理得：
$$\begin{cases} \sum y = na + b\sum t \\ \sum xy = a\sum t + b\sum t^2 \end{cases}$$

求解方程组，可得 $a$ 和 $b$：

$$b = \frac{n\sum ty - \sum t\sum y}{n\sum t^2 - (\sum t)^2}$$

$$a = \frac{\sum y}{n} - b\frac{\sum t}{n} = \bar{y} - b\bar{t}$$

则可得直线回归方程：$y_c = a + bt$。

现以表 6 – 14 中，某地区 2010—2019 年的粮食产量资料为例来计算。

【例 6 – 18】 依资料计算该地区粮食产量历年的趋势值 $y_c$（表 6 – 14）。

表 6 – 14 某地区 2010—2019 年的粮食产量资料（最小二乘法计算表）

| 年份 | $t$ | 粮食产量（$y$）/万吨 | $ty$ | $t^2$ | $y_c$ |
|------|-----|------|------|------|------|
| 2010 | 1 | 342 | 342 | 1 | 330.62 |
| 2011 | 2 | 336 | 672 | 4 | 346.34 |
| 2012 | 3 | 361 | 1 082 | 9 | 362.06 |
| 2013 | 4 | 388 | 1 552 | 16 | 377.78 |
| 2014 | 5 | 380 | 1 900 | 25 | 393.50 |
| 2015 | 6 | 406 | 2 436 | 36 | 409.22 |
| 2016 | 7 | 435 | 3 045 | 49 | 424.94 |
| 2017 | 8 | 430 | 3 440 | 64 | 440.66 |
| 2018 | 9 | 456 | 4 104 | 81 | 456.38 |
| 2019 | 10 | 480 | 4 800 | 100 | 472.10 |
| 合计 | 21 | 4 014 | 23 374 | 385 | 4 013.60 |

将表 6 – 14 中合计栏的数据，代入上列标准方程得：

$$\begin{cases} 4\ 014 = 10a + 55b \\ 23\ 374 = 55a + 385b \end{cases}$$

$$b = \frac{n\sum ty - \sum t \sum y}{n\sum t^2 - (\sum t)^2} = \frac{10 \times 23\ 374 - 55 \times 4\ 014}{10 \times 385 - 55^2} = 15.72$$

$$a = \frac{\sum y}{n} - b\frac{\sum t}{n} = \bar{y} - b\bar{t} = \frac{4\ 014}{10} - 15.72 \times \frac{55}{10} = 314.94$$

将 $a$，$b$ 值代入方程 $y_c = a + bt$，得：

$$y_c = 314.91 + 15.72t$$

将时间顺序 1，2，3，…，10 分别代入该直线趋势方程的 $t$，即分别得该地区粮食产量历年的趋势值（见表 6 – 14 中的 $y_c$ 栏数列）。

2. 半数平均法

直线趋势方程的一般式为：

$$y_c = a + bt$$

式中，各符号的含义同前。

设 $y$ 为原数列的实际值；$n$ 为数据项数。根据半数平均法的要求，实际观察值 $y$ 与趋势值 $y_c$ 的离差之和为零，即 $\sum(y - y_c) = 0$。将 $y_c = a + bt$ 代入得：

$$\sum (y - a - bt)^2 = 0$$

即 $\sum y - \sum a - \sum bt = 0$

用 $n$ 除上式后得：$\bar{y} - a - b\bar{t} = 0$

**【例 6 – 19】**　现仍以表 6 – 14 中某地区 2010—2019 年的粮食产量资料为例，说明趋势方程建立的方法。

第一步：将原数列均分为两半，如果原数列为奇数项，则删除最初一期数值即可。

第二步：用时间顺序 $t$，即 1，2，3，…，10 分别代表各年份（表 6 – 15）。

表 6 – 15　某地区 2010—2019 年的粮食产量资料（半数平均法计算表）

| 年份 | $t$ | 粮食产量（$y$）/万吨 | $y_c$ | 年份 | $t$ | 粮食产量（$y$）/万吨 | $y_c$ |
|---|---|---|---|---|---|---|---|
| 2010 | 1 | 342 | 329.4 | 2015 | 6 | 406 | 409.4 |
| 2011 | 2 | 336 | 345.4 | 2016 | 7 | 435 | 425.4 |
| 2012 | 3 | 361 | 361.4 | 2017 | 8 | 430 | 441.4 |
| 2013 | 4 | 388 | 377.4 | 2018 | 9 | 456 | 457.4 |
| 2014 | 5 | 380 | 393.4 | 2019 | 10 | 480 | 473.4 |
| 合计 | 15 | 1 807 | 1 807 | 合计 | 40 | 2 207 | 2 207 |
| 均值 | 3 | 361.4 | | 均值 | 8 | 441.4 | |

第三步：分别计算这两半数列时间变量 $t$ 的均值和现象实际水平 $y$ 的均值（表 6 – 15 中已列出）。则有：

$$\bar{t}_1 = 3, \quad \bar{t}_2 = 8, \quad \bar{y}_1 = 361.4, \quad \bar{y}_2 = 441.4$$

第四步：将 $\bar{y}_1$，$\bar{t}_1$ 和 $\bar{y}_2$，$\bar{t}_2$ 的值分别代入公式得：

$$\begin{cases} 361.4 - a - 3b = 0 \\ 414.4 - a - 8b = 0 \end{cases}$$

第五步：解此方程得 $b = 16$，$a = 313.4$，代入方程 $y_c = a + bt$，即得所求的直线趋势方程 $y_c = 313.4 + 16t$。

该直线趋势方程表明：当 $t = 0$ 时，趋势值为 313.4，即该直线趋势方程的起点为 313.4 万吨，每增加一年，产量平均增长 16 万吨。将时间顺序 1，2，3，…，10 分别代入 $t$，可分别得到各年粮食产量的趋势值。

# 6.6　季节变动的分析

## 6.6.1　季节变动的概念

季节变动是指某些现象由于受自然因素和社会条件的影响，在一年内比较有规律地变动。例如，农作物生产的季节性就很强，在我国，总体说来是春种、夏锄、秋收、冬藏；家禽产蛋的高峰一般在每年的第二季度。因此，各种农产品的购销业务和市场价格也就有相应的规律性变动，以农产品为原料的某些工业（如榨糖业、饲料业等）生产也有相应的季节变动规律。又如，每年的春节、寒暑假前后，总是客运量的高峰期，除春节外，每年端午节前后，糯米的销量最大，中秋节前后，月饼的销量最多，等等。此外，其他如建筑、货运等行业，也都存在不同程度的季节变动。

季节变动有时会给社会生产和人民生活带来某种不良影响，例如，在农忙季节所需的农业生产资料，如不能及时供应，就会影响生产的顺利进行；农作物已经成熟，若无装运工具和适当的存放场地，就会造成不必要的损失和浪费。因此，各级政府和有关方面为了更好地组织生产和安排人民生活，必须加强计划性，克服盲目性，研究并掌握有关现象的季节变动规律。

测定季节变动的意义主要在于认识规律、分析过去、预测未来。其目的：一是通过分析研究过去的季节变动规律，为当前管理与决策提供依据，进而科学有效地组织商业活动，避免由于季节变动造成的不良影响和损失；二是对未来现象的季节变动做出预测，以便对工作提前做出合理的安排；三是当需要不包含季节变动因素时，能够消除季节变动对数列的影响，以便分析其他构成因素的影响。

### 6.6.2 季节变动的测定

测定季节变动的方法很多，这里仅介绍常用的同期平均法和趋势剔除法。

统计学上，测定现象季节变动的方法，主要是通过计算"季节比率"来完成的。所谓季节比率，又称季节指数，它是将现象各月（季）的发展水平与全期发展水平对比，得到的一种相对数，即它是以全期的总平均水平为基准（100%），用百分比的形式来反映各月（季）平均水平相对于总平均水平的高低程度。季节比率大（高），说明现象处于"旺"季，反之，则说明处于"淡"季。其计算公式为：

$$季节比率(s) = \frac{同月（季）平均数}{总月（季）平均数} \times 100\%$$

季节比率是用来刻画现象在一个年度内各月或季的典型季节特征，反映某一月份或季度的数值占全年平均数值大小的相对程度。显然，季节变动的程度是根据各季节指数与其平均数（100%）的偏差程度加以测定的。如果现象无季节变化，则季节比率等于100%；如果现象有明显的季节变化，则季节比率大于或小于100%。

必须指出，季节比率指标不能根据某一年度的资料来计算，因为个别年份的资料受偶然因素影响大，所以必须用三年以上各月或各季度的完整资料来计算。

1. 同期平均法

同期平均法也称直接平均法或按月（季）平均法，它是测定季节变动最简便的方法，其特点是测定季节变动时，不考虑长期趋势的影响。该方法的基本思想：根据若干年（3年以上）的资料数据，求出各年同月（季）的平均数与全年各月（季）的总平均数，然后将两者对比求出各月（季）的季节指数，以表明季节变动的程度。其具体步骤如下：

第一步：将各年同月（季）的完整数据资料排列整齐，并列表于同一栏。

第二步：将各年同月（季）数据加总，求出各月（季）平均数。

第三步：将全部月（季）数据加总，求出总的月（季）平均数。

第四步：根据公式求季节指数。

【例 6 – 20】　某地区某种商品销售情况见表 6 – 16，试用同期平均法计算季节比率，并做简要分析。

表 6 – 16　某地区某种商品季节比率计算表

| 顺序 | 年份 | 一季度 | 二季度 | 三季度 | 四季度 | 合计 | 季平均数 |
|---|---|---|---|---|---|---|---|
| 甲 | 乙 | (1) | (2) | (3) | (4) | (5) | (6) |
| 1 | 2015 | 46 | 63 | 88 | 51 | 248 | 62 |
| 2 | 2016 | 50 | 70 | 91 | 57 | 268 | 67 |
| 3 | 2017 | 60 | 78 | 99 | 63 | 300 | 75 |
| 4 | 2018 | 57 | 89 | 110 | 60 | 316 | 79 |
| 5 | 2019 | 66 | 98 | 126 | 70 | 360 | 90 |
| 6 | 合计 | 279 | 398 | 514 | 301 | 1 492 | 373 |
| 7 | 同季平均 | 55.8 | 79.6 | 102.8 | 60.2 | 298.4 | 74.6 |
| 8 | 季节比率/% | 74.8 | 106.7 | 137.8 | 80.7 | 400 | 100 |

**解：**同期平均法的具体计算步骤如下分述。

第一步：将各年同月（季）的完整数据资料排列整齐，并列表于同一栏内。

第二步：计算同季（月）的合计数及平均数。见表 6 – 16 中的第（6）行、第（7）行，计算年度的合计数及平均数，见表中的第（5）栏、第（6）栏。

第三步：计算全期季（月）平均数，本例 5 年共 20 个季度的平均数为 74.6 万吨。

第四步：求季节比率，如：

第一季度季节比率：$55.8 \div 74.6 \times 100\% = 74.8\%$

第二季度季节比率：$79.6 \div 74.6 \times 100\% = 106.7\%$

其他依次类推，见表中的第（8）行。

四个季度的季节比率之和应等于 400，如果不等，应进行调整。其具体方法：将 400 除以四个季度季节比率之和，得到一个调整系数，然后，将此系数分别乘各季度原来的季节比率，即调整后的季节比率，它们之和等于 400，本例恰好为 400，不需调整。如果使用的是月份资料，则调整后季节比率之和应为 1 200。

上例计算结果表明：该地区该种商品的销售，从第二季度开始上升，到第三季度进入旺季，随后，销售量下降进入淡季。显然，掌握了这些规律，商业流通部门就能心中有数，做到按时进货、适时供应，既节约资金，又可扩大销售；既可满足消费者的需要，又能增加企业盈利。

必须指出，根据季节变动规律，结合其他方法，还可进行预测。现根据表 6 – 16 中的资料对该地区该种商品年及各季的销售量进行预测。具体步骤如下：

根据资料运用最小二乘法配合直线趋势方程，预测 2020 年的销售量为 380.6 万吨，则平均每季销售量 = 380.6/4 = 95.15（万吨），故 2020 年各季的预测值：

第一季度　95.15 × 0.748 = 71.17（万吨）

第二季度　95.15 × 1.067 = 101.53（万吨）

第三季度　95.15 × 1.378 = 131.12（万吨）

第四季度　95.15 × 0.807 = 76.78（万吨）

还必须指出，某些现象的季节变动并非是永恒的规律，随着科技的进步和人们生活习惯的改变，某些社会经济现象的季节变动会被削弱，甚至消失。例如，母鸡在冬季通常不产蛋，但在现代化的养鸡场，由于采用灯光代替太阳光来延长白昼，室内设有空调，采用专门的饲料配方增加营养，母鸡在冬天照样产蛋。

另外，在实际中，季节变动的分析方法已被推广，凡在短期内，现象有周期性的规律变动，都可称为季节变动，当然，也可用这类方法进行测定，如一周内，哪一天公园的游客最多，商店的顾客哪一天最旺；一天中，哪些时段交通最拥堵等。

### 2. 趋势剔除法

趋势剔除法是指在具有明显长期趋势变动的数列中，为了测定季节变动，必须先将长期趋势变动因素加以剔除的方法。其中，数列中的趋势值可采用移动平均法求得，也可采用最小二乘法求得。利用前者分析季节变动又称移动平均趋势剔除法，后者简称为趋势剔除法。

采用移动平均趋势剔除法分析季节变动时，假定长期趋势、季节变动、循环变动和不规则变动对时间数列的影响可以用乘法模型来反映，即 $Y = T \times S \times C \times I$，同时假定各年度的不规则变动 $I$ 彼此独立。由于 12 个月（或 4 个季度）的移动平均数与季节变动周期（1 年）相同，通过移动平均可以完全消除季节变动和大部分不规则波动，而仅包含长期趋势和循环波动，结果为 $T \times C$。

然后，将原数列 $Y$ 除以移动平均趋势值 $T \times C$，所得百分比称为"季节变动和不规则变动相对数"或"移动平均百分比"，即：

$$\frac{T \times C \times S \times I}{T \times C} = S \times I$$

最后将各年同月（季）的移动平均百分比加以平均，即可消除不规则波动的影响，只剩下季节变动 $S$。具体的步骤如下：

第一步：计算移动平均值（季度数据采用四项移动平均，月份数据采用十二项移动平均），并将其结果进行"中心化"处理，得到各期的长期趋势值 $T$；

第二步：将各实际观察值 $Y$ 除以相应趋势值 $T$，即 $\frac{Y}{T \times C} = S \times I$；

第三步：将 $S \times C \times I$ 重新按月（季）排列，求得同月（或同季）平均数，再将其除以总平均数，即得季节指数 $S$。

【例 6 – 21】　按趋势剔除法计算表 6 – 17 中某企业电视机销售量的季节指数。

表6-17 某企业四年的季度电视机销售量 单位：千台

| 年季度 | 第1季度 | 第2季度 | 第3季度 | 第4季度 |
|---|---|---|---|---|
| 第1年 | 4.8 | 4.1 | 6 | 6.5 |
| 第2年 | 5.8 | 5.2 | 6.8 | 7.4 |
| 第3年 | 6 | 5.6 | 7.5 | 7.8 |
| 第4年 | 6.3 | 5.9 | 8 | 8.4 |

**解：** 首先，将用移动平均法求得长期趋势值 $T$，然后利用公式 $S \times C \times I = \dfrac{Y}{T}$ 计算出各季的包含循环变动和不规则变动的季节变动指数，见表6-18。

表6-18 电视机销售量季节指数计算表（一）

| 年 | 季度 | 销售量($Y$)/千台 | 4季度移动平均 | 移正平均 ($T \times C$) | 季节不规则值 $\left(\dfrac{Y}{T \times C}\right)$ |
|---|---|---|---|---|---|
| 第1年 | 1 | 4.8 | — | — | — |
| | 2 | 4.1 | 5.350 | — | — |
| | 3 | 6.0 | 5.600 | 5.475 | 1.096 |
| | 4 | 6.5 | 5.875 | 5.738 | 1.113 |
| 第2年 | 1 | 5.8 | 6.075 | 5.975 | 0.971 |
| | 2 | 5.2 | 6.300 | 6.188 | 0.840 |
| | 3 | 6.8 | 6.350 | 6.325 | 1.075 |
| | 4 | 7.4 | 6.450 | 6.400 | 1.156 |
| 第3年 | 1 | 6.0 | 6.625 | 6.538 | 0.918 |
| | 2 | 5.6 | 6.725 | 6.675 | 0.839 |
| | 3 | 7.5 | 6.800 | 6.763 | 1.109 |
| | 4 | 7.8 | 6.875 | 6.838 | 1.141 |
| 第4年 | 1 | 6.3 | 7.000 | 6.938 | 0.908 |
| | 2 | 5.9 | 7.150 | 7.075 | 0.834 |
| | 3 | 8.0 | — | — | — |
| | 4 | 8.4 | — | — | — |

其次，利用同季平均的方法计算出电视机销售量时间数列的季节指数，消除循环变动和不规则变动。求得的季节指数分别为0.93、0.84、1.09、1.14，见表6-19。

表 6−19　电视机销售量季节指数计算表（二）

| 季节变动指数<br>（包括循环变动和不规则变动） | 第 1 季度 | 第 2 季度 | 第 3 季度 | 第 4 季度 |
|---|---|---|---|---|
| 第 1 年 | — | — | 1.096 | 1.113 |
| 第 2 年 | 0.971 | 0.840 | 1.075 | 1.156 |
| 第 3 年 | 0.918 | 0.839 | 1.109 | 1.141 |
| 第 4 年 | 0.908 | 0.834 | — | — |
| 各季平均 | 0.93 | 0.84 | 1.09 | 1.14 |
| 季节指数/% | 93.2 | 83.8 | 109.3 | 113.7 |

如果上一步求得的 4 个季节指数的平均数不为 1 或 100%，则还要进行调整，即先求得 4 个季节指数的总平均数，再用 4 个季节指数与总平均数的比例，作为最后的季节指数。该例题中上一步计算的 4 个季节指数的平均数已经为 1，所以不需再进行调整。

## 相关知识图示

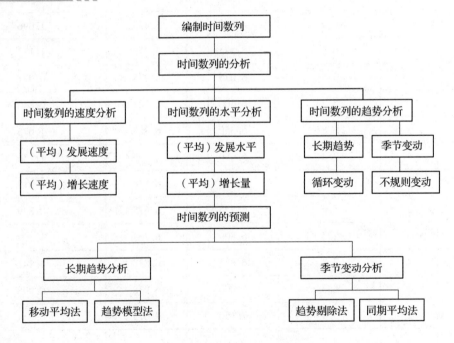

## 本章小结

社会经济现象总是随着时间的推移而变化，呈现动态性。统计对社会经济现象的研究，不仅要从静态上揭示研究现象在具体时间、地点、条件下的数量特征和数量关系，而且要从动态上反映其发展变化过程及其规律。统计对事物进行动态分析的基本方法就是编制时间数列，计算动态分析指标，对时间数列进行分解分析。因此，本章通过介绍时间数列的概念、种类和编制原则，以及如何对时间数列进行水平、速度、趋势分析，从而对若干个连续时期内的某一个经济变量进行测算。通过收集"过去"的时间里大量的数据资料，总结出规律性的结论，然后结合"目前"的客观现状，对"未来"做出判断和预测。

## 思考题

1. 简述时期数列和时点数列的区别。
2. 简述时间数列的编制原则。
3. 简述"发展速度"和"平均发展速度"、"增长量"和"平均增长量"两对名词的区别。

## 即测即评

# 统计指数分析

1. 全面理解统计指数的含义、作用、基本分类和性质。

2. 熟练掌握综合指数的含义、特点、基本公式和编制原则。

3. 熟练掌握平均数指数的含义、特点、基本公式和编制原则，熟知其与综合指数的关系。

4. 正确理解平均数指数，尤其是固定构成指数和结构变动影响指数的意义，掌握计算方法。

5. 理解统计指数体系的意义，掌握因素分析。

在全面理解统计指数的含义、作用、基本分类和性质的基础上，学会编制统计指数，并能运用所学知识对社会经济现象进行因素分析和准确解释。

## 生活中的统计指数

在日常生活中，我们常常听到或看到媒体报道的各种指数，比如，居民消费价格指数（CPI）、上证指数、道琼斯指数、香港恒生股票价指数等。最早的指数源自人们对物价变化的考察，由于价格处在不停的变化当中，不同时期的数值往往是不同的，统计学家为了研究价格的变动，将不同时期的价格数值进行比较，于是价格指数就产生了。从广义上讲，任何两个数值对比形成的相对数都可以称为指数。在实际的研究中，统计指数是指一种对比性的指标，用于测定多个项目在不同场合下综合变动的一种相对数，目的是分析相关现象之间的变化及差异程度，是一种分析社会经济现象数量变化的重要统计方法。与我们日常生活联系紧密的一些指数，如居民消费价格指数、工业生产指数、股票价格指数、房地产价格指数等，都可以用来考察和分析社会经济生活某方面的状况，还可以作为预测社会经济现象的工具。

思考：统计指数对人们的生活有什么作用？这些统计指数是如何得来的？

# 7.1  统计指数的一般问题

## 7.1.1  统计指数的概念

统计指数作为一种特殊的相对数，产生于 18 世纪后半期的欧洲，距今已有 200 多年的历史。统计指数最早用于测定物价的变动，当时金银大量流入欧洲，造成物价飞涨，引起社会的不安定，于是就产生了反映物价程度的要求，这就是统计指数产生的客观历史背景。在此后的 200 多年中，统计指数的应用逐步扩大到工业生产、进出口贸易、工资、生活费用、成本、劳动生产率、股票证券等各个领域，使其成为社会经济统计中历史最悠久、应用最广泛，同社会经济生活关系最密切的一个重要组成部分。随着统计指数应用范围的不断扩大、理论的不断丰富，统计指数的概念也被不断赋予新的内涵。就目前而言，统计指数的概念有广义和狭义之分。

从广义上讲，一切说明社会经济现象数量对比关系的相对数都是指数。如反映现象动态变化的动态相对数、反映不同地区（部门、单位）之间同类指标对比关系的比较相对数、反映实际完成数和计划任务数比较的计划完成相对数等都称为指数。例如，2018 年我国全年国内生产总值 900 309 亿元，2019 年 990 865 亿元，则 2019 年国内生产总值是 2018 年的110.06％，这个动态相对数就是广义的指数。

从狭义上看，统计指数则是指不能直接相加和对比的复杂现象综合变动的特殊相对数。例如：要说明一个国家或一个地区全部商品价格总变动或综合变动情况，由于各种商品的经济用途、规格、型号、计量单位等不同，不能直接将各种商品的价格简单对比，而要解决这种复杂经济现象各要素相加总的问题，就需要编制统计指数综合反映它们的变动情况。

一般地说，统计指数具有综合性、相对性和平均性的特征，即统计指数主要是用来反映和研究多种因素构成的现象的总体变动；统计指数所表明的现象的变动是相对变动；统计指数所表示的是多种现象的平均变动。

本章主要是基于统计指数的狭义的概念，探讨指数的作用、编制方法及在统计分析中的运用。

## 7.1.2  统计指数的作用

1. 综合反映社会经济现象总的变动方向和变动程度

综合反映社会经济现象总的变动方向和变动程度是指数法的首要任务。在统计实践中，经常要研究多种商品或产品价格的综合变动情况，多种商品或产品产量的总变动情况，多种产品的成本总变动情况，多种股票价格综合变动情况等。对于这类问题，由于各种商品或产品的使用价值不同，各种股票价格涨跌幅度和成交量不同，所研究总体中的每一个体是不能相加的。编制统计指数的目的就是把那些不能直接相加总的现象转变为可以相加总和对比的现象，进而反映复杂社会经济现象的总变动方向和变动幅度。例如，假定我们计算出某地区全部消费品的价格总指数为102.3%，结果说明，该地区全部消费品的价格水平报告期比基期提高了（总变动方向），总的看或平均说来提高了2.3%（变动幅度）。又如，假定某日的股票价格指数为103.28%，说明报告期与基期相比，各种股票价格可能有升有降，但总的说来是上升的，上升幅度为3.28%。此外，可以利用综合指数从它的分子与分母指标的比较中，分析由于指数的相对变动而实际产生的绝对增减变动效果。

2. 分析多因素影响现象的总变动中各个因素的影响大小和影响程度

通常，社会经济现象的总量是受多种因素制约和影响的，表现为若干因素的乘积，例如：

$$商品销售额 = 商品销售量 \times 单位商品价格$$
$$产品总成本 = 产品产量 \times 单位产品成本$$
$$生产费用总额 = 产品产量 \times 单位产品的消费量 \times 单位价格$$

显然，社会经济现象的数量变动，是多因素共同影响的结果。如商品销售额的变动取决于销售量和价格的变动、工业产品产量的变动取决于工人人数和工人劳动生产率的变动、农作物收获量的变动取决于播种面积和单位面积产量的变动等。统计指数就是利用各因素之间的内在联系而编制，各因素指数又相互构成指数体系，进而利用指数体系分析各影响因素变动对现象总变动的相对或绝对影响程度。

3. 研究同类现象的变动趋势

我们运用指数的编制方法，编制一系列反映同类现象变动情况的指数形成指数数列，可以反映被研究现象的变动趋势，例如，根据我国2010—2019年共10年的消费品价格资料，编制9个环比价格指数，形成连续价格指数数列。这样，根据这一指数数列，就可以揭示全部消费品价格的变动趋势，进而研究物价变动对经济建设和人民生活水平的影响程度。另外，这种方法还适合于对比分析那些有联系而性质不同的动态数列之间的变动关系，以解决不同性质数列之间不能对比的困难。

此外，利用统计指数还可以进行地区经济综合评价、对比，研究计划执行情况。

### 7.1.3 统计指数的种类

根据研究目的和任务不同，统计指数可以划分为不同的种类。

1. 统计指数按照说明现象的范围不同，分为个体指数和总指数

个体指数是说明个别事物变动情况的相对数，也叫单项指数，例如，说明一种商品价格动态的个体价格指数，说明一种产品产量动态的个体产量指数，以及个体销售量指数、个体成本指数等。

总指数是综合反映复杂经济现象总体数量变动的相对数。它与前面讲的狭义指数的概念是一致的，例如，说明多种商品价格综合变动的批发价格指数、零售价格总指数，说明多种产品产量综合变动的工业产品产量总指数，以及商品销售量总指数、成本总指数等。

2. 统计指数按照指数化指标的性质、内容不同，分为数量指标指数和质量指标指数

数量指标指数是说明总体在总规模上数量变动情况的指数，其指数化指标是数量指标，例如，工业产品产量指数、商品销售量指数、职工人数指数等。

质量指标指数是说明总体内涵变动情况的指数，其指数化指标是质量指标，例如，价格指数、工资水平指数、单位成本指数等。

3. 统计指数按照指数表现形式不同，分为综合指数、平均数指数

综合指数是通过两个有联系的总量指标对比计算的总指数；平均数指数就是以个体指数为基础，通过对个体指数计算加权平均数编制的总指数。平均数按计算形式的不同，可分为加权算术平均和加权调和平均，按权数的不同，又可分为综合指数变形权重的平均指数和固定权数的平均指数。商品零售价格指数、工业生产指数、股票价格指数是社会经济生活中常见的平均数指数。

4. 统计指数按指数所说明的因素不同，分为两因素指数和多因素指数

两因素指数反映由两个因素构成的总体变动情况，多因素指数则反映由三个及三个以上因素构成的总体变动情况。

5. 统计指数按指数所反映的时间状况不同，分为动态指数和静态指数

动态指数是指现象在不同时间上发展变化情况的统计指数，如股票价格指数、社会商品零售价格指数、农副产品产量指数等。根据所选择基期的不同，动态指数又分为环比指数和定基指数。环比指数是指以报告期的前期为基期计算的统计指数；定基指数是指以某一固定时期为基期计算的统计指数。

静态指数是反映社会经济现象在同一时期不同空间对比情况的指数，如计划完成情况指数、地区经济综合评价指数等。

## 7.2　综合指数

综合指数和平均数指数，两者都属于总指数的形式，而综合指数是总指数的最基本形式。综合指数是通过两个总量指标对比计算出来的，平均数指数则是个体指数的加权平均数。此外，在统计分析中，为了分解加权平均数中指标水平变动和单位构成两个因素的影响，而将两个不同时期同一经济内容的加权算术平均数加以对比，则形成平均数指数，从编制原理上仍属综合指数。

### 7.2.1　综合指数的概念

综合指数作为总指数的基本形式，它是由两个总量指标对比形成的特殊相对数。一般来说，凡是一个总量指标可以分解为两个或两个以上因素指标的乘积时，将其中一个或一个以上的因素指标固定下来，仅观察其中一个因素指标的变动程度，这样的总指数就叫综合指数。

设：$q_0$、$q_1$、$p_0$、$p_1$ 分别代表基期、报告期的其销售量和价格；$\bar{K}_q$、$\bar{K}_p$ 分别代表销售量指数和价格指数，综合指数的公式如下：

$$\bar{K}_q = \frac{\sum p_0 q_1}{\sum p_0 q_0}$$

$$\bar{K}_p = \frac{\sum p_1 q_1}{\sum p_0 q_1}$$

### 7.2.2 综合指数的编制原理

综合指数用于研究社会经济现象总体总量的变动情况，而有些复杂现象总体总量一般是有两个或两个以上因素构成的。例如，商品销售额是由商品销售量和商品价格两个因素构成的，工业总产值是由产量和出厂价格两个因素构成的，原材料费用总额是由产品产量、单位产品原材料消耗量和单位原材料价格三个因素构成的，等等。

1. 经济现象具有的特点

（1）复杂的经济现象是其各构成因素的乘积，例如：

商品销售额＝商品销售量×商品价格

工业总产值＝产品产量×出厂价格

生产总成本＝产品产量×单位产品成本

原材料费用总额＝产品产量×单位产品原材料消耗量×单位原材料价格

（2）复杂的经济现象若由两个因素构成，则其中必然是一个因素为数量指标，另一个因素为质量指标，例如，商品销售量、产品产量为数量指标，而商品价格、出厂价格、单位产品成本为质量指标。

（3）复杂的经济现象的构成因素，一般是由若干不能直接相加总的单个（个别）现象组成的，例如，商品销售量是由若干种使用价值各异、计量单位不同的商品组成的，各种商品的销售量是不能直接加总和对比的；商品价格、出厂价格、单位产品成本，虽然都是以货币单位计量的，但是由于它们反映不同产品（商品）的价格水平和成本水平，仍不能直接加总和对比。因为直接相加总和对比没有任何实际意义。

2. 编制综合指数要明确两个概念

（1）指数化指标，也就是综合指数所要测定的因素。例如，商品销售额受商品销售量和商品价格两个因素的影响，当我们测定商品销售量的总变动及对销售额的影响程度时，则商品销售量就是所谓的指数化指标。而当我们测定商品销售价格的总变动及对销售额的影响程度时，那么，销售价格是指数化指标。

（2）同度量因素，它是指在编制综合指数时，将不能直接相加的指标乘上另一个因素，使之可以相加总，那么，乘上的这个因素就是同度量因素，也可称为媒介因素。如前所述，当我们要测定全部商品销售量的总变动时，由于各种商品的使用价值、计量单位不同而不能直接相加总，这时就应将各商品的销售量乘以各自的销售价格，求出各自的销售额，然后加总得出全部商品的销售额，这样将不同时期的商品销售额对比后就可以综合反映销售量总（综合）的变动程度，这时销售价格就是同度量因素。反之，当我们要测定全部商品销售价格的总变动时，商品销售量就是同度量因素。另外，一个复杂现象总量指标分解为两个因素的情况下，若要分析各自变化对总量的影响情况，它们通常互为对方的同度量因素。

显然，如果要研究销售量的总变动，销售量为指数化指标，价格为同度量因素。同理，如果要研究价格的总变动，价格为指数化指标，销售量就为同度量因素。这里需要注意的是，同度量因素不是随意选定的，它是从现象的经济联系中选定的，且具有权数和同度量即汇总的作用。

总之，综合指数就是把不能直接相加的复杂现象，变成两个能够相加的总量指标，然后进行对比而求得的总指数。综合指数的编制方法是先综合后对比，即先解决不能相加的问题，然后进行对比。此外，综合指数按其指数化指标的性质不同，可分为数量指标指数和质量指标指数两种形式。由于编制综合指数的目的是测定指数化指标的变动，因此，在对比过程中对同度量因素应加以固定。

3. 综合指数要解决的两个问题

（1）要解决不同使用价值的度量问题。即借助同度量因素，将不能相加的现象总体过渡到可相加的现象总体。

【例7-1】 某企业2020年甲、乙、丙三种商品销售量和价格资料见表7-1：

表7-1 某企业商品销售量和销售价格资料

| 商品名称 | 销售量/件 | | 价格/元 | |
|---|---|---|---|---|
| | 基期（$q_0$） | 报告期（$q_1$） | 基期（$p_0$） | 报告期（$p_1$） |
| 甲 | 48 | 60 | 20 | 20 |
| 乙 | 50 | 60 | 10 | 8 |
| 丙 | 20 | 18 | 30 | 36 |

要求：分析商品销售量和价格的总变动，以及对销售额的影响程度。

①分析商品销售量的总变动及对销售额的影响程度。

这里，商品销售额=商品销售量×商品销售单价，由于三种商品的计量单位不同，使用价值不同，将销售量直接相加无任何实际意义，因此，必须将其各自的销售量乘以对应的价格（同度量因素），即求出各自的销售额后才能相加总，进而才能通过不同时期销售额的对比综合反映销售量的总变动程度及对销售额的影响。

②分析商品销售价格的总变动及对销售额的影响程度。

三种商品的价格表面上看似相同，即均以"元"为计量单位，但实际上甲的是"元/件"，乙的是"元/千克"，丙的是"元/米"，是不能相加的。只有将其乘以各自对应的销售量后才能同度量，进而才能通过不同时期销售额的对比综合反映销售价格的总变动及对销售额的影响。

可见，编制商品销售量指数（数量指标指数）时，以商品价格（质量指标）为同度量因素；编制商品价格综合指数（质量指标指数）时，以商品销售量（数量指标）为同度量因素。即：

商品销售量综合指数：
$$\bar{K}_q = \frac{\sum pq_1}{\sum pq_0}$$

商品价格综合指数：
$$\bar{K}_p = \frac{\sum p_1 q}{\sum p_0 q}$$

（2）要解决同度量因素所属的时期，即固定在基期，还是报告期的问题。

1864 年，德国经济学家埃蒂恩·拉斯贝尔（Etienne Laspeyres）认为，无论是编制商品销售量综合指数（数量指标综合指数），还是编制商品价格综合指数（质量指标综合指数），都应当将同度量因素固定在基期。但到了 1874 年，德国另一位经济学家哈曼·派许（Herman Paasche）认为，无论是编制商品销售量综合指数（数量指标综合指数），还是编制商品价格综合指数（质量指标综合指数），都应当将同度量因素固定在报告期。

拉斯贝尔和派许关于销售量（数量指标）综合指数的计算公式分别为：

$$\bar{K}_q = \frac{\sum q_1 p_0}{\sum q_0 p_0} \qquad \bar{K}_q = \frac{\sum q_1 p_1}{\sum q_0 p_1}$$

拉斯贝尔和派许关于价格（质量指标）综合指数的计算公式分别为：

$$\bar{K}_p = \frac{\sum p_1 q_0}{\sum p_0 q_0} \qquad \bar{K}_p = \frac{\sum p_1 q_1}{\sum p_0 q_1}$$

那么，同度量因素究竟是固定在基期还是报告期呢？按照货币起源来解释，所谓物价，一般是先有物，后有价，即价（$p$）不能在物（$q$）之前出现，最多是同时出现，即 $q_0 p_0$、$q_1 p_1$ 是勉强可以说得通的，也是有意义的。至于 $q_1 p_0$，由于 $q_1$ 出现了，$q_0$ 一定出现，所以 $p_0$ 的出现可以说得通，即 $q_1 p_0$ 是有意义的。而 $q_0 p_1$，由于 $q_0$ 出现了，$q_1$ 不一定出现，所以 $p_1$ 的出现是说不通的，即 $q_0 p_1$ 是没有意义的。

综上所述，我们可以得出结论：在编制销售量（数量指标）综合指数时，同度量因素固定在基期，采用拉斯贝尔计算公式；在编制销售价格（质量指标）综合指数时，同度量因素固定在报告期，采用派许计算公式。即：

销售量（数量指标）综合指数：$\bar{K}_q = \dfrac{\sum q_1 p_0}{\sum q_0 p_0}$

价格（质量指标）综合指数：$\bar{K}_p = \dfrac{\sum p_1 q_1}{\sum p_0 q_1}$

当然，这仅仅是确定同度量因素所属时期的一般原则。实际工作中究竟将其固定在基期还是报告期，还要根据不同的研究对象和不同的研究目的来具体确定。

### 7.2.3  综合指数

综合指数，按其指数化指标的性质不同，可分为数量指标指数和质量指标指数两种形式。两种综合指数在计算形式上基本原理是一样的，但是在具体处理方法上既有联系也有区别。

1. 数量指标指数的编制

数量指标指数是说明数量指标变动情况的综合指数，如商品销售量指数、产品产量指数等。现以商品销售量指数为例来说明数量指标指数的编制方法。

【例 7-2】　某商场甲、乙两种商品的销售量资料见表 7-2。试编制商品销售量综合指数。

表 7-2　某商场两种商品的销售资料

| 商品名称 | 计量单位 | 销售量 | | 单价/元 | | 销售额/元 | | | |
|---|---|---|---|---|---|---|---|---|---|
| | | 基期 $(q_0)$ | 报告期 $(q_1)$ | 基期 $(p_0)$ | 报告期 $(p_1)$ | 基期 $(p_0 q_0)$ | 报告期 $(p_1 q_1)$ | 基期 $(p_0 q_1)$ | 报告期 $(p_1 q_0)$ |
| 甲 | 件 | 50 | 60 | 8 | 10 | 400 | 600 | 480 | 500 |
| 乙 | 千克 | 150 | 160 | 12 | 14 | 1 800 | 2 240 | 1 920 | 2 100 |
| 合计 | — | — | — | — | — | 2 200 | 2 840 | 2 400 | 2 600 |

我们要分析两种商品的销售量的变动情况，如果仅计算各种商品的个体销售量指数，可直接利用每一种商品的报告期销售量与基期销售量对比即可（$q_1/q_0$）。但是，若要计算两种商品销售量总指数以反映其销售量的综合变动情况，显然不能简单地加总对比，其方法为：

（1）借助同度量因素，将两种商品的销售量由不能直接加总过渡到可以加总。显然，指数化指标是销售量，价格为同度量因素，将两者相乘就是可相加的销售额指标（$pq$）。

（2）确定将同度量因素价格固定在哪一时期，即将价格固定在基期，还是报告期，以单纯反映销售量的综合变动情况。由于同度量因素的权数作用，即不同时期的价格对指数的影响是不同的，所以作为同度量因素的价格既可固定在基期，也可固定在报告期。由此得出两种商品销售量总指数的计算公式：

①以基期"价格"作为同度量因素。根据表 7-2 资料计算得：

$$\bar{K}_q = \frac{\sum q_1 p_0}{\sum q_0 p_0} = \frac{2\,400}{2\,200} \times 100\% = 109.09\% \quad （拉氏物量指数）$$

结果表明，在价格水平不变的情况下，两种商品的销售量增长了 9.09%。由于销售量的增长，销售额报告期比基期增加了 200 元，即

$$\sum q_1 p_0 - \sum q_0 p_0 = 2\,400 - 2\,200 = 200（元）$$

②以报告期"价格"作为同度量因素。根据表 7-2 资料计算得

$$\bar{K}_q = \frac{\sum q_1 p_1}{\sum q_0 p_1} = \frac{2\,840}{2\,600} \times 100\% = 109.23\% \quad （派氏物量指数）$$

结果表明，在报告期价格水平下，两种商品的销售量增长了 9.23%。由于销售量的增长，销售额增加了 240 元，即：

$$\sum q_1 p_1 - \sum q_0 p_1 = 2\,840 - 2\,600 = 240（元）$$

可见，运用以上两个数量指标指数公式会使同一问题有不同的计算结果，如本例。这就产生了指数公式的选择问题，到底选择哪个公式更为合适？现实应用中，这两个公式各有优缺点，没有绝对意义上的优劣之分，而且，在理论界尚存争议。一般而言，人

们在编制物量指数时，倾向于将作为同度量因素的质量指标固定在基期，即选择拉氏物量指数公式。

2. 质量指标指数的编制

质量指标指数是说明总体内涵数量变动情况的综合指数，例如，价格指数、单位成本指数、劳动生产率指数、工资水平指数。

**【例 7 - 3】** 仍旧用【例 7 - 2】资料，编制该商场商品销售价格综合指数。

(1) 以基期"销售量"作为同度量因素。根据表 7 - 2 资料计算得：

$$\bar{K}_p = \frac{\sum q_0 p_1}{\sum q_0 p_0} = \frac{2\,600}{2\,200} \times 100\% = 118.18\% \quad （拉氏价格指数）$$

结果表明，在销售量不变的情况下，两种商品的价格上涨了 18.18%。由于价格的上涨，销售额报告期比基期增加了 400 元，即：

$$\sum q_0 p_1 - \sum q_0 p_0 = 2\,600 - 2\,200 = 400（元）$$

(2) 以报告期"销售量"作为同度量因素。根据表 7 - 2 资料计算得：

$$\bar{K}_q = \frac{\sum q_1 p_1}{\sum q_1 p_0} = \frac{2\,840}{2\,400} \times 100\% = 118.33\% \quad （派氏价格指数）$$

结果表明，在按报告期销售量计算时，两种商品的价格上涨了 18.33%。由于价格的上涨，销售额增加了 440 元，即：

$$\sum q_1 p_1 - \sum q_1 p_0 = 2\,840 - 2\,400 = 440（元）$$

可见，运用以上两个质量指标指数公式也会使同一问题有不同的计算结果。那么，对于质量指标指数，到底选择哪个公式更为合适？同样这两个指数也没有绝对意义上的优劣之分。在现实应用中，人们在编制质量指标指数时，倾向于将作为同度量因素的数量指标固定在报告期，即选择派氏价格指数公式。

3. 综合指数公式的选择

(1) 数量指标综合指数。以商品销售量指数为例，有拉氏和派氏物量指数两种选择，即：

拉氏指数公式：
$$\bar{K}_q = \frac{\sum q_1 p_0}{\sum q_0 p_0}$$

派氏指数公式：
$$\bar{K}_q = \frac{\sum q_1 p_1}{\sum q_0 p_1}$$

由前面的计算可知，由于同度量因素固定的时期不同，两种公式计算的结果是不同的。拉氏物量指数公式，是以"基期价格"作为同度量因素，其销售量的变动：$\sum q_1 p_0 - \sum q_0 p_0$ 是在价格不变的情况下，因销售量的变动引起销售额的增减。而派氏物量指数公式，则是以"报告期价格"作为同度量因素，表面上看似乎只有销售量的变动，实际上也包含着价格变动的影响。现将派氏物量指数公式分解如下：

$$\bar{K}_q = \frac{\sum q_1 p_1}{\sum q_0 p_1} = \frac{\sum q_1 \left[ (p_1 - p_0) + p_0 \right]}{\sum q_0 \left[ (p_1 - p_0) + p_0 \right]} = \frac{\sum q_0 (p_1 - p_0) + \sum q_1 p_0}{\sum q_0 (p_1 - p_0) + \sum q_0 p_0}$$

$$\sum q_1 p_1 - \sum q_0 p_1 = \sum q_1 (p_1 - p_0) + \sum q_1 p_0 - \sum q_0 (p_1 - p_0) - \sum q_0 p_0$$

$$= \sum (q_1 - q_0)(p_1 - p_0) + \left( \sum q_1 p_0 - \sum q_0 p_0 \right)$$

不难看出，派氏物量指数公式，既包括了销售量变动的影响，也包括了价格变动的影响，而且从绝对额上看现实经济意义也不很明确。所以，从编制销售量指数的目的在于观察销售量的变动及其对销售额的影响出发，一般将同度量因素固定在基期，即选择拉氏物量指数公式。推而广之：编制数量指标指数应以基期的质量指标为同度量因素。

（2）质量指标综合指数。以商品价格指数为例，有拉氏和派氏价格指数两种选择，即：

拉氏指数公式：
$$\bar{K}_p = \frac{\sum q_0 p_1}{\sum q_0 p_0}$$

派氏指数公式：
$$\bar{K}_p = \frac{\sum q_1 p_1}{\sum q_1 p_0}$$

同样，两种公式的计算结果也是不同的。拉氏价格指数公式，是以"基期销售量"为同度量因素的，其中只受价格变动的影响。所以，若单纯从反映价格变动程度的角度出发，拉氏价格指数最为理想。但是，$\sum q_0 p_1 - \sum q_0 p_0$ 的现实经济意义却不很明确。

派氏价格指数公式，是以"报告期销售量"作为同度量因素的，与派氏物量指数公式一样，其中都同时受到价格、销售量的共同变动的影响。如单纯为了反映价格的变动，从理论上讲应以选择拉氏价格指数公式为宜。但是，编制价格指数的目的不仅仅包括测定指数化指标的相对变动情况，而且包括测定该指数化指标的变动对总量指标（如销售额）的绝对影响额。可以看出，在派氏价格指数公式中，$\sum q_1 p_1 - \sum p_0 q_1$ 表示由于价格的上升而使报告期的销售额增加的绝对额，其现实经济意义是明确的。为此，考虑到编制指数的现实经济意义，以及指数体系的成立（后述），一般认为，编制质量指标指数，应以报告期的数量指标为同度量因素。

## 7.3　平均数指数

### 7.3.1　平均数指数的概念和特点

1. 平均数指数的概念

编制综合指数，既可以说明现象变动的方向和程度，又可以说明现象变动所产生的实际效果。其计算公式也较简单，但编制时需要全面的统计资料。以编制商品价格指数为例，在应用公式 $\bar{K}_p = \dfrac{\sum q_1 p_1}{\sum q_1 p_0}$ 时，要有各种商品基期、报告期的价格和报告期销售量对应的全面资料；在应用公式 $\bar{K}_q = \dfrac{\sum q_1 p_0}{\sum q_0 p_0}$ 时，则需要各种商品基期、报告期的销售量和基期的价格对应的全面资料。显然，在某些原始资料不完备的情况下，综合指数的应用就会受到一定限制，而平均数指数在一定程度上可以打破这种限制。

平均数指数是总指数的另一重要形式，主要有加权算术平均数指数和加权调和平均数指数两种。它是从个体指数出发，先计算质量指标和数量指标的个体指数，然后，用加权平均的方法编制总指数。平均数指数与综合指数既有区别，也有联系。两者的联系在于，在一定的权数下，平均数指数是综合指数的一种变形。但是，作为一种独立的指数形式，平均数指数在实际应用上不仅是作为综合指数的变形使用，而且它本身也具有独特的广泛应用价值。

2. 平均数指数的特点

平均数指数具有以下特点：一是先对比后平均，即先对比计算各个个体指数，然后加权平均计算总指数；二是权数既可以是 $p_0 q_0$ 或 $p_1 q_1$，即基期或报告期的总量指标，也可以采用固定权数；三是既可以用非全面资料，也可以用全面资料，特别是在全面资料不易获得的场合有其特有的使用价值。

### 7.3.2 平均数指数的编制原理

如前所述，平均数指数有两种：一是加权算术平均数指数；二是加权调和平均数指数。在每一种指数中，又由于所使用的权数不同，可再分为综合指数变形权数和固定权数两种。

1. 加权算术平均数指数的编制

（1）用综合指数变形权数计算的加权算术平均数指数。

现以前述例子中的商品综合销售量和价格指数为例，说明算术平均数指数公式的形成过程。在 7.2 中以基期价格和基期销量为同度量因素的销售量指数和价格指数公式分别为：

$$\bar{K}_q = \frac{\sum q_1 p_0}{\sum q_0 p_0}$$

$$\bar{K}_p = \frac{\sum p_1 q_0}{\sum p_0 q_0}$$

商品销售量个体指数 $k_q = q_1 / q_0$，则 $q_1 = k_q q_0$

商品价格个体指数 $k_p = p_1 / p_0$，则 $p_1 = k_p p_0$

分别将 $q_1 = k_q q_0$ 代入 $\bar{K}_q = \dfrac{\sum q_1 p_0}{\sum q_0 p_0}$，$p_1 = k_p p_0$ 代入 $\bar{K}_p = \dfrac{\sum p_1 q_0}{\sum p_0 q_0}$，得

$$\bar{K}_q = \frac{\sum p_0 q_1}{\sum p_0 q_0} = \frac{\sum k_q p_0 q_0}{\sum p_0 q_0}$$

$$\bar{K}_p = \frac{\sum p_1 q_0}{\sum p_0 q_0} = \frac{\sum k_p p_0 q_0}{\sum p_0 q_0}$$

这就是以个体销售量指数（$k_q$）和个体价格指数（$k_p$）为变量，以基期销售额（$p_0q_0$）为权数的加权算术平均数指数的指数公式。由于这里的特定权数（$p_0q_0$）是综合指数的变形结果，虽然公式的形式与综合指数的形式不同，但是其经济内容及计算结果与综合指数完全一致，因此将其称为综合指数变形权数的加权算术平均数指数。

必须指出，只有将公式中的 $p_0q_0$ 作为权数，加权算术平均数指数的形式才能转化为综合指数的形式，其变形关系如下：

$$加权算术平均数销售量指数 \ \bar{K}_q = \frac{\sum \dfrac{q_1}{q_0}p_0q_0}{\sum p_0q_0} = \frac{\sum p_0q_1}{\sum p_0q_0} = 综合指数$$

$$加权算术平均数价格指数 \ \bar{K}_P = \frac{\sum \dfrac{p_1}{p_0}p_0q_0}{\sum p_0q_0} = \frac{\sum p_1q_0}{\sum p_0q_0} = 综合指数$$

显然，若采用 $p_0q_0$ 之外的任何其他权数，加权算术平均数指数都无法转化为综合指数。

【例 7 - 4】 将【例 7 - 2】资料内容加以改变，假定仅知商品的销售量和基期的销售额数据，而没有对应的价格资料，则编制两种商品销售量总指数的方法见表 7 - 3。

表 7 - 3  某商店两种商品的销售资料

| 商品名称 | 计量单位 | 销售量 | | 基期销售额$(p_0q_0)$/元 | 销售量个体指数$q_1/q_0$% | $\dfrac{q_1}{q_0}p_0q_0$ |
| | | 基期$(q_0)$ | 报告期$(q_1)$ | | | |
| --- | --- | --- | --- | --- | --- | --- |
| 甲 | 件 | 50 | 60 | 400 | 120.00 | 480.00 |
| 乙 | 千克 | 150 | 160 | 1 800 | 106.67 | 1 920.06 |
| 合计 | — | | | 2 200 | — | 2 400.06 |

根据表中资料计算如下：

$$\bar{K}_q = \frac{\sum \dfrac{q_1}{q_0}p_0q_0}{\sum p_0q_0} = \frac{2\,400.06}{2\,200} \times 100\% = 109.09\%$$

结果表明，两种商品销售量报告期比基期增长了 9.09%，销售额增加了 200.06 元（2 400.06 - 2 200）。这一结果与【例 7 - 2】中用拉氏物量指数公式的计算结果基本一致，只是因为在计算个体销售量指数时因无法整除而造成一定的误差。

（2）固定权数加权算术平均数指数。固定权数加权算术平均数指数，所用权数不是 $p_0q_0$ 而是固定权数（$W$）。其公式为：

$$\bar{K} = \frac{\sum KW}{\sum W}$$

式中，$\bar{K}$ 代表固定权数加权算术平均数指数；$W$ 为比重权数；$K$ 为类指数或组指数。

固定权数加权算术平均数指数编制的一般步骤如下：

第一，根据研究目的分组或分类；

第二，在各组或类中选择代表品并计算个体组或类指数；

第三，分别确定代表品权数，小、中、大各组或类权数之和均为100；

第四，进行加权算术平均，计算小、中、大各组或类指数和总指数。

【例7-5】 某省商贸统计资料见表7-4，求五类商品的总指数。

表7-4 某省商贸统计资料

| 商品 | 个体指数（$K$)/% | 固定权数（$W$) | $KW$ |
|------|------|------|------|
| 粮食类 | 100 | 30 | 3 000 |
| 衣着类 | 98 | 25 | 2 450 |
| 日杂类 | 102 | 10 | 1 020 |
| 燃料类 | 105 | 10 | 1 050 |
| 其他类 | 90 | 25 | 2 250 |
| 合计 | — | 100 | 9 770 |

据表7-4资料，五类商品的总指数为：

$$\bar{K} = \frac{\sum KW}{\sum W} = \frac{9\,770}{100} \times 100\% = 97.7\%$$

必须指出，计算固定权数加权算术平均数指数的关键在于选择代表品和确定权数。代表品应具有充分的代表性，其数目的多少应根据研究任务的需要确定。权数是以基期的实际资料为基础，结合报告期的变化情况确定的。例如，我国零售物价指数的编制，其权数一般是根据上年1—3季度消费品实际零售额和第4季度预计零售额，并参照本年度市场变化情况确定的。权数一律采用整数，每年确定一次，年内不变。

固定权数加权算术平均数指数在实际工作中应用比较广泛，像零售物价指数、消费者价格指数、工业生产指数等在我国及国外都采用这一编制方法。

2. 加权调和平均数指数的编制

与加权算数平均数指数相对应，加权调和平均数指数也有两种加权方法。

（1）用综合指数变形权数计算的加权调和平均数指数。现仍以商品综合销售量和价格指数为例，说明调和平均数指数公式的形成过程。上节中，以报告期价格和报告期销售量为同度量因数的综合销售量和价格指数公式分别为：

$$\bar{K}_q = \frac{\sum p_1 q_1}{\sum p_1 q_0}$$

$$\bar{K}_p = \frac{\sum p_1 q_1}{\sum p_0 q_1}$$

商品销售量个体指数为：

$$k_q = \frac{q_1}{q_0}, \text{则} \quad q_0 = \frac{q_1}{k_q} = \frac{1}{k_q}q_1$$

商品价格个体指数为：

$$k_p = \frac{p_1}{p_0}, \text{则} \quad p_0 = \frac{p_1}{k_p} = \frac{1}{k_p}p_1$$

将上面 $q_0 = \frac{1}{k_q}q_1$ 代入 $\bar{K}_q = \dfrac{\sum p_1 q_1}{\sum p_1 q_0}$，$p_0 = \frac{1}{k_p}p_1$ 代入 $\bar{K}_p = \dfrac{\sum p_1 q_1}{\sum p_0 q_1}$，分别得：

$$\bar{K}_q = \frac{\sum p_1 q_1}{\sum p_1 q_0} = \frac{\sum p_1 q_1}{\sum \frac{1}{k_q}p_1 q_1}$$

$$\bar{K}_p = \frac{\sum p_1 q_1}{\sum p_0 q_1} = \frac{\sum p_1 q_1}{\sum \frac{1}{k_p}p_1 q_1}$$

这就是以个体指数（$k_q$、$k_p$）为变量，以报告期销售额（$p_1 q_1$）为权数的加权调和平均数指数公式。公式的形式虽然与综合指数公式形式不同，但是它的经济内容和计算结果与综合指数一致。

另外，上述公式中 $p_1 q_1$ 是特定的权数，因为只有用 $p_1 q_1$ 做权数，加权调和平均数指数的形式才能变成综合指数的形式。若用它以外的任何其他权数，加权调和平均数指数都不会等于综合指数，这恰恰是平均数指数的独立意义所在。

（2）固定权数加权调和平均数指数。若把上面公式中的权数 $p_1 q_1$ 改为某种固定的权数 $W$，则加权调和平均数指数公式可写成：

$$\bar{K} = \frac{\sum W}{\sum \frac{1}{k}W}$$

应该指出，这个公式实际应用较少，使用较多的是两种加权算术平均数指数。

### 7.3.3　平均数指数与综合指数的比较

平均数指数和综合指数是计算总指数的两种形式，它们之间既有区别，又有联系。

从区别看：一是在解决复杂总体不能直接加总问题上的思路不同。综合指数是通过引进同度量因素，先计算出总体的总量，然后进行对比，即先综合，后对比。而平均数指数是在个体指数的基础上计算总指数，即先对比，后综合。二是在运用资料的条件上不同。综合指数需要研究总体的全面资料，起综合作用的同度量因素的资料要求也比较严格，一般应采用与指数化指标有明确经济联系的指标，且应有一一对应的全面实际资料。平均数指数则既适用于全面的资料，也适合于非全面的资料。

平均数指数和综合指数的联系主要表现在：在一定的权数条件下，两类指数间有变形关系。由于这种变形关系的存在，当掌握的资料不能直接用综合指数形式计算时，则可用它的变形的平均数指数形式计算，这种条件下的平均数指数与其相应的综合指数具有完全相同的经济意义和计算结果。

## 7.4　指数体系与因素分析

前面我们介绍了个体指数、综合指数和平均数指数编制的一般方法，在实际应用中，不仅需要掌握这些指数的编制方法，更重要的是要根据这些指数构成的指数体系，对相互联系的社会经济现象做更深入的分析。

### 7.4.1　指数体系的概念和作用

1. 指数体系的概念

社会经济现象之间的联系是普遍的，而且有些现象之间具有数量上的必然联系。例如：

$$商品销售额 = 商品销售量 \times 商品销售价格$$

$$工业总产值 = 产品产量 \times 出厂价格$$

$$产品总成本 = 产品产量 \times 单位成本$$

如果将这些数量关系的报告期水平除以基期水平，即将这些静态联系推广到动态上进行指数分析，就可形成如下指数体系：

商品销售额指数 = 商品价格指数 × 商品销售量指数

$$\frac{\sum p_1 q_1}{\sum p_0 q_0} = \frac{\sum p_1 q_1}{\sum p_0 q_1} \times \frac{\sum p_0 q_1}{\sum p_0 q_0}$$

销售额的实际增减额 = 价格变动的影响额 + 销售量变动的影响额

$$\sum p_1 q_1 - \sum p_0 q_0 = \left( \sum p_1 q_1 - \sum p_0 q_1 \right) + \left( \sum p_0 q_1 - \sum p_0 q_0 \right)$$

工业总产值指数 = 出厂价格指数 × 产品产量指数

$$\frac{\sum p_1 q_1}{\sum p_0 q_0} = \frac{\sum p_1 q_1}{\sum p_0 q_1} \times \frac{\sum p_0 q_1}{\sum p_0 q_0}$$

总产值的实际增减额 = 出厂价格变动的影响额 + 产品产量变动的影响额

$$\sum p_1 q_1 - \sum p_0 q_0 = \left( \sum p_1 q_1 - \sum p_0 q_1 \right) + \left( \sum p_0 q_1 - \sum p_0 q_0 \right)$$

产品总成本指数 = 单位成本指数 × 生产量指数

$$\frac{\sum z_1 q_1}{\sum z_0 q_0} = \frac{\sum z_1 q_1}{\sum z_0 q_1} \times \frac{\sum z_0 q_1}{\sum z_0 q_0}$$

总成本的实际增减额 = 单位成本变动的影响额 + 产品产量变动的影响额

$$\sum z_1 q_1 - \sum z_0 q_0 = \left( \sum z_1 q_1 - \sum z_0 q_1 \right) + \left( \sum z_0 q_1 - \sum z_0 q_0 \right)$$

不难看出，社会经济现象之间的客观内在的数量关系，不仅反映出其与相对数之间的联系，也反映出其与绝对数之间的联系。

由此可见，指数体系可做如下表述：所谓指数体系，是指在统计分析中，将一系列相互联系、彼此间在数量上存在推算关系的统计指数所构成的整体。一般是以 3 个或 3 个以上有联系的指数所组成的数学关系式表现。统计指数体系具有如下特征：一是具备 3 个或 3 个以上的指数；二是体系中的单个指数在数量上可相互推算，如已知销售额指数和销售量指数，则可推算出价格指数；已知价格指数和销售量指数，则可推出销售额指数等；三是现象的总变动差额等于各个影响因素变动额之和。

2. 指标体系的作用

（1）指数体系是进行因素分析的根据。利用指数体系可以分析复杂社会经济现象总变动中各因素变动的影响方向和影响程度。

（2）利用各指数之间的联系进行指数间的相互推算。例如，我国商品销售量总指数往往就是根据商品销售额总指数和价格总指数进行推算的，即：

$$商品销售量总指数 = \frac{商品销售额总指数}{价格总指数}$$

（3）用综合指数法编制总指数时，指数体系也是确定同度量因素所属时期的根据之一。因为指数体系是进行因素分析的依据，要求各个指数之间在数量上保持一定的联系。因此，如果编制产品产量指数时用"基期价格"为同度量因素，那么编制产品价格指数就必须用"报告期产品产量"作为同度量因素；如果编制产品产量指数时用"报告期价格"为同度量因素，那么编制产品价格指数时就必须用"基期产品产量"作为同度量因素。

## 7.4.2　因素分析法

1. 因素分析的含义

所谓因素分析，是指根据指数体系中多种因素影响的复杂社会经济现象的总变动，分析各因素的影响方向和影响程度的一种统计分析方法。

在总指数的编制中某些社会经济现象客观上可分解为两个或两个以上因素的组合，如销售量、价格是销售额的两个组成因素。因此，销售额的变动受销售量和价格两个因素变动的影响，而原材料费用支出总额则受到产量、单耗和原材料价格三个因素的影响。分析时，要固定一个或几个因素，仅观察其中一个因素的变动情况，从而揭示现象动态中的具体情况和原因。这种方法就称为因素分析法。

2. 因素分析的内容

因素分析的内容主要包括两方面：

（1）从相对数和绝对数两方面分析现象总体总量指标的变动各因素变动影响的程度。它是利用综合指数体系，从数量指标指数和质量指标指数的相互关系中，分析这种现象因素的变动影响关系。例如，编制多种产品产量和成本指数，其目的是分析产量和成本对总成本变动的影响方向和程度。

（2）从相对数和绝对数两方面分析现象总体平均指标的变动受各因素变动的影响程度。它是利用综合指数编制方法原理，通过平均数指数体系来进行分析。这里的"各个因素"是指简单现象总体，分为各个部分或局部的条件下各部分标志值的平均水平和总体中各部分单位数的结构。例如，企业工人平均工资的变动，不仅取决于各等级工人工资水平变动的影响，而且受各等级工人数比重变化的影响。因此，在分析平均工资变动时，要分析这两个因素的影响程度分别有多大。

3. 因素分析的种类

因素分析按分析对象的特点不同，可分为简单现象因素分析和复杂现象因素分析。前者如某种产品产量变动中，投入劳动量及劳动生产率变动影响分析；后者如多种商品销售额变动中，价格和销售量变动影响的分析。

因素分析按分析指标表现形式不同，可分为总量指标变动因素分析和平均指标、相对指标变动因素分析。总量指标可分解为水平型和数量型因素指标；平均指标和相对指标可分解为水平型和结构型因素指标。相对指标一般表现为无名数（强度指标除外），因素影响量的含义比较抽象，因此，应用时要慎重，注意对影响量含义的具体阐明。

因素分析按影响因素的多少不同，可分为两因素分析和多因素分析。与两因素分析相对而言，多因素分析在方法上有一些特殊的问题必须注意。

4. 因素分析的步骤

利用指数体系进行因素分析，一般有三个步骤：

（1）现象总体进行定性分析，即从现象和过程固有联系中找出因素现象与复杂现象总体间及因素现象之间的联系。

（2）将上述联系通过一定的方程式表达出来，但要注意根据不同的分析任务建立不同的表达式。

（3）依次分析每个因素的变动及其对总变动的影响程度。为此，应按照先数量指标、后质量指标的顺序排列。另外，在多因素分析中，相邻排列的两因素合并起来应具有经济意义。

各因素按一定顺序排列起来后，逐一进行因素分析。在分析某一因素的变动即对现象总体的影响时，应假定其他因素不变并固定在某一时期。分析数量指标变动时，质量指标固定在基期；分析质量指标变动时，数量指标固定在报告期，即按照综合指数编制的一般原理确定。

### 7.4.3 总量指标变动的因素分析

1. 总量指标的两因素分析

总量指标的两因素分析，是根据总量指标与各构成因素形成的经济关系等式建立起来的，在指数体系上表现为总量指标总变动指数等于两个因素指数的乘积，即价值量指标 = 数量指标×质量指标。根据前面所学可知，要保证两个因素指数之积等于被研究现象变动的指数，最关键的是确定同度量因素所属的时期。确定同度量因素所属的时期的一般原则：编制数量指标指数，应以"基期"的质量指标为同度量因素；编制质量指标指数，应以"报告期"的数量指标为同度量因素。下面以实例说明总量指标因素分析的方法和要领。例如：

$$商品销售额(qp) = 商品销售量(q) \times 商品价格(p)$$

则

$$\frac{\sum q_1 p_1}{\sum q_0 p_0} = \frac{\sum q_1 p_0}{\sum q_0 p_0} \times \frac{\sum q_1 p_1}{\sum q_1 p_0}$$

$$\left( \sum q_1 p_1 - \sum q_0 p_0 \right) = \left( \sum q_1 p_0 - \sum q_0 p_0 \right) + \left( \sum q_1 p_1 - \sum q_1 p_0 \right)$$

即： 销售额指数 = 销售量指数×销售价格指数

销售额实际增减额 = 销售量和价格实际增减额之和

显然，销售额指数等于报告期销售额除以基期销售额，$\bar{K}_{qp} = \dfrac{\sum q_1 p_1}{\sum q_0 p_0}$，销售量指数 $\bar{K}_q = \dfrac{\sum q_1 p_0}{\sum q_0 p_0}$ 的同度量因素 $p$ 固定在基期 $p_0$，销售价格指数 $\bar{K}_p = \dfrac{\sum q_1 p_1}{\sum q_1 p_0}$ 的同度量因素 $q$ 固定在报告期 $q_1$。

【例 7 - 6】 现仍以【例 7 - 2】的资料，分析该商场销售量和销售价格的变动对商品销售额的影响。

①先求销售额指数 $\left( \bar{K}_{qp} = \dfrac{\sum q_1 p_1}{\sum q_0 p_0} \right)$：

$$\bar{K}_{qp} = \frac{\sum q_1 p_1}{\sum q_0 p_0} = \frac{2\,840}{2\,200} \times 100\% = 129.09\%$$

结果说明，该商场两种商品销售额报告期比基期增长了 29.09%，增加了 640 元，即

$$\sum q_1 p_1 - \sum q_0 p_0 = 2\,840 - 2\,200 = 640(元)$$

请思考：是什么原因使其增长、增加的呢？

显然，是销售量和价格的变动使其增长、增加的。

②求销售量指数 $\left( \bar{K}_q = \dfrac{\sum q_1 p_0}{\sum q_0 p_0} \right)$。

$$\bar{K}_q = \frac{\sum q_1 p_0}{\sum q_0 p_0} = \frac{2\,400}{2\,200} \times 100\% = 109.09\%$$

结果表明，在价格水平不变的情况下，两种商品的销售量增长了 9.09%。由于销售量的增长，销售额报告期比基期增加了 200 元，即：

$$\sum q_1 p_0 - \sum q_0 p_0 = 2\,400 - 2\,200 = 200(元)$$

③求销售价格指数 $\left( \bar{K}_p = \dfrac{\sum q_1 p_1}{\sum q_1 p_0} \right)$

$$\bar{K}_q = \frac{\sum q_1 p_1}{\sum q_1 p_0} = \frac{2\,840}{2\,400} \times 100\% = 118.33\%$$

结果表明，两种商品的价格报告期比基期上涨了 9.23%。由于价格的上涨，销售额增加了 440 元，即：

$$\sum q_1 p_1 - \sum q_1 p_0 = 2\,840 - 2\,400 = 440(元)$$

指数体系为：

$$\frac{\sum q_1 p_1}{\sum q_0 p_0} = \frac{\sum q_1 p_0}{\sum q_0 p_0} \times \frac{\sum q_1 p_1}{\sum q_1 p_0}$$

$$118.33\% \approx 109.09\% \times 109.23\%$$

$$\left(\sum q_1 p_1 - \sum q_0 p_0\right) = \left(\sum q_1 p_0 - \sum q_0 p_0\right) + \left(\sum q_1 p_1 - \sum q_1 p_0\right)$$

$$640 \text{ 元} = 200 \text{ 元} + 440 \text{ 元}$$

分析：该商场销售额报告期比基期增长了 29.09%，增加 640 元。原因：由于销售量增长了 9.09%，其增加了 200 元；由于销售价格上涨了 9.23%，其增加了 440 元。

2. 总量指标的多因素分析

总量指标的多因素分析在指数体系上，表现为被研究现象的总变动指数等于 3 个或 3 个以上因素的乘积。同样，要保证 3 个或 3 个以上因素变动之积等于被研究现象变动的指数，最关键的是确定同度量因素所属的时期。因此，在实际分析中应注意以下几个问题：

(1) 多因素分析必须遵循连环替代法的原则，即在分析多因素影响的现象的变动时，要逐项分析，逐项确定同度量因素。当分析第一个因素变动影响后，接着分析第二个因素的影响，然后分析第三个因素的影响，以此类推。

(2) 在多因素分析中，为了分析某一因素的影响，其余因素应固定不变。当分析第一个因素变动影响时，其他所有因素作为同度量因素固定在基期。当分析第二个因素变动影响时，则把已经分析过的因素固定在报告期，没有分析过的因素仍固定在基期。当分析第三个因素变动影响时，把已分析过的两个因素固定在报告期，没有分析过的因素仍固定在基期，以此类推。

(3) 多因素的排列顺序，要具体分析现象的经济内容，使其符合客观事实的内在联系和逻辑。一般应遵循数量指标在前，质量指标在后的原则。具体可采用逐项分解的方法确定。

首先进行因素分解，建立经济方程。例如：

原材料费用总额 = 生产量 × 单位产品原材料消耗量 × 单位原材料价格

$$(qmp) \qquad (q) \qquad (m) \qquad (p)$$

然后编制指数，进行相对数和绝对数分析，即：

$$\frac{\sum q_1 m_1 p_1}{\sum q_0 m_0 p_0} = \frac{\sum q_1 m_0 p_0}{\sum q_0 m_0 p_0} \times \frac{\sum q_1 m_1 p_0}{\sum q_1 m_0 p_0} \times \frac{\sum q_1 m_1 p_1}{\sum q_0 m_0 p_0}$$

$$\sum q_1 m_1 p_1 - \sum q_0 m_0 p_0 = \left[\sum q_1 m_0 p_0 - \sum q_0 m_0 p_0\right] + \left[\sum q_1 m_1 p_0 - \sum q_0 m_0 p_0\right] +$$
$$\left[\sum q_1 m_1 p_0 - \sum q_0 m_0 p_0\right]$$

【例 7-7】 某企业生产甲、乙、丙 3 种产品，其产品产量、单位产品原材料消耗量（单耗）及单位原材料价格资料见表 7-5。试运用指数体系分析产品产量、单位产品原材料消耗量（单耗）及单位原材料价格对原材料费用总额的影响。

表 7-5 某企业产品产量、原材料单耗情况表

| 产品 | | | 原材料 | | | | |
|---|---|---|---|---|---|---|---|
| 名称 | 产量/千克 | | 名称 | 单耗/件 | | 单位原材料价格/(元·件$^{-1}$) | |
| | 基期 | 报告期 | | 基期 | 报告期 | 基期 | 报告期 |
| （甲） | $q_0$ | $q_1$ | （甲） | $m_0$ | $m_1$ | $p_0$ | $p_1$ |

续表

| 产品 | | | 原材料 | | | | |
|---|---|---|---|---|---|---|---|
| 名称 | 产量/千克 | | 名称 | 单耗/件 | | 单位原材料价格/(元·件⁻¹) | |
| | 基期 | 报告期 | | 基期 | 报告期 | 基期 | 报告期 |
| 甲 | 600 | 800 | A | 0.5 | 0.4 | 20 | 21 |
| 乙 | 400 | 400 | B | 1 | 0.9 | 15 | 14 |
| 丙 | 800 | 1 000 | C | 2.2 | 2.3 | 30 | 28 |

原材料费用总额因素分析计算见表 7 - 6。

**表 7 - 6　原材料费用总额因素分析计算表**　　　　单位：元

| 项目 | $q_0 m_0 p_0$ | $q_1 m_1 p_1$ | $q_1 m_0 p_0$ | $q_1 m_1 p_0$ |
|---|---|---|---|---|
| 甲 | 6 000 | 6 720 | 8 000 | 6 400 |
| 乙 | 6 000 | 5 040 | 6 000 | 5 400 |
| 丙 | 52 800 | 64 400 | 66 000 | 69 000 |
| Σ | 64 800 | 76 160 | 80 000 | 80 800 |

（1）列表计算相关各项。见表 7 - 6。

（2）试分析原材料费用总额的总变动及原因。

原材料费用总额指数：$\overline{K}_{qmp} = \dfrac{\sum q_1 m_1 p_1}{\sum q_0 m_0 p_0} = \dfrac{76\ 160}{64\ 800} \times 100\% = 117.53\%$

结果表明，该企业产品原材料费用总额报告期比基期提高了 17.53%，增加了 11 360 元（76 160 元 － 64 800 元）。

请思考：是什么原因使企业的原材料费用总额提高了 17.53%，增加了 11 360 元呢？

首先，企业生产量的变动对原材料费用总额的影响：

$$\overline{K}_q = \frac{\sum q_1 m_0 p_0}{\sum q_0 m_0 p_0} = \frac{80\ 000}{64\ 800} \times 100\% = 123.46\%$$

结果表明，企业生产量报告期比基期增长了 23.46%，因生产量的增长，原材料费用总额增加了 15 200 元（80 000 元 － 64 800 元）。

其次，原材料单耗的变动对原材料费用总额的影响：

原材料单耗指数：$\overline{K}_m = \dfrac{\sum q_1 m_1 p_0}{\sum q_1 m_0 p_0} = \dfrac{808\ 000}{80\ 000} \times 100\% = 101\%$

结果表明，企业原材料单耗报告期比基期增长了 1%，由于单耗的增长，原材料费用总额增加了 800 元（80 800 元 － 80 000 元）。

最后，原材料价格的变动对原材料费用总额的影响：

原材料价格指数：$\bar{K}_p = \dfrac{\sum q_1 m_1 p_1}{\sum q_1 m_1 p_0} = \dfrac{76\,160}{80\,800} \times 100\% = 94.26\%$

结果表明，企业原材料价格报告期比基期下降了 5.74%，由于原材料价格的下降，原材料费用总额减少了 4 640 元（76 160 元 – 80 800 元）。

$$\frac{\sum q_1 m_1 p_1}{\sum q_0 m_0 p_0} = \frac{\sum q_1 m_0 p_0}{\sum q_0 m_0 p_0} \times \frac{\sum q_1 m_1 p_0}{\sum q_1 m_0 p_0} \times \frac{\sum q_1 m_1 p_1}{\sum q_1 m_1 p_0}$$

即：$117.53\% = 123.46\% \times 101\% \times 94.26\%$

$$\sum q_1 m_1 p_1 - \sum q_0 m_0 p_0 = \left[\sum q_1 m_0 p_0 - \sum q_0 m_0 p_0\right] + \left[\sum q_1 m_1 p_0 - \sum q_0 m_0 p_0\right] +$$
$$\left[\sum q_1 m_1 p_0 - \sum q_0 m_0 p_0\right]$$

即：$76\,160 - 64\,800 = (80\,000 - 64\,800) + (80\,800 - 80\,000) + (76\,160 - 80\,800)$

分析：该企业原材料费用总额报告期比基期上升了 17.53%，增加了 11 360 元，是产量、单耗和原材料单价三个因素共同影响的结果。其中：由于产量增长了 23.46%，原材料费用总额增加了 15 200 元；由于单耗上升了 1%，原材料费用总额增加了 800 元；由于原材料单价降低了 5.76%，原材料费用总额减少了 4 640 元。

此外，根据指数体系还可以进行四因素、五因素等更多因素的因素分析，以及因素推算。因素推算是根据指数体系，由已知因素来推算未知因素。

例如，用同样多的人民币，报告期比基期多购买 5% 的商品，问：物价是如何变动的？

因为商品销售额指数 = 商品销售量指数 × 物价指数

所以物价指数 $= \dfrac{\text{商品销售额指数}}{\text{商品销售量指数}} = \dfrac{100\%}{105\%} \times 100\% = 95.24\%$

## 7.5 几种常用的经济指数

### 7.5.1 居民消费价格指数

我国目前编制的价格指数主要有商品零售价格指数、居民消费价格指数、农业生产资料价格指数、农产品收购价格指数、工业品出厂价格指数、股票价格指数等。其中，与人民生活关系最为密切的有商品零售价格指数、居民消费价格指数和股票价格指数。

居民消费价格，是指城乡居民购买生活消费品和支付服务项目消费的价格，是社会产品和服务项目的最终价格，同人们生活密切相关，在国民经济价格体系中具有极为重要的地位。居民消费价格指数，又称消费价格指数、居民生活费价格指数，即通常所说的生活费指数，是指反映一定时期内居民消费价格变动对居民生活的影响，为决策部门掌握消费品价格状况，研究和制定居民消费政策、价格政策、工资政策、货币政策，以及进行国民经济核算提供科学依据。居民消费价格指数还可以反映通货膨胀或紧缩的程度。

居民消费价格指数的编制主要涉及以下几方面问题，即代表规格品的选取、价格资料的采集及基本分类指数、类指数和总指数的计算。为了分析价格变动对居民家庭生活费支出的影响，需要对各阶层的居民家庭进行调查，掌握其日常生活开支的内容，即生活费构成作为编制居民消费价格指数的基础。大多数国家都是以各类生活消费品消费额占全部生活消费品消费额的比重 $W$ 为权数，对各类代表性生活消费品（包括商品和劳务）的价格个体指数 $k_p$，采用固定权数加权算术平均法来计算居民生活费价格总指数，其计算公式为：

$$\bar{K}_p = \frac{\sum k_p W}{\sum W}$$

公式中的权数 $W$，通常是根据居民家庭生活费收支调查资料确定，而且一经确定几年不变。

居民消费价格指数除了反映城乡居民所购买的生活消费品价格和服务项目价格的变动趋势和程度外，还具有以下几方面作用。

1. 反映通货膨胀状况

通货膨胀的严重程度是用通货膨胀率来表示的，它可以说明一定时期内商品和劳务价格持续上升的幅度。通货膨胀率一般以居民消费价格指数来表示。

$$通货膨胀率 = \frac{报告期居民消费价格指数 - 基期居民消费价格指数}{基期居民消费价格指数} \times 100\%$$

2. 反映货币购买力的变动

货币购买力是指单位货币能够买到的消费品和劳务的数量。居民消费价格指数上涨，货币购买力下降，反之则上升。因此，居民消费价格指数的倒数就是货币购买力指数。计算公式为：

$$货币购买力指数 = \frac{1}{居民消费品价格指数} \times 100\%$$

3. 反映对职工实际工资的影响

居民消费价格指数的提高意味着实际工资的减少；反之意味着实际工资的提高，因此，居民消费价格指数可以将名义工资转化为实际工资。计算公式为：

$$实际工资 = \frac{名义工资}{居民消费价格指数}$$

另外，需要说明的是，由于物价的变动影响货币购买力，因此，不同时期等量的货币收入，与实际收入就存在着差异。所以，在观察居民收入水平时，必须考虑物价的变动或货币购买力的变化。它们之间存在如下关系：

$$实际收入指数 = 货币收入指数 \times 货币购买力指数$$

对职工而言，则有

$$实际工资指数 = 货币工资指数 \times 货币购买力指数$$

关于零售价格指数，由于前面已做阐述，故在此不再重述。

### 7.5.2　股票价格指数

股票价格指数，简称股价指数，是指反映证券市场股票价格变动的一种价格指数。股票价格的变动是证券市场最重要的经济现象之一，其涨跌既可以为投资者带来利润，也可能使投资者遭受损失。

股票价格指数，一般由证券交易所、金融服务机构、咨询研究机构或者新闻单位编制和发布。其编制步骤如下：

第一步：根据上市公司的行业分布、经济实力、资信等级等因素，选择适当数量的有代表性的股票，作为编制指数的样本股票。样本股票可以随时更换或做数量上的增减，以保持良好的代表性。

第二步：在股票市场采集样本股票价格，即采样。

第三步：利用科学的方法和先进的手段计算出指数值。

第四步：通过交易所信息系统向社会公众公开发布。

为了保持股价指数的连续性，使各个时期计算出来的股价指数相互可比，有时可根据需要对指数做相应的调整。

股价指数的编制方法有多种，但是综合目前世界各国股票指数的编制情况，其编制的主要方法为综合指数法，即加权综合法，它是以样本股票的发行量或成交量为同度量因素，即权数计算股价指数。其计算公式按同度量因素所属的时期不同分为两种：

$$基期加权综合股价指数 = \frac{\sum p_1 q_0}{\sum p_0 q_0}$$

$$报告期加权综合股价指数 = \frac{\sum p_1 q_1}{\sum p_0 q_1}$$

式中，$p_0$、$q_1$ 分别为基期、报告期的股价；$q_0$、$q_1$ 分别为基期、报告期的发行量或交易量。其中，以发行量加权的综合股价指数，称为市价总额指数；以交易量加权的综合股价指数，称为成交总额指数。

综合指数法是目前国际上各国编制股票指数被广泛采用的方法，我国的上证指数、深证指数，以及美国标准普尔指数、香港恒生股票指数等，都是采用综合指数法编制的。

例如，上证综合指数，是上海证券交易所自 1991 年 7 月 15 日起编制并公布的，以全部上市股票为样本、以报告期股票发行量为权数，按加权平均法计算的股价指数。它以 1990 年 12 月 19 日为基期，基期指数定为 100 点。新上证综指发布以 2005 年 12 月 30 日为基日，以当日所有样本股票的市价总值为基期，基点为 1 000 点。即：

$$当日股价指数（上证综合指数）= \frac{当日股票总市值}{基期股票总市值 \times 基期指数}$$

式中，总市值 $= \sum （市价 \times 总股本数）$。

公式中基期总市值，即分母是不变的，总市值公式中符号"$\sum$"的意思是将所有股票的总市值相加，即所有股票的总市值（注意不是流通市值）的和。股票价格的变动幅度，是以"点"数来表示，每上升或下降一个单位称为"1 点"。

# 7.6 平均指标对比指数

## 7.6.1 平均指标变动的因素及平均数指数体系

### 1. 平均数指数变动的因素

指数因素分析法不仅可应用于总量指标的对比分析，还可应用于平均指标的对比分析。

一般地，将两个不同时期的平均指标对比所形成的指数称为平均数指数。

在分组条件下，平均指标的变动往往取决于各组平均指标变动的影响和各组单位数在总体中的比重变动的影响。即：

$$\bar{X} = \frac{\sum xf}{\sum f} = \sum x \cdot \frac{f}{\sum f}$$

加权算术平均数 ＝ 变量 × 权数比率

例如，影响某企业工人平均工资变动的原因是工人工资水平（$x$）的变动以及各组工人占工人总数比重（$f/\sum f$）变动的影响。在对平均指标进行指数分析时，通常将各组单位数（$f/\sum f$）占总数比重视为数量因素，将各组平均工资指标视为质量因素。与编制综合指数的原理相似，要分析工人工资水平（$x$）和各组工人占工人总数比重（$f/\sum f$）变动对总平均工资的影响，就需引入同度量因素并将之固定。编制各组工人工资水平（$x$）的变动指数，应将作为同度量因素的各组工人占工人总数比重（$f/\sum f$），即数量因素指标固定在"报告期"；编制各组工人占工人总数比重（$f/\sum f$）变动的指数，应将作为同度量因素的各组工人工资水平（$x$），即质量因素指标固定在"基期"。推广到一般，可建立如下指数体系。

统计中把反映总平均数变动程度的指数称为质量因素。可变构成指数是指现象总体某种因素水平的变动。它是各组平均水平和总体结构变动两个因素相互作用的结果。公式为：

$$可变构成指数 = \frac{\bar{X}_1}{\bar{X}_0} = \frac{\dfrac{\sum x_1 f_1}{\sum f_1}}{\dfrac{\sum x_0 f_0}{\sum f_0}} = \frac{\sum x_1 \dfrac{f_1}{\sum f_1}}{\sum x_0 \dfrac{f_0}{\sum f_0}}$$

加权算术平均数的大小不仅取决于各组变量（$x$）的大小，还取决于各组权属比重（$f/\sum f$）的大小。

为了消除总体中各组权数比重构成的影响，单纯反映各组变量值平均水平的变动，就需要权数比重固定在报告期计算平均数指数，这一指数称为固定构成指数。公式如下：

$$固定构成指数 = \frac{\bar{X}_1}{\bar{X}_n} = \frac{\dfrac{\sum x_1 f_1}{\sum f_1}}{\dfrac{\sum x_0 f_1}{\sum f_1}} = \frac{\sum x_1 \dfrac{f_1}{\sum f_1}}{\sum x_0 \dfrac{f_1}{\sum f_1}}$$

固定构成指数排除了各组权数比重构成的影响，单纯反映标志水平的变动程度。为了测定总体各组权数比重构成的影响，就需把标志值固定在报告期计算平均数指数，这一指数成为结构影响指数。计算公式如下：

$$结构影响指数 = \frac{\bar{X}_n}{\bar{X}_0} = \frac{\dfrac{\sum x_0 f_1}{\sum f_1}}{\dfrac{\sum x_0 f_0}{\sum f_0}} = \sum x_0 \frac{\dfrac{f_1}{\sum f_1}}{\dfrac{f_0}{\sum f_0}}$$

结构影响指数排除了各组标志水平（$x$）变动的影响，单纯反映各组权数比重构成的影响变动程度。由此可得平均数指数体系：

$$可变构成指数 = 固定构成指数 \times 结构影响指数$$

$$\frac{\bar{X}_1}{\bar{X}_0} = \frac{\bar{X}_1}{\bar{X}_n} \times \frac{\bar{X}_n}{\bar{X}_0}$$

$$\frac{\dfrac{\sum x_1 f_1}{\sum f_1}}{\dfrac{\sum x_0 f_0}{\sum f_0}} = \frac{\dfrac{\sum x_1 f_1}{\sum f_1}}{\dfrac{\sum x_0 f_1}{\sum f_1}} \times \frac{\dfrac{\sum x_0 f_1}{\sum f_1}}{\dfrac{\sum x_0 f_0}{\sum f_0}}$$

$$\frac{\sum x_1 f_1}{\sum f_1} - \frac{\sum x_0 f_0}{\sum f_0} = \left( \frac{\sum x_1 f_1}{\sum f_1} - \frac{\sum x_0 f_1}{\sum f_1} \right) + \left( \frac{\sum x_0 f_1}{\sum f_1} - \frac{\sum x_0 f_0}{\sum f_0} \right)$$

2. 平均数指数变动的指数分析方法

【例7-8】 某企业技术工人数及工资水平资料见表7-7。要求：试分析该企业工人总平均工资的变动情况及变动的原因（计算结果保留两位小数）。

表7-7　某企业技术工人数及工资水平

| 工人类别 | 工人数/人 | | 月平均工资/元 | | 工资总额/元 | | |
|---|---|---|---|---|---|---|---|
| | 基期（$f_0$） | 报告期（$f_1$） | 基期（$x_0$） | 报告期（$x_1$） | $x_0 f_0$ | $x_1 f_1$ | $x_0 f_1$ |
| 技术工人 | 33 | 35 | 4 000 | 4 500 | 132 000 | 157 500 | 140 000 |
| 普通工人 | 42 | 43 | 2 800 | 3 100 | 117 600 | 133 300 | 120 400 |
| 合计 | 75 | 78 | — | — | 249 600 | 290 800 | 260 400 |

（1）分析该企业总平均工资的变动情况。平均工资可变构成指数如下所示：

$$平均工资可变构成指数 = \frac{\sum x_1 \dfrac{f_1}{\sum f_1}}{\sum x_0 \dfrac{f_0}{\sum f_0}} = \frac{\dfrac{290\ 800}{78}}{\dfrac{249\ 600}{75}} = \frac{3\ 728.21}{3\ 328.00} \times 100\% = 112.02\%$$

结果说明，该企业工人的总平均工资报告期比基期提高了12.03%，使工资总额增加了400.21元。

为了进一步分析总平均工资变动的原因，就要分析各组平均工资和工人数结构对总平均工资总额变动的影响，即分别计算平均工资结构影响指数和平均工资固定构成指数。

（2）分析该企业各组平均工资变动对总平均工资的影响。平均工资结构影响指数如下所示：

$$平均工资结构影响指数 = \frac{\sum x_0 \dfrac{f_1}{\sum f_1}}{\sum x_0 \dfrac{f_0}{\sum f_0}} = \frac{\dfrac{260\ 400}{78}}{\dfrac{249\ 600}{75}} = \frac{3\ 338.46}{3\ 328.00} \times 100\% = 100.31\%$$

结果说明，该企业各级别工人数结构的变化使工资总额提高了 0.31%，增加了 10.46 元（3 338.46 元 – 3 328.00 元）。

（3）分析该企业各等级工人数结构的变动对总平均工资的影响。平均工资固定构成指数如下所示：

$$平均工资固定构成指数 = \frac{\sum x_1 \dfrac{f_1}{\sum f_1}}{\sum x_0 \dfrac{f_1}{\sum f_1}} = \frac{\dfrac{290\ 800}{78}}{\dfrac{260\ 400}{780}} = \frac{3\ 728.21}{3\ 338.46} \times 100\% = 111.67\%$$

结果说明，由于该企业各等级工人数结构的变动，企业总平均工资提高了 11.67%，增加了 389.75 元（3 728.21 元 – 3 338.46 元）。

以上计算结果，可用指数体系表示如下：

平均工资可变构成指数 = 平均工资结构影响指数 × 平均工资固定构成指数

$$\frac{\sum x_1 \dfrac{f_1}{\sum f_1}}{\sum x_0 \dfrac{f_0}{\sum f_0}} = \frac{\sum x_0 \dfrac{f_1}{\sum f_1}}{\sum x_0 \dfrac{f_0}{\sum f_0}} \times \frac{\sum x_1 \dfrac{f_1}{\sum f_1}}{\sum x_0 \dfrac{f_1}{\sum f_1}}$$

$$112.02\% = 100.31\% \times 111.67\%$$

$$\left( \frac{\sum x_1 f_1}{\sum f_1} - \frac{\sum x_0 f_0}{\sum f_0} \right) = \left( \frac{\sum x_0 f_1}{\sum f_1} - \frac{\sum x_0 f_0}{\sum f_0} \right) + \left( \frac{\sum x_1 f_1}{\sum f_1} - \frac{\sum x_0 f_1}{\sum f_1} \right)$$

（3 728.21 元 – 3 328.00 元）=（3 338.46 元 – 3 328.00 元）+（3 728.21 元 – 3 338.46 元）

报告期与基期相比，平均工资提高了 12.03%，增加了 400.21 元。其中：由于工人结构变动（由普通工人向技术工人方向变动），工资总额提高了 0.31%，总平均工资增加了 10.46 元；由于各组工资水平提高了 11.67%，总平均工资增加了 389.75 元。

实际工作中，常用的平均数指数体系有：

平均工资可变构成指数 = 平均工资结构影响指数 × 平均工资固定构成指数

平均成本可变构成指数 = 平均成本结构影响指数 × 平均成本固定构成指数

劳动生产率可变构成指数 = 劳动生产率结构影响指数 × 劳动生产率固定构成指数

3. 平均数指数与平均指标指数的区别及联系

如前所述，平均数指数是对个体指数加权平均后求得的总指数，实际上仍是两个总量指标对比的结果。虽然采用了加权平均数指数和加权调和平均数指数的形式，但其计算结果在本质上仍是反映数量质量和质量指标的动态变动程度。它形成的指数体系和因素分析都针对总量指标。

平均指标指数是平均指标对比后形成的指数，其形成的指数体系和因素分析是针对平均指标的。它分析平均指标中由标志值和数量结构（不同于数量）变动引起的影响，是对平均指标做进一步深入分析的手段，由可变指数、结构影响指数和固定构成指数组成。

平均指标指数和平均数指数的共同之处在于两者都采用了加权平均的方法，平均数指数和综合指数的共同之处在于两者都采用了同度量因素。因此，从理论上讲，平均数指数在计算方法上综合了综合指数和平均数指数的特点，从而更能详细、深入地说明了指数方法和指标分析。实际工作中，往往把平均数指数划入总指数下的一个类别。

### 7.6.2 综合指数体系与平均数指数体系的结合应用

在分析社会经济现象变动时，常常需要把总指数体系和平均数指数体系结合应用，用于深入地分析社会经济现象的变动情况及其变动原因。下面仍以表 7 - 7 为例，分析该企业销售额的增长情况及其原因。

因为工资总额 = 工人总数 × 总平均工资

所以工资总额总指数 = 工人总数指数 × 总平均工资指数

由于总平均工资指数是可变构成指数，则有：

平均工资可变构成指数 = 平均工资固定构成指数 × 平均工资结构影响指数

即：

工资总额指数 = 工人总数指数 × 平均工资固定构成指数 × 平均工资结构影响指数

根据表 7 - 7 资料，该企业工资总额的变动情况及变动的原因如下：

第一，工资总额指数 $= \dfrac{\sum x_1 f_1}{\sum x_0 f_0} = \dfrac{290\ 800}{249\ 600} \times 100\% = 116.5\%$

工资总额的增加额 $= \sum x_1 f_1 - \sum x_0 f_0 = 290\ 800 - 249\ 600 = 41\ 200(元)$

第二，工人总数指数 $= \dfrac{\sum f_1}{\sum f_0} = \dfrac{78}{75} \times 100\% = 104\%$

由于工人总数的增加而增加的工资总额：

$$\left(\sum f_1 - \sum f_0\right) x_0 = (78 - 75) \times 3\ 328 = 9\ 984(元)$$

第三，平均工资可变构成指数 $= \dfrac{\dfrac{\sum x_1 f_1}{\sum f_1}}{\dfrac{\sum x_0 f_0}{\sum f_0}} = \dfrac{3\ 728.21}{3\ 328.00} \times 100\% = 112.03\%$

由于总平均工资水平的提高而增加的工资总额：

$$(x_1 - x_0) \sum f_1 = (3\ 728.21 - 3\ 328.00) \times 78 = 31\ 216.38(元)$$

$$\text{平均工资固定构成指数} = \frac{\dfrac{\sum x_1 f_1}{\sum f_1}}{\dfrac{\sum x_0 f_1}{\sum f_1}} = \frac{\dfrac{290\ 800}{78}}{\dfrac{260\ 400}{78}} = \frac{3\ 728.21}{3\ 338.46} \times 100\% = 111.67\%$$

由于各组工人平均工资水平的提高而增加的工资总额：

$$\left(\frac{\sum x_1 f_1}{\sum f_1} - \frac{\sum x_0 f_1}{\sum f_1}\right)\sum f_1 = (3\ 728.21 - 3\ 338.46) \times 78 = 30\ 400.5(元)$$

$$\text{平均工资结构影响指数} = \frac{\dfrac{\sum x_0 f_1}{\sum f_1}}{\dfrac{\sum x_0 f_0}{\sum f_0}} = \frac{\dfrac{260\ 400}{78}}{\dfrac{249\ 600}{75}} = \frac{3\ 338.46}{3\ 328.00} \times 100\% = 100.31\%$$

由于工人人数结构的变动，工资总额增加：

$$\left(\frac{\sum x_0 f_1}{\sum f_1} - \frac{\sum x_0 f_0}{\sum f_0}\right)\sum f_1 = (3\ 338.46 - 3\ 328.00) \times 78 = 815.88(元)$$

以上各指数用指数体系表示，关系如下：

$$\frac{\sum x_1 f_1}{\sum x_0 f_0} = \frac{\sum f_1}{\sum f_0} \times \left(\frac{\sum x_1 f_1}{\sum f_1} \div \frac{\sum x_0 f_0}{\sum f_0}\right)$$

$$= \frac{\sum f_1}{\sum f_0} \times \left(\frac{\sum x_1 f_1}{\sum f_1} \div \frac{\sum x_0 f_1}{\sum f_1}\right) \times \left(\frac{\sum x_0 f_1}{\sum f_1} \div \frac{\sum x_0 f_0}{\sum f_0}\right)$$

$$116.5\% \approx 104\% \times 112.03\%$$

$$= 104\% \times 111.67\% \times 100.31\%$$

绝对数关系为：

$$\sum x_1 f_1 - \sum x_0 f_0 = \left(\sum f_1 - \sum f_0\right)x_0 + (x_1 - x_0)\sum f_1$$

$$= \left(\sum f_1 - \sum f_0\right)x_0 + \left(\frac{\sum x_1 f_1}{\sum f_1} - \frac{\sum x_0 f_1}{\sum f_1}\right)\sum f_1 + \left(\frac{\sum x_0 f_1}{\sum f_1} - \frac{\sum x_0 f_0}{\sum f_0}\right)\sum f_1$$

$$41\ 200\ 元 \approx 9\ 984\ 元 + 31\ 216.38\ 元$$

$$= 9\ 984\ 元 + 30\ 400.5\ 元 + 815.88\ 元$$

概括分析：结果表明，该企业工资总额报告期比基期增长 16.5%，是工人总数增长 4% 和总平均工资增长 12.03% 共同影响的结果。其中，该企业总平均工资报告期比基期增长 12.03%，是各组平均工资增长 11.67% 和工人人数结构变动影响其增长 0.31% 的结果。

该企业工资总额增加 41 200 元，一方面工人人数的增加使其增加了 9 984 元，另一方面平均工资的增长使其增加了 31 216.38 元。其中，因总平均工资增长而增加的 31 216.38 元工资额中，各组工人平均工资水平的提高使其增加了 30 400.5 元，工人人数结构的变动使其增加了 815.88 元。

## 相关知识图示

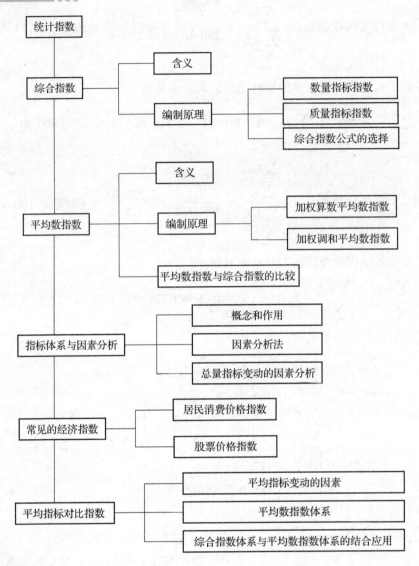

## 本章小结

统计指数的概念有广义和狭义之分。从广义上讲，一切说明社会经济现象数量对比关系的相对数都是指数。从狭义上看，统计指数是指不能直接相加和对比的复杂现象综合变动的特殊相对数。一般来说，统计指数具有综合性、相对性和平均性的特征，即统计指数主要是用来反映和研究多种因素构成的现象的总体变动；统计指数所表明的现象的变动是相对变动；统计指数所表示的是多种现象的平均变动。

统计指数的作用主要有三方面。第一，综合反映社会经济现象总的变动方向和变动程度。第二，分析多因素影响现象的总变动中各个因素的影响大小和影响程度。第三，研究同类现象的变动趋势。

统计指数可以从不同的角度进行分类。统计指数按照说明现象的范围不同，分为个体指数和总指数；统计指数按照指数化指标的性质、内容不同，可分为数量指标指数和质量指标指数；统计指数按照指数表现形式不同，分为综合指数、平均数指数；统计指数按指数所说明的因素不同，分为两因素指数和多因素指数；统计指数按指数所反映的时间状况不同，分为动态指数和静态指数。

统计指数按其编制方法不同，可分为综合指数和平均数指数，两者都属于总指数的形式，而综合指数是总指数的最基本形式。综合指数是通过两个总量指标对比计算出来的，平均数指数则是个体指数的加权平均数。此外，在统计分析中，为了分解加权平均数中指标水平变动和单位构成两个因素的影响，而将两个不同时期同一经济内容的加权算术平均数加以对比，则形成平均数指数，其编制原理仍属综合指数。平均数指数和综合指数是计算总指数的两种形式，它们之间既有区别，又有联系。

综合指数，按其指数化指标的性质不同，可分为数量指标指数和质量指标指数两种形式。由于编制综合指数的目的是测定指数化指标的变动，因此，在对比过程中对同度量因素应加以固定。综合指数需要研究总体的全面资料，对于综合作用的同度量因素的资料要求也比较严格。有些研究对象难以取得全面资料时，可采用平均数指数法来计算总指数。

平均数指数是总指数的另一重要形式，主要有加权算术平均数指数和加权调和平均数指数两种。在每一种指数中，又由于所使用的权数不同，可再分为综合指数变形权数和固定权数两种。

在统计分析中，将三个或三个以上具有一定联系，而且具有数量上的某种对等关系的指数所构成的整体叫指数体系。利用指数体系可以对现象进行因素分析，即分析现象总变动中，各个因素的变动对总变动影响的方向和程度。利用指数体系可以进行指数间的推算。因为指数间具有数量对等关系，已知其中的其他指数，就可以推算出未知的那个指数。最后，分别介绍了居民消费价格指数和股票价格指数两种常用的价格指数的编制和应用。

指数因素分析法不仅能应用于总量指标的对比分析，还可应用于平均指标的对比分析。一般地，将两个不同时期的平均指标对比所形成的指数称为平均数指数。此外，在分析社会经济现象变动时，常常需要把总指数体系和平均数指数体系结合应用，用于深入地分析社会经济现象的变动情况及其变动原因。

## 思考题

1. 简述统计指数的含义和作用。
2. 简述因素分析的主要内容。
3. 简述平均数指数和平均指标对比指数的区别。

## 即测即评

## 延伸资料 \\\\\

# 第 8 章

# 相关分析与回归分析

1. 了解相关分析与回归分析的概念、特点，以及相关分析与回归分析的联系和区别。
2. 掌握相关分析与回归分析的定性和定量分析方法。
3. 掌握回归模型的拟合方法、对回归方程拟合精度的测定和评价的方法。

培养学生熟练运用相关分析与回归分析的方法，以及统计分析的能力。

**夏季气温与冰点制品销售**

生活常识告诉我们，夏季气温的高低是影响冰点制品销售量的重要因素。一般来讲，气温越高，冰点制品的销售情况就会越好。一家大型冰点制品连锁店的经营者李某为了扩大规模，准备开设新的连锁店。为了避免盲目开店造成的不必要损失，李某请来一家专业调查公司，对准备开店的地区当年夏季冰点制品的销售情况进行了调研。于是公司收集了该地区以往年份夏季连续若干天的观察资料，进而得到每天的最高气温与冰点制品的销售额资料，进行了定性和定量分析。通过对夏季气温与冰点制品销售量的关系的分析，发现两者关系十分密切，遂建立了相应的数学模型，采用回归分析的方法对当年夏季冰点制品的销售额进行了预测。然后，结合气象等其他因素得出十分乐观的结论：建议可以增开连锁店，扩大经营规模。最后，李某根据自己多年经营冰点制品的经验采纳了调查公司的意见，当年收到可观的经济效益。

那么，究竟应如何进行相关分析与回归分析呢？通过本章的学习，你一定会找到答案的。

# 8.1 相关分析概述

辩证唯物主义告诉我们，物质世界是一个普遍联系的统一整体。无论是社会现象、经济现象，还是自然、生态等现象，都是在相互联系、相互制约中存在并不断发展变化的。一个现象的存在和发展，往往会影响其他现象的发生和发展；众多事物此消彼长的变化，又会影响一些事物特定的发展变化；现象整体的发展，受制于整体内部各个因素的彼此关联与变化推动，也受到整体外部环境及相关条件的制约与影响，这已是众所周知的事实。相关分析与回归分析，正是研究和解释现象与现象、事物与事物彼此之间的依存度、关联度和因果关系的统计方法。随着计算机科学的不断普及和发展，在现代管理科学、自然科学，特别是计量经济学和统计学的研究中，相关分析与回归分析已经成为越来越重要、内容越来越丰富、方法越来越先进、计算操作越来越简便的现代统计方法。

## 8.1.1 相关关系的概念与特点

1. 函数关系与相关关系

一般来说，客观现象或事物之间相互联系和相互制约的关系，可分为确定性关系和非确定性关系两类。

确定性关系，在数学上称为函数关系，是指现象之间客观存在的，在数量变化上按一定法则严格确定的相互依存关系。一般地，可用一个数学表达式来表示：

$$y = f(x)$$

在函数关系中，现象之间存在着严格的依存关系。即对于某一变量的每一个数值，都有另一个变量的确定的值与之相对应。而且变量间的关系可以用一个确定的数学公式表达出来。例如，圆的面积（$s$）与半径（$r$）的函数关系为 $s = \pi r^2$；电流（$I$）与电压（$U$）和电阻（$R$）的关系是 $I = U/R$；产品总成本是产量与单位产品成本的乘积；某农作物总产量等于单位面积产量与种植面积的乘积等。这类现象的变化关系是一种确定性关系，即已知某现象数值，就可求解出另一现象的数值。函数关系是一种一一对应的关系，这种关系在经济生活中广泛存在。

相关关系是指现象之间客观存在的，在数量上受随机因素的影响、非确定性的相互依存关系。也就是说，现象之间确实存在相互依存关系，但这种关系是不确定、不严格的。因此，相关关系不能像函数关系那样，用一个确定的关系式表达出来，例如，孩子的身高与父母的身高之间的关系、化肥施用量与粮食作物产量的关系等。

2. 相关关系的特点

相关关系具有以下主要特点：

（1）相关关系表现为数量上的相互依存关系。即一个现象在数量上发生变化，另一个现象也会相应地发生数量上的变化。例如，一定限度内，施肥量增加，粮食产量会增多；劳动生产率提高，利润额也会提高；银行利率提高，存款额也会增多。显然，施肥量与粮食产量、劳动生产率与利润额、银行利率与存款额之间确实存在着相关关系。因为这几对现象中，一个现象发生数量的变化，另一现象也随之变化。

（2）相关关系在数量上表现为非确定性的相互依存关系。即存在相关关系的两个变量，对应于一个变量的某个数值，另一个变量可能有若干个数值与之对应，这些数值表现出一定的波动性，例如，对于同一个施肥量值，可能有多个单产值；同一个劳动生产率值也可能有多个利润值与之对应。这是因为，任意一种现象的产生，其诱因是多方面的，如孩子的身高除了和父母身高这个遗传因素有关之外，还会受到后天的营养、锻炼等因素的影响。如果只研究其中一个或几个原因，对其他因素未予以控制，变量间的因果关系就表现为这种非确定性的依存关系。

## 8.1.2　相关关系的种类

现象之间的相关关系是复杂的，它们各以不同的方式和程度相互作用，表现出不同的类型和形态。从不同的角度，按不同的标志划分，相关关系有不同的种类。而不同种类的相关关系，则需用不同的方法进行研究。现象之间的相关关系主要有以下几类。

**1. 按相关关系涉及的变量多少，可分为单相关和复相关**

单相关是指两个变量之间的相关关系，也称一元相关。单相关只涉及两个变量，即自变量和因变量，主要用来研究一个自变量和一个因变量的相关关系。例如，身高与体重、降雨量与单产、机床使用寿命与维修费用、学习时间和学习成绩等都是单相关。复相关是指多个自变量与因变量间的相关关系，也称多元相关。复相关主要用来研究一个因变量与多个自变量之间的关系。例如，气温、降雨量、施肥量、播种面积与粮食总产量的相关关系，资金周转率、流通费用、销售量、销售价格与销售利润间的相关关系，农民的人均收入与农业机械化程度、文化素质高低、工业化程度间的相关关系等均是复相关关系。

**2. 按相关变量的变动方向，可分为正相关和负相关**

正相关是指直线相关中，两个变量的变动方向相同，变量 $x$ 增加，变量 $y$ 随之增加；变量 $x$ 减少，变量 $y$ 随之减少。例如，在一般情况下，身高增加，体重也增加；在一定范围内，施肥量增多，单产也会增多；在正常情况下，居民货币收入增加，商品零售额也增多，商品价格上涨，供给也会增加等，这些都是正相关。负相关是指在直线相关中，两个变量的变动方向相反，即变量 $x$ 增加，变量 $y$ 随之减少；变量 $x$ 减少，变量 $y$ 随之增加。例如，商品价格上涨，需求会下降；商品价格下降，需求会上升。

**3. 按相关关系的表现形式，可分为线性相关和非线性相关**

线性相关是指两个变量间的相关关系大致呈现一条直线，故也称直线相关。其特点是当一个变量增减 1 个单位时，另一个变量也按一个大致固定的量变化。非线性相关是指两个变量的对应取值在坐标系中大致呈一条曲线，故也称曲线相关，如抛物线、指数曲线、双曲线等。客观现象表现形态为直线或曲线，这是现象本身所固有的，不是人的主观意识所决定的。因此，在实际应用中，要针对现象表现出的不同形式的相关关系，结合具体情况、实际经验及理论分析后加以确定。进行相关分析时，首先要确定相关关系的表现形态。

**4. 按照相关关系的密切程度，可分为完全相关、不完全相关和不相关**

当两个变量间的关系是确定的，一个变量的值完全由另一个变量的值所决定，即称为完全相关，即前述的函数关系，可以用一定的数学表达式来表示，如 $s = \pi r^2$。当两个变量各自独立，彼此互不影响，即称为不相关，如股票价格和气温之间的关系，粮食产量与孩子身高之间的关系等，一般是不相关的关系。介于完全相关和不相关这两者之间的，既不是完全相关，又不是不相关的关系，称为不完全相关，现实生活中这样的关系是最常见的。通常，相关分析是指对不完全相关现象的分析，不完全相关关系是统计分析的主要研究对象。

以上相关关系的种类如图 8 - 1 所示。

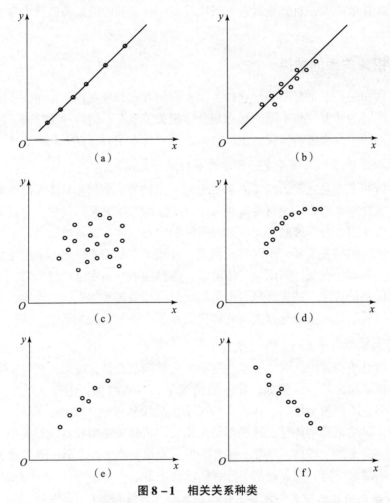

**图 8 - 1　相关关系种类**

(a) 完全相关；(b) 不完全相关；(c) 不相关；(d) 曲线相关；(e) 正相关；(f) 负相关

需要注意的是，现实的相关关系一般是以组合形态出现的，图 8 - 1 (a) 所示为完全线性正相关，图 8 - 1 (b) 所示为不完全线性正相关。而相应的完全线性负相关和不完全线性负相关如图 8 - 2 (a) 和图 8 - 2 (b) 所示。

此外，线性关系还有其他的组合类型，在此不一一列举。

### 8.1.3　相关分析的主要内容

相关分析是对客观社会经济现象间存在的相关关系进行分析研究的一种统计分析法。其目的在于分析现象间所存在的相关关系及对其所表现出的规律性进行数量上的推断和认识，以便为回归分析提供依据。在实际工作中，有非常广泛的应用。相关分析的主要内容和程序如下。

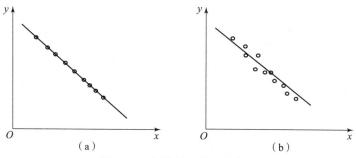

**图 8－2　相关关系的组合类型**
（a）完全线性负相关；（b）不完全线性负相关

1. **判别现象间有无相关关系**

现象间有无相关关系，这是相关分析的起点和出发点。只有现象间确实存在相关关系，才可能进行相关分析。所以，进行相关分析时，首先要通过定性分析，借助相关表或散点图来判别现象间是否确实存在相关关系，相关关系表现为何种形式就用什么样的方法分析。否则，若把本属于直线相关的变量用曲线的方法来分析，就会产生认识上的偏差，做出错误的判断。

2. **判定相关关系的表现形态和密切程度**

相关关系是一种数量上不严格的相互关系。只有当变量间确实存在高度密切的相关关系时，才可能进行相关分析，进而对社会经济现象进行预测、推算和决策。因此，判断现象确实存在相关关系后，就需要进一步确定相关关系的表现形态和密切程度。在统计上，一般是通过编制相关表、绘制相关图（散点图）和计算相关系数来做出判断。根据相关表可对相关关系的表现形态和密切程度做出一般判断，依据相关系数则可做出数量上的具体分析。

3. **选择合适的数学模型**

确定了现象间相关关系的表现形态和密切程度后，需要选择合适的数学模型对变量之间的关系做出近似描述，进而用自变量的数值去推测因变量的数值，即所称回归分析。如果变量之间为直线相关，则采用直线模型，称为线性回归；如果变量之间为曲线相关，则采用曲线模型如双曲线、抛物线方程等，称为非线性回归。用合适的数学模型表达变量之间的关系是后续统计工作中进行判断、推算和预测的依据。

4. **测定变量估计值的准确程度**

在相关分析中，应用数学模型对因变量进行估值。因变量的估计值和实际值之间差异的大小表明估值的准确度，一般通过计算估计标准误差来衡量与判断。差距大则误差大，可靠程度低，差距小则误差小，可靠程度高。

5. **对回归方程进行显著性检验**

对建立的回归模型，要进行显著性检验，即判明变量之间是否确实存在相关关系，这种关系是否是因数据选取问题而偶然形成的。这部分内容将在 8.4 节详述。

## 8.2　相关关系的判断

### 8.2.1　相关关系的一般判断

进行相关分析，首先要判明现象间是否存在相关关系。而判断现象间是否存在相关关系，一般采用定性分析、编制相关表和绘制相关图（散点图）等方法进行。

**1. 定性分析法**

所谓定性分析，就是根据所研究现象质的规定性，运用有关理论知识、专业知识和实际经验，来进行分析和判断，例如，根据经济理论来判断居民的货币收入与社会商品购买力是否存在相关关系；根据遗传理论来判断父辈身高与子辈身高是否存在相关关系等。定性分析是进行相关分析的基础，在此基础上，可根据需要通过编制相关表和绘制相关图（散点图）来进行分析。

**2. 相关表**

相关表就是把被研究现象的观察值对应排列形成的统计表，它是相关分析的基本方法之一。

对相关变量进行相关分析，研究其相互关系，首先要通过实际调查取得一系列成对的变量值，作为相关分析的原始数据。如某地区工业劳动者人数与工业增加值的历史资料对应排列见表 8 - 1。

表 8 - 1　某地区工业劳动者人数与工业增加值的历史资料对应排列

| 序号 | 工业劳动者人数/万人 | 工业增加值/亿元 |
|------|------|------|
| 1 | 1 373 | 156 |
| 2 | 1 375 | 212 |
| 3 | 1 400 | 229 |
| 4 | 1 401 | 257 |
| 5 | 1 501 | 274 |
| 6 | 1 705 | 303 |
| 7 | 2 224 | 345 |
| 8 | 2 416 | 401 |
| 9 | 2 881 | 527 |
| 10 | 2 979 | 565 |

应该指出，相关表中的两列数据称为相关数列，它不同于变量数列。相关表中的数值是变量的观测值，是实际资料，是样本数据，它是判别相关关系的基础。在相关表中，如果观测值的分布呈现一定的规律，则表明现象之间存在相关关系；如果随着一个变量数值的增加

或减少，另一个变量也大致以某一固定的速率和数量增加或减少，这就可以初步断定现象存在相关关系；如果两个变量的观察值未表现出任何规律性，则可以判定现象间不存在相关关系。

相关表按资料是否分组，可分为简单相关表和分组相关表。

（1）简单相关表。简单相关表是资料未经分组的相关表，是把变量值（因素标志值）按照从小到大的顺序并配合结果变量值一一对应而平行排列的统计表。简单相关表是客观现象标志之间相关研究初步结果的表现形式之一。表 8-1 就是由某地区工业劳动者人数与工业增加值的数据编制的简单相关表。

（2）分组相关表。分组相关表是在简单相关表的基础上，将原始资料进行分组而编制的统计表。根据分组情况不同，分组相关表又可分为单变量分组相关表和双变量分组相关表两种。

①单变量分组相关表是在具有相关关系的两个变量中，只对自变量进行分组，而对因变量不进行分组的相关表。这种分组只计算出次数和平均数。表 8-2 所示为 380 名女大学生的体重和身高相关表。

表 8-2　380 名女大学生的体重和身高相关表

| 按体重分组/千克 | 人数/人 | 每组平均身高/米 |
|---|---|---|
| 60 以上 | 4 | 1.70 |
| 60~62 | 6 | 1.65 |
| 55~60 | 72 | 1.63 |
| 50~55 | 64 | 1.60 |
| 47~50 | 110 | 1.58 |
| 45~47 | 121 | 1.56 |
| 45 以下 | 3 | 1.53 |

从表 8-2 可以看出，这 380 名女大学生的身高和体重，随着体重的减轻，平均身高也随之降低，两者之间存在着明显的正相关关系。

②双变量分组相关表是对具有相关关系的两个变量都进行分组的相关表，即对总体进行复合分组，一个分组设在主体栏或主词栏，另一个分组设在叙述栏或宾词栏，形成棋盘式的表格。其编制步骤是：先分别确定两个变量的数组；再按照两个变量的数组设计表格；最后进行计算，例如，根据某省建材集团 2019 年汽车运材成本和运量资料，编制双变量分组相关表（表 8-3）。

表 8-3　某省建材集团 2019 年汽车运材成本和运量双变量分组相关表

| 运材成本（$y$）/（元·立方米$^{-1}$） | 木材运量（$x$）/立方米 | | | | | |
|---|---|---|---|---|---|---|
| | 1~11 | 11~21 | 21~31 | 31~41 | 41~51 | 合计 |
| 1 621 | 2 | 1 | — | — | — | 3 |
| 1 116 | 5 | 3 | 4 | 1 | — | 13 |

续表

| 运材成本（y）/（元·立方米$^{-1}$） | 木材运量（x）/立方米 | | | | | |
| --- | --- | --- | --- | --- | --- | --- |
| | 1~11 | 11~21 | 21~31 | 31~41 | 41~51 | 合计 |
| 611 | — | 3 | 3 | 1 | 1 | 8 |
| 合计 | 7 | 7 | 7 | 2 | 1 | 24 |

这张双变量相关表，按照相关图的形式做了特别设计，形成了图表结合的模式，因此，反映这两个现象之间的相关形态、方向和程度更加清楚。在其他方面也都可以编制类似的双变量分组相关表，如工业企业按产量和成本水平同时分组、对同行业的商业企业按企业规模和流通费用水平同时分组等。这种双变量相关表，可作为探寻最佳方案、提高经济效益的一种工具。但是，由于根据双变量相关表的资料计算相关分析指标比较复杂，所以在实际相关分析中使用较少。

值得注意的是，双变量相关表通常设置两个合计栏，分别表明各变量分组的次数分布情况。一般制作双变量相关表时，将自变量放在横行，变量值从小到大自左至右排列，因变量放在纵列，变量值从小到大从上到下排列。

3. 相关图

相关图也称相关散点图，简称散点图，是指根据相关表中的观测数据在坐标系中绘制的点状图形，是描述变量间关系的一种直观方法。若用 $x$ 和 $y$ 分别代表两个变量，用坐标系的横轴代表自变量 $x$，用坐标系的纵轴代表因变量 $y$，把相关表中的对应观测值一一描绘在坐标系中，则形成了相关点（散点）分布状况的图形，据此就可观测现象间相关关系的情况。下面举例说明相关图的绘制方法。

【例8-1】 在某个地区抽取了9家生产同类产品的企业，其月产量和单位成本资料见表8-4。试绘制相关图，并说明月产量与单位成本的相关关系。

表8-4 9家企业的产品月产量和单位成本资料

| 企业编号 | 1 | 2 | 3 | 4 | 5 | 6 | 7 | 8 | 9 |
| --- | --- | --- | --- | --- | --- | --- | --- | --- | --- |
| 月产量/千件 | 4.1 | 6.3 | 5.4 | 7.6 | 3.2 | 8.5 | 9.7 | 6.8 | 2.1 |
| 单位成本/元 | 80 | 72 | 71 | 58 | 86 | 50 | 42 | 63 | 91 |

根据规模经济理论，可初步判断产品月产量和单位成本之间存在着相关关系，然后绘制相关图（散点图），就可以比较直观地看出两个变量之间的关系，如图8-3所示。

从图8-3可看出，随着月产量的增加，单位成本有降低的趋势，而且呈现出线性特征或形态。由此，可初步断定产量与单位成本是直线负相关关系。

又如，依据表8-2的380名女大学生的体重和身高数据绘制散点图，如图8-4所示。

必须指出，如果与某一变量相关的因素有多个，则可分别绘制相对应的相关图，然后通过多个相关图的对比，大致可看出与各因素的密切程度，进而判断主要因素和次要因素。

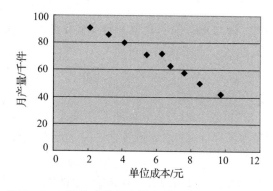

图 8-3　9 家企业的月产量和单位产品成本散点图

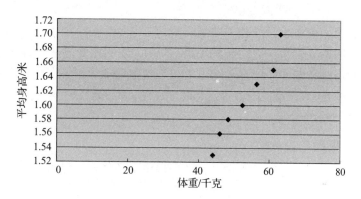

图 8-4　380 名女大学生的体重和身高散点图

## 8.2.2　相关系数

通过前述相关表和相关图，我们仅可以对变量间的相关关系做出一般性的判断，这只是相关分析的开始。如果要想进一步分析变量间的密切程度，就必须用相关系数来衡量和判断。现实中，现象之间一般存在着直线和曲线两种相关关系，而且多为直线相关，这就决定了直线相关分析在实际中也最为常用。这里仅介绍直线相关系数的计算问题。

1. 相关系数的含义

相关系数是指直线相关条件下，说明两种现象之间相关关系密切程度的统计指标，一般用 $r$ 表示。1890 年，英国统计学家卡尔·皮尔逊（Karl Pearson）提出了相关系数的公式。

$$r = \frac{\sigma_{xy}}{\sigma_x \sigma_y} = \frac{\dfrac{\sum (x - \bar{x})(y - \bar{y})}{n}}{\sqrt{\dfrac{\sum (x - \bar{x})^2}{n}} \sqrt{\dfrac{\sum (y - \bar{y})^2}{n}}} \tag{8-1}$$

式中，$r$——相关系数；

$\sigma_{xy}$——变量 $x$ 与变量 $y$ 的协方差；

$\sigma_x$——变量 $x$ 的标准差；

$\sigma_y$——变量 $y$ 的标准差。

需要说明的是，$\sigma_{xy} > 0$，即为正，说明变量 $x$ 与变量 $y$ 为正相关；$\sigma_{xy} < 0$，即为负，说明变量 $x$ 与变量 $y$ 为负相关（这一点将在稍后说明）。

$r$ 与 $\sigma_{xy}$ 同符号，且 $r > 0$ 时，变量 $x$ 与变量 $y$ 为正相关；$r < 0$ 时，变量 $x$ 与变量 $y$ 为负相关。

根据相关系数的定义公式可知，相关系数有如下含义：

（1）相关系数的取值范围：$-1 \leqslant r \leqslant 1$。因为协方差的绝对值最小为 0，最大为 $\sigma_x$ 和 $\sigma_y$ 的乘积。

（2）$r$ 的绝对值越接近于 1，表明相关关系越密切；$r$ 的绝对值越接近于 0，表明相关关系越不密切。

（3）$r = 1$ 或 $r = -1$，表明两变量完全相关。

（4）$r = 0$，表明两变量无直线相关关系。

（5）$r > 0$，表明两变量呈正直线相关关系；$r < 0$，表明两变量呈负直线相关关系。

实际中，人们经过长期实践，已总结出了一个判别现象间相关密切程度的一般标准，即 $|r| < 0.3$，视为无相关；$0.3 \leqslant |r| \leqslant 0.5$，为低度相关；$0.5 \leqslant |r| < 0.8$，为显著相关（中度相关）；$|r| \geqslant 0.8$，为高度相关。

2. 相关系数的计算

相关系数的计算根据资料的分组情况，既可采用定义公式，也可采用简捷公式，还可采用其他计算方法。

（1）根据定义公式计算相关系数（未分组资料）。具体计算时，要用相关资料设计一个计算表，先将定义公式中的基本数据计算出来，即先列出 5 个计算栏：$x - \bar{x}$、$y - \bar{y}$、$(x - \bar{x})(y - \bar{y})$、$(x - \bar{x})^2$、$(y - \bar{y})^2$。

【例 8-2】 已知某地区社会生产总值和社会商品零售总额的历史资料（表 8-5），计算相关系数。

表 8-5 某地区社会生产总值和社会商品零售总额资料 单位：亿元

| 年份（序号） | 社会生产总值 | 社会商品零售总额 |
|---|---|---|
| 1 | 39 | 20 |
| 2 | 45 | 22 |
| 3 | 52 | 26 |
| 4 | 63 | 34 |
| 5 | 70 | 36 |
| 6 | 80 | 39 |
| 7 | 85 | 40 |

**解：**列表计算相关资料，见表 8-6。

$$\bar{x} = \frac{\sum x}{n} = \frac{435}{7} = 62(亿元) ; \bar{y} = \frac{\sum y}{n} = \frac{217}{n} = 31(亿元)$$

表 8 - 6　相关系数计算表 1

| 序号 | 生产总值 $x$ /亿元 | 商品零售额 $y$ /亿元 | $x - \bar{x}$ | $y - \bar{y}$ | $(x - \bar{x})(y - \bar{y})$ | $(x - \bar{x})^2$ | $(y - \bar{y})^2$ |
|------|------|------|------|------|------|------|------|
| 1 | 39 | 20 | -23 | -11 | 253 | 529 | 121 |
| 2 | 45 | 22 | -17 | -9 | 153 | 289 | 81 |
| 3 | 52 | 26 | -10 | -10 | 50 | 100 | 25 |
| 4 | 63 | 34 | 1 | 3 | 3 | 1 | 9 |
| 5 | 70 | 36 | 8 | 5 | 40 | 64 | 25 |
| 6 | 80 | 39 | 18 | 8 | 144 | 324 | 64 |
| 7 | 85 | 40 | 23 | 9 | 207 | 529 | 81 |
| 合计 | 435 | 217 | — | — | 850 | 1 836 | 406 |

根据表 8 - 6 中的数据计算得：

$$r = \frac{\dfrac{\sum(x - \bar{x})(y - \bar{y})}{n}}{\sqrt{\dfrac{\sum(x - \bar{x})^2}{n}}\sqrt{\dfrac{\sum(y - \bar{y})^2}{n}}} = \frac{\dfrac{850}{7}}{\sqrt{\dfrac{1\,836}{7}}\sqrt{\dfrac{406}{7}}} = 0.985$$

注意：由于定义公式的分子和分母中都有公因子 $1/n$，同时约掉，相关系数的公式可写成：

$$r = \frac{\sum(x - \bar{x})(y - \bar{y})}{\sqrt{\sum(x - \bar{x})^2 \sum(y - \bar{y})^2}} \tag{8 - 2}$$

显然，定义公式是通过变量离差乘积之和的平均数来计算相关系数的，所以这个公式又称为积差法公式。

（2）相关系数的简捷计算方法。相关系数的定义公式是根据两变量的离差计算的，当 $\bar{x}$、$\bar{y}$ 为除不尽的小数时，计算既烦琐又影响准确性，实践中多采用根据定义公式推导出的简捷公式计算相关系数。公式为：

$$r = \frac{n\sum xy - \sum x \sum y}{\sqrt{n\sum x^2 - \left(\sum x\right)^2}\sqrt{n\sum y^2 - \left(\sum y\right)^2}} \tag{8 - 3}$$

显然，按照这一公式计算相关系数，只需列 3 个计算栏：$xy$、$x^2$、$y^2$，而且避免了平均数、协方差、标准差的直接计算，大大简化了计算过程。现根据表 8 - 5 的资料，用简捷公式计算相关系数（表 8 - 7）。

表 8 –7　相关系数计算表 2

| 生产总值（x）/亿元 | 商品零售总额（y）/亿元 | $xy$ | $x^2$ | $y^2$ |
|---|---|---|---|---|
| 39 | 20 | 780 | 1521 | 400 |
| 45 | 22 | 990 | 2025 | 484 |
| 52 | 26 | 1 352 | 2 704 | 676 |
| 63 | 34 | 2 142 | 3 969 | 1 156 |
| 70 | 36 | 2 520 | 4 900 | 1 296 |
| 80 | 39 | 3 120 | 6 400 | 1 521 |
| 85 | 40 | 3 400 | 7 225 | 1 600 |
| 434 | 217 | 14 304 | 28 744 | 7 133 |

$$r = \frac{n \sum xy - \sum x \sum y}{\sqrt{n \sum x^2 - \left( \sum x \right)^2} \sqrt{n \sum y^2 - \left( \sum y \right)^2}}$$

$$= \frac{7 \times 14\ 304 - 434 \times 217}{\sqrt{7 \times 28\ 744 - (434)^2} \times \sqrt{7 \times 7\ 133 - (217)^2}} = 0.985$$

（3）相关系数的其他计算公式。根据定义法公式，还可以推导出相关系数的其他公式。

$$r = \frac{\sum xy - n \bar{x} \bar{y}}{\sqrt{\sum x^2 - n (\bar{x})^2} \sqrt{\sum y^2 - n (\bar{y})^2}} \tag{8 - 4}$$

$$r = \frac{\overline{xy} - \bar{x} \bar{y}}{\sigma_x \cdot \sigma_y} \tag{8 - 5}$$

$$r = \frac{\overline{xy} - \bar{x} \bar{y}}{\sqrt{\overline{x^2} - (\bar{x})^2} \sqrt{\overline{y^2} - (\bar{y})^2}} \tag{8 - 6}$$

式中，$\overline{xy} = \dfrac{\sum xy}{n}$。

下面举例说明利用双变量分组资料计算相关系数的方法。

【例 8 –3】　表 8 –8 是某地 40 家商店的营业员和营业额资料。试根据表中资料求相关系数。

表 8 –8　双变量分组相关表

| 营业额（y）/万元 | 营业员（x）/人 | | | | | 合计/人 |
|---|---|---|---|---|---|---|
| | 1 ~ 3 | 3 ~ 5 | 5 ~ 7 | 7 ~ 9 | 9 ~ 11 | |
| 6 ~ 7 | | | | 1 | 6 | 7 |
| 5 ~ 6 | | | 2 | 4 | 4 | 10 |
| 4 ~ 5 | | 2 | 4 | 5 | | 11 |

| 营业额（$y$）/万元 | 营业员（$x$)/人 | | | | | 合计/人 |
|---|---|---|---|---|---|---|
| | 1~3 | 3~5 | 5~7 | 7~9 | 9~11 | |
| 3~4 | 2 | 1 | 4 | | | 7 |
| 2~3 | 1 | 2 | | | | 3 |
| 1~2 | 2 | | | | | 2 |
| 合计 | 5 | 5 | 10 | 10 | 10 | 40 |

**解**：根据双变量分组相关表计算相关系数时，$x$ 和 $y$ 值均取各分组的组中值，以各组频数加权计算相关系数。先列表计算（表8-9）。

表8-9 加权相关系数计算表

| $x$ | $y$ | $f$ | $xf$ | $yf$ | $xy$ | $xyf$ | $x^2$ | $x^2f$ | $y^2$ | $y^2f$ |
|---|---|---|---|---|---|---|---|---|---|---|
| 2 | 1.5 | 2 | 4 | 3 | 3 | 6 | 4 | 8 | 2.25 | 4.5 |
| 2 | 2.5 | 1 | 2 | 2.5 | 5 | 5 | 4 | 4 | 6.25 | 6.25 |
| 2 | 3.5 | 2 | 4 | 7 | 7 | 14 | 4 | 8 | 12.25 | 24.5 |
| 4 | 2.5 | 2 | 8 | 5 | 10 | 20 | 16 | 32 | 6.25 | 12.5 |
| 4 | 3.5 | 1 | 4 | 3.5 | 14 | 14 | 16 | 16 | 12.25 | 12.25 |
| 4 | 4.5 | 2 | 8 | 9 | 18 | 36 | 16 | 32 | 20.25 | 40.5 |
| 6 | 3.5 | 4 | 24 | 14 | 21 | 84 | 36 | 144 | 12.25 | 49 |
| 6 | 4.5 | 4 | 24 | 18 | 27 | 108 | 36 | 144 | 20.25 | 81 |
| 6 | 5.5 | 2 | 12 | 11 | 33 | 66 | 36 | 72 | 30.25 | 60.5 |
| 8 | 4.5 | 5 | 40 | 22.5 | 36 | 180 | 64 | 320 | 20.25 | 101.25 |
| 8 | 5.5 | 4 | 32 | 22 | 44 | 176 | 64 | 256 | 30.25 | 121 |
| 8 | 6.5 | 1 | 8 | 6.5 | 52 | 52 | 64 | 64 | 42.25 | 42.25 |
| 10 | 5.5 | 4 | 40 | 22 | 55 | 220 | 100 | 400 | 30.25 | 121 |
| 10 | 6.5 | 6 | 60 | 39 | 65 | 390 | 100 | 600 | 42.25 | 253.5 |
| — | — | 40 | 270 | 185 | — | 1 371 | — | 2 100 | — | 930 |

$$\therefore \bar{x} = \frac{\sum xf}{\sum f} = \frac{270}{40} = 6.75 \qquad \bar{y} = \frac{\sum yf}{\sum f} = \frac{185}{40} = 4.625$$

$$\overline{xy} = \frac{\sum xyf}{\sum f} = \frac{1\ 371}{40} = 34.275 \qquad \overline{x^2} = \frac{\sum x^2 f}{\sum f} = \frac{2\ 100}{40} = 52.5$$

$$\overline{y^2} = \frac{\sum y^2 f}{\sum f} = \frac{930}{40} = 23.25$$

$$\therefore r = \frac{\overline{xy} - \bar{x}\,\bar{y}}{\sqrt{x^2 - (\bar{x})^2}\,\sqrt{y^2 - (\bar{y})^2}} = \frac{34.275 - 6.75 \times 4.625}{\sqrt{52.5 - 6.75^2}\,\sqrt{23.25 - 4.625^2}} = 0.85 > 0.8$$

因为，$r > 0.8$，所以，该商店营业人员与营业额存在高度正相关关系。

3. 相关系数的显著性检验

测算两个变量的相关系数，是从二元总体中随机抽取一个样本，再用样本的相关系数去推断，因为推断误差的存在，不可能保证百分之百可靠。也就是说，因为样本是随机抽取的，根据其计算出的相关系数虽然很大，但总体可能并不具备相关性。那么总体到底有没有线性相关性，在得出结论前，还必须进行假设检验。

检验样本（相关系数为 $r$）是否会来自一个无线性关系的总体（总体的相关系数为 $\rho$），可以采用费舍（R. A. Fisher）的 $t$ 检验法。

(1) 原假设：$H_0: \rho = 0$。备择假设：$H_1: \rho \neq 0$。

(2) 检验统计量为 $t = |r|$，其中 $n - 2$ 为自由度。

(3) 若显著性水平为 $\alpha$，查 $t$ 表的临界值为 $t_{\frac{\alpha}{2}}(n-2)$。

(4) 若 $|t| \geq t_{\frac{\alpha}{2}}(n-2)$，则拒绝原假设，接受备择假设，即认为样本的相关系数显著，可以说明总体两个变量间存在着线性相关，检验通过。若 $|t| < t_{\frac{\alpha}{2}}(n-2)$，则结论相反。

【例 8-4】 根据【例 8-1】中 9 家企业的产品月产量和单位成本的样本资料，计算相关系数并对其进行显著性检验（表 8-10）。

表 8-10 相关系数计算表 3

| 序号 | 月产量 ($x$)/千件 | 单位成本 ($y$)/元 | $x^2$ | $y^2$ | $xy$ |
|---|---|---|---|---|---|
| 1 | 4.1 | 80 | 16.81 | 6 400 | 328 |
| 2 | 6.3 | 72 | 39.69 | 5 184 | 453.6 |
| 3 | 5.4 | 71 | 29.16 | 5 041 | 383.4 |
| 4 | 7.6 | 58 | 57.76 | 3 364 | 440.8 |
| 5 | 3.2 | 86 | 10.24 | 7 396 | 275.2 |
| 6 | 8.5 | 50 | 72.25 | 2 500 | 425 |
| 7 | 9.7 | 42 | 94.09 | 1 764 | 407.4 |
| 8 | 6.8 | 63 | 46.24 | 3 969 | 428.4 |
| 9 | 2.1 | 91 | 4.41 | 8 281 | 191.1 |
| 合计 | 53.7 | 613 | 370.65 | 43 899 | 3 332.9 |

$$r = \frac{n\sum xy - \sum x \sum y}{\sqrt{n\sum x^2 - \left(\sum x\right)^2}\,\sqrt{n\sum y^2 - \left(\sum y\right)^2}}$$

$$= \frac{9 \times 3\,332.9 - 53.7 \times 613}{\sqrt{9 \times 370.65 - (53.7)^2}\,\sqrt{9 \times 43\,899 - (613)^2}} = -0.988\,6$$

已知：$r = -0.988\ 6$，$n = 9$，提出如下假设：

$H_0$：$\rho = 0$；$H_1$：$\rho \neq 0$

$$t = |r|\sqrt{\frac{n-2}{1-r^2}} = 0.988\ 6 \times \sqrt{\frac{9-2}{1-0.988\ 6^2}} = 17.37$$

设显著性水平 $\alpha = 0.05$。查 $t$ 表得 $t_{\frac{\alpha}{2}}(n-2) = t_{0.025}(9-2) = 2.364\ 6$，$|t| > t_{\frac{\alpha}{2}}(n-2)$，表明总体相关系数 $\rho = 0$ 的可能性小于 $\alpha = 0.05$。所以拒绝原假设 $H_0$：$\rho = 0$，认为样本的相关关系具有显著性，即不能否认总体（全部的同类企业）的两变量存在线性相关。

**4. 时间数列的自相关**

以上我们从静态角度对两个变量的相关关系进行了讨论。但是，相关关系并不仅限于静态，在时间动态方面也可应用相关分析的方法，基本方法与静态的完全相同。比如，时间数列自相关，就是研究一个变量的发展变化对其自身将来的变化所产生的影响。这种现象在经济活动中经常存在，当年的经济状态会对下一年度、下两年度甚至更远的年份产生影响，如已经形成的工业生产水平会影响明年或后年的工业生产水平等。

进行时间数列的自相关分析，需要计算自相关系数，其方法与前面所讲的相关系数在本质上是相同的，公式为

$$r = \frac{n\sum y_t y_{t-1} - \sum y_t \sum y_{t-1}}{\sqrt{n\sum y_t^2 - \left(\sum y_t\right)^2}\sqrt{n\sum y_{t-1}^2 - \left(\sum y_{t-1}\right)^2}} \tag{8-7}$$

式中，$t$ 代表时间；$t-1$ 是 $t$ 期（年）的前一期（年）。

【例 8-5】　某地区 2009—2019 年的生猪收购量资料见表 8-11，试计算自相关系数。

表 8-11　时间数列自相关计算表

| 年份 | 本年收购量 ($y_t$)/头 | 上年收购量 ($y_{t-1}$)/头 | $y_t y_{t-1}$ | $y_{t-1}^2$ | $y_t^2$ |
|---|---|---|---|---|---|
| 2009 | 170 | — | — | — | — |
| 2010 | 240 | 170 | 40 800 | 28 900 | 57 600 |
| 2011 | 410 | 240 | 98 400 | 57 600 | 168 100 |
| 2012 | 210 | 410 | 86 100 | 168 100 | 44 100 |
| 2013 | 150 | 210 | 31 500 | 44 100 | 22 500 |
| 2014 | 260 | 150 | 39 000 | 22 500 | 67 600 |
| 2015 | 470 | 260 | 122 200 | 67 600 | 220 900 |
| 2016 | 680 | 470 | 319 600 | 220 900 | 462 400 |
| 2017 | 650 | 680 | 442 000 | 462 400 | 422 500 |
| 2018 | 850 | 650 | 552 500 | 422 500 | 722 500 |
| 2019 | 920 | 850 | 782 000 | 722 500 | 846 400 |
| 合计 | 4 840 | 4 090 | 2 514 100 | 2 217 100 | 3 034 600 |

**解**：将上年收购量与本年收购量一一对应排列见表8–11，则可看出，随着上年收购量$y_{t-1}$的增长，本年收购量$y_t$也有增长的趋势，可初步判断两者呈正相关关系。

注：$\sum y_t = 4\,840$中不包括170。

如果根据各项资料（170，240），（240，410），…，（850，920）绘制相关图，可见本期收购量$y_t$（纵轴）与上期收购量$y_{t-1}$（横轴）之间的关系大体上接近直线（图略）。因此，通过该资料可计算直线自相关系数。

$$r = \frac{n \sum y_t y_{t-1} - \sum y_t \sum y_{t-1}}{\sqrt{n \sum y_t^2 - \left(\sum y_t\right)^2} \sqrt{n \sum y_{t-1}^2 - \left(\sum y_{t-1}\right)^2}}$$

$$= \frac{10 \times 2\,514\,100 - 4\,840 \times 4\,090}{\sqrt{10 \times 2\,217\,100 - 10 \times 3\,034\,600} \times \sqrt{4\,090^2 - 4\,840^2}}$$

$$= 0.871\,0$$

结果说明，本年收购量$y_t$与上年收购量$y_{t-1}$之间高度相关。

# 8.3　回归分析概述

## 8.3.1　回归分析的概念与特点

### 1. 回归分析的含义

我们已知道，通过相关分析可以说明变量之间相关关系的方向和程度，但是它不能说明变量之间具体的数量因果关系。也就是说，当自变量给出一个数值时，因变量的可能取值是多少，这恰恰是相关分析所不能回答的问题。这就需要通过新的统计分析方法，即回归分析加以解决。

所谓回归分析，是指对具有相关关系的现象，根据其关系形态，选择一个合适的数学模型（称为回归方程），用来近似地表示变量间的一般数量关系，也即平均变化关系的一种统计分析方法。回归分析的基本思想是，根据现象间相关关系的形态，配合一条近似函数关系的最合适的直线或曲线，用这条直线或曲线，反映它们之间数量变化的一般关系，即当自变量发生一个量的变化时，因变量一般会（或平均会）发生多大量的变化。例如，单位面积化肥施用量增加1千克，粮食单产会增加多少千克；某产品产量每增加1000件，单位成本平均会下降多少元等。反映现象间相关关系数量变化规律的直线或曲线，称为回归直线或曲线；表现这条回归直线或曲线的数学表达式，称为直线或曲线回归模型。它是推算或预测因变量的经验数据模型。

★相关链接

"回归"一词是19世纪英国生物学家高尔登（Francis Galton，1822—1911）首先提出的。他在研究父母身高和子女身高的关系时发现，身材特别高的父母所生的孩子并不一定特别高，而身材特别矮的父母所生的孩子并非特别矮，子辈的身高有向父辈平均身高逼近的趋势，他把这种现象称为"身高数值从一个极端向另一极端的回归"。此后，他的学生皮尔逊

（Karl Pearson，1857—1936）把回归的概念与数学的方法联系起来，把代表现象之间一般数量关系的统计模型叫作回归直线或回归曲线，从此便诞生了统计上著名的回归理论。后来，回归这一名词被用来泛指变量之间的一般数量关系。

2. 回归分析的特点

与相关分析相比，回归分析有以下特点（或区别）。

（1）回归分析的两个变量是非对等关系。在相关分析中，相关关系的两个变量是对等的，只要求变量存在相关关系，不必区分哪一个是自变量、哪一个是因变量。而回归分析中，两个变量存在因果关系，所以需要先通过定性分析来确定哪个是自变量、哪个是因变量。自变量、因变量不同，所得出的分析结果也不同。一般而言，回归现象中的变量一定相关，但相关的两个变量不一定有回归现象。

（2）在回归分析中，因变量是随机变量，而自变量是可控制的变量。可依研究的目的分别建立 $y$ 对于 $x$ 的回归方程或 $x$ 对于 $y$ 的回归方程；而相关分析中，被研究的两个变量都是随机变量，它只能计算出反映两个变量之间相关密切程度的一个统计分析指标，即相关系数。

（3）回归分析主要是通过对一组样本数据的分析，确定出变量之间的数学关系式，对其可靠程度进行检验，通过关系式确定影响因变量的主次因素，并利用所得的关系式对因变量进行预测估计。而相关分析是对两个变量之间关系的描述，利用相关系数来测定变量之间关系的密切程度。

显然，回归分析与相关分析存在着明显的区别。当然，两者也有着密不可分的内在联系，首先，相关分析是回归分析的基础和前提。如果现象间缺少相关关系，而又没有从定性上说明现象间是否具有相关关系，未能对现象间相关关系的密切程度做出判断，是不能进行回归分析的，即便勉强进行回归分析，也是毫无实际意义的。其次，回归分析是相关分析的深入和继续。因为，统计实践已经证明，仅仅说明现象间具有密切的相关关系是不能满足统计研究需要的，只有将变量值的分布回归，并拟合相应的回归方程，才能进行有关的推算和回归预测，相关分析也才具有实际意义。

总之，如果仅有回归分析而缺少相关分析，将会缺乏必要的基础和前提而影响回归分析的可靠性；如果仅有相关分析而缺少回归分析，就会削弱相关分析的意义。只有将两者结合起来才能达到统计分析的目的。

3. 回归分析的内容

回归分析是指将具有相关关系的现象的变量转变为函数关系，并建立变量关系的数学表达式，来研究变量之间数量变动关系的统计方法。具体内容包括两个方面。

（1）确定现象之间相关关系的数学模型。回归分析的目的之一就是要根据某一现象的变动对另一现象的变动做出数量上的判断，测定变量间的一般数量变化关系，即建立描述现象间相关关系的数学模型——回归方程，用函数关系式近似地表达相关关系，进而找出现象间相互依存关系数量上的规律性，作为判断、推算、预测的根据。

（2）测定数学模型的拟合精度。数学模型是现象间相关关系进行回归分析的数量描述形式，模型拟合的精度，直接影响统计分析结论的准确性。

#### 4. 回归分析的种类

按照统计研究对象和目的的不同，回归分析模型可进行以下分类。

（1）按照具有相关关系的变量个数多少划分，可分为简单回归分析模型和多元回归分析模型。简单回归分析模型是指只有一个自变量和一个因变量的回归分析模型。多元回归分析模型是指由多个自变量和一个因变量组成的回归分析模型。它与简单回归分析模型相比，增加了自变量的个数。

（2）按照变量间相互关系的形态来分，可分为线性回归分析模型和曲线回归分析模型。线性回归分析模型是指反应变量之间关系为线性趋势的模型。曲线回归分析模型是指反映变量之间相互关系的形态表现为某种曲线的模型。

将上述分类交叉使用，就得到简单线性回归、简单曲线回归、多元线性回归和多元曲线回归四种类型。由于线性回归分析是整个回归分析的基础，因此本书重点介绍。

### 8.3.2 线性回归分析

在回归分析中，如果变量之间的回归模型是直线方程，则这类回归分析为线性回归分析（直线回归），该直线方程称为线性回归方程。具体地，如果直线方程中只有一个自变量和一个因变量，就称为简单线性回归分析；若存在一组自变量和多个因变量，就称为多元线性回归分析。

#### 1. 简单线性回归分析

简单线性回归分析的主要任务是在唯一的自变量 $x$ 和因变量 $y$ 之间建立一个直线函数，其表现形式为：

$$\hat{y} = a + bx$$

需要指出的是，$x$ 是自变量，$\hat{y}$ 是因变量的 $y$ 的估计值，又称理论值。实际观测值 $y$ 和理论值 $\hat{y}$ 的关系：$y = \hat{y} + \varepsilon$，式中 $\varepsilon$ 称为离差，反映了因各种偶然因素、观察误差及被忽略的其他影响因素带来的随机误差。因此，用以下方程来表示简单线性回归方程的模型：

$$y = a + bx + \varepsilon$$

（1）一般简单线性回归方程。确定 $\hat{y} = a + bx$，主要是确定 $a$ 和 $b$，那么如何选择最为满意的 $a$ 和 $b$ 呢？统计学中有最小二乘法、最大似然法等。其中最大似然法更适用于长期对事物、现象的估计和预测，故常用的是最小二乘法。

最小二乘法的基本思想是让 $\sum (y - \hat{y})^2 = $ 最小值，又称最小平方法。其原理即拟合一条最佳配置线，使得样本数据点到该直线上对应点的纵向距离和最短，也就是因变量 $y$ 的观测值 $y_i$ 与估计值 $\hat{y}$ 的差的平方和达到最小，并据此求得参数 $a$ 和 $b$。

将 $\hat{y} = a + bx$ 代入 $\sum (y - \hat{y})^2$。令 $Q = \sum (y - \hat{y})^2 = \sum (y - a - bx)^2$，根据微分求极值的原理，分别对 $a$ 和 $b$ 求偏导，令其为零。

得：

$$\frac{\partial Q}{\partial a} = -2 \sum (y - a - bx) = 0$$

$$\frac{\partial Q}{\partial b} = -2 \sum (y - a - bx)x = 0$$

整理得：

$$\begin{cases} \sum y = na + b \sum x \\ \sum xy = a \sum x + b \sum x^2 \end{cases}$$

求解方程组，可得 $a$ 和 $b$：

$$b = \frac{n \sum xy - \sum x \sum y}{n \sum x^2 - \left( \sum x \right)^2} \qquad (8-8)$$

$$a = \bar{y} - b\bar{x} \qquad (8-9)$$

则可得直线回归方程：$\hat{y} = a + bx$

【例 8-6】　根据【例 8-1】中的数据，建立月产量 $x$ 和单位产品成本 $y$ 之间的直线方程。并估计当月产量 $x = 10$（千件）时单位产品成本的数值，见表 8-12。

表 8-12　直线回归方程计算表

| 序号 | 月产量 $(x)$/千件 | 单位成本 $(y)$/元 | $x^2$ | $y^2$ | $xy$ |
|---|---|---|---|---|---|
| 1 | 4.1 | 80 | 16.81 | 6 400 | 328 |
| 2 | 6.3 | 72 | 39.69 | 5 184 | 453.6 |
| 3 | 5.4 | 71 | 29.16 | 5 041 | 383.4 |
| 4 | 7.6 | 58 | 57.76 | 3 364 | 440.8 |
| 5 | 3.2 | 86 | 10.24 | 7 396 | 275.2 |
| 6 | 8.5 | 50 | 72.25 | 2 500 | 425 |
| 7 | 9.7 | 42 | 94.09 | 1 764 | 407.4 |
| 8 | 6.8 | 63 | 46.24 | 3 969 | 428.4 |
| 9 | 2.1 | 91 | 4.41 | 8 281 | 191.1 |
| 合计 | 53.7 | 613 | 370.65 | 43 899 | 3 332.9 |

将表 8-12 的有关数据代入式（8-8），得：

$$b = \frac{n \sum xy - \sum x \sum y}{n \sum x^2 - \left( \sum x \right)^2} = \frac{9 \times 3\ 332.9 - 53.7 \times 613}{9 \times 370.65 - 53.7^2} = -6.46$$

$\because \bar{x} = 5.97$，$\bar{y} = 68.11$，

$a = \bar{y} - b\bar{x} = 68.11 - (-6.46) \times 5.97 = 106.68$

所以回归方程：$\hat{y} = 106.68 - 6.46x$

当 $x = 10$（千件），$\hat{y} = 106.68 - 6.46x = 42.08$（元），如图 8-5 所示。

（2）当时间为解释变量时的简单线性回归方程。若自变量为时间，则用 $t$ 表示，此时，直线方程为 $\hat{y} = a + bt$。

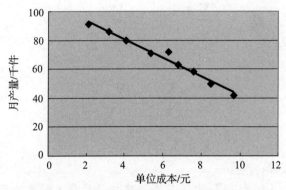

**图 8 – 5　月产量和单位成本的线性回归方程**

由最小二乘法原理可得：

$$b = \frac{n \sum ty - \sum t \sum y}{n \sum t^2 - \left(\sum t\right)^2} \qquad (8-10)$$

$$a = \frac{\sum y}{n} - b \frac{\sum t}{n} = \bar{y} - b \bar{t} \qquad (8-11)$$

若 $\sum t = 0$，则 $b = \dfrac{\sum ty}{\sum t^2}$，$a = \dfrac{\sum y}{n} = \bar{y}$

**【例 8 – 7】**　某游览点历年观光游客的数量见表 8 – 13，用最小二乘法建立直线方程，并预测 2020 年的游客数量。

**表 8 – 13　游览点观光游客的数量**

| 年份 | 时间序号 ($t$) | | 游客 ($y$)/万人 | $t^2$ | | $ty$ | |
|---|---|---|---|---|---|---|---|
| 2008 | 1 | –3 | 100 | 1 | 9 | 100 | –300 |
| 2009 | 2 | –2 | 112 | 4 | 4 | 224 | –224 |
| 2010 | 3 | –1 | 125 | 9 | 1 | 375 | –125 |
| 2011 | 4 | 0 | 140 | 16 | 0 | 560 | 0 |
| 2012 | 5 | 1 | 155 | 25 | 1 | 775 | 155 |
| 2013 | 6 | 2 | 168 | 36 | 4 | 1 008 | 336 |
| 2014 | 7 | 3 | 180 | 49 | 9 | 1 260 | 540 |
| 合计 | 28 | 0 | 980 | 140 | 28 | 4 302 | 382 |

**解：** $\hat{y} = a + bx$

$$b = \frac{n \sum ty - \sum t \sum y}{n \sum t^2 - \left(\sum t\right)^2} = \frac{7 \times 4\,302 - 28 \times 980}{7 \times 140 - 28^2} = 13.64$$

$$a = \frac{\sum y}{n} - b \frac{\sum t}{n} = \frac{980}{7} - 13.64 \times \frac{28}{7} = 85.44$$

$$\hat{y} = 85.44 + 13.64t$$

$$\hat{y}_{2020} = 85.44 + 13.64 \times 13 = 262.76(万人)$$

若 $\sum t = 0$，则
$$\begin{cases} b = \dfrac{\sum ty}{\sum t^2} = \dfrac{382}{28} = 13.64 \\[3mm] a = \dfrac{\sum y}{n} = \dfrac{980}{7} = 140 \end{cases}$$

$$\hat{y} = 140 + 13.64t$$

$$\hat{y}_{2020} = 140 + 13.64 \times 9 = 262.76(万人)$$

**2. 多元线性回归分析**

简单线性回归反映的是一个自变量和一个因变量之间的关系，但是客观事物非常复杂，许多现象的变动牵扯多个影响因素。例如，一个企业的利润，受产值、成本、价格等多个因素的影响；再如，粮食产量受施肥量，同时也受温度、播种量、土壤的酸碱性、降雨量的影响。所以在现实中，经常要进行一个变量和多个自变量的多元线性回归分析。

其一般形式为：

$$\hat{y} = a + b_1 x_1 + b_2 x_2 + b_3 x_3 + \cdots + b_n x_n \tag{8-12}$$

为了叙述方便，本书以二元线性回归为例，建立一个因变量 $y$ 和两个自变 $x_1$，$x_2$ 的线性回归关系，方程为：

$$\hat{y} = a + b_1 x_1 + b_2 x_2 \tag{8-13}$$

利用最小二乘法原理，可建立如下方程组：

$$\begin{cases} \sum y = na + b_1 \sum x_1 + b_2 \sum x_2 \\[2mm] \sum x_1 y = a \sum x_1 + b_1 \sum x_1^2 + b_2 \sum x_1 x_2 \\[2mm] \sum x_2 y = a \sum x_2 + b_1 \sum x_1 x_2 + b_2 \sum x_2^2 \end{cases} \tag{8-14}$$

解关于 $a$、$b_1$、$b_2$ 的方程组，可得 $a$、$b_1$、$b_2$，然后将其代入公式 $\hat{y} = a + b_1 x_1 + b_2 x_2$ 即可。

【例 8-8】　某服装企业有 10 家销售公司分布在不同的城市，决策者通过反复调查分析后认为，影响该企业总销售额的因素为当地的人均月收入和广告投入。经过一年的统计，有关数据见表 8-14。

表 8-14　企业总销售额与广告投入和人均月收入　　　　　　　单位：千元

| 城市 | 销售额（$y$） | 广告投入（$x_1$） | 人均月收入（$x_2$） |
|---|---|---|---|
| 1 | 5 540 | 192 | 2.63 |
| 2 | 5 439 | 210 | 2.42 |
| 3 | 4 290 | 146 | 1.71 |
| 4 | 5 502 | 200 | 3.12 |

| 城市 | 销售额（$y$） | 广告投入（$x_1$） | 人均月收入（$x_2$） |
|------|------|------|------|
| 5 | 4 871 | 130 | 2.63 |
| 6 | 4 708 | 110 | 2.70 |
| 7 | 4 627 | 103 | 2.30 |
| 8 | 4 110 | 90 | 2.39 |
| 9 | 4 122 | 98 | 1.78 |
| 10 | 4 230 | 132 | 1.96 |
| 合计 | 47 439 | 1 411 | 23.64 |

多元线性回归方程也可以按照上述的最小二乘法通过求解方程组得出，但在实际操作中不要求人工计算，可用 Excel "数据分析" 中的 "回归" 求解，得出结果如下：

所以方程为：$\hat{y} = 2\,116.52 + 8.58x_1 + 599.45x_2$

如果广告投入 $x_1 = 300$（千元），人均月收入 $x_2 = 2.03$（千元），则销售额的估计值为 $\hat{y} = 5\,907.4$（千元）。

上面的方法可以推广到 $n$ 个自变量的情况，对回归方程：

$$\hat{y} = a + b_1 x_1 + b_2 x_2 + b_3 x_3 + \cdots + b_n x_n$$

同样可用最小二乘法，建立一个 $(n+1) \times n$ 阶方程组，解该方程组可求出有关参数。

$$\begin{cases} \sum y = na + b_1 \sum x_1 + b_2 \sum x_2 + \cdots + b_n \sum x_n \\ \sum x_1 y = a \sum x_1 + b_1 \sum x_1^2 + b_2 \sum x_1 x_2 + \cdots + b_n \sum x_1 x_n \\ \sum x_2 y = a \sum x_2 + b_1 \sum x_1 x_2 + b_2 \sum x_2^2 + \cdots + b_n \sum x_2 x_n \\ \vdots \\ \sum x_n y = a \sum x_n + b_1 \sum x_1 x_n + b_2 \sum x_2 x_n + \cdots + b_n \sum x_n^2 \end{cases} \qquad (8-15)$$

### 8.3.3 曲线回归分析

若回归模型表现为曲线形式，则这就是曲线回归分析，曲线模型种类多样，不过在统计研究中常用的曲线模型主要有以下几个。

二次抛物线：$\hat{y} = a + b_1 x + b_2 x^2$；指数曲线：$\hat{y} = ab^x$；双曲线：$\dfrac{1}{\hat{y}} = a + b\dfrac{1}{x}$。

在建立曲线回归方程时，最重要的问题是选择合适的曲线类型，解决这个问题，主要是通过作图，然后凭借经验从图形显示的曲线形状来判断应当拟合的曲线。

图 8-6 至图 8-8 给出了以上三种曲线的图形。

在大多数情况下，曲线回归问题可以通过变量的变换，将其转化成线性回归问题，然后再用前面介绍的线性回归的方法来解决。

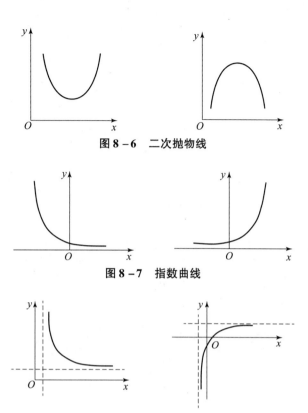

图 8 - 6　二次抛物线

图 8 - 7　指数曲线

图 8 - 8　双曲线

1. 双曲线回归

令 $\hat{y}' = \dfrac{1}{\hat{y}}$，$x' = \dfrac{1}{x}$，则有 $\hat{y}' = a + bx'$

【例 8 - 9】　已知两个变量的数据（表 8 - 15），试建立这两个变量的回归方程。

表 8 - 15　两个变量的数据

| $x$ | 9.3 | 10.4 | 12.6 | 15.4 | 17.5 | 19.6 | 21.7 | 25.3 | 27.5 |
| --- | --- | --- | --- | --- | --- | --- | --- | --- | --- |
| $y$ | 17.1 | 24.2 | 31.3 | 37.9 | 43.3 | 46.2 | 47.5 | 50.1 | 51.3 |

做出散点图，如图 8 - 9 所示。

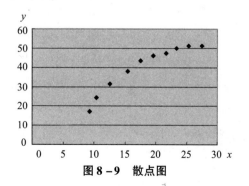

图 8 - 9　散点图

从图8-9中可以看出这两个变量之间的变动关系基本上是一个递增的双曲线，则用双曲线模型去分析两个变量的关系。计算表见表8-16。

表8-16 *x*和*y*双曲线回归方程计算表

| 序号 | $x$ | $y$ | $x'=1/x$ | $y'=1/y$ | $(x')^2$ | $x'y'$ |
|---|---|---|---|---|---|---|
| 1 | 9.3 | 17.1 | 0.108 | 0.058 | 0.012 | 0.006 288 |
| 2 | 10.4 | 24.2 | 0.096 | 0.041 | 0.009 | 0.003 973 |
| 3 | 12.6 | 31.3 | 0.079 | 0.032 | 0.006 | 0.002 536 |
| 4 | 15.4 | 37.9 | 0.065 | 0.026 | 0.004 | 0.001 713 |
| 5 | 17.5 | 43.3 | 0.057 | 0.023 | 0.003 | 0.001 32 |
| 6 | 19.6 | 46.2 | 0.051 | 0.022 | 0.003 | 0.001 104 |
| 7 | 21.7 | 47.5 | 0.046 | 0.021 | 0.002 | 0.000 97 |
| 8 | 23.4 | 50.1 | 0.043 | 0.02 | 0.002 | 0.000 853 |
| 9 | 25.3 | 51.1 | 0.04 | 0.02 | 0.002 | 0.000 773 |
| 10 | 27.5 | 51.3 | 0.036 | 0.019 | 0.001 | 0.000 709 |
| 合计 | 182.7 | 400 | 0.621 | 0.283 | 0.044 | 0.020 24 |

将表中数据代入以下公式：

$$\begin{cases} b = \dfrac{n\sum x'y' - \sum x'\sum y'}{n\sum (x')^2 - (\sum x')^2} \\ a = \bar{y}' - b\bar{x}' \end{cases}$$

得：

$$\begin{cases} b = \dfrac{10\times0.020\,24 - 0.621\times0.283}{10\times0.044 - 0.621^2} = 0.026\,7 \\ a = 0.028\,3 - 0.026\,7\times0.062\,1 = 0.026\,6 \end{cases}$$

于是有：

$$\hat{y} = 0.026\,6 + 0.026\,7x'$$

$\hat{y}' = \dfrac{1}{y}$，$x' = \dfrac{1}{x}$，代入后，得：

$$\frac{1}{\hat{y}} = 0.026\,6 + 0.026\,7\frac{1}{x}$$

在实际操作中，一元曲线回归不用手工来完成，都是先将数据进行变换，再按照线性回归添加趋势线的方法来拟合曲线。

2. 指数曲线回归和抛物线回归

（1）指数曲线方程为$\hat{y} = ab^x$。

两边取对数：$\ln\hat{y} = \ln a + x\ln b$

令：$\hat{y}' = \ln\hat{y}$，$A = \ln a$，$B = \ln b$，则得到一元线性回归模型：

$$\hat{y}' = A + Bx \tag{8-16}$$

（2）二次抛物线方程为 $\hat{y} = a + b_1 x_1 + b_2 x_2$。

令 $x_1 = x$，$x_2 = x^2$，原方程转化为二元线性回归模型：

$$\hat{y} = a + b_1 x + b_2 x^2 \tag{8-17}$$

# 8.4　线性回归分析的评价和检验

通过以上的学习，我们可以得到回归方程，但变量之间的回归方程毕竟是根据随机原则抽取的样本来计算的一个"经验公式"，根据回归模型计算的 $\hat{y}$ 值毕竟是一个"估计值"，和实际的 $y$ 值之间存在差异。因而这时又出现了两个问题：一是如何去评价回归模型的准确性；二是如何去检验回归模型的可靠性。此两个问题将是本节重点阐述的主要内容。由于线性回归分析是各类回归分析的基础，所以本节以线性回归分析为例来进行说明。

## 8.4.1　判定系数和估计标准误差

要评价回归模型的精确性，主要是用判定系数（$R^2$）和估计标准误差这两个统计量。

1. 判定系数（$R^2$）

回归方程的准确性又称为拟合优度，判定系数是测定回归方程拟合优度的一个重要指标，为此要先引入几个概念：

总变差：$\sum (y - \bar{y})^2$，记作 $SST$。

回归变差：$\sum (\hat{y} - \bar{y})^2$，记作 $SSR$。

残余变差：$\sum (y - \hat{y})^2$，记作 $SSE$。

可以证明：

$$SST = SSR + SSE \tag{8-18}$$

判定系数 $R^2$ 的定义为

$$R^2 = \frac{SSR}{SST} = \frac{\sum (\hat{y} - \bar{y})^2}{\sum (y - \bar{y})^2} \tag{8-19}$$

结合公式（8-18）和公式（8-19），可以看出，$R^2$ 越大，则意味着回归变差 $SSR$ 在总变差 $SST$ 中占的比重越大，因而 $SSE = \sum (y - \hat{y})^2$ 越小，即 $y$ 与 $\hat{y}$ 的差距越小，$\hat{y}$ 对 $y$ 的拟合程度越高，也就是说该回归模型的准确度越强。

可以证明：$0 \leqslant R^2 \leqslant 1$，即 $R^2$ 越接近于 1，回归模型的拟合优度越好。

（1）简单线性回归方程的判定系数。用式（8-19）计算 $R^2$ 会非常烦琐，可以证明，若一元线性回归方程的相关系数（$r$）已知，就有这样的结论：$R^2 = r^2$。

用【例 8-3】中的数据来计算其判定系数（$R^2$），相关系数 $r = -0.988\ 6$，所以 $R^2 = (-0.988\ 6)^2 = 0.977\ 3$。

计算结果表明，单位成本的总变差 $\sum (y - \bar{y})^2$ 中，有 97.73% 可以由回归变差

$\sum (\hat{y} - \bar{y})^2$ 来解释，这说明月产量和单位成本的回归方程 $\hat{y} = 106.68 - 6.46x$ 对真实的 $y$ 值有很好的拟合效果。

（2）多元线性回归方程的判定系数（$R^2$）。多元线性回归的 $R^2$ 不需要人工计算，在 Excel 的"回归"结果中会给出。

2. 估计标准误差

在前面，用判定系数（$R^2$）对回归模型的准确度做了评价，还可以通过 $SSE = \sum (y - \hat{y})^2$ 来衡量回归模型的准确度，在 $SSE$ 的基础上形成了估计标准误差的概念。

（1）简单线性回归方程的估计标准误差（$S_{xy}$）。定义公式为：

估计标准误差：

$$S_{xy} = \sqrt{\frac{\sum (y - \hat{y})^2}{n - 2}} \tag{8-20}$$

估计标准误差 $S_{xy}$ 越小，说明 $y$ 与 $\hat{y}$ 越接近。

将 $\hat{y} = a + bx$ 代入，可得如下计算公式：

$$S_{xy} = \sqrt{\frac{\sum y^2 - a \sum y - b \sum xy}{n - 2}} \tag{8-21}$$

同样将【例 8-3】中的数据代入式（8-21），可得：

$$S_{xy} = 2.640 \text{（元）}$$

（2）二元线性回归方程的 $S_{x_1 x_2}$。定义公式为：

$$S_{x_1 x_2} = \sqrt{\frac{\sum (y - \hat{y})}{n - 3}} \tag{8-22}$$

多元线性回归的估计标准误差也不需要手算，在 Excel 的"回归"结果中会给出。

## 8.4.2　线性回归方程的显著性检验

1. 简单线性回归方程的显著性检验

对于变量 $x$ 和 $y$，一元直线回归方程 $\hat{y} = a + bx$ 根据样本的数据计算，其抽取的样本带有随机性，而且，根据一个样本计算的结果是否具有代表性，能否准确描述变量 $x$ 和 $y$ 之间的关系，即 $x$ 和 $y$ 之间的关系是否真的存在直线函数，这都需要进行检验，这就是所称的对 $\hat{y} = a + bx$ 的显著性检验。

根据样本，得出变量 $x$ 和 $y$ 之间的回归直线为 $\hat{y} = a + bx$。而总体变量 $x$ 和 $y$ 之间的回归直线为 $y = A + Bx$。

因此，可以认为 $a$、$b$ 是 $A$、$B$ 的估计值，如何检验估计的可靠性，主要有 $t$ 检验和 $F$ 检验两种办法。如果总体变量 $x$ 和 $y$ 之间不存在直线关系，则意味着 $B = 0$，即根据样本计算的回归直线方程：$\hat{y} = a + bx$ 并不"显著"。因而对一元直线回归模型的检验最主要的是对回归系数 $b$ 进行检验。

（1）$t$ 检验。$t$ 检验用来检验回归系数 $b$ 的显著性。具体步骤和方法如下分述。

①提出假设，即 $H_0: B = 0$，$H_0: B \neq 0$。

②构造 $t$ 统计量，即：

$$t = \frac{b - B}{\sigma_b} \tag{8-23}$$

式中，$\sigma_b$ 为回归系数 $b$ 的标准差，可以证明其计算公式为：

$$\sigma_b = \frac{S_{xy}}{\sqrt{\sum x^2 - n(\bar{x})^2}} \tag{8-24}$$

③根据给定的显著性水平为 $\alpha$，在 $t$ 表中查找临界值 $t_{\frac{\alpha}{2}}(n-2)$。

④判断。若 $|t| < t_{\frac{\alpha}{2}}(n-2)$，则拒绝 $H_0 : B = 0$，得出 $B \neq 0$ 的结论，即：

线性方程 $\hat{y} = a + bx$ 显著，检验通过。若 $|t| > t_{\frac{\alpha}{2}}(n-2)$，则结论相反。

**【例 8-10】**　在【例 8-4】中的一元直线回归方程 $\hat{y} = 106.68 - 6.46x$ 的回归系数为 $b = -6.46$，对其进行显著性检验（$\alpha = 0.05$）。

**解**：$\bar{x} = \dfrac{53.7}{9} = 5.97$，又知 $S_{xy} = 2.640$

则：$\sigma_b = \dfrac{2.640}{\sqrt{370.65 - 9 \times 5.97^2}} = 0.3723$

于是 $t = \dfrac{-6.46 - 0}{0.3723} = -17.35$

可见，$|t| < t_{\frac{\alpha}{2}}(n-2)$，即总体回归系数 $B = 0$ 的可能性小于 $5\%$，因而拒绝 $H_0 : B = 0$，认为根据样本计算的回归系数 $b$ 是显著的，这进一步说明了月产量和单位成本间确实存在线性关系，产量是影响单位成本的显著因素。

（2）$F$ 检验。对线性回归模型进行显著性检验，除了 $t$ 检验外，还有 $F$ 检验，它是对回归方程的显著性进行检验。具体步骤和方法如下分述。

①提出假设，即"$H_0$：方程不显著""$H_1$：方程显著"。

②构造统计量 $F$，即：

$$F = \frac{SSR/1}{SSE/(n-2)} = \frac{\sum (\hat{y} - \bar{y})^2 / 1}{\sum (y - \hat{y})^2 / (n-2)} \tag{8-25}$$

可以证明，若回归方程的判定系数为 $R^2$，则：

$$F = \frac{R^2(n-2)}{1 - R^2} \tag{8-26}$$

③根据给定的显著性水平为 $\alpha$，在 $t$ 表中查找临界值 $F_\alpha(1, n-2)$。

若 $F > F_\alpha$，则拒绝原假设"$H_0$：方程不显著"，检验通过；若 $F < F_\alpha$，则接受原假设"$H_0$：方程不显著"，即认为线性方程不显著。

需要指出的是，在一元直线回归中，$F$ 检验和 $t$ 检验是等价的，任一种检验通过，另一种必然通过。

2. 二元线性回归方程的显著性检验

$y$ 和变量 $x_1$、$x_2$ 的二元线性回归模型 $\hat{y} = a + b_1 x_1 + b_2 x_2$ 是否显著，要看总体中是否有 $y = A + B_1 x_1 + B_2 x_2$ 这样的关系。若这种关系不成立，则 $\hat{y} = a + b_1 x_1 + b_2 x_2$ 不显著。

（1）$t$ 检验。其检验的方法基本与简单线性回归基本相同，只是对每一个偏回归系数 $b_1$、$b_2$ 都要分别做显著性检验。具体步骤和方法如下分述。

①提出假设：（$i = 1$，2）

$$H_0 : B_i = 0$$
$$H_1 : B_i \neq 0$$

②构造统计量 $t_i$，即：

$$t_i = \frac{b_i - B_i}{\sigma_{bi}} \qquad (8-27)$$

式中，$\sigma_{bi}$ 为回归系数 $b_i$ 的标准差。

③根据给定的显著性水平 $\alpha$，在 $t$ 表中查找临界值 $t_{\frac{\alpha}{2}}(n-2)$。

④判断：若 $|t| < t_{\frac{\alpha}{2}}(n-2)$，则拒绝 $H_0 : B_i = 0$，得出 $B \neq 0$ 的结论，即

线性方程 $\hat{y} = a + bx$ 显著，检验通过。若 $|t| > t_{\frac{\alpha}{2}}(n-2)$，则结论相反。

在实际的统计研究中，对于二元线性回归方程的 $t$ 检验一般不用人工计算，有多种软件（如 Excel、SPSS 等）可以代替人工进行烦琐的计算，从而直接得出所需要的结果。

（2）$F$ 检验。

同一元线性回归一样，$F$ 检验是用来检验回归方程的显著性。

①提出假设：

$$H_0 : B_1 = B_2 = 0 \text{（即方程不显著）}$$
$$H_1 : B_1，B_2 \text{ 不全为零（即方程显著）}$$

②构造 $F$ 统计量：

$$F = \frac{SSR/k}{SSE/(n-k-1)} = \frac{\sum (\hat{y} - \bar{y})^2 / 2}{\sum (y - \hat{y})^2 (n-3)} \qquad (8-28)$$

式中，$k$ 为自变量的个数，在二元线性回归方程中 $k = 2$。

可以证明，若回归方程的判定系数为 $R^2$，则：

$$F = \frac{R^2(n-3)}{2(1-R^2)} \qquad (8-29)$$

③根据给定的显著性水平 $\alpha$，在 $t$ 表中查找临界值 $F_\alpha(2, n-3)$。

④判断：若 $F > F_\alpha$，则拒绝原假设"$H_0$：方程不显著"，检验通过；若 $F < F_\alpha$，则接受原假设"$H_0$：方程不显著"，即认为线性方程不显著。

## 8.5 应用相关分析与回归分析应注意的问题

相关分析与回归分析都是重要的统计分析方法，在统计学知识体系中均占有重要的地位。两者对于人们加深现象间相互依存关系的认识，促使这种认识由定性认识过渡到定量认识均具有重要意义。然而，必须指出，相关分析与回归分析与其他统计分析方法一样，均具有其自身的局限性，所以，在实际应用中要注意以下问题。

### 1. 注意定性认识与定量认识的结合

统计实践已经证明，在定性分析的基础上进行定量分析，是保证科学运用相关分析与回

归分析的必要条件。相关分析是分析社会经济现象之间相互关系的，相关系数的计算、回归方程的建立都是基于现象间所固有的客观联系的。而现象之间是否一定存在相关关系，主要是靠定性分析，即依据社会经济理论、专业知识和实际经验等对现象进行定性分析来加以判定的。不通过定性分析，直接根据样本数据进行定量分析，构建数学模型，很可能得出错误结论。因为，任何两个变量，即使是毫不相关的两个变量，都可以计算出相关系数，构建出回归模型。所以相关分析的一切数量分析都应建立在定性分析的基础之上，否则很可能犯"虚假相关"的错误。

### 2. 注意客观现象质的规定性

所谓客观现象质的规定性，通常是指现象质与量互变的数量界限，即所谓的"度"，当量的积累超过了这一"度"，将发生"质"的改变。现象间存在的相互关系都是有一定数量界限的。例如，施肥量与农作物产量的关系，一般来说，在一定范围内施肥量越多，农作物产量越高，但是施肥量如果超出一定限度，农作物产量反而会下降。同样，农作物密植也是如此，密植过了头则会减产，只有合理密植才可能增产。其他现象（如固定资产投资与国民经济发展速度的关系等）也是有一个数量界限的。也就是说，某些现象间的相关关系在一定的限度内是正相关，而超过某一界限，则可能是负相关。在一定限度内是直线相关，而在另一限度内可能是曲线相关。如果进行分析时不加以区分，就可能得出错误的结论，进而影响分析的可信度。

### 3. 注意具体问题具体分析

回归方程是根据实际统计资料计算并构建的，一般是一种经验公式。因此，在分析时一定要注意具体问题具体分析。如果条件发生变化，就不能机械照搬，以免造成失误。

## 相关知识图示 \\\\\

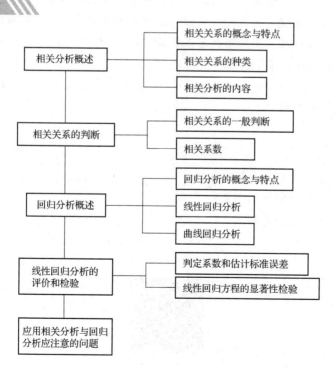

## 本章小结

相关分析与回归分析是研究变量之间的关系的方法。

客观现象或事物之间相互联系和相互制约的关系，可分为确定性关系和非确定性关系两种。确定性关系在数学上称为函数关系，现象之间存在严格的依存关系。相关关系是非确定的、受随机因素影响的相互依存关系。

从不同的角度，按不同的标志划分，相关关系有如下分类：按相关关系涉及的变量多少，可分为单相关和复相关；按相关的方向，可分为正相关和负相关；按相关的表现形式，可分为线性相关和非线性相关；按相关的密切程度，可分为完全相关、不完全相关和不相关。

相关分析主要包含以下几步：判别现象间有无相关关系；判定相关关系的表现形态和密切程度；选择合适的数学模型；测定变量估计值的准确程度；对回归方程进行显著性检验。

相关关系的判断有定性分析法、相关图法、相关表法。相关系数是反映两种现象之间相关关系密切程度的统计指标，通常用 $r$ 来表示。相关系数的显著性检验可采用 $t$ 检验法。进行时间数列的自相关分析，需要计算自相关系数。

回归分析是对具有相关关系的现象，根据其关系形态，选择一个合适的数学模型用来近似表示变量间的一般数量关系的一种统计分析方法。与相关分析相比，回归分析的两个变量是非对等关系，因变量是随机变量，自变量是可控制的变量。回归分析包括确定现象之间相关关系的数学模型和测定数学模型的拟合精度两个方面内容。

按照具有相关关系的变量个数多少划分，回归分析可分为简单回归分析模型和多元回归分析模型；按照变量间相互关系的形态划分，有直线回归分析模型和曲线回归分析模型。如果变量之间的回归模型是直线方程，则为线性回归分析（直线回归），该直线方程称为线性回归方程；一个变量和多个自变量之间的回归，用多元线性回归方程；回归模型表现为曲线形式的，则为曲线回归方程。常见的曲线回归方程有二次抛物线、指数曲线、双曲线等。

评价回归模型的精确性，主要用判定系数 $R^2$ 和估计标准误差 $S$ 这两个统计量。对线性回归模型进行显著性检验，有 $t$ 检验和 $F$ 检验。

应用相关分析与回归分析应注意定性知识和定量知识的结合，注意客观现象质的规定性，注意具体问题具体分析。

## 思考题

1. 何为相关系数？其特点是什么？
2. 相关分析的主要内容包括哪些？
3. 简述回归分析的概念与特点。

## 即测即评

# 统计预测

1. 了解统计预测的基本概念、特点、种类和意义。
2. 明确统计预测的基本原则和一般程序。
3. 掌握统计预测的基本方法，特别要掌握长期趋势和回归预测的方法。
4. 认识并把握预测误差的测定与分析方法。

1. 能正确理解常用统计预测方法。
2. 培养学生灵活运用常用预测方法进行统计预测分析的能力。

### 预测企业的收入

某投资咨询服务公司受甲、乙、丙 3 家商业企业委托，预测其未来的收入情况，以帮助客户更好地判断投资机会。该公司在收集了 3 家商业企业的时间序列的数列资料后，根据这 3 家商业企业所经历的商业活动和成长模式、每组时间数列的数据特点，选定不同类型的预测模式并进行预测。显然，要完成这一任务，分析师要解决以下问题：一是如何选定最适合的、最优的预测模型对各家公司进行预测；二是如何利用预测模型所提供的信息帮助客户判断投资机会。

思考：如何进行统计预测呢？

## 9.1　统计预测概述

预测是运用科学的理论和方法，对预测对象及有关的过去和现在的实际资料进行分析研究，从而掌握预测对象的内部联系和外部联系及其发展变化的规律性，并据以对预测对象在未来时期的发展变化及其结果做出估计和推断。预测被广泛地应用于经济、社会、政治、文化、教育、科技、气象等领域，形成了各具特色的具体预测科学。

### 9.1.1　统计预测的意义

#### 1. 统计预测的概念

统计预测（Statistical Forecast）是以大量的实际调查资料为基础，根据社会经济现象的联系及发展规律，配合适当的数学模型，运用各种统计方法，对未来发展的趋势和达到的水平做出客观估量的统计方法。

统计预测实际上是对未来的动态推算。进行统计预测要具备几个条件，即准确的统计资料、科学的数学模型、精辟的经济理论。统计资料是预测的依据，经济理论是预测的基础，数学模型是预测的手段，它们共同构成统计预测的三个要素。

统计预测与经济预测既有联系，也有区别。其主要联系表现在：一是两者均以经济现象的未来量为其研究对象；二是它们都直接或间接地为管理决策、制定政策、编制计划和检查政策与计划的执行情况提供信息；三是统计预测可为经济定量预测提供所需的统计方法论。实践证明，如果没有科学的统计预测方法，经济定量预测就难以取得迅速的发展和较准确的结果。当然统计预测也对经济预测结果的准确性进行研究，以便使预测方法得到完善。其主要区别表现在：从研究的角度来看，统计预测和经济预测都以经济现象的量变为其研究的对象，但着眼点不同，前者属于方法论研究，其研究的结果表现为预测方法的完善程度；后者则是对实际经济现象进行预测，是一种实质性预测，其结果表现为对某种经济现象的未来发展做出判断。从研究的领域来看，经济预测是研究经济领域中的问题，而统计预测被广泛地应用于人类活动的各个领域，包括经济领域、社会领域等。

#### 2. 统计预测的特点

（1）统计预测属于定量预测。统计预测主要用来预计和判断未知现象的数量特征，这就决定了统计预测离不开运用统计数据，离不开定量分析。事实上，统计预测就是从统计数据出发，运用一系列统计方法，建立数学模型，然后对现象可能出现的特征做出数量上的描述的一种统计分析方法。可见，统计预测的定量特征是显而易见的。

（2）统计预测的基本特征是运用统计方法，建立数学模型。在统计预测中，人们总是在充分占有数据的基础上，运用统计方法处理和分析数据，建立和利用数学模型进行预测。数据处理和分析是基础，建立数学模型是手段，判断和预见未知现象的数量特征是目的。显然，离开统计方法的运用和数学模型的建立，统计预测将无法进行。

（3）统计预测的准确性可以通过预测误差来进行检验和控制。预测的准确性是统计预测的生命。不能做到预测结果准确，预测将毫无意义。统计预测就是利用统计方法计算、分析、评价和控制预测误差的大小，以提高预测结果的准确程度，这是其他预测方法所不能替代的。

#### 3. 统计预测的种类

统计预测的分类有多种方法，一般包括以下几种。

（1）按预测对象的范围大小，统计预测可分为宏观预测和微观预测。宏观预测是指对整个国民经济总体的预测，如国内生产总值增长率预测、物价变动预测等。微观预测是指对社会中某个单位的经济行为及相应变量的单项指标的预测，如预测一个工业企业总产值、利润、成本等。

（2）按预测时距的长短，统计预测可分为短期预测、中期预测和长期预测。这种分类不能一概而论。首先，不同的国家对预测期限在理论上和实践中不尽相同。其次，在宏观预测和微观预测中也不一致。但相对而言，宏观预测时期要长一些，如对国民经济发展趋势的预测。短期预测一般指 1 ~ 2 年，中期预测为 3 ~ 4 年，长期预测为 5 ~ 10 年及更长时期的预测。而微观预测的期限要短一些。如企业产品销售预测，短期通常为 1 ~ 6 个月，中期为半年到两年，长期则为两年以上。

（3）按预测对象的表现形式不同，统计预测分为定性预测和定量预测。定性预测是指预测者根据掌握的有关资料，凭借个人的工作经验和分析能力，对事物未来发展趋势或性质做出的主观判断。这种预测虽也有数字，但其目的主要不在于准确地预计未来的具体数值，而在于判断事物未来的发展方向和趋势。定量预测是指使用统计方法，对统计资料进行推算，其目的在于推算未知事件的具体数值。这种推算可使用数学模型，也可不使用数学模型。本章将着重介绍定量预测方法。

（4）按预测对象是否包括时间变动因素，统计预测可分为静态预测和动态预测。静态预测是指依据空间数列资料发现现象之间的数量对比关系，并据以对未知现象做出推测，如回归预测法就是利用客观事物之间的内在联系进行预测。动态预测（又称时间序列预测）是指依据时间序列资料发现其动态规律，据以推测未来时期数量。动态预测是统计预测中的主要部分。

## 9.1.2 统计预测的原则

进行统计预测，除了必须符合辩证唯物主义基本理论、坚持实事求是的原则外，在具体进行统计预测时还要遵循以下原则。

### 1. 连续性原则

任何客观事物或现象的发展都具有一定的惯性，在经济领域则表现为经济惯性。例如，物价的上涨，经济的衰退一旦出现，短期内是很难遏制的。这就表明，现象的发展有一定的惯性。过去和现在的状况，或大或小地会影响未来。因此预测时一定要按照事物的惯性规律，从已知的过去、现在推算未来。

### 2. 类比性原则

我们都知道，客观事物的产生和发展都具有一定的规律性，同时，由于现象间的联系，事物的变化表现出相似性。例如，国家或地区经济的运行模式，工业企业、建筑企业的活动规律，或多或少地表现出共性特征。因此，预测时一定要注意现象间的联系，通过类比的方法来预测事物的发展趋势和规律性。

### 3. 概率性原则

辩证唯物主义告诉我们，任何客观事物或现象的产生和发展都存在着一定的必然性和偶然性，必然性寓于偶然性之中，事物未来的变化结果也不例外。因此，进行统计预测时，在注意事物变化规律的同时，还要注意偶然因素对事物变化的影响，注意从偶然性中发现必然，通过对大量偶然事物的反复观察和研究，判断事物的发展趋势，进而揭示事物内藏的规律性。

社会经济现象间存在着内在的必然联系，其发展也有其规律性，进行理论的分析和全面的研究为统计预测模型的选择提供了可靠的理论依据，从而能够有效地减少预测中的误差。

### 9.1.3　统计预测的步骤

统计预测的步骤随预测的目的和方法的不同而有所区别。

**1. 确定预测目的**

预测的目的不同，所需的资料和采取的预测方法也因之而异。如对居民生活水平进行预测，既可从其收入方面来进行，也可从其消费结构方面来进行，还可从物价变动对其的影响程度等方面进行。有了明确的目的，才能据以收集必要的资料和采用合适的统计预测方法。

**2. 收集、审核、整理统计资料**

真实可靠的统计资料是统计预测的依据，预测之前，必须掌握大量的、全面的、准确适用的数据和情况。为保证资料的准确性，还必须对资料进行审核、调整和推算。对审核、调整后的资料，要进行初步分析，画出统计图形，以观察资料的性质，作为选择适当预测模型的依据。

**3. 构建预测模型，选择恰当的预测方法，进行预测**

资料审核、调整后，根据资料结构的性质，选择合适的模型和方法来预测。在资料不够完备、精确度要求不高时，可采用调查研究预测法，在掌握的资料比较完备、进行比较精确的预测时，可运用一定的数学模型（包括大量的计量经济模型），采用历史引申（外推）预测法或因果预测法等进行。

**4. 分析预测误差，改进预测模型**

预测误差是预测值与实际观察值之间的离差，其大小与预测准确程度的高低成反比。预测误差虽然不可避免，但若超出了允许范围，就要分析产生误差的原因，以决定是否需要对预测模型和预测方法加以修正。

**5. 提出预测报告**

把预测的最终结果编制成文件和报告，向有关部门上报或以一定形式对外公布，即提供和发布预测信息，供有关部门、企业决策时参考、应用。

## 9.2　统计调研推算预测

统计调研推算预测法是指预测人员采用各种调查方式取得大量的实际资料，对这些资料进行加工整理和分析研究，从中找出规律，并结合自己的实际经验来判断和推测未知事件发展前景的方法。由于它最终主要取决于凭借经验的主观判断，故又称为经验预测法或统计推算法。这种方法对短期预测和定性预测比较适用。实际中广泛采用的统计调研推算预测法有比例推算法、预计分析法、专家意见法和插值推算法等。

### 9.2.1　比例推算法

比例推算法是指利用已知某一时期（地区或单位）的某种指标与其相关指标的比例关系资料，来推算另一类似时期（地区或单位）的某项指标的一种方法。它既适用于同一时期内的静态推算，也适用于不同时期的动态推算和从局部资料的比例推算总体指标。

**【例 9 – 1】**　要预测某地区某年的产仔猪头数，某地区 2019 年年初母猪存栏头数为 35 万头，若根据历年的母猪与仔猪平均比例关系，那么就可以得知平均每头母猪产仔猪 20 头（产仔率）。试推算该地区本年可产仔猪多少。若 2020 年年底淘汰母猪 2 万头，产仔率不变，则 2020 年该地区可产仔猪多少？

**解：**（1）该地区本年可产仔猪数 $= 35 \times 20 = 700$（万头）

（2）2020 年该地区可产仔猪数 $= (35 - 2) \times 20 = 660$（万头）

**【例 9 – 2】**　某省 3 个城市 2019 年人口数与购买电风扇数资料见表 9 – 1。已知通过抽样调查得知甲市人口自然增长率为 8‰，2020 年每百人需购买电风扇 5.5 台。试预测 2020 年这 3 个城市将购买的电风扇数。

**表 9 – 1　某省 3 个城市 2019 年人口数与购买电风扇数据统计表**

| 城市名 | 2019 年购买电风扇数/台 | 人口数/万人 |
| --- | --- | --- |
| 甲 | 100 000 | 252.0 |
| 乙 | 39 546 | 101.4 |
| 丙 | 71 136 | 182.4 |

**解：**根据已知条件计算得：

甲市 2020 年可能购买电风扇的台数 $= 2\,520\,000 \times 100.8\% \div 100 \times 5.5 = 139\,709$（台）

甲市 2020 年的预测数与 2019 年的实际数的比例 $= 139\,709 \div 100\,000 = 1.40$

用该比例推算乙市、丙市 2020 年购买电风扇的预测数为：

乙市：$39\,546 \times 1.40 = 55\,364$（台）

丙市：$71\,136 \times 1.40 = 99\,590$（台）

三个城市 2020 年将购电风扇的预测数为：

$$139\,709 + 55\,364 + 99\,590 = 294\,663（台）$$

此例中用甲市的抽样调查资料代表整个甲市，又用甲市 2020 年的预测数和 2019 年的实际的比例推算乙市、丙市的预测数，这可以节省人力和时间，得出近似的结论，但不可避免地会有较大的误差。

应指出，比例预测法的运用是灵活多样的，可根据预测任务的需要，结合所研究现象的具体情况恰当地加以运用。

**【例 9 – 3】**　某工厂 2019 年 1—11 月份共生产某产品 1 800 吨。12 月份上旬、中旬实际完成该产品 120 吨。另知该厂生产比较稳定均衡，每月生产计划一般都是上旬、中旬完成

65.5%左右，下旬完成34.5%左右。试预测该厂2019年12月份的产量和全年产量。

**解：** 12月下旬产量 $= \dfrac{120}{65.5\%} \times 34.5\% = 63.21$ （吨）

12月份产量 $= 120 + 63.21 = 183.21$ （吨）

全年预计产量 $= 1\,800 + 183.21 = 1\,983.21$ （吨）

### 9.2.2 预测分析法

预测分析法就是通过调查研究生产发展趋势和当前生产情况及今后可能出现的有利因素和不利因素，对能否按时完成计划及可能完成的程度做出预测的一种方法。它是我国基层企业多年来行之有效的一种短期预测推算法，特别是在预计计划完成程度方面用得比较广泛。

**【例9-4】** 某化肥厂2019年1—11月份共生产钾肥3 200吨，其中最后3个月产量为900吨。若全年计划产量为3 400吨，请预测该企业全年计划完成程度是多少。

**解：** 全年计划完成 $Q'(\%) = \dfrac{3\,200 + (900/3) \times 1}{3\,400} = \dfrac{3\,500}{3\,400} \times 100\% = 102\%$

另外，应用预计分析法还可推算提前完成计划的时间。

**【例9-5】** 设某工厂在某月中旬末累计完成某种产品 $Q_1$ 件，到中旬末共计 $t_1$ 天，尚余 $t_2$ 天，全月计划任务是 $Q_2$ 件。根据上面的资料，预计推算本月完成计划情况可分以下几步。

第一步 预测期末可能完成产量：$Q' = \dfrac{Q_1}{t_1} t_2 + Q_1$

第二步 预测计划完成程度：$\dfrac{Q'}{Q_2} \times 100\%$

第三步 超额完成产量：$Q' - Q_2$

超额完成计划程度：$\dfrac{Q' - Q_2}{Q_2} \times 100\%$

第四步 完成本月计划尚需天数：$t'' = \dfrac{Q_2 - Q_1}{Q_1/t_1}$

提前完成的天数：$t_2 - t''$

以上推算一般用于生产进度大体均衡的情况。对于生产进度不均衡、前段日产量偏少、后段提高幅度较大的情况，要用计算时的前几天的实际平均日产量乘以剩余工作天数，估计到期末可以生产的产品数量，再考虑到剩余时间内生产的有利因素和不利因素，修正上述估计数，加上本期已生产的产量，就得到了本期总产量的预测数。

预计分析时间一般选在中旬末或每季度第二个月月末或每年第三季度末来分别预测全月、全季和全年的计划完成情况。

### 9.2.3 专家意见法

专家意见法是一种采用规定程序向一组专家进行调查，把专家对过去历史资料的解释和对未来的分析判断有组织地集中起来，取得尽量可靠的统一意见，对未来趋势进行预测的方法。国外称这种方法为"德尔菲"法。

这种方法是美国"思想库"兰德公司在 20 世纪 40 年代末期发展起来的。它具有比较系统的程序，适用于长期趋势预测，特别适用于其他调研预测法做不到的定量估算和概率估算的场合。其基本做法如下分述。

第一步，提出预测问题，要求书面答复。调查预测者将调查提纲、预测目标、必要的资料提交专家小组中的每位专家，征询意见。

第二步，收集专家意见，集中整理。要求每位专家根据所提供的资料，提出自己的初步预测结果、论据和进一步研究需要的资料。将收集到的专家的不同意见加以集中整理，再发给组内各个专家，进行第二轮征询，请他们对预测意见加以评论和说明。

第三步，修改预测。将经过评论和说明的意见，以及补充材料发给原预测者，要求每位专家根据收到的材料，修改自己原先的预测。

第四步，最后预测。经过反复修改后，要求每位专家在前几次预测的基础上，根据所提交的全部材料，提出最终预测及其依据。

每次调查的时间间隔依实际需要而定，一般为一周或 10 天左右。专家意见以不记名方式经过反复征询（一般四、五轮）后，意见可趋于一致。调查者将反复调查的结果用统计方法整理分析，最后得出比较切合实际的集中的预测答案。

### 9.2.4　插值推算法

插值推算法是根据动态数列和变量数列的若干已知对应数值推算其数列未来趋势的对应数值。插值推算法主要有下面几种。

1. 比例推算法（利用平均发展速度推算）

比例推算法是在本期实际值的基础上，乘以一定历史时期的平均发展速度，即可得出下期的预测值。其公式为：

$$\hat{y}_{t+k} = y_t \bar{x}$$

式中，$y_t$ 为本期实际值；$\hat{y}_{t+k}$ 为 $t+k$ 期的预测值；$\bar{x}$ 为一定时期的平均发展速度；$k$ 为距本期（$t$ 期）的时期数；$t$ 为本期。

【例 9-6】　某市 2010—2019 年生产总值资料见表 9-2。试预测该市 2020 年生产总值。

表 9-2　某市 2010—2019 年生产总值资料　　　　单位：万元

| 年份 | 2010 | 2011 | 2012 | 2013 | 2014 | 2015 | 2016 | 2017 | 2018 | 2019 |
|---|---|---|---|---|---|---|---|---|---|---|
| 生产总值 | 469 366 | 556 852 | 586 399 | 627 384 | 660 062 | 772 227 | 889 392 | 914 813 | 997 744 | 1 110 665 |
| 逐年增长量 | — | 87 486 | 29 547 | 40 985 | 32 678 | 112 165 | 117 165 | 25 421 | 82 931 | 112 921 |

解：2020 年生产总值为：

$$y_{t+1} = y_t \bar{x} = 1\ 110\ 665 \times \sqrt[9]{1\ 110\ 665/469\ 366}$$
$$= 1\ 110\ 665 \times 1.100\ 4 = 1\ 222\ 176\ （万元）$$

**2. 线性插值法（Linear Interpolation Method）**

前面所讲的比例推算法只是根据一个地区（单位等）的比例关系估算类似地区（单位等）的数值。但是一个地区（单位）的比例关系并不普遍适用于其他地区（单位）。如果掌握了各不相同的若干地区（单位）的比例关系，则要考虑这些比值之间的关系，就不能只用一个地区（单位）的比例关系来估算。线性插值法是根据已掌握的两项有关实际资料来推算第三项对应的未知资料。根据这两点只能确定唯一的一个直线方程，即：

$$\frac{y - y_0}{x - x_0} = \frac{y_1 - y_0}{x_1 - x_0}, \text{整理得} \quad y = y_0 + \frac{y_1 - y_0}{x_1 - x_0}(x - x_0)$$

**【例 9 – 7】** 某贸易公司所属 5 个食品厂 2019 年某产品的生产量及生产费用资料见表 9 – 3。该公司另有一个生产 240 吨的食品加工厂，由于生产费用资料不全，不能及时汇总。要求：① 按甲厂资料推算该食品厂的生产费用。② 按甲、戊两厂资料推算 240 吨食品加工厂的生产费用。

**表 9 – 3　2019 年某产品生产量及生产费用资料表**

| 厂 名 | 甲 | 乙 | 丙 | 丁 | 戊 |
|---|---|---|---|---|---|
| 生产量 ($x$)/吨 | 200 | 220 | 250 | 270 | 280 |
| 生产费用 ($y$)/万元 | 400 | 450 | 470 | 480 | 520 |

**解：**（1）按甲厂资料推算该食品厂生产费用。

240 吨食品加工厂的生产费用 $= 240 \times (400/200) = 480$（万元）

（2）按甲、戊两厂资料推算该厂生产费用。

240 吨食品加工厂的生产费用 $= 400 + \dfrac{520 - 400}{280 - 200} \times (240 - 200) = 460$（万元）

如果对线性插值多项式做简单变换，则可得拉格朗日插值法（Lagrange Interpolation Method），即掌握了两个以上实际对应资料，以此来推算某项对应的未知资料。它是线性插值法的推广。

$$y = y_0 + \frac{y_1 - y_0}{x_1 - x_0}(x - x_0) = y_0 \frac{x - x_1}{x_0 - x_1} + y \frac{x - x_0}{x_1 - x_0}$$

则拉格朗日多项式为：

$$y = \frac{y_0 + (x - x_1)(x - x_2)\cdots(x - x_n)}{(x_0 - x_1)(x_0 - x_2)\cdots(x_0 - x_n)} + y_1 \frac{(x - x_0)(x - x_2)\cdots(x - x_n)}{(x_1 - x_0)(x_1 - x_2)\cdots(x_1 - x_n)} +$$
$$y_2 \frac{(x - x_0)(x - x_1)\cdots(x - x_n)}{(x_2 - x_0)(x_2 - x_1)\cdots(x_2 - x_n)} + \cdots + y_n \frac{(x - x_0)(x - x_1)\cdots(x - x_{n-1})}{(x_n - x_0)(x_n - x_1)\cdots(x_n - x_{n-1})}$$

**【例 9 – 8】** 设某工业部门有如表 9 – 4 所示的资料，问该部门投资额为 2 000 万元时，其产量是多少？

**解：**根据拉格朗日插值公式得

$$y = 12 \times \frac{(2-3)(2-4)}{(1-3)(1-4)} + 45 \times \frac{(2-1) \times (2-4)}{(3-1) \times (3-4)} + 76 \times \frac{(2-1) \times (2-3)}{(4-1) \times (4-3)} = 23.67 \text{（千吨）}$$

即当投资额为 2 000 万元时，产量为 23. 67 千吨。

表 9 – 4　某工业部门投资额及产量资料

| 序号 | 投资额 ($x$)/千万元 | 产量 ($y$)/千吨 |
|---|---|---|
| 0 | $x_0 = 1$ | $y_0 = 12$ |
| 1 | $x_1 = 3$ | $y_1 = 45$ |
| 2 | $x_2 = 4$ | $y_2 = 76$ |
| 合计 | 8 | 133 |

# 9.3　时间序列预测法

时间序列预测法是一种历史资料的延伸预测。根据时间序列所反映出来的发展过程、方向和趋势，进行类推或延伸，借以预测未来时期可能达到的水平。用时间序列法做定量预测是有条件的，这就是：假定某社会经济现象过去的发展变化规律和该现象今后的发展变化规律是一样或大体一样的。然而客观实际并非合乎这一假定条件。为此，必须十分注重定性分析。要与其他预测法，如调研预测法结合起来运用。时间序列预测的方法较多，常用的有下面几种。

## 9.3.1　移动平均预测法

移动平均预测法是以移动平均数作为预测值的方法，它是一种最简单的自适应模型。移动平均数是根据预测事件各时期的实际值，确定移动周期，分期平均，滚动前进所计算的平均数，这些移动平均数构成一个新的时间序列，这个新时间序列将原时间序列的不规则变动加以修匀，使变动趋于平滑，趋势更加明显。

移动平均预测法分为简单移动平均和加权移动平均两种。在加权移动平均中可规定适当的权数，最简单的权数是用 1、2、3 等自然整数加权。加权的作用是加重近期观察值在平均数中的影响作用，即距预测期越近，权数值越大，反之则小。在时间序列没有明显的趋势增减变动和季节变动时，能较准确地反映实际，但所需的历史数据比较多。其缺点是更易受近期偶然变动的影响。

简单移动平均预测法是用第 $t$ 期的移动平均值作为第 $t+1$ 期的预测值的方法。公式为：

$$\hat{a}_{t+1} = \bar{a}_t = \frac{a_t + a_{t-1} + \cdots + a_{t-n+1}}{n} = \bar{a}_{t-1} + \frac{a_t - a_{t-1}}{n}$$

式中，$n$ 为移动平均数所取的项数，即移动周期，一般 $n$ 越大，修匀能力越强，预测的精确度就越高。

加权移动平均预测公式为：

$$a_{t+1} = \frac{a_t w_t + a_{t-1} w_{t-1} + \cdots + a_{t-n+1} w_{t-n+1}}{w_t + w_{t-1} + \cdots + w_{t-m+1}} \qquad (w \text{ 为权数})$$

移动平均是局部平均，将反映的短期平均水平作为预测值使用。上式适用对长期稳定，但短期有波动的资料进行预测。

**【例9-9】** 分别用上述两种方法预测 A 国谷物产量（$w$ 取 1，2，3）。

**解：** 列表计算见表 9-5。

表9-5　2010—2019 年 A 国谷物产量及计算数据表　　　单位：万吨

| 年份 | 产量（$a$） | 三年简单平均 | 三年加权平均 |
|---|---|---|---|
| 2010 | 44 349.3 | — | — |
| 2011 | 45 624.7 | — | — |
| 2012 | 45 304.1 | — | — |
| 2013 | 40 522.4 | 45 092.70 | 45 251.83 |
| 2014 | 39 648.2 | 43 817.07 | 42 966.68 |
| 2015 | 39 798.7 | 41 824.90 | 40 882.25 |
| 2016 | 37 428.7 | 39 989.77 | 39 869.15 |
| 2017 | 41 157.2 | 38 958.53 | 38 588.62 |
| 2018 | 42 776.0 | 39 461.53 | 39 687.95 |
| 2019 | 44 237.3 | 40 453.97 | 41 345.18 |
| 2020 预测值 | — | 42 723.50 | 43 236.85 |

**解析：**

（1）采用 3 项移动平均进行预测，2010 年、2011 年、2012 年的简单算术平均数 45 092.7 万吨就是 2013 年的预测值，2011 年、2012 年、2013 年的简单算术平均数 43 817.07 万吨就是 2014 年的预测值，以此类推。

（2）采用三年加权平均进行预测时，依据公式进行计算，例如：

$a_{2013} = (44\ 349.3 \times 1 + 45\ 624.7 \times 2 + 45\ 304.1 \times 3) \div (1 + 2 + 3) = 45\ 251.83$（万吨），以此类推。

### 9.3.2　指数修匀预测法

指数修匀预测法（Modified Moving Average Forecast）又称指数平滑法，是从移动平均法基础上发展形成的一种指数加权移动平均预测法，是一种特殊的指数加权法。它利用本期预测值和实际数值资料，以平滑常数 $\alpha$ 为加权因子来计算指数平滑平均数。指数修匀预测就是以此平滑平均数为下期的预测值。其公式为：

$$\hat{y}_{t+1} = \alpha y_t + (1 - \alpha)\hat{y}_t$$

式中，$\alpha$ 代表平滑常数（或修匀常数）（$0 \leq \alpha \leq 1$）；$\hat{y}_{t+1}$ 为下期预测值；$\hat{y}_t$ 为本期预测值；$y_t$ 为本期实际值。

$\alpha$ 值是一个经验数据，它的大小体现了不同时期数值在预测中所起的不同作用：$\alpha$ 取值大，表明近期数值的倾向性变动影响大，适应新水平敏感；$\alpha$ 取值小，表明近期数值的倾向性变动影响小，越趋于平滑，越能反映趋势。一般的取值规律：若重视近期数值的作用，可取大值，如0.9、0.8、0.7等；重视平滑趋势可取小值，如0.1、0.2、0.3等，有时也可取0.5。

**【例9-10】** 现以某商场月销售额为例，用指数修匀法预测如下（表9-6）。

**解：** 列表计算如下。

表9-6 某商场月销售额预测表

| 月份 | 销售额 /万元 | 一次指数平滑平均数 | |
|---|---|---|---|
| | | $\alpha = 0.2$ | $\alpha = 0.8$ |
| 1 | 154.25 | 150.80 | 150.80 |
| 2 | 148.36 | 151.49 | 153.56 |
| 3 | 142.58 | 150.86 | 149.40 |
| 4 | 151.16 | 149.21 | 143.94 |
| 5 | 145.24 | 149.60 | 149.72 |
| 6 | 154.35 | 148.73 | 146.14 |
| 7 | 157.47 | 149.85 | 152.71 |
| 8 | 151.39 | 151.37 | 156.52 |
| 9 | — | 151.38 | 152.42 |

设已知1月份预测值为150.8万元。$\alpha$取0.2和0.8，其预测计算见表9-6。在计算中没有初始预测值时，可用实际值来代替。

在预测中可选几个$\alpha$值进行计算，然后进行筛选，取其最适宜的指数平滑平均数为预测值。

应注意，指数平滑有一次、二次与三次之别。在没有明显的长期趋势资料中，使用一次平滑即可；存在着直线趋势时，则使用二次平滑，即对一次指数平滑再进行一次指数平滑。这是因为，无论时间序列呈上升或下降趋势，一次指数平滑平均数总滞后于实际值。当实际趋势下降时，预测值高于实际数；当实际趋势上升时，预测值低于实际数。为了降低滞后误差，可用二次指数平滑法加以修正。其公式为：

$$\begin{cases} y_t^{(1)} = \alpha y_t + (1 - \alpha) y_{t-1}^{(1)} \\ y_t^{(2)} = \alpha y_t^{(1)} + (1 - \alpha) y_{t-1}^{(2)} \end{cases}$$

$y_t^{(1)}$和$y_t^{(2)}$分别为$t$期的一次、二次指数平滑值。

在建立预测公式时，还要分析时间序列的发展趋势是直线型还是非直线型。如果为直线型，可采用下面的直线模型据以预测。

$$y_{t+T} = a_t + b_t T$$

式中，$a_t$、$b_t$为平滑系数；$y_{t+T}$为第$t+T$期的预测数；$T$是要提前的预测期数。$a_t$、$b_t$计算公式如下：

$$\begin{cases} a_t = 2y_t^{(1)} - y_t^{(2)} \\ b_t = \dfrac{\alpha}{1-\alpha}(y_t^{(1)} - y_t^{(2)}) \end{cases}$$

可见，二次指数平滑值一般都不直接用于预测，而是为了求平滑系数，建立线性时间模型来预测，以便修正指数平滑值的滞后现象。

另外，当存在曲线趋势时，则要使用三次指数平滑法，即将二次指数平滑值再做一次指数平滑，求得三次指数平滑值。三次指数平滑值也不直接用于预测，而是为了求平滑系数，以便建立二次曲线模型。

三次指数平滑法的基本公式是：

$$\begin{cases} y_t^{(3)} = \alpha y_t^{(2)} + (1-\alpha)y_{t-1}^{(3)} \\ y_{t+T} = a_t + b_t \cdot T + c_t \cdot T^2 \end{cases}$$

$$\begin{cases} at = 3y_t^{(1)} - 3y_t^{(2)} + y_t^{(3)} \\ bt = \dfrac{1}{2(1-\alpha)^2}\left[(6-5\alpha)y_t^{(1)} - 2(5-4\alpha)y_t^{(2)} - (4-3\alpha)y_t^{(3)}\right] \\ ct = \dfrac{\alpha^2}{2(1-\alpha)^2}\left[y_t^{(1)} - 2y_t^{(2)} + y_t^{(3)}\right] \end{cases}$$

### 9.3.3  三点法预测法

三点法（Triple Value Forecast）与指数平滑法不同，三点法只是一种参数估计法。它只用时间序列的首、中、尾三段（三项或五项）资料，而不用全部资料。三点法的原理是，由于一般曲线方程有三个参数（直线有两个，实际上是两点，三次抛物线有四个，要取四点），所以在动态数列的首、中、尾分别取三项或五项，并由近及远，以人为权数1、2、3或1、2、3、4、5进行加权平均，求出加权平均数。

设：$R_t$ 为初期三项或五项加权平均数；

$S_t$ 为中期三项或五项加权平均数；

$T_t$ 为近期三项或五项加权平均数；

数列总项数 $n$ 为奇数（否则删去最早一项）。各段平均数计算公式如下分述。

三项加权平均：

$$R = \frac{1}{6}(x_1 + 2x_2 + 3x_3)$$

$$S = \frac{1}{6}(x_{d-1} + 2x_d + 3x_{d+1})$$

$$T = \frac{1}{6}(x_{n-1} + 2x_n + 3x_{n+1})$$

五项加权平均：

$$R = \frac{1}{15}(x_1 + 2x_2 + 3x_3 + 4x_4 + 5x_5)$$

$$S = \frac{1}{15}(x_{d-2} + 2x_{d-1} + 3x_d + 4x_{d+1} + 5x_{d+2})$$

$$T = \frac{1}{15}(x_{n-1} + 2x_{n-1} + 3x_n + 4x_{n+1} + 5x_{n+2})$$

对于给定的资料计算出 $R$、$S$、$T$ 后，可按下列公式求参数值。

直线趋势模型中：

三项：$b = \dfrac{T-R}{n-3}$ $a = R - \dfrac{7}{3}b$

五项：$b = \dfrac{T-R}{n-5}$ $a = R - \dfrac{11}{3}b$

在二次抛物线（$x = a + bt + ct^2$）模型中：

三项：

$$a = \frac{2(R+T-2S)}{(n-3)^2}$$

$$b = \frac{T-R}{n-3} - \frac{(3n+5)\cdot c}{5}$$

$$c = R - \frac{7}{3}b - 6c$$

五项：

$$c = \frac{2(R+T-2S)}{(n-5)^2}$$

$$b = \frac{T-R}{n-5} - \frac{(3n+7)\cdot c}{5}$$

$$d = R - \frac{11}{3}b + 15c$$

【例 9 – 11】  现以 A 国 2004—2018 年国内生产总值（GDP）资料为例（表 9 – 7），试用三点法配合二次抛物线预测 2019 年、2020 年国内生产总值（GDP）。

表 9 – 7  A 国国内生产总值（GDP）三点法预测计算表　　　　单位：亿元

| 年份 | 序号（$t$） | 国内生产总值（$x$） | 权数（$w$） | $xw$ |
|---|---|---|---|---|
| 2004 | 1 | 26 923.5 | 1 | 26 923.50 |
| 2005 | 2 | 35 333.9 | 2 | 70 667.80 |
| 2006 | 3 | 48 197.9 | 3 | 144 593.70 |
| 2007 | 4 | 60 793.7 | 合计 | 242 185.00 |
| 2008 | 5 | 71 176.6 | $R$ | 40 364.17 |
| 2009 | 6 | 78 973.0 | — | — |
| 2010 | 7 | 84 402.3 | 1 | 84 402.30 |
| 2011 | 8 | 89 677.1 | 2 | 179 354.20 |
| 2012 | 9 | 99 214.6 | 3 | 297 643.80 |
| 2013 | 10 | 109 655.2 | 合计 | 561 400.30 |

| 年份 | 序号 ($t$) | 国内生产总值 ($x$) | 权数 ($w$) | $xw$ |
|------|-----------|-------------------|-----------|------|
| 2014 | 11 | 120 332.7 | $S$ | 93 566.72 |
| 2015 | 12 | 135 822.8 | — | — |
| 2016 | 13 | 159 878.3 | 1 | 159 878.30 |
| 2017 | 14 | 183 867.9 | 2 | 367 735.80 |
| 2018 | 15 | 210 871.0 | 3 | 632 613.00 |
| | | | 合计 | 1 160 227.10 |

依公式，求得参数：

$c = 647.25$，$b - 1\,963.08$，$a = 31\,900.15$，则

$$\hat{x} = 31\,900.15 + 1\,963.08t + 647.25t^2$$

预测 2019 年和 2020 年的国内生产总值，即将 $t = 16$ 和 17 分别代入，得
2019 年预测值为 229 005.43 亿元，2020 年的预测值为 252 327.76 亿元。

### 9.3.4 分割平均预测法

分割平均预测法是估计模型参数值最简单的方法之一。其要求是，时间序列的实际水平
与理论水平离差总和必须等于零。它既可用于配合直线方程，也可配合曲线方程。其方法
是，如果时间序列为直线型（各期的逐期增长量大体相同），原时间序列是偶数项时，进行
等分（若是奇数项，则删去首项后等分），再分别求出各部分的平均数作为直线上的两点，
代入联立直线方程式求解，得到直线趋势方程，最后用以预测；如果时间序列属抛物线型
（各期的二级增长量大体相同），由于抛物线有 3 个参数，则须将原序列分为首、中、尾相
等的三部分，然后由各部分求出的平均数作为抛物线的 3 个点，代入抛物线方程求解，得到
抛物线方程，用以预测；如果时间序列属指数曲线型（各期的增长速度大体相等），仍将原
数列分为相等的两部分求平均，然后将指数曲线化为对数直线求解即可。

对直线型趋势模型 $\hat{y}_t = a + bt$（$t$ 为时间序号），参数 $a$、$b$ 由下面方程组求得：

$$\frac{1}{n}\sum_{1}^{n} y_t - \frac{b}{n}\sum_{1}^{n} t - a = 0$$

$$\frac{1}{n}\sum_{n+1}^{n} y_t - \frac{b}{n}\sum_{n+1}^{2n} t - a = 0$$

将 $t$ 和 $y$ 的实际数值代入上式，即求得参数 $a$、$b$，配合一条直线方程，用以外推预测。

【例 9 – 12】 现以 A 国历年粮食产量为例，见表 9 – 8，预测 2020 年产量。

**解：**列表计算（表 9 – 8）。

根据表中数据，从逐期增长量 $\Delta y$ 检查，产量的增长量各期大体相同，所以确定变化趋
势为直线型。

表9-8 A国粮食产量预测计算表                    单位：万吨

| 年份 | 序号 | 产量 | 趋势值 | 误差 |
|------|------|------|--------|------|
| 2009 | 1 | 49 417.1 | 49 320.81 | 96.29 |
| 2010 | 2 | 51 229.5 | 48 957.04 | 2 272.46 |
| 2011 | 3 | 50 838.6 | 48 593.28 | 2 245.32 |
| 2012 | 4 | 46 217.5 | 48 229.51 | -2 012.01 |
| 2013 | 5 | 45 263.7 | 47 865.75 | -2 602.05 |
| 小计 | | 242 966.4 | 242 966.40 | 0.00 |
| 2014 | 6 | 45 705.8 | 47 501.99 | -1 796.19 |
| 2015 | 7 | 43 069.5 | 47 138.22 | -4 068.72 |
| 2016 | 8 | 46 946.9 | 46 774.46 | 172.44 |
| 2017 | 9 | 48 402.2 | 46 410.69 | 1 991.51 |
| 2018 | 10 | 49 747.9 | 46 046.93 | 3 700.97 |
| 小计 | | 233 872.3 | 233 872.3 | 0.00 |
| 合计 | | 476 838.7 | 476 838.7 | 0.00 |

将表中数据分为相等的两部分，代入联立方程组，求得 $\alpha = 49\ 684.572$，$b = -363.764$。则配合直线的模型为：

$$\hat{y} = 49\ 684.572 - 363.764t$$

将各年的年次分别代入模型，即得各年趋势值（预测产量即表中第4栏），将各年实际产量减去预测值，即得误差（表中第5栏），其误差总和等于0。

若预测2020年的趋势值，即将 $t = 12$ 代入模型得：

$$\hat{y}_{2020} = 496\ 84.572 - 363.764 \times 12 = 45\ 319.40（万吨）$$

## 9.4 回归预测法

上节所讨论的预测只是涉及一个变量的经济现象，而我们遇到的实际问题，则往往是涉及几个变量的经济现象。回归预测是利用统计分析的方法，对具有相关关系的变量，建立回归模型，并据以进行因果预测的一种数学方法。建立的回归模型，不仅可以描述变量间相关关系的紧密程度和方向，还可以进行推算和预测。在回归分析中有静态回归分析和动态回归分析之别，在统计预测中主要是研究动态回归分析的问题，在分析中对自变量时间数列进行外推预测，将预测值代入回归方程，据以推算因变量数值。

回归预测的一般程序：第一，对预测对象及其相关因素相互对应的观察值做相关图（散点图），判定其相关类型，从而确定采用何种回归模型。第二，计算相关系数，判定变量间相关关系的密切程度，如果高度相关或显著相关，则回归模型有价值，否则，就无价值。第三，当确定相关关系密切，适于回归预测，则可配合回归线，建立回归模型，确定模型中的参数。第四，对回归方程进行效果检验，效果好，则可进行预测。第五，利用回归方程进行预测。

### 9.4.1 一元线性回归预测

一元线性回归预测的模型是 $\hat{y} = a + bx$。配合回归曲线，建立回归方程，要求解线性模型参数值，其主要方法是最小二乘法，前面已做介绍。

【例 9-13】 现以 A 国农村家庭人均纯收入与国内生产总值（GDP）为例，配合直线回归方程进行预测，并回答当 A 国 GDP 每增加 1 亿元时，农村居民家庭人均纯收入增加多少。

**解**：经分析发现，A 国农村居民家庭人均纯收入与国内生产总值（GDP）之间存在较为密切的直线相关关系，即 $r = 0.9728$，则可判断两者高度相关（表 9-9）。

表 9-9 农村居民家庭人均纯收入与国内生产总值回归系数计算表

| 年份 | 国内生产总值 $(x)$/亿元 | 农村人均纯收入 $(y)$/元 | $x^2$ | $y^2$ | $xy$ |
|---|---|---|---|---|---|
| 2005 | 26 923.5 | 784.00 | 724 874 852.25 | 614 656.00 | 21 108 024.00 |
| 2006 | 35 333.9 | 921.60 | 1 248 484 489.21 | 849 346.56 | 32 563 722.24 |
| 2007 | 48 197.9 | 1 221.00 | 2 323 037 564.41 | 1 490 841.00 | 58 849 635.90 |
| 2008 | 60 793.7 | 1 577.74 | 3 695 873 959.69 | 2 489 263.51 | 95 916 652.24 |
| 2009 | 71 176.6 | 1 926.10 | 5 066 108 387.56 | 3 709 861.21 | 137 093 249.26 |
| 2010 | 78 973.0 | 2 090.10 | 6 236 734 729.00 | 4 368 518.01 | 165 061 467.30 |
| 2011 | 84 402.3 | 2 162.00 | 7 123 748 245.29 | 4 674 244.00 | 182 477 772.60 |
| 2012 | 89 677.1 | 2 210.30 | 8 041 982 264.41 | 4 885 426.09 | 198 213 294.13 |
| 2013 | 99 214.6 | 2 253.42 | 9 843 536 853.16 | 5 077 901.70 | 223 572 163.93 |
| 2014 | 109 655.2 | 2 366.40 | 12 024 262 887.04 | 5 599 848.96 | 259 488 065.28 |
| 2015 | 120 332.7 | 2 475.63 | 14 479 958 689.29 | 6 128 743.90 | 297 899 489.66 |
| 2016 | 135 822.8 | 2 622.24 | 18 447 832 999.84 | 6 876 142.62 | 356 159 979.07 |
| 2017 | 159 878.3 | 2 936.40 | 25 561 070 810.89 | 8 622 444.96 | 469 466 640.12 |
| 2018 | 183 867.9 | 3 254.93 | 33 807 404 650.41 | 10 594 569.30 | 598 477 143.75 |
| 2019 | 210 871.0 | 3 587.04 | 44 466 578 641.00 | 12 866 855.96 | 756 402 711.84 |
| Σ | 1 515 121.5 | 32 388.90 | 193 091 490 023.45 | 78 848 664.00 | 3 688 520 011.32 |

根据 Excel 统计功能，分别计算相关系数 $r$、回归参数（截距）$a$、回归系数 $b$。具体方法为：打开 Excel 工作栏中的 $f_x$ 按钮，单击"统计"按钮，分别选中"CORREL"

"INTERCEPT" 和 "LINEST" 选项，并按提示选定变量 $y$ 和 $x$ 值列，即可计算出所需结果，即相关系数 $r = 0.9728$，回归系数 $b = 0.0145$，截距 $a = 693.4972$。也可根据公式计算如下：

$$r = \frac{n \sum xy - \sum x \sum y}{\sqrt{n \sum x^2 - (\sum x)^2} \sqrt{n \sum y^2 - (\sum y)^2}} = 0.9946$$

求解配合回归直线的参数 $a$、$b$：

$$\begin{cases} b = \dfrac{n \sum xy - \sum x \sum y}{n \sum x^2 - (\sum x)^2} \\ a = \dfrac{\sum y}{n} - b \dfrac{\sum x}{n} \end{cases}$$

求得：$b = 0.0241$　$a = 180.557$

则直线方程为：$\hat{y} = 180.557 + 0.0241x$

结果表明，A 国 GDP 每增加 1 亿元，农村居民家庭人均纯收入增加 0.0241 元。

利用这一回归方程可以进行预测和控制。如果 A 国 GDP 增加到 10 万亿元，则农村居民家庭人均纯收入可增加到：

$$\hat{y} = 180.557 + 0.0241 \times 100\,000 = 2\,590.557(\text{元})$$

### 9.4.2　自回归预测法

自回归预测（Auto Regression Forecast），就是从同一变量在不同时期各个变量值的相关关系来建立一元或多元回归方程而进行的预测。具体来说，就是用一个变量的时间序列作为因变量序列，用同一变量向过去推移若干期的时间序列作为自变量序列，将它们拟合回归线，建立回归模型而进行的预测。

关于自回归的基本模型，已在前面有关章节中讲过，这里仅就外推预测问题加以阐述。

自回归预测的公式为：

$$y_t = a_0 + a_1 y_{t-1}$$
$$y_t = a_0 + a_1 y_{t-1} + a_2 y_{t-2} + \cdots + a_n y_{t-n}$$

前者自变量滞后一期（或一周期），称为一阶（一元线性）自回归模型；后者是滞后 $n$ 期（或 $n$ 个周期），称为 $n$ 阶（多元线性）自回归模型。

因变量数列向过去滞后多少期作为自变量序列？这要对时间序列进行观察，掌握其变化规律。同一序列中，后来的每一时期的变量值受以前某一时期变量值的影响，其间隔时期是规律的，即一个周期。如一年四个季度中每到第一季度铁路旅客的流量就达高峰，这时可将向过去推移一个周期（四个季度）的时间序列作为自变量序列。预测中，一般用向后推移一期或两期的一阶自回归方程进行，因为最近期数据对预测尤为重要。

在自回归模型中，多元模型计算复杂，在实际中应用也不多。故现以 A 国谷物单位面积产量资料为例求一阶回归模型（表 9-10）。

表 9 - 10　A 国谷物单位面积产量自回归系数计算表　　　　单位：千克/公顷

| 年份 | 产量 $y_t$ | $y_{t-1}$ | $y_t y_{t-1}$ | $y_{t-1}^2$ | $y_t^2$ |
|---|---|---|---|---|---|
| 2010 | 4 822 | — | — | — | — |
| 2011 | 4 953 | 4 822 | 23 883 366 | 23 251 684 | 24 532 209 |
| 2012 | 4 945 | 4 953 | 24 492 585 | 24 532 209 | 24 453 025 |
| 2013 | 4 753 | 4 945 | 23 503 585 | 24 453 025 | 22 591 009 |
| 2014 | 4 800 | 4 753 | 22 814 400 | 22 591 009 | 22 540 000 |
| 2015 | 4 885 | 4 800 | 23 448 000 | 22 540 000 | 23 863 225 |
| 2016 | 4 873 | 4 885 | 23 804 605 | 23 863 225 | 23 746 129 |
| 2017 | 5 187 | 4 873 | 25 276 251 | 23 746 129 | 26 904 969 |
| 2018 | 5 225 | 5 187 | 27 102 075 | 26 904 969 | 27 300 625 |
| 2019 | 5 322 | 5 225 | 27 807 450 | 27 300 625 | 28 323 684 |
| Σ | 49 765 | 44 443 | 222 132 317 | 219 182 875 | 224 254 875 |

根据 Excel 统计功能，计算相关系数 $r = 0.746\ 7$，截距 $a = 1\ 879.113\ 0$，回归系数 $b = 0.612\ 6$。具体方法：打开 Excel，单击工作栏中的 $f_x$ 按钮，单击"统计"按钮，分别选中 "CORREL""INTERCEPT"和"LINEST"选项，并按提示选定自变量 $y_t$ 和因变量 $y_{t-1}$ 值列，即可计算出所需结果。也可根据公式计算（计算时不包括 2010 年，$n = 9$）。

$$r = \frac{n \sum xy - \sum x \sum y}{\sqrt{n \sum x^2 - \left(\sum x\right)^2} \sqrt{n \sum y^2 - \left(\sum y\right)^2}} = 0.746\ 7 \qquad （高度相关）$$

配合回归直线的参数 $a$、$b$ 得：

$$b = \frac{n \sum xy - \sum x \sum y}{n \sum x^2 - \left(\sum x\right)^2}$$

$$a = \frac{\sum y}{n} - b \frac{\sum x}{n}$$

求得：$a = 1\ 879.113\ 0$，$b = 0.612\ 6$

则 A 国谷物单位面积产量的时间序列自回归模型方程为：

$$\hat{y} = 1\ 879.113\ 0 + 0.612\ 6 y_{t-1}$$

若已知 2013 年的谷物单位面积产量为 4 753 千克/公顷，则 2020 年的谷物单位面积产量的预测值为：

$$\hat{y}_{2020} = 1\ 879.113\ 0 + 0.612\ 6 \times 5\ 322 = 5\ 139.37（千克/公顷）$$

### 9.4.3　多元线性回归模型和非线性回归模型

**1. 多元线性回归模型**

一个现象在数量上的变化，往往是由于多种因素综合作用的结果。例如，农作物收获量除了受化肥施用量影响之外，还受土壤条件、气候状况、水利条件、种子等多种因素的影响。在一元线性回归分析中，我们没有将这些因素对自变量的影响考虑在内。许多情况下，为了更准确、完善地分析变量之间的相互关系，应将影响因变量在数量上发生变化的主要因素列入研究的范围。在统计中，分析一个因变量与多个自变量之间相互关系的理论和方法称为多元回归分析。这里我们仅介绍二元线性回归模型，掌握了二元线性回归，多元线性回归也就不难掌握了。

二元线性回归模型如下：

$$\hat{y} = a + b_1 x_1 + b_2 x_2$$

或

$$\hat{y} = b_0 + b_1 x_1 + b_2 x_2$$

式中，$\hat{y}$ 为因变量；$x_1$、$x_2$ 为自变量；$b_1$、$b_2$ 为 $\hat{y}$ 对 $x_1$、$x_2$ 的回归系数。

确定参数 $a$、$b_1$、$b_2$ 的数值，仍然用最小二乘法来估计，根据最小二乘法的原理可以求得如下的标准方程：

$$\sum y = na + b_1 \sum x_1 + b_2 \sum x_2$$

$$\sum x_1 y = a \sum x_1 + b_1 \sum x_1^2 + b_2 \sum x_1 x_2$$

$$\sum x_2 y = a \sum x_2 + b_1 \sum x_1 x_2 + b_2 \sum x_2^2$$

或

$$\sum y = nb_0 + b_1 \sum x_1 + b_2 \sum x_2$$

$$\sum x_1 y = b_0 \sum x_1 + b_1 \sum x_1^2 + b_2 \sum x_1 x_2$$

$$\sum x_2 y = b_0 \sum x_2 + b_1 \sum x_1 x_2 + b_2 \sum x^2$$

通过对标准方程求解，可得到 $a$、$b_1$、$b_2$ 的数值，将其代入回归方程，即可得到二元回归方程。

**【例 9 – 14】**　设某地区卫生陶瓷需求量（$y$）与城镇竣工住宅面积（$x_1$）、医疗卫生机构建筑面积（$x_2$）存在密切的复相关关系（其统计资料见表 9 – 11）。

**表 9 – 11　某地区卫生陶瓷需求量相关资料**

| 年份 | 2010 | 2011 | 2012 | 2013 | 2014 | 2015 | 2016 | 2017 | 2018 | 2019 |
|---|---|---|---|---|---|---|---|---|---|---|
| 陶瓷需求量（$y$）/万件 | 47 | 61 | 46 | 37 | 53 | 80 | 103 | 141 | 110 | 111 |
| 竣工住宅面积（$x_1$）/百万平方米 | 9 | 9 | 10 | 18 | 19 | 19 | 23 | 21 | 10 | 22 |
| 竣工医疗卫生机构建筑面积（$x_2$）/百万平方米 | 1.4 | 1.7 | 1.4 | 1.1 | 1.5 | 1.9 | 2.1 | 3.1 | 2.0 | 2.3 |

要求：建立二元线性回归方程，用最小二乘法求估计参数，并预测当竣工的城镇住宅面积为 2 600 万平方米、医疗卫生建筑面积为 250 万平方米时的卫生陶瓷需求量。

**解**：设二元线性回归方程为：

$$\hat{y} = b_0 + b_1 x_1 + b_2 x_2$$

（1）建立标准方程组。

$$\begin{cases} \sum y = nb_0 + b_1 \sum x_1 + b_2 \sum x_2 \\ \sum x_1 y = b_0 \sum x_1 + b_1 \sum x_1^2 + b_2 \sum x_1 x_2 \\ \sum x_2 y = b_0 \sum x_1 + b_1 \sum x_1 x_2 + b_2 \sum x^2 \end{cases}$$

（2）根据表 9 – 12 中的已知资料按标准方程组的要求计算相关数据。

表 9 – 12　已知资料

| 年份 | $y$/万件 | $x_1$/<br>百万平方米 | $x_2$/<br>百万平方米 | $x_1^2$ | $x_2^2$ | $x_1 y$ | $x_2 y$ | $x_1 x_2$ |
|------|------|------|------|------|------|------|------|------|
| 2010 | 47 | 9 | 1.4 | 81 | 1.96 | 423 | 65.8 | 12.6 |
| 2011 | 61 | 9 | 1.7 | 81 | 2.89 | 549 | 103.7 | 15.3 |
| 2012 | 46 | 10 | 1.4 | 100 | 1.96 | 460 | 64.4 | 14.0 |
| 2013 | 37 | 18 | 1.1 | 324 | 1.21 | 666 | 40.7 | 19.8 |
| 2014 | 53 | 19 | 1.5 | 361 | 2.25 | 1 007 | 79.5 | 28.5 |
| 2015 | 80 | 19 | 1.9 | 361 | 3.61 | 1 520 | 152 | 36.1 |
| 2016 | 103 | 23 | 2.1 | 529 | 4.41 | 2 369 | 216.3 | 48.3 |
| 2017 | 141 | 21 | 3.1 | 441 | 9.61 | 2 961 | 437.1 | 65.1 |
| 2018 | 110 | 10 | 2.0 | 100 | 4.00 | 1 100 | 220.0 | 20.0 |
| 2019 | 111 | 22 | 2.3 | 484 | 5.29 | 2 442 | 255.3 | 50.6 |
| 合计 | 789 | 160 | 18.5 | 2 862 | 37.19 | 13 496 | 1 634.8 | 310.3 |

将表中数据带入方程组，得：

$$\begin{cases} 789 = 10b_0 + 160b_1 + 18.5b_2 \\ 13\,497 = 160b_0 + 286\,2b_1 + 310.3b_2 \\ 1\,634.8 = 18.5b_0 + 310.3b_1 + 37.19b_2 \end{cases}$$

根据行列式求解：$b_0 = -31.242\,5$，$b_1 = 0.121\,28$，$b_2 = 58.487\,6$。则二元线性回归方程为：

$$\hat{y} = -31.242\,5 + 0.121\,28x_1 + 58.487\,6x_2$$

当 $x_1 = 26$，$x_2 = 2.5$ 时有：

$$\hat{y} = -31.242\,5 + 0.121\,28 \times 26 + 58.487\,6 \times 2.5 = 118.13（万件）$$

即陶瓷需求量为 118.13 万件。

2. 非线性回归模型

前面所述的线性回归，是指自变量同因变量之间的变化有等量增加（或减少）的趋势，其变化关系呈回归线性关系。在现实经济生活中，自变量对因变量的影响并非都是线性关系。如商品销售量的变动并不随着相关因素的变化按等差级数增减，许多情况下，还会按等比级数增减。这种趋势变动线就不是直线，而是曲线。这时，就要采用非线性回归预测模型进行预测。在建立曲线回归方程时，首先必须确定变量之间关系的类型。可根据观察资料进行分析比较，特别是通过相关图，观察图像散点分布情况，结合一些已知函数的图形，选择适当的数学表达式作为回归模型。确定非线性回归参数的一般方法：对其中某个变量做某种变换，使新变量对另一变量有线性关系。即通过某种变换使非线性回归转化为线性回归，然后按拟合成的线性回归方程求出参数，再建立数学模型进行预测。下面介绍几种常见的非线性回归模型及其相应的线性变换公式，以供参考。

（1）抛物线。

$$y = a + b_1 + b_2 x^2 + \cdots + b_n x^n$$

假设 $x_1 = x$，$x_2 = x^2$，$\cdots$，$x_n = x^n$，则上式可化为 $x_1$，$x_2$，$\cdots$，$x_n$ 为自变量的多元线性回归模型：

$$y = a + b_1 x_1 + b_2 x_2 + \cdots + b_n x_n$$

可用最小二乘法求解，求得参数 $a$，$b_1$，$b_2$，$\cdots$，$b_n$。

（2）幂函数曲线。

$$y = ax^b$$

两边取对数得

$$\ln y = \ln a + b \ln x$$

设

$$y' = \ln y,\ x' = \ln x,\ a' = \ln a$$

则有

$$y' = a' + bx'$$

这是一个直线方程，可用最小二乘法求出 $a'$，$b$，再计算出 $a$ 的值。

（3）指数函数曲线。

$$y = ab^x$$

两边取对数得

$$\ln y = \ln a + x \ln b$$

设

$$y' = \ln y,\ b' = \ln b,\ a' = \ln a$$

则有

$$y' = a' + b'x$$

这是一个直线方程，可用最小平方法求出 $a'$，$b'$，再计算出 $a$ 和 $b$ 的值。

（4）S 形曲线。

设

$$y' = \frac{1}{y},\ x' = e^{-x}$$

则

$$y' = a + bx'$$

这是一个直线方程，可用最小二乘求出 $a$，$b$。

## 9.4.4　回归预测应注意的问题

回归预测考虑了现象间的联系，也注意了现象的变化趋势，这对提高预测的准确度是有益的。然而，它不便于及时更新所用资料，每增加或减少一个新观察值，整个回归模型就要重新计算。因此，利用回归模型具体进行预测时应注意如下问题。

（1）对预测对象进行定性分析。建立回归方程前，首先应对预测对象进行定性分析，以判定现象之间是否确实存在因果关系，如定性分析出错，则所建立的模型将失去意义。

（2）对回归系数进行分析。回归模型中的回归系数 $b_1$，$b_2$，$\cdots$，$b_p$ 表示自变量 $x_1$，$x_2$，$\cdots$，$x_p$ 对因变量 $y$ 的影响方向和影响程度，如【例 9 - 14】中的模型。

$$\hat{y} = -31.2425 + 0.12128x_1 + 58.4876x_2$$

$b_1 = 0.12128 > 0$，表明卫生陶瓷需求量随竣工住宅面积的增加而增加；$b_2 = 58.4876 > 0$，表明卫生陶瓷需求量也随医疗机构建筑面积的增加而增加。本例中，这种解释符合实际意义。

如果回归系数 $b_i(i = 1,\ 2,\ \cdots,\ p)$ 的符号与实际不符，如 $b_1 < 0$，$b_2 < 0$，那么，就有理由怀疑所求模型的正确性，必须重新构建方程。

（3）注意样本指标的结构变形。回归模型的选择是根据样本资料确定的，模型中的参数也是根据样本资料计算出来的。因此，回归模型只能说明变量在一定范围内的因果关系。超过这一范围后，不仅模型的函数形式可能发生变化，如由直线变为曲线，模型中的参数值也可能不再符合实际。如果这时仍用原模型进行外推预测就会出现较大偏差，甚至得出完全错误的结论。

（4）注意因变量的滞后变动。实践证明，因变量与自变量的变动并不是同时发生的，一般两者之间存在或长或短的时间差，通常是自变量变动在先，因变量变动在后。例如，存贷利率变化后，间隔一段时期才有储蓄额、基本建设投资额的变化。因此，进行回归预测还要考虑现象的时间差。

（5）注意变量间的非线性关系。线性回归分析法在预测中有着很重要的应用，但是客观事物之间并不一定都呈线性关系，在许多情况下，非线性回归模型更为适用。一些非线性形式的回归模型经过适当变换，可以成为线性形式，如二次抛物线回归模型 $\hat{y} = b_0 + b_1x + b_2x^2$；又如，指数曲线回归模型 $\hat{y} = ab^x$。在上面第一个模型中，若令 $x_1 = x$，$x_2 = x^2$，则可直接将其线性化；而对第二个模型两边去对数后也可将其线性化。对于线性化后的模型可采用最小二乘法估计参数。而对于不可线性化的非线性回归模型，其参数估计可采用其他适用的方法，在此从略。

# 9.5　统计预测误差的分析

## 9.5.1　预测误差分析概述

### 1. 分析预测误差的意义

预测是对未来所做的设想和推断，其前提条件是假定根据已知资料而建立的预测模型在未来时期继续有效。然而，未来是一个不确定因素，假定与现实总有一定差距，因此，预测值与实际值之间必然存在着差距，这个差距的大小就是预测误差。预测误差的大小与预测结果的准确性有着密切的关系，预测误差越小，准确性越高；反之，准确性越低。如果预测值与实际值相差甚远，就可能产生预测失误。因为，统计预测的重要作用不仅仅是对未来做出推断，更重要的是说明预测值可以被信赖的程度，即对预测结果计算误差，并加以分析和控制。通过测定误差，找出误差产生、变动的原因和规律，从而改进预测方法和预测模型，控制预测误差，使预测结果接近实际值。因此，研究产生预测误差的原因，计算与分析误差的数量，不仅可以认识预测结果的准确性，为编制计划、进行决策提供可靠的依据，而且有利于改进预测工作，发展和完善预测理论。同时，统计预测实践已告诉我们，统计预测误差分析和预测方法的选择是统计预测不可缺少的重要环节。

2. 影响预测误差准确度的主要因素

预测过程中的一切主客观因素都会影响预测结果的准确度。具体来说，影响预测准确度的因素主要有 4 个。

（1）数据资料的真实性和准确性。真实、准确、可靠的统计资料对预测准确度有着重要影响，因为预测模型的选定、参数的计算都是依据统计资料而来的。如果数据失真或不全，或者经过整理的资料还缺乏可比性、系统性，满足不了预测的要求，那么，预测的准确性就要受到影响。可见，真实、准确、可靠的统计资料是获得准确预测结果的先决条件。

（2）主观判断的客观性和正确性。无论是定性预测，还是定量预测，都离不开预测者的主观判断，尤其是在根据统计资料选定模型，确定参数估计方法时，主观判断极为重要。判断正确，就为准确预测打下基础；判断错误，则全盘皆输。所以，统计预测要求预测者有敏锐的观察力、严密的逻辑思维能力和丰富的实践经验，这是提高预测准确度的又一重要条件。

（3）统计方法的完整性和可靠性。统计预测的各个阶段都需要运用统计方法，各种方法各有其优缺点和适用条件。不同问题要用不同的方法，有时同一问题还存在着处理方法优劣的对比。因此，统计方法选择得恰当与否、运用得正确与否，也是影响预测准确度不容忽视的一个因素。

（4）模型的科学性和有效性。模型本身是对客观现象的一种简化和模拟，它忽略了影响现象的某些因素。如果模型中没有包含那些不该忽略的重要因素，势必要影响预测的准确度。同样，如果预测者构建了错误的预测模型，那么，预测就会产生较大的误差，甚至得出与实际完全相反的结论。因此，模型的科学性、有效性是保证预测准确度的关键。

## 9.5.2 预测误差的分析与测定

所谓预测误差，是指统计数据实际值与预测值之间的离差。一般用 $e_t = y_t - \hat{y}_t$ 表示，$y_t$ 为实际值，$\hat{y}_t$ 为预测值。为了比较预测方法的精度，需要测定一系列的预测误差，综合反映预测误差的大小。反映预测误差的综合指标有平均误差、平均绝对误差、均方误差和均方根误差 4 种。

1. 平均误差 $\bar{e}$

$$\bar{e} = \frac{1}{n} \sum_{t-1}^{n} e_t = \frac{1}{n} \sum_{t-1}^{n} (y_t - \hat{y}_t)$$

平均误差是预测误差的简单平均，预测误差的数学期望值等于 0。如果 $\bar{e} \neq 0$，表明预测存在偏误，其绝对值越大，偏误越大。当 $\bar{e} > 0$，为正偏误；当 $\bar{e} < 0$，为负偏误；当 $\bar{e} = 0$，表明预测效果较好。

2. 平均绝对误差（MAE）

由于预测误差有正有负，为避免正负抵消，确切反映离差的大小，解决的方法是取绝对值，计算平均绝对误差，其计算公式为：

平均绝对误差：
$$MAE = \frac{1}{n}\sum_{t-1}^{n} |e_t| = \frac{1}{n}\sum |y_t - \hat{y}_t|$$

3. 均方误差（MSE）

均方误差是预测误差平方和的平均数，其计算公式为：
$$MSE = \frac{1}{n}\sum_{t-1}^{n} e_t^2 = \frac{1}{n}\sum_{t-1}^{n} (y_t - \hat{y}_t)^2$$

4. 均方根误差（RMSE）

均方根误差是均方误差的平方根，其计算公式为：
$$RMSE = \sqrt{\frac{1}{n}\sum_{t-1}^{n} e_t^2} = \sqrt{\frac{1}{n}\sum_{t-1}^{n} (y_t - \hat{y}_t)^2}$$

以上4种指标均可综合测定误差的大小和评价模型、方法的优劣。均方根误差还可用于对预测误差的控制。在实际中，应用最广泛的是均方根误差（又称估计标准误差），其作用与标准差相似，不同的是这里的离差不是以变量值与一个平均数为中心计算的，而是以变量值与其对应的预测值为中心计算的。标准差反映的是平均数的代表性大小，而均方根误差则是表示一条平均数线的代表性大小。一般来讲，指标数值越小，误差越小，预测精度越高。具有最小误差的方法最优，模型最好，承担的风险最小。

【例 9 - 15】　现以9.4节表9 - 8的有关资料及所建立的预测方程求得的各期预测值（又称理论值）为例，说明均方根误差的计算，如表9 - 13所示。

表 9 - 13　预测误差计算表

| 年份 | 国内生产总值 $(x)$/亿元 | 农村人均纯收入 $(y)$/元 | $\hat{y}$ | $y - \hat{y}$ | $(y - \hat{y})^2$ |
|------|------|------|------|------|------|
| 2005 | 26 923.5 | 784.00 | 1 083.89 | -299.89 | 89 934.01 |
| 2006 | 35 333.9 | 921.60 | 1 205.84 | -284.24 | 80 792.38 |
| 2007 | 48 197.9 | 1 221.00 | 1 392.37 | -171.37 | 29 367.68 |
| 2008 | 60 793.7 | 1 577.74 | 1 575.00 | 2.74 | 7.51 |
| 2009 | 71 176.6 | 1 926.10 | 1 725.56 | 200.54 | 40 216.29 |
| 2010 | 78 973.0 | 2 090.10 | 1 838.61 | 251.49 | 63 247.22 |
| 2011 | 84 402.3 | 2 162.00 | 1 917.33 | 244.67 | 59 863.41 |
| 2012 | 89 677.1 | 2 210.30 | 1 993.82 | 216.48 | 46 863.59 |

续表

| 年份 | 国内生产总值 $(x)$/亿元 | 农村人均纯收入 $(y)$/元 | $\hat{y}$ | $y - \hat{y}$ | $(y - \hat{y})^2$ |
|---|---|---|---|---|---|
| 2013 | 99 214.6 | 2 253.42 | 2 132.11 | 121.31 | 14 716.11 |
| 2014 | 109 655.2 | 2 366.40 | 2 283.50 | 82.9 | 6 872.41 |
| 2015 | 120 332.7 | 2 475.63 | 2 438.32 | 37.31 | 1 392.04 |
| 2016 | 135 822.8 | 2 622.24 | 2 662.93 | -40.69 | 1 655.68 |
| 2017 | 159 878.3 | 2 936.40 | 3 011.74 | -75.34 | 5 676.12 |
| 2018 | 183 867.9 | 3 254.93 | 3 359.58 | -104.65 | 10 951.62 |
| 2019 | 210 871.0 | 3 587.04 | 3 751.13 | -164.09 | 26 925.53 |
| $\Sigma$ | 1 515 121.5 | 32 388.90 | 32 371.73 | 17.17 | 478 481.60 |

**解**：根据 Excel 统计功能，列表计算相关系数 $r$、回归参数 $a$（截距）、回归系数 $b$。具体方法：打开 Excel 单击工作栏中的 $f_x$ 按钮，单击"统计"中的"CORREL""INTERCEPT"和"LINEST"选项，并按提示选定变量 $y$ 和 $x$ 值列，即可计算出所需结果。方程式为 $\hat{y} = 693.50 + 0.014\ 5x$，也可根据公式计算。将表 9 - 13 中的资料代入公式，得均方根误差：

$$\text{RMSE} = \sqrt{\frac{\sum (y - \hat{y})^2}{n}} = \sqrt{\frac{478\ 481.60}{15}} = 178.60$$

### 9.5.3　预测误差的控制

点预测和区间预测。

前面所进行的预测都是依据样本资料估计预测模型的参数，得出预测方程，并根据外推取得所需的预测值。这种预测是直接以样本预测值作为总体预测值，它没有考虑预测的可靠程度和精确程度，其预测值是一个具体的数值，故称为点预测，又称为定值预测。点预测一般用于预测精度要求不高的场合。

为了提高预测的可靠程度，说明预测的精确度，在用预测公式对总体进行预测时，还必须把预测的抽样误差考虑进去，计算在一定概率保证下误差范围的置信区间，并以此作为总体预测的一切可能值，这就是区间预测。预测置信区间一般表示为：

$$\hat{y} \pm \text{RMSE} \times t_\alpha$$

式中，$t_\alpha$ 是在概率度（$1 - \alpha$）下 $t$ 分布的数值，它适用于小样本资料（$n < 30$）；当大样本资料（$n > 30$）出现时，$z_\alpha$［概率度为（$1 - \alpha$）下正态分布的数值］代替 $t_\alpha$。

区间预测通过可能概率（$1 - \alpha$）的大小来表明预测可靠程度，概率越大，可靠程度越高；概率越小，可靠程度越低。通过置信区间的大小表明预测的精确度，区间越大，精确度越低；区间越小，精确度越高。

【例9-16】　如见前例，当国内生产总值达到10万亿元时，以95%的置信度（α=5%）预测农村居民家庭人均纯收入的范围。

本例中，由于$n=15$，属于小样本，故计算均方根误差（RMSE）时不能用样本项数，而用自由度，现将RMSE重新计算如下：

$$RMSE = \sqrt{\frac{\sum (y - \hat{y})^2}{n}} = \sqrt{\frac{80\ 997.49}{15 - 2}} = 78.93（元）$$

当$\alpha = 0.05$时，$n-2=13$，查$t$分布表，得$t=2.160\ 4$。当国内生产总值达到10万亿元时，预测区间为：

$$p(2\ 590.557 - 2.160\ 4 \times 79.93,\ 2\ 590.557 + 2.160\ 4 \times 79.93) = 0.95$$

即当A国国内生产总值达到10万亿元时，农村居民家庭人均纯收入将为2 420～2 761元。

该区间表明：总体预测值有95%的可能进入置信区间。

### 9.5.4　预测方法的选择

时间序列预测法是最常用的预测方法。它是假定过去现象变化的规律将延续到未来，如果能根据现有的时间序列掌握现象变化的规律，则将来的情况就可类推。尽管近年来开展了许多时间序列预测法，然而并没有哪种方法能对各种预测问题提供全部答案。因为任何一种方法都是建立在某种假定条件之下，而任何一种假定条件都无法概括现实世界中错综复杂的经济关系。因此，选择适当的预测方法十分必要。

选择预测方法的关键在于掌握时间数列变动的规律及其表现形式，分析各种影响因素起作用的程度。

影响社会经济发展的因素一般分为趋势性的、周期性的、季节性的和随机性的4种。趋势性因素是决定事物的基本因素，使事物的变化在一定时间内按一定的方向、比例和速度规则地运动。周期性因素是由于经济技术内在机制使现象按周期变化形式发展。季节性因素也是一种周期性变动，但只对月、季度资料有影响。随机性因素是由于复杂的偶然原因而引起现象的不规则变动，这在任何时间序列中都存在。

如果影响序列的变动只有随机性因素，这时时间序列为平稳型序列。可用平均法消除随机性因素的误差，以求预测值。如以$t$期的移动平均数作为$t+1$期的预测值或以$t$期观察值$x_t$与$t$期的预测值$\hat{x}_t$的加权平均作为$t+1$期的预测值，即

$$\hat{x}_{t+1} = \alpha x + (1 - \alpha)\hat{x}_t \quad (0 < \alpha < 1)$$

这时预测值$\hat{x}_{t+1}$只表示$t+1$期可能出现的平均值，它与实际值有随机误差。平均预测法实际上是以过去的实际值作为未来的预测值，只适用短期的平稳现象。如果数列存在着趋势性因素，这种预测方法会产生系统的时间滞后误差。

当时间序列同时受趋势性因素和随机性因素影响时，就存在着规则变动和不规则变动干扰作用的矛盾。从数列引导预测公式所面临的问题：一方面如果对趋势变动因素反应敏感，那么它对随机性变动因素的反应也敏感；反之，如果要降低方程对随机性变动因素的灵敏度，往往也同时降低趋势性变动因素影响的灵敏度。

解决这个问题，通常认为如果能找到一个合适的方程，使各个已知的观察值与方程上的

理论值的离差之和为 0 或为最小，那么此方程是最理想的预测方程，由此推算的理论值是最佳预测值。然而，此想法未必都尽如人意。

如引入拉格朗日多项式作为预测方程：

$$x_t = x_1 \frac{(t-2)(t-3)\cdots(t-n)}{(1-2)(1-3)\cdots(1-n)} + x_2 \frac{(t-1)(t-3)\cdots(t-n)}{(2-1)(2-3)\cdots(2-n)} + \cdots$$
$$+ x_n \frac{(t-1)(t-2)\cdots(t-n+1)}{(n-1)(n-2)\cdots(n-n+1)}$$

上式表明，当 $t=1$，$\hat{x}_1 = x_1$，$t=2$，$\hat{x}_2 = x_2$，$\cdots$，$t=n$，$\hat{x}_n = x_n$，即现象的观察值与理论值完全一致，故有：

$$\sum(x_t - \hat{x}_t) = 0 \ 或 \ \sum(x_t - \hat{x}_t) = 最小值$$

但事实证明，这一多项式作为预测方程却不是最理想的，因为它假定过去的趋势变动因素和随机变动因素共同决定未来现象水平，当随机因素波动很大时，以此作为预测的根据欠妥。

所以，应该对趋势的形态和性质进行科学分析。就数量关系而言，可从两方面入手。

第一，从现象的增量方面考察，例如，按时间序列一级增量大体相等即存在线性变动趋势，若二级增量大体相等即存在抛物线变动趋势，等等。

第二，从现象发展的速度方面考察。如现象各期的递增速度大体相同，则存在指数曲线趋势；如果递增速度大体按某种减速因子变动，则存在成长曲线（逻辑曲线）趋势。

经过分析确定现象的类型后，就可给出趋势线方程形式。但是对于预测方程的待定参数的确定，又会因思想方法和评价标准的不同而有很大差异。

一是利用时间序列观察值资料，提出一定标准，确定平均趋势线参数。如要求各观察值与方程理论值离差总和为 0，且离差平方和为最小，用最小平方方法拟合曲线求参数。

二是对时间序列的观察资料进行多次修匀，以消除随机性因素影响，然后利用修匀数列确定方程的参数，如二次、三次指数平滑法等。

所采用的方法不同，预测结果也有较大差异。指数修匀预测主要决定于近期增长速度，如果近期速度明显增加，则预测值也明显偏大。三点法易受过去趋势的影响，但若加重近期权数，也能促使预测值增加。而最小二乘法按历史趋势以等比速度预测未来。

时间序列预测模型应用的前提是社会经济条件的稳定性。但实际上社会经济发展并非都是平稳的。特别是我国经济技术等发生了重大变化，单纯依靠过去历史资料是难以准确预测的。为此，统计预测既要考察现象的连贯性，还要考虑现象的联系性。这就要求建立计量模型来预测。计量模型的特点在于它是根据模型内各变量相互关系和外部条件的调整进行预测的，并给预测结果一定的灵活性。其优点在于它根据现象间的相互制约关系判定预测结果，而且预测可同政策模拟、决策选择联系起来，有更大的实用价值。

预测方法的评价有许多统计标准，但统计标准不能代替经济标准，最终还是要用经济标准检验优劣和取舍，如模型结构是否合理，趋势方程能否反映客观数量关系，变动因子能否延续到未来，预测值同其他相关指标是否协调等。因此，统计预测的结果还必须放到社会现实环境中考察，这种经济检验是统计预测工作的关键环节之一。

## 相关知识图示

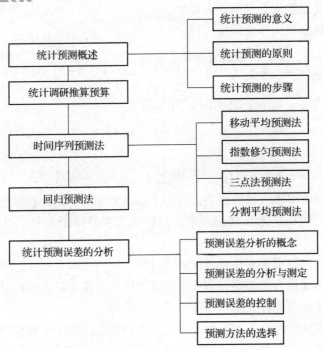

## 本章小结

统计预测（Statistical Forecast）是以大量的实际调查资料为基础，根据社会经济现象的联系及发展规律，配合适当的数学模型，运用各种统计方法，对未来发展的趋势和达到的水平做出客观估量的统计方法。

统计调研推算预测的方法包括比例推算法、预测分析法、专家意见法、插值推算法。

时间序列预测法包括移动平均预测法、指数修匀预测法、三点法预测法、分割平均预测法。

回归预测法分为一元线性回归预测、自回归预测法、多元线性回归模型和非线性回归模型。

## 思考题

1. 统计预测应遵循哪些原则？
2. 简述统计预测的基本步骤。
3. 何为统计预测误差？影响统计预测误差的因素有哪些？

## 即测即评

第 10 章

# 统计综合分析

## 知识目标

1. 明确统计综合分析的概念、特点、种类、任务、原则和程序。
2. 了解统计分析报告的内容和写作要求，会撰写统计分析报告。
3. 掌握统计综合分析的原理和方法，能够进行科学分析和综合评价比较。

## 能力目标

1. 培养学生运用各种统计方法进行统计综合分析的能力。
2. 培养学生撰写高质量统计分析报告的能力。

## 案例引入

### 深圳市 2019 年经济数据

2019 年深圳辖区公共财政收入 9 424 亿元。其中：①地方一般公共预算收入 3 773 亿元，增长 6.5%；②居民可支配收入增长 8.5%；③规模以上工业企业利润总额增长超过 10%。全年新登记商事主体 50 多万家，总量超过 320 万家，新引进人才 28 万人。

思考：如何才能写出一份观点正确、论据翔实、论证有力的统计分析报告？

## 10.1 统计综合分析概述

### 10.1.1 统计综合分析的概念和特点

1. 统计综合分析的概念

统计是社会认识最有力的武器之一。认识的根本任务在于认识事物的本质和规律性。然而，社会经济现象是非常复杂的，其存在和发展是以多种因素相互依存、相互制约、相互联系为条件的。如果只运用一种方法，仅从表面现象来认识，或者只从几个指标数值而不是从联系中综合分析，就不能全面深入地认识事物。所以，通过统计调查收集到所需要的材料并经过整理之后，必须进行综合分析。前面有关章节所讲的统计分析只是就某一方面阐述某种方法和手段的应用，还没有就一个过程、阶段阐述统计综合分析问题。为完整地了解统计分析，必须阐述统计综合分析。

统计综合分析是指根据分析研究的目的，在实质性科学正确地指导下运用统计方法，以统计资料为依据，结合具体情况，从定性与定量结合上，对客观事物进行科学分析和综合研究，揭示其本质和规律性，提出解决矛盾的办法的一种逻辑思维活动。统计综合分析是整个统计工作的一个重要阶段，是统计工作的最终环节，其好坏直接影响统计的质量。在统计实践中，只有开展统计综合分析，才能更好地发挥统计的作用，为各级领导和有关方面的公众提供有数据、有情况、有分析的资料，为制定计划和规划，实行宏观调控，决定有关方针、政策，提供科学依据。

2. 统计综合分析的特点

（1）以统计数据为基础，定量与定性分析相结合。统计综合分析是对所研究事物进行剖析，从有关统计指标数值中研究其联系、差别、矛盾，摆情况、揭矛盾、找措施。所以统计综合分析离不开统计数据。但统计综合分析也并非单纯的数据罗列，而是将真实的数据与生动的情况相结合，定量分析与定性分析相结合，综合掌握事物的联系和变化过程，掌握事物量变的关键点、最佳度，综合深入探索事物变化、发展的根本原因，进而提出可行的对策。

（2）提出办法，解决问题。分析方法是手段，解决问题是目的。统计综合分析要求对所计算和研究的问题做出周密的分析和正确的判断与评价，进而提出解决问题的方向和办法。所以，统计综合分析绝不仅仅是分析方法的总和，而是认识和研究问题的更高级的分析研究阶段。

（3）综合运用多种分析方法。统计综合分析要认识问题的全貌，掌握现象运动的全过程，这就不能只限于运用一种分析方法，而必须综合运用多种分析方法；更不局限于运用统计分析方法，而是要运用有关科学，诸如经济计量学、系统工程等分析方法。在进行综合分析时要根据研究事物的特点和研究目的选择符合实际需要的一整套分析方法体系来进行综合分析研究。

上述统计综合分析的概念和特点是针对统计综合分析的实践活动而言的，在统计学中，不可能具体研究和阐述统计综合分析活动实际的复杂内容。统计学中所阐述的统计综合分析是以统计数据为基础，定性与定量分析相结合，综合运用多种方法，对事物进行剖析，认识其本质和规律性的方法论。

## 10.1.2　统计综合分析的种类

根据任务和研究重点不同，统计综合分析综合归纳起来，主要有以下4种。

1. 专题性分析

专题性分析主要是就社会经济现实状况某一方面或某一问题而进行的专题调查的研究分

析。专题性分析的范围虽然可以是一个部门或综合部门，题目可大也可小，内容可多也可少。但是，一般都强调内容的专门性、形式的多样性、表达的灵活性和剖析的深刻性。这种分析一般不受时间和空间的限制，要求分析研究具有针对性，单刀直入，深刻解剖，摆观点、揭矛盾、提建议。这种分析最忌面面俱到，泛而不专。这种分析同其他分析相比，目标更集中，重点更突出，认识更深刻，是最常用的一种分析。

#### 2. 总结性分析

总结性分析主要是从多方位和一定过程的角度进行综合研究。其主要特点是全面性、系统性和综合性。例如，对微观企业的人、财、物，供、产、销运营情况进行综合评价；又如，宏观地将整个国民经济全局的发展速度、重要比例、经济效益，生产、分配、流通、消费与积累联系起来，进行分析研究等。此种分析的目的是对全局做出总评价，反映总变动趋势，从错综复杂的联系和发展中揭示存在的主要问题，找出原因，探寻对策。这种分析要求实事求是，正确总结，科学评价，切不可浮夸虚假。

#### 3. 进度性分析

进度性分析主要是从事物发展的历程角度所进行的分析，如生产进度、工程进度、工作进程等分析。进度性分析分为一般性进度分析和战略性进度分析两种。前者主要是就各级领导关心和社会敏感性很强的问题进行分析；后者主要是就影响全局未来发展的、较大的趋势性问题进行研究。进度性分析要求有很强的时效性，它最忌讳"雨后送伞""马后炮"。

#### 4. 预测决策性分析

预测决策性分析是在分析历史和现实的基础上，运用统计预测方法，对所研究事物的未来发展趋势做出的科学推理判断和定量预测。预测的目的是增强预见性。预测分析的要求是赖以预测的基础数据要准确，进行预测计算时要定量分析与定性分析紧密结合，提出预测的分析结果具有置信区间和可信度。在进行预测分析的基础上，进行一定的决策分析，为实施正确决策提供参考依据。

### 10.1.3　统计综合分析的作用与任务

#### 1. 统计综合分析的作用

（1）统计综合分析是实现对被研究的客观事物的综合评价和认识。统计综合分析是采取对多指标综合的评价方法，即通过对事物的不同角度观察的评价指标综合在一起，实现对事物整体性的、综合的认识。例如，对企业进行效益考核评价时，就需要将企业的主要经济指标（如劳动消耗的效益、资金使用的效益、投资效果效益、新产品开发效益、产品质量效益等）运用某种综合评价分析的方法进行综合分析，最后获得对企业经济效益状况的总体评价或结果。

（2）统计综合分析是实现对不同国家、不同地区、不同单位之间的综合对比分析或排序。如果需要对不同地区或单位之间的综合评价结果进行比较分析或排序，就必须运用统计综合分析方法。即对一个地区或单位的经济发展态势在同类地区或同类单位之间的地位、差距的对比，用以比较各个被评价主体的差异状况，分析差距水平。比如，可以运用统计综合评价方法，进行国家之间的综合国力的比较和排序、同行业各个企业的综合经济效益评价和排名等。

### 2. 统计综合分析的任务

统计综合分析的任务与整个统计工作任务是一致的。概括来说，其主要任务就是"占有资料，加以分析，找出矛盾（问题），提出办法"。与统计工作的其他阶段的不同之处在于：首先，统计综合分析提供的资料不是原始的，而是经过加工整理提炼的。其次，统计综合分析提供的资料，不仅有调查、整理的资料，而且有形成一定观点的资料。最后，统计综合分析不仅提出问题、剖析问题、揭示矛盾，而且提出解决矛盾的措施、办法和建议。可见，对统计综合分析资料的质量要求，比对调查、整理阶段资料的要求高得多，进而完成统计综合分析的任务也要复杂和困难得多。其具体任务可归纳为以下几点。

（1）综合分析研究国民经济和社会发展的现状。例如，我们可以通过国情国力、国民经济中的主要比例关系、经济和社会效益、产品质量、科技进步、教育结构、社会治安、环境保护等方面的分析，发现问题，找出矛盾，做出正确判断，提出解决办法，以及为有关方面提出进行宏观调控、预警和监督的建议。

（2）综合分析研究社会经济发展的历史资料，研究其规律性问题。例如，人们通过对国民经济和社会发展变化的趋势、人民生活水平和物质文化需要日益增长变化趋势及其他有关社会经济情况变化规律性问题的研究，来认识规律，驾驭规律，促进国民经济发展和物质文化水平的不断提高。

（3）在国民经济和社会经济现状与发展变化规律性问题分析的基础上，进行预测分析。由于社会经济现象较自然现象复杂，多种因素交织在一起，交错影响，统计预测分析，要将定性分析与定量分析结合起来，综合运用各种科学方法，进行正确分析，以使预测分析更接近实际，进而为决策提供参考数据和建议。

（4）综合分析研究社会经济发展及其他某些专门问题，解释其先进与落后的差距，展示优劣、快慢，揭露矛盾，及时发现新情况、新问题，为改进工作、开创新局面提供依据。

以上具体任务相互联系、相辅相成。现状分析和历史分析是基础、是重点，预测、决策分析是历史规律分析的继续和深入。

## 10.2 统计综合分析的原则、程序和局限性

### 10.2.1 统计综合分析的原则

科学地进行统计综合分析必须遵循"实事求是"的原则。"实事"是客观存在的一切事物；"是"是客观事物的内部联系，即规律性；"求"是我们去研究。实事求是不仅是统计工作的生命线，更是统计综合分析的灵魂。因此，在进行统计综合分析时应把握以下几点。

（1）必须坚持中国共产党的领导，以马列主义、毛泽东思想为指导。

（2）必须坚持辩证唯物主义观点，从客观实际出发，在事物的联系中，以科学的观点、

全面的观点和发展的观点去分析研究问题，切不可凭主观臆断提出并研究问题，找例证、弄情况、造数字。

（3）必须坚持定性分析和定量分析相结合，依据科学的方法进行正确的计算与研究，根据有关科学理论和政策法规剖析客观生动的情况。

（4）必须在共性与个性的结合中进行分析研究。只有如此，才能对客观事物的本质和规律性进行科学、准确和深刻的分析说明。

### 10.2.2    统计综合分析的程序

统计综合分析从选题到写出报告，一般程序：选择并确定研究课题；课题研究设计；采集、积累与鉴别资料；进行系统周密的分析；得出结论，提出建议；根据分析结果形成分析报告。具体程序可依实际条件灵活安排。

1. 选择并确定研究课题

统计综合分析要有针对性，这是进行统计综合分析需要先解决的问题，它集中体现在研究课题上。研究课题体现着研究目的和所要分析的问题。所以，选择并确定课题是统计综合分析的初始环节，是课题研究设计的前提。研究课题的选择与确定是否恰当直接影响统计综合分析的效果。研究课题要从实际出发，根据客观需要来选择和确定。选择和确定的课题，应当是关键问题，并且要有相当的预见性，能超前提出即将出现的问题。具体来说，课题有多种渠道、多方面来源。既可根据党和政府在各时期的方针、政策和工作重心的要求，选择领导关心的问题，也可根据生产、经营管理工作中的难点来选择课题；既可选择社会各界关注的热点、焦点和有争论的问题，也可选择改革开放中出现的新情况、新问题。在选题中要正确处理好需要与可能的关系。课题虽好，但尚无条件，可暂时不搞；课题虽不太好，但已掌握材料，只要能反映出值得重视的问题也可以搞。前种情况可积极创造条件，后种情况可进一步努力提高质量。

2. 课题研究设计

选择并确定课题之后，接着就要设计课题研究计划。这是统计综合分析的重要一环。研究课题设计的内容，一般包括分析研究的目的、要求；课题研究的必要性和可行性；指导思想、理论、政策和法规依据；分析研究的内容纲目；分析研究所需资料及其来源；分析研究课题的实施步骤、方法与组织。分析研究课题设计是指导性文件，但在具体实施时，并不是一成不变的，它还要根据分析研究中所发现的新情况和新问题进行补充、修改。

3. 采集、积累与鉴别资料

统计综合分析以统计数据资料为基础。因此，在选定课题并进行设计之后，就要采集足够丰富和充分可靠的资料。不仅要采集有关普查、抽样调查、重点调查的资料，还要进行科学推算；不仅要适当利用定期统计报表资料，还要积累有关会议文件、总结和简报资料；不仅要采集并积累平时掌握的、比较丰富的、系统的材料，还要根据需要，深入实际，深入群众，进行调查研究，掌握典型材料，补充新材料，探索解决矛盾的切实办法。采集、积累什么材料，主要取决于研究课题的内容和所涉及的领域。有的主要是本单位、本地区或本国的材料，有的则要用到外单位、外地区或外国的材料。

由于所采集和涉及的材料不同、来源各异，从而材料的总体范围、指标口径、计算方法、准确程度等都会有差别，这就需要对材料进行审查和鉴别。对所采集的资料要进行质量评价，根据需要决定取舍，并进行调整、估计和换算。特别是在利用外域和历史资料时，要特别注意资料的范围、口径、计算方法是否一致，各自的条件如何，要根据具体情况进行必要的调整、换算，否则就会导致结论错误。

对经过审查、鉴别、调整、换算的材料，要根据课题研究设计需要，进一步加工整理，使其成为系统、完整的材料，以提供分析研究的直接依据。

4. 进行系统周密的分析

对材料进行周密的分析是统计综合分析研究中的最重要的环节，它是依据经过鉴别、整理的资料，进行刻苦、细致的思考、系统周密的分析的过程。对材料进行系统周密的分析，要运用各种统计方法，诸如分组法、综合指标法、时间数列法、指数法、抽样推断法、相关与回归分析法、预测估算法，等等。这些方法中既有静态分析，又有动态分析；既有描述方法，又有推算方法；既有实际的剖析，又有预测分析。众所周知，方法是达到目的的手段，了解并掌握每种方法的作用、应用条件和实施过程，对于搞好统计综合分析十分重要。这些方法已在有关章节讲述了，这里无须赘述。但从系统周密分析角度，从总体上研究其运用问题则十分必要。

（1）要根据所研究对象的特点和分析研究的任务来选用适当的有效方法，它既可以是几种方法的有机结合，也可以是多种方法的综合运用。

（2）从各种方法的特点出发，灵活运用比较和对照，既可进行纵向对比，也可进行横向比较。综合分析错综复杂的现象并进行对比时，要注意对比得合理，对比得恰当，对比得有效。

（3）从统计认识活动总任务出发，深刻认识事物的本质和规律性，把比较法、剖析法、分解法结合起来。统计中的比较对照研究可谓比较法，分组法可谓剖析法，指数法可谓分解法。为认识事物的本质，要进行比较对照，层层剖析，细细分解，以便揭露矛盾，抓住症结。

（4）运用一般分析方法进行逻辑推理和判断，准确分清一般与个别，正确划分正常与非正常、主要与次要、必然与偶然、系统与非系统，综合概括，做出正确的结论。

（5）在运用统计方法进行系统周密的分析时，切忌单纯用统计方法反复计算纷繁的数字，就数字论数字，脱离实际，无视生动的情况，胡乱发表议论，而应当数字与情况结合，定量与定性结合，实事求是地下结论。

5. 得出结论，提出建议

这是系统周密分析的深化过程，也可说是系统周密分析的结果。这一过程并非凭空臆想，而是以实际材料为依据，将丰富的感性材料加以去粗取精，去伪存真，由此及彼，由表及里的改造制作，形成概念和理论的系统，从感性认识跃进到理性认识。在这个环节中一定要抓住主要矛盾，找出根本原因，透过现象看本质，通过数据的变化看趋势，得出结论，提出积极建议。

6. 根据分析结果形成分析报告

这是统计综合分析的最后阶段。分析报告是分析研究成果的集中表现。在统计综合分析中，分析报告应根据研究目的和内容，采用灵活多样的形式来表现，以供有关方面使用或参考。一般来说，搞好统计分析的关键是真实丰富的材料、完整的内容和正确的观点，但恰当的表现形式也是统计分析发挥作用的重要方面。统计综合分析结果的表现形式有多种，其中分析报告是主要的。分析报告是写给别人看的，因而一定要认真考虑叙述的逻辑问题，写好分析报告。

### 10.2.3 统计综合分析的局限性

由于目前统计综合分析的理论和方法还不够成熟，分析时存在一定的局限性，主要有如下 3 点。

(1) 综合评价的结果具有相对性。综合评价尽管采用了一定的数学方法，结果也是用数值表示的，但是大部分具有相对意义，因此大多适用于在性质相同的对象之间进行比较和排序。

(2) 综合评价的结果具有不唯一性。采用不同的综合评价方法，可能得出不同的结果、结论、排序，评价的结果并不是绝对唯一的。

(3) 综合评价的结果可能受主观因素影响。在综合评价中，评价指标的选择、指标权重的确定、评价模型的建立等常常需要依靠相关专家来确定，不同的专家给出的选择标准和权重可能有差异，因此，综合评价的结论往往也可能带有一定的主观性。

所以，在进行统计综合评价时，必须正确选择适合评价内容的评价方法，了解各种评价方法的特点和适用条件，尽量采用多种方法进行比较和分析，以尽可能地减少主观因素的影响，提高评价结果的客观性、科学性和稳定性。

## 10.3 统计比较

### 10.3.1 统计比较的概念和作用

比较是人们认识客观事物时普遍使用的一种逻辑思维方法，是统计综合分析研究中最常用的一种有效方法。所谓统计比较，是将统计指标所反映的实际数量状况与有关标准进行对照，计算出数量上的差别和变化，进而做出评价和判断的思维过程，它是比较法的一种。其主要特征是总体数量的比较，是客观实际数量状况的比较。统计比较是统计综合分析研究中基本的、常用的方法，其作用主要有以下几个方面。

(1) 可以更深入、更明确地认识事物。一个单独的统计指标数值或一群指标数值只能说明总体的实际数量状况，只靠它是得不到明确而深刻认识的。只有经过综合分析比较，从数量的差别和变化中，才可更深入、更明确地认识事物，帮助人们做出评价。

(2) 可以进行监督查检，深入分析原因，找出解决办法。将某种事物的存在和发展状况同有关政策规定进行比较，看其是否符合要求标准规定，进行某些监督检查。并据此进一步深入分析其原因，进而找出解决的办法。

(3) 可以发挥更大、更广泛的促进作用。监督也会起促进作用，但统计比较的促进作用比监督更重要。应用统计指标在各地区、各单位之间进行比较，在单位内部进行比较，会发现它们之间的差别，产生促后进、赶先进的作用。使用规定若干统计指标进行比较，有组织地进行评比竞赛，能发挥更大的促进作用。

统计比较是统计分析中经常使用的方法，在许多情况下，统计分析往往是从比较开始的；而且，在统计分析的许多其他方法中，都包含着比较的内容。例如，统计指数实际上是一种综合比较方法，相关分析要通过比较才能判明相关程度，等等。

统计比较看起来简单易行，但要使用得好也是不容易的，要注意到这种方法的局限性。

### 10.3.2 统计比较的种类

为了更深入、更系统地了解统计比较的真实含义，以便更好地通过统计比较进行统计综合分析，可以从许多不同的角度来对统计比较进行分类。一般说，主要有以下几种分类。

1. 按时间状况不同可以分为静态比较和动态比较

静态比较也叫横向比较，是同一时间（时期或时点）条件下的数量比较，如不同地区的比较、不同部门的比较、实际完成情况和计划目标的比较。

动态比较也叫纵向比较，是同一统计指标不同时间上统计数值的比较，它反映随历史发展而发生的数量上的变化。根据统计综合分析的需要，这两种比较可以单独使用，但在实际应用中常常要把两者结合使用。数量比较的结果统称为比较指标，分别称为静态比较指标和动态比较指标。

2. 按比较方式不同分为相比（除）比较和相差（减）比较

相比（除）比较是将比较对象和比较标准相除而进行的，比较的结果表现为相对数，如系数、倍数、分数、百分数、千分数、万分数等。相比比较表明静态差别的比率或动态变化的程度。

相差（减）比较是将比较对象和比较标准相减而进行的，相减的结果表明两者相差的绝对量。这两种比较方式给人们不同的感受。有时可以单独使用，但以结合使用为好。结合使用可使人们认识比较完整，既可了解差别或变化的程度，也可了解相差的绝对量。

3. 按比较对象内容范围不同，可分为单项比较和综合比较

单项比较，是指比较某种总体现象某一方面、某一局部，它可以使用单独一个统计指标，也可以将反映某一方面、某一局部的若干指标联系起来进行比较分析。

综合比较，是指对总体或若干方面的全面评价比较，通常称为综合评价。例如，宏观方面的国民经济和社会发展情况的全面评价和比较；微观方面的同类企业经济效益的综合评价和比较；对某种产品质量的综合评价和比较等。

### 10.3.3 统计比较标准

统计比较是将比较显示的对象总体的统计数据与相比较对照（通称对照组、对照群、对照总体）的现象总体数据进行对比研究。作为相比较对照（对照组、对照群、对照总体）根据的统计数据称为比较标准，也称为比较基础数据，或者比较基数。依研究目的不同有各种各样的比较标准，常用的主要有以下几种。

1. 经验数据标准

经验数据标准是根据大量的或长期的资料总结计算而得的正常值，在一定条件下具有相对的稳定性，可以用来作为比较标准。例如，有的专家计算，根据我国若干年经验，在当前条件下，积累率以 25% ~ 30% 比较适度。又如，国际上一般认为，偿债率（每年偿还外债的本息额占出口创汇总额的比重）大体以 25% 为警戒线，超过了就会使偿债发生困难。这类经验数据是很多的，在实际工作中很有用。这种比较标准有助于评价和判断事物发展是否正常。

2. 理论数据标准

理论数据标准是根据有关科学理论研究确定的一定的正常值作为比较标准。这种正常值不是根据经验总结出来的，而是根据理论推算设定的。例如，根据经济学理论确定积累率的比较标准时，要保证原有人口和新增人口不低于当前的消费水平为积累的最高限，把保证新增劳动力就业所需固定资产装备基金和流动基金，以及新增人口所需要的非生产性基金和流动基金作为最低限，等等，根据这个道理计算出来的积累率的界限，就是理论标准。

3. 时间数据标准

时间数据标准是以时间上的数据为标准，一般是用比较对象本身的历史数据作为比较标准，观察和分析研究现象本身的发展变化。有时也可以用其他空间单位的历史数据作为比较标准，例如，以某一时期外国的历史数据作为比较标准等。时间数据标准有以下几种：

（1）前期数据标准，如本年与上年比较、本月同上月比较、本年某月与去年同月相比较，等等。

（2）历史最好时期标准。以较长一段时间内水平最高时期的数据作为比较标准，例如，我国以 1984 年的人均粮食产量（396 千克）作为比较标准等。

（3）历史转折前期数据标准。以历史发展中阶段性变化开始前期的数据作为比较标准，例如，以第一个五年计划开始前一年的数据作为比较标准、以党的十一届三中全会召开的前一年作为比较标准、以跨入 21 世纪的前一年作为比较标准，等等。

4. 空间数据标准

空间数据标准是以某一空间数据作为比较标准。通常是将同一时间上的比较对象不同空间（包括不同系统、不同单位、不同地区）的数据进行比较。空间数据标准，主要有以下几种：

（1）平均水平标准。以一定范围（全世界、全国、一省、一市、一部门等）内的平均实际水平作为比较标准，判定比较对象的水平在平均水平以上或以下，相差多少。

（2）先进水平标准。以一定范围内的最好水平作为比较标准，比较结果表明与最好水平的差距，有促后进、赶先进的作用。

（3）相似空间标准。使用与比较对象条件大体相似的其他空间的数据作为比较标准。

（4）互为标准。各地区、各单位相互比较。竞赛评比排名次时就使用这种比较方法。

5. 计划或政策规定数据标准

计划或政策规定数据标准是以国家计划部门、业务部门或公司、企业单位所制定的有关计划、方针政策规定的数据作为比较标准。通常是在检查监督计划或政策的执行状况时用此标准。由于检查的时间要求不同，可以按月、按季、按年和更长些时间来检查，从而进行比较分析时，有进度比较和期终总结性比较两种。

上述五类比较标准，是为了对比较标准有个明确的概念而归纳的。在实际进行统计比较时，应根据分析研究的目的选择适当的比较标准，并综合运用，以使人们得到正确而明晰的认识，否则就难以做出正确的评价。

### 10.3.4 统计比较的具体规则

在统计综合分析中，绝大部分方法都属于对照比较的方法。在一定意义上可以说，统计比较是统计分析的基本方法。这里讲的统计比较规则是指进行统计比较所必须遵守的具体规则，主要有以下几点。

1. 统计比较事物的联系性

统计比较的目的在于通过比较和对照，显现事物的差别、比例、联系程度和变化速度。因此，所比较的事物必须有联系才有意义。统计比较事物联系性规则是相对的，要具体分析判断，其主要依据是研究目的。依研究目的所确定的有联系的事物进行统计比较，才能发挥统计比较的效用，才有意义。这是统计比较可比性规则的最基本的规则。

2. 统计比较指标含义的一致性

统计比较指标含义的一致性主要是指它的内涵和口径的一致性。不论进行静态比较还是动态比较都必须遵守这个规则。指标含义的一致性要从实质上看，而不能从形式上看。例如，从形式上看，我国粮食产量和外国粮食产量指标名称全相同，但实际内容不同，不能直接比较。我国粮食（通称粮豆薯）产量中包括大豆和薯类，而外国粮食（通称谷物）产量中则不包括大豆和薯类。由于指标含义和口径不一，就不能直接进行比较。

3. 统计比较时间限制的一致性

一般来说，静态比较时应是同一时期或同一时点的数据。动态比较时，时期指标的时期范围应该一致，年度数据和前期的年度数据可以比较，月度数据和以前的月度数据可以比较。时点指标的时间间隔根据特殊分析说明的需要虽然可以不一致，但在通常情况下以一致为好。

4. 统计比较空间范围的一致性

空间范围主要是指地区范围和组织系统范围，例如，省、自治区、市、县等的范围，各个组织机构、企业和事业单位的隶属关系的范围。它们有时会发生变化，这时，即使行政区划或组织系统的名称没有改，也不能直接进行比较（除非是要特地了解这种变化和结果）。

5. 统计比较指标计算方法的一致性

统计比较指标的计算方法与指标含义和口径是相联系的，指标含义不同，计算方法也就不相同，但某些指标是可以按不同方法计算的，这时只有同口径、同方法才可以进行比较。计算方法不同就不能比较，要比较就要进行必要的调整或换算。

6. 统计比较指标计量单位的一致性

表面看来，这个问题比较简单，但实际上这是个相当复杂的问题，它涉及计算对象本身的差别。实物指标表现的实物本身就有差别。钢材有各种不同种类和型号的，都以"万吨"为单位计算的生产量并不能准确反映生产成果。汽车也包含各种不同型号、不同载重量的，如果以"万辆"为单位计算，且仅为了粗略地了解数量，这种比较有一定的价值，但要做深入了解和研究，就远远不够了。因此，使用实物指标进行比较时既要求计量单位一致，同时要注意到计量单位一致时所存在的实物本身的差别。以货币为计量的价值指标问题更为复杂。就国内来讲，有各种不同的价格，而且经常发生变动，因此，就产生了使用哪个环节的价格及价格指标是否包括变动因素的问题。这些问题要按照研究目的来决定。

总的来讲，可比性是统计比较的重要规则，也可以说是统计比较的前提条件。上述 6 个方面并不能概括可比性的所有问题，例如，由于社会结构不同、历史条件不同、风俗习惯不同等，某些统计指标不能够用来比较。因此，可比性问题要对具体问题进行具体分析。

## 10.3.5　统计比较的主要指标

统计比较无论是静态比较还是动态比较、相比（除）比较还是相差（减）比较、单项比较还是综合比较，都要用一些指标，统计比较的结果也表现为统计指标，因而研究统计比较指标极为重要。就统计比较而言，至少要具备两方面指标：一是对象指标；二是作为比较基础的标准指标，通称标准指标。在统计比较中，总量指标、平均指标和相对指标都可作为对象指标和标准指标进行统计分析比较，它们已在有关章节中进行了阐述，在此不再赘述。这里仅从统计比较结果角度进一步阐明统计比较指标。

1. 统计比较指标的概念

从统计比较结果角度观察，统计比较指标是反映有联系、可进行比较的事物之间在时间、空间及事物内部或各事物之间的联系程度与差别的指标，通常称为比率、比例、比重、程度、速度和差数。

2. 统计比较指标一般计算公式及表现形式

统计比较指标，从其比较方式来说，可以进行相比（除）比较和相差（减）比较，则一般公式主要有两类。

（1）相比（除）比较指标的计算公式。一般是比较对象指标被比较标准指标除，其公式为

$$相比比较指标 = 比较对象指标 \div 比较标准指标$$

相比（除）比较的结果表明比较对象指标相当于比较标准指标的程度，它减去 1（或 100%）则表示比较对象指标多于或大于比较标准指标的程度。

相比（除）比较的结果一般通称为相对指标，其数值表现为相对数。相对数的具体表现形式有系数、倍数、翻番数、一般分数、百分数（%）、百分点、千分数（‰）、千分点等无名数及复名数。

（2）相差（减）比较指标计算公式。一般是比较对象指标减比较标准指标，其公式为

$$相差比较指标 = 比较对象指标 - 比较标准指标$$

相差（减）比较结果表明比较对象指标数值与比较标准指标数值相差的数量，当比较对象指标值大于或多于比较标准指标数值时为正差量，否则为负差量。这种指标数值的计量单位同对象指标与标准指标数值的计量单位。不同时间、空间的相比（除）比较指标还可以相减，计算其相差数量。

# 10.4　统计综合评价方法

## 10.4.1　统计综合评价概述

综合评价法是指运用多个指标对多个参评单位进行评价的方法，称为多变量综合评价方法，或简称综合评价方法。其基本思想是将多个指标转化为一个能够反映综合情况的指标来进行评价。如不同国家经济实力、不同地区社会发展水平、小康生活水平达标进程、企业经济效益评价等，都可以应用这种方法。

## 10.4.2　统计综合分析的一般方法

统计各种方法已在有关章节阐述，这里从综合分析角度，从综合运用各种方法方面做一概述，也可谓统计综合分析的基本思想观点。

1. 统计综合分析中多层次、多种方法的综合运用

这是指分析方法的多层性问题，它并非分析阶段所特有的，但在分析阶段，这个问题特别重要，必须正确认识和运用。

（1）使用最高层次的哲学方法，即唯物辩证法。在统计分析阶段中它不仅直接发生作用，而且对于统计分析特有方法的选择、确定和使用起着指导作用。这就是说，统计分析必须在哲学方法指导下进行。

（2）使用一般性的科学方法，如数学方法、社会调查研究方法、系统工程方法，等等。这些方法的结合运用会扩展统计综合分析的领域，保证统计综合分析的质量，提高统计综合分析的水平。

（3）使用统计综合分析所特有的方法，即对社会经济总体的数量方面的分析方法。统计综合分析方法的多层性，不是封闭的，而是开放的，只要有助于社会经济总体数量方面的分析，不论属于哪门科学，都可引用。

2. 问题与方法的交错性

统计综合分析所要研究的是统计综合分析的问题，如现状分析、历史分析、预测决策分析。分析所应用的手段，则是指分析的方法。问题与方法是交错的，一个问题可用多种方法来分析，一种方法可应用于多种问题的分析研究。在统计综合分析中，要善于运用多种方法，并使其结合进行综合分析。

3. 统计综合分析中质与量的结合

统计综合分析中质与量的结合即定性与定量的结合，它贯穿统计的全过程，但各个阶段各有侧重。统计工作中的统计设计阶段，是从定性到定量的过渡，即设计统计指标和统计分

组的质的规定性和量化方法；统计整理阶段是从采集的个体的数字资料中，整理出反映总体的数值，达到对总体现象的质与定性相结合的定量认识；统计分析阶段则是在取得大量统计资料的基础上，通过进一步的质与量相结合的分析，达到对事物更深刻的认识。

4. 统计综合分析中质与量的结合的方面

（1）从量变到质变的分析中的质与量的结合。研究事物从量变到质变问题，首先要从定性入手，明确有关事物的含义，即质的规定性。比如，研究人民生活水平由贫困变为温饱再变为小康的问题，研究企业经营由粗放型变为集约型的问题，研究国内生产总值年增长率和积累率由有利变为不利的关节点（最佳度）问题，首先要明确贫困、温饱、小康和粗放型、集约型及产值年增长率最佳度、积累率最佳度等概念的含义。然后，根据科学的含义，从有关的事物中筛选出具有代表性的若干指标，再收集这些指标的具体数字，并且采用必要的方法进行分析，得出结论性意见。定量研究的结果反过来又可以深化对事物的定性认识。

（2）从现象到原因分析中的质与量的结合。分析事物的变化，不论是一般的量的变化，还是达到质变关节点的变化，都是回答"是什么"的问题。但是，这远远不够，统计综合分析还必须探讨"为什么"的问题，即分析其发生的原因。这是一个从表面现象的认识逐步向实质性认识发展的过程。

（3）从原因到决策分析中质与量的结合。在对社会经济现象产生的原因进行分析之后，还要进行决策分析。这就是说在回答了"为什么"之后，还要回答"怎么办"的问题。这是一个从事物现状的认识到改造事物的认识逐步深化的过程，而改造事物是为了推动它发生符合决策目标的量的变化或质的变化。

（4）统计综合分析结果得出正确判断结论的质与量分析的结合。统计综合分析要通过多层交叉比较研究的方法，对所分析的事物做出正确判断结论。这同样要定性分析与定量分析相结合，反复思考和认真研究。在这个问题上要注意：

①统计综合分析结果的判断要有科学的理论指导。

②综合分析结果的正确判断要掌握适当的度。

③综合分析结果的正确判断要将其置于系统之中。

## 10.4.3 统计综合评价的主要方法

统计综合分析的方法包括综合分析指标体系中各项指标的选择方法、各项指标权重系数的确定方法、对度量指标的无量纲化处理等。

1. 选择评价指标的方法

构成评价指标体系的一般依据需要有若干个指标，这些指标的选择和确定的方法分为定性法和定量法。

（1）定性法。定性法主要有综合法和分析法。

综合法是采取征集专家意见的方法来确定评价指标的方法，一般采取研讨会或征询意见的方式来征集专家的意见。这种方法是借助专家的智力优势或经验来选择统计评价指标。由于专家可能比较集中，也可能比较分散，针对具体情况可以采取一次或多次的形式选择确定。当专家们对选择指标的意见分散时，要进行客观的原因分析，是由于专家对被评价现象的了解程度不同，还是对现象的认识不同，在准确分析的基础上，以获得客观的选择指标。

分析法是将被评价对象划分为若干部分、不同的组或不同的侧面，明确各个部分评价的问题的内涵和外延，然后对每个部分分别选择一个或几个指标来反映评价对象特征的方法。这种方法的应用，更能充分利用人们的工作经验，反映客观实际的工作态度。

（2）定量法。常用的定量法有试算法和系统聚类法。

①试算法。试算法是通过对历史数据的试算来判断指标的有效性的方法。例如，要评价2010年全国耕地可持续利用的实施效果，可以用2009年的数据进行试算，通过试算结果判断所选指标是否合适，然后对相关指标进行科学比较分析，把代表性强的指标确定下来，不断筛选，直到满意为止。

②系统聚类法。系统聚类法是通过判断指标之间的相似程度来筛选指标的方法。例如，假设有 $N$ 个指标，将每个指标作为一类，根据指标之间的相似程度，通过各类之间距离的比较，把距离最小的两类进行合并；然后在 $N-1$ 类中，再选择各类之间距离最小的进行合并；如此连续地进行，逐步选择所需要的评价指标。被研究总体中所有指标的亲疏关系和并类选择的情况可以绘制成一张系统聚类图，这样，我们可以选择评价指标体系中所需要的各个指标。系统聚类法的步骤如下。

第一步，度量指标（或类）之间的相似程度。

度量指标各类之间的相似程度常用的方法是相关系数法或判定系数。其过程：根据 $N$ 个指标的历史资料，分别计算各个指标中的两个之间的相关系数或判定系数，并形成相关系数矩阵 $R$ 或判定系数矩阵 $R^2$，以此表示各个指标之间的相关关系。

第二步，度量指标（或类）之间的距离。

利用相关系数矩阵 $R$ 或判定系数矩阵 $R^2$ 表示指标（类）之间的相似程度时，可以将其转换为指标距离 $d$，$d$ 值越小，表示两个指标（或类）之间的关系越密切，在统计评价中就表示两者之间具有可替代性。

第三步，根据聚类情况确定指标（或类）的个数。

所选择的指标个数的多少，可以根据相关系数的大小来确定。如果指标之间的相关系数较大，表明具有显著的相关性，则可以在不影响科学评价的条件下，适当少选择一些评价指标；反之，如果指标（类）之间的相关系数较小，就需要多选择评价指标（或类）构成评价的指标体系。

第四步，选择最具代表性的评价指标。

在具有显著相关的指标中，选择哪个指标更加合适？首先要分析选择指标的科学性，再考虑人们对指标的理解和可接受程度，还应考虑指标的可接受性。

系统聚类法的具体操作见以下举例。

【例 10-1】 假如现在有6个指标，根据历史资料计算每两个指标的相关系数并建立相关系数矩阵 $R$，见表10-1。再对相关系数矩阵 $R$ 的数据经计算转换为距离矩阵，见表10-2，并以此比较分析选择确定评价指标。

表 10-1　相关系数矩阵 $R$

| 指　　标 | 1 | 2 | 3 | 4 | 5 | 6 |
|---|---|---|---|---|---|---|
| 1 |  |  |  |  | 0.58 | 0.42 |
| 2 |  |  | 0.55 | 0.63 | 0.40 | 0.66 |
| 3 | 1.00 | 0.85 | 0.78 | 0.54 | 0.72 | 0.38 |
| 4 |  | 1.00 | 1.00 | 0.90 | 0.70 | 0.80 |
| 5 |  |  |  | 1.00 | 1.00 | 0.82 |
| 6 |  |  |  |  |  | 1.00 |

表 10-2　距离矩阵表

| 指　　标 | 1 | 2 | 3 | 4 | 5 | 6 |
|---|---|---|---|---|---|---|
| 1 |  |  |  |  | 0.42 | 0.58 |
| 2 |  |  | 0.45 | 0.37 | 0.60 | 0.34 |
| 3 | 0.00 | 0.15 | 0.22 | 0.46 | 0.28 | 0.62 |
| 4 |  | 0.00 | 0.00 | 0.10 | 0.30 | 0.20 |
| 5 |  |  |  | 0.00 | 0.00 | 0.18 |
| 6 |  |  |  |  |  | 0.00 |

在距离矩阵表 10-2 中，找到距离最小的两个指标。距离 0.10 最小的是 $d_{34} = 0.10$，由此可知，指标 3 和指标 4 的关系最密切，可以聚为一类。然后在距离矩阵中再找到第二小的两个指标，从 $d_{12} = 0.15$ 可知，指标 1 和指标 2 的关系较为密切，也可以聚为一类。如此继续这样的过程，逐步选择较小距离的指标，直到指标聚为一类为止。

通过定性和定量分析，根据评价的目的、实际的可操作性及各个指标之间相关的密切程度确定指标体系的容量。

例如，本例中，如果研究该现象需要选择 4 个评价指标，可以在指标 3 和 4 之间选择一个指标，将其确定为第一个评价指标；又在指标 1 和 2 中选择一个指标，并将其作为第二个选择指标；再确定指标 5 为第三个评价指标、指标 6 为第四个评价指标。

如果本例中只要求选择两个评价指标，则先在指标 3、4、1、2 中选择一个指标，作为第一个评价指标，然后在指标 5 和 6 中选择一个指标作为第二个评价指标。

**2. 权重的分类**

在统计理论和实践中，权重是表明各个评价指标（或评价项目）重要性的权数，表示各个评价指标在总体中所起的不同作用。权重有不同的种类，各种类别的权重有着不同的数学特点和经济含义，一般有以下几种权重。

（1）按照权重的表现形式的不同，可分为绝对数权重和相对数权重。相对数权重也称比重权数，能更加直观地反映权重在评价中的作用。

（2）按照权重的形成方式划分，可分为人工权重和自然权重。自然权重是由于变换统计资料的表现形式和统计指标的合成方式而得到的权重，也称为客观权重。人工权重是根据研究目的和评价指标的内涵状况，主观的分析、判断来确定的反映各个指标重要程度的权数，也称为主观权重。

（3）按照权重形成的数量特点的不同划分，可分为定性赋权和定量赋权。如果在统计综合评价时，采取定性赋权和定量赋权相结合的方法，获得的效果更好。

（4）按照权重与待评价的各个指标之间相关程度划分，可分为独立权重和相关权重。

独立权重是指评价指标的权重与该指标数值的大小无关，在综合评价中较多地使用独立权重，以此权重建立的综合评价模型称为"定权综合模型"。

相关权重是指评价指标的权重与该指标的数值具有函数关系，例如，当某一评价的指标数值达到一定水平时，该指标的重要性相应减弱；或者当某一评价指标的数值达到另一水平时，该指标的重要性相应增加。相关权重适用于评价指标的重要性随着指标取值的不同而发生变化的条件下，基于相关权重建立的综合评价模型被称为"变权模型"。比如评估环境质量多采用变权综合模型。

3. 权重的确定方法

确定权重的方法较多，这里介绍统计平均法、变异系数法和层次分析法，它们也是实际工作中常用的方法。

（1）统计平均法。统计平均法是根据所选择的各位专家对各项评价指标所赋予的相对重要性系数分别求其算术平均值计算出的平均数作为各项指标的权重的方法。其基本步骤如下：

第一步，确定专家。一般选择本行业或本领域中既有实际工作经验，又有扎实的理论基础并公平公正、道德高尚的专家。

第二步，专家初评。将待定权数的指标提交给各位专家，并请专家在不受外界干扰的前提下独立地给出各项指标的权数值。

第三步，回收专家意见。将各位专家的数据收回，并计算各项指标的权数均值和标准差。

第四步，分别计算各项指标权重的平均数。

如果第一轮的专家意见比较集中，并且均值的离差在控制的范围之内，即可以用均值确定指标权数。如果第一轮专家的意见比较分散，可以把第一轮的计算结果反馈给专家，并请他们重新给出自己的意见，直至各项指标的权重与其均值的离差不超过预先给定的标准为止，即达到各位专家的意见基本一致，才能将各项指标的权数的均值作为相应指标的权数。

（2）变异系数法。变异系数法是直接利用各项指标所包含的信息，通过计算得到指标的权重的方法，是一种客观赋权的方法。此方法的基本做法是：在评价指标体系中，指标取值差异越大的指标，也是越难以实现的指标，这样的指标更能反映被评价单位的差距。例如，在评价各个国家的经济发展状况时，选择人均国民生产总值作为评价的标准指标之一，是因为人均国民生产总值不仅能反映各个国家的经济发展水平，还能反映一个国家的现代化程度。如果各个国家的人均国民生产总值没有多大的差别，则这个指标用来衡量现代化程度、经济发展水平就失去了意义。

由于评价指标体系中的各项指标的量纲不同，不宜直接比较其差别程度。为了消除各项评价指标的量纲不同的影响，需要用各项指标的变异系数来衡量各项指标取值的差异程度。

各项指标的变异系数公式如下：

$$V_i = \frac{\sigma_i}{\bar{x}_i} \quad (i = 1, 2, \cdots, n)$$

式中，$V_i$ 是第 $i$ 项指标的变异系数，也称为标准差系数；$\sigma_i$ 是第 $i$ 项指标的标准差；$\bar{x}_i$ 是第 $i$ 项指标的平均数。

各项指标的权重为：

$$W_i = \frac{V_i}{\sum_{i-1}^{n} V_i}$$

例如，英国社会学家英克尔斯提出了在综合评价一个国家或地区的现代化程度时，其各项指标的权重的确定方法就是采用变异系数法。

【例 10-2】  试利用变异系数法综合评价一个国家现代化程度时的指标体系中的各项指标的权重。数据资料是选取某一年的数据，包括中国在内的中等收入水平以上的近 40 个国家的 10 项指标作为评价现代化程度的指标体系，计算这些国家的变异系数，反映出各个国家在这些指标上的差距，并作为确定各项指标权重的依据。其标准差、平均数数据及其计算出的变异系数等见表 10-3。

表 10-3  现代化水平评价指标的权重

| 指标 | 人均GDP/美元 | 农业占GDP的比重/% | 第三产业占GDP的比重/% | 非农业劳动力的比重/% | 城市人口的比重/% | 人口自然增长率/% | 平均预期寿命/岁 | 成人识字率/% | 大学生占适龄人口的比重/% | 每千人拥有医生/人 | 总和 |
|---|---|---|---|---|---|---|---|---|---|---|---|
| 平均数 | 11 938.4 | 9.352 | 54.86 | 0.826 | 69.792 | 0.721 4 | 72.632 | 93.34 | 36.556 | 2.446 | — |
| 标准差 | 7 966.27 | 7.316 | 12.94 | 0.170 | 19.339 | 0.831 9 | 5.375 | 9.050 | 20.477 | 1.314 | — |
| 变异系数 | 0.667 | 0.782 | 0.236 | 0.206 | 0.277 | 1.153 | 0.074 | 0.097 | 0.560 | 0.537 | 4.590 |
| 权重 | 0.145 | 0.170 | 0.051 | 0.045 | 0.060 | 0.251 | 0.016 | 0.021 | 0.122 | 0.117 | 1.000 |

**解**：计算过程如下。

① 先根据各个国家的指标数据，分别计算这些国家每个指标的平均数和标准差。

② 根据均值和标准差计算变异系数。

即这些国家人均 GDP 的变异系数：

$$V_i = \frac{\sigma_i}{\bar{x}_i} = \frac{7\ 966.27}{11\ 938.4} = 0.667$$

农业占 GDP 比重的变异系数：

$$V_i = \frac{\sigma_i}{\bar{x}_i} = \frac{7.316}{9.352} = 0.782$$

其他类推。

③将各项指标的变异系数加总：

$$0.667 + 0.782 + 0.236 + \cdots + 0.56 + 0.537 = 4.59$$

④计算构成评价指标体系的这 10 个指标的权重。

人均 GDP 的权重：

$$W_i = \frac{V_i}{\sum\limits_{i-1}^{n} V_i} = \frac{0.667}{4.59} = 0.145$$

农业占 GDP 比重的权重：

$$W_i = \frac{V_i}{\sum\limits_{i-1}^{n} V_i} = \frac{0.782}{4.59} = 0.170\,4$$

其他指标的权重都以此类推。计算的结果见表 10 – 3。

（3）层次分析法。层次分析法又称 AHP 构权法（Analytic Hierarchy Process，AHP），是将复杂的评价对象排列为一个有序的递阶层次结构的整体，然后在各个评价项目之间进行两两的比较、判断，计算各个评价项目的相对重要性系数，即权重。AHP 构权法又分为单准则构权法和多准则构权法，在此介绍单准则构权法及具体步骤。

①确定指标的量化标准。层次分析法的核心问题是建立一个构造合理且一致的判断矩阵，判断矩阵的合理性受到标度合理性的影响。所谓标度，是指评价对各个评价指标（或项目）重要性等级差异的量化概念。确定指标重要性的量化标准常用的方法有比例标度法和指数标度法。比例标度法是以对事物质的差别的评判标准为基础，一般以 5 种判别等级表示事物质的差别。当评价分析需要更高的精确度时，可以使用 9 种判别等级来评价，见表 10 – 4。

表 10 – 4　比例标度值体系 [ 重要性分 $(x_{ij})$ ]

| 取值含义 | 1 ~ 9 标度 | 5/5 ~ 9/1 标度 | 9/9 ~ 9/1 标度 |
|---|---|---|---|
| $i$ 与 $j$ 同等重要 | 1 | 1（5/5 = 1） | 1（9/9 = 1） |
| $i$ 与 $j$ 较为重要 | 3 | 1.5（6/4 = 1.5） | 1.286（9/7 = 1.286） |
| $i$ 与 $j$ 更为重要 | 5 | 2.33（7/3 = 2.33） | 1.8（9/5 = 1.8） |
| $i$ 与 $j$ 强烈重要 | 7 | 4（8/2 = 4） | 3（9/3 = 3） |
| $i$ 与 $j$ 极端重要 | 9 | 9（9/1 = 9） | 9（9/1 = 9） |
| 介于上述相邻两级之间重要程度的比较 | 2、4、6、8 | 1.222（5.5/4.5 = 1.222）<br>1.875（6.5/3.5 = 1.875）<br>3（7.5/2.5 = 3）<br>5.67（8.5/1.5 = 5.67） | 1.125（9/8 = 1.125）<br>1.5（9/6 = 1.5）<br>2.25（9/4 = 2.25）<br>4.5（9/2 = 4.5） |
| $i$ 与 $j$ 比较 | 上述各数的倒数 | 上述各数的倒数 | 上述各数的倒数 |

②确定初始权数。初始权数的确定常常采用定性分析和定量分析相结合的方法。一般是

先组织专家，请各位专家给出自己的判断数据，再综合专家的意见，最终形成初始值。具体操作步骤如下：

第一步，将分析研究的目的、已经建立的评价指标体系和初步确定的指标重要性的量化标准发给各位专家，请专家们根据上述比例标度值表所提供的等级重要性系数，独立地对各个评价指标给出相应的权重。

第二步，根据专家给出的各个指标的权重，分别计算各个指标权重的平均数和标准差。

第三步，将所得出的平均数和标准差的资料反馈给各位专家，并请各位专家再次提出修改意见或更改指标权重数的建议，并在此基础上重新确定权重系数。

第四步，重复以上操作步骤，直到各个专家对各个评价项目所确定的权数趋于一致，或者专家们对自己的意见不再有修改为止，把这个最后的结果就作为初始的权数。

③对初始权数进行处理。

第一步，建立判断矩阵 $A$。通过专家对评价指标的评价，进行两两比较，其初始权数形成判断矩阵 $A$，判断矩阵 $A$ 中第 $i$ 行和第 $j$ 列的元素 $x_{ij}$ 表示指标 $x_i$ 与 $x_j$ 比较后所得的标度系数。

第二步，计算判断矩阵 $A$ 中的每一行各标度数据的几何平均数，记作 $w_i$。

第三步，进行归一化处理。归一化处理是利用公式 $W_i = \dfrac{W_i}{\sum W_i}$ 计算，依据计算结果确定各个指标的权重系数。

④检验判断矩阵的一致性。检验判断矩阵的一致性是指需要确定权重的指标较多时，矩阵内的初始权数可能出现相互矛盾的情况，对于阶数较高的判断矩阵，难以直接判断其一致性，这时就需要进行一致性检验。本节省略了对判断矩阵一致性检验的步骤。

【例 10 - 3】　现有 3 个评价指标，其判断矩阵 $A$ 见表 10 - 5，试确定这 3 个指标的权数。

表 10 - 5　3 个指标的判断矩阵 $A$

| 指标 | $x_1$ | $x_2$ | $x_3$ |
| --- | --- | --- | --- |
| $x_1$ | 1 | 6/4 | 4 |
| $x_2$ | 4/6 | 1 | 1/5 |
| $x_3$ | 1/4 | 5 | 1 |

**解：** 根据表 10 - 5 中的数据计算 $W_i$：

$$W_i = \sqrt[3]{1 \times (6 \div 4) \times 4} = 1.817\,1$$

$$W_i = \sqrt[3]{(4 \div 6) \times 1 \times (1 \div 5)} = 0.510\,9$$

$$W_i = \sqrt[3]{(1 \div 4) \times 5 \times 1} = 1.077\,2$$

进行归一化处理：

$$\sum_{i-1}^{n} W_i = 1.817\,1 + 0.510\,9 + 1.077\,2 = 3.405\,2$$

求出这 3 个指标各自的权重：

$$W'_1 = \frac{W_1}{\sum W_i} = \frac{1.817\ 1}{3.405\ 2} = 0.533\ 6$$

$$W'_2 = \frac{W_2}{\sum W_i} = \frac{0.510\ 9}{3.405\ 2} = 0.150\ 0$$

$$W'_3 = \frac{W_3}{\sum W_i} = \frac{1.077\ 2}{3.405\ 2} = 0.316\ 3$$

通过以上计算结果看出：初步确定 $x_1$、$x_2$、$x_3$ 这 3 个指标的权重分别为 0.533 6、0.15 和 0.316 3。全部指标的权重之和等于 1 或 100%。

3. 对评价指标的同度量处理

在评价指标体系建立之后，有可能因为各个指标的计量单位不同，即因为具有不同的量纲而不能进行直接比较。因此，一般在收集了相关资料后，还需要进行无量纲化处理，即同度量处理。

在统计综合评价中，对有些事物的评价是采用定性指标来进行的，对有些事物的评价是采取定量指标来进行的，如对建筑工程项目的质量评价，一般是以优秀、良好、合格、不合格作为评价标准的；顾客对住房质量的评价常常是以满意、比较满意、不满意等来反映的。对企业或部门的综合经济效果的综合评价是定量评价。

定性指标主要有两类数据，即定类尺度计量的数据和定序尺度计量的数据。对于定类尺度计量的数据，其是无法真正量化的；对于定序指标的量化主要采取名次序数百分比和统计综合评分法来处理。

对于定量指标的无量纲化处理常常采用的方法有统计综合评分法、相对化处理法、功效系数法等。

（1）统计综合评分法。统计综合分析最常用的方法是综合评分法，一般用来分析评价的项目是根据其品质划分等级的，可对其进行量化处理。其核心内容是对评价的不同等级赋予不同的分值，并以此为基础进行综合评价。其分析评价的步骤如下：

①根据被分析评价对象的特点和分析的目的选择若干指标组成评价的指标体系，并确定各项指标的评分标准、计分方法。

综合评分法的核心是评价标准和计分方法的确定，一般采用如下两种计分方法。

a. 名次计分法：是先根据各个评价指标的优劣排出被评价对象的名次，名次越在前面的得分越高，名次在后的则得分低，然后对同一总体各项指标的得分加总，并以此排定顺序。

b. 百分法：是以 100 分为标准总分，然后分别确定各个指标占多少分。也需要确定计分标准，每项指标达到什么程度可以得多少分，再根据实际数据依照规定标准分别计分，再将各项指标得分加总就得到总评价值。最后，以总评价值与评价标准进行对照比较，即可排列出名次顺序，或者确定优劣。

②对选定的评价指标的实际数据依照评分标准进行评分，由所有指标的分值得出总分。

③与评价标准进行比较，做出全面综合的评价分析，以确定优劣、排序，或者划分

等级。

【**例 10-4**】　某品牌电视机厂商，需要了解消费者对该厂某型号电视机的评价，采用评分法综合评价。选择了 5 个评价指标，评分分为 4 个等级，收回有效答卷 2 000 份，所选的评价指标和评分结果见表 10-6，请对该型号的电视机进行综合评价分析。

表 10-6　消费者对电视机质量的评分结果统计

| 评价指标 | 得票数 | | | | 平均得分/分 |
|---|---|---|---|---|---|
| | 100 分 | 80 分 | 60 分 | 40 分 | |
| 清晰度 | 1 000 | 600 | 350 | 50 | 85.5 |
| 耗电量 | 600 | 800 | 400 | 200 | 79.0 |
| 外观效果 | 500 | 1 200 | 200 | 100 | 89.0 |
| 故障率 | 700 | 900 | 330 | 70 | 84.4 |

**解**：要计算出消费者对该电视机的综合评价得分，需要分以下两部分计算：

第一步，分别计算每项评价指标的 2 000 份答卷的平均得分：

$$清晰度的平均得分 = \frac{100 \times 1\ 000 + 80 \times 600 + 60 \times 350 + 40 \times 50}{2\ 000} = \frac{171\ 000}{2\ 000} = 85.5(分)$$

$$耗电量的平均得分 = \frac{100 \times 600 + 80 \times 8000 + 60 \times 400 + 40 \times 200}{2\ 000} = \frac{158\ 000}{2\ 000} = 78.0(分)$$

$$外观效果的平均得分 = \frac{100 \times 500 + 80 \times 1\ 200 + 60 \times 200 + 40 \times 100}{2\ 000} = \frac{178\ 000}{2\ 000} = 81.0(分)$$

$$故障率的平均得分 = \frac{100 \times 700 + 80 \times 900 + 60 \times 330 + 40 \times 70}{2\ 000} = \frac{168\ 800}{2\ 000} = 82.3(分)$$

第二步，计算出该电视机的综合得分。

假定根据分析确定各项指标的重要程度不同，确定清晰度、耗电量、外观效果和故障率的权重分别为 0.35、0.20、0.15、0.3。则综合加权得分为：

$$85.5 \times 0.35 + 78.0 \times 0.2 + 81.0 \times 0.15 + 82.3 \times 0.3 = 82.365(分)$$

本例题在计算时要注意的是：清晰度和外观效果越好，得分越高；耗电量和故障率越高，得分越低，所以消费者的综合评价的得分越高，说明电视机的质量评价越好。

应用以上计算结果，直接可以进行综合评价。得分越高，评价越好。

综合评分法简单易行，容易掌握和应用，因此在实践中被广泛使用。但由于权重的确定是主观分析的结果，因此，本方法的主观因素影响较大；其权重系数可以采取其他更科学的方法计算。

（2）相对化处理法。相对化处理法是进行指标间同度量处理常用的方法之一。进行相对化处理，需要先对每个评价指标确定一个标准值，然后计算实际值。

因为指标有"正指标"和"逆指标"之分，一般来说，正指标是指指标数值越大越好的指标，如产值、收入、利润、劳动生产率等指标；逆指标是指指标数值越小越好的指标，如单位产品成本、单位 GDP 的能耗率、产品生产的物耗率等指标。对于正指标和逆指标的相对化处理的公式如下分述。

正指标的相对化处理公式：

$$x_i' = \frac{x_i}{\bar{x}_i}$$

逆指标的相对化处理公式：

$$x_i' = \frac{\bar{x}_i}{x_i}$$

式中，$x_i'$ 为标准化后的数据；$x_i$ 为各被评价单位的实际值；$\bar{x}_i$ 为标准值。

式中标准值可以根据研究目的和比较的标准水平的不同，选择一定时期的平均数、计划规定水平、历史最高水平、行业平均水平、国际先进水平等作为标准值。

**【例 10 - 5】** 现假定某地区工业部门的 4 个同类企业的经济效益指标及行业平均水平指标见表 10 - 7，试对这些指标进行相对化处理。

表 10 - 7 4 个企业的经济效益指标数据

| 企业名称 | 全员劳动生产率 /(元·人年增加值$^{-1}$) | 百元净资产 增加值/元 | 销售收入 /万元 | 销售收入利 税率/% |
| --- | --- | --- | --- | --- |
| 行业平均水平 | 8 000 | 55 | 10 000 | 20 |
| A | 12 000 | 68.0 | 15 000 | 16.5 |
| B | 8 500 | 65.1 | 7 000 | 12.6 |
| C | 6 000 | 66.2 | 6 500 | 13.5 |
| D | 11 000 | 70.1 | 16 000 | 17.0 |

**解：** 表 10 - 7 所列的指标都是正指标，指标的计量单位不同，因此需要进行同度量处理。表中的第 1 行给出的是各项指标的标准值，可以利用公式 $x_i' = \dfrac{x_i}{\bar{x}_i}$，将实际值与标准值对比，将原来不同度量的指标转化为无量纲的相对指标，计算结果见表 10 - 8。

表 10 - 8 4 个企业的相对化处理数据

| 企业名称 | 全员劳动生产率 /(元·人年增加值$^{-1}$) | 百元净资产 增加值/元 | 销售收入 /万元 | 销售收入利 税率/% |
| --- | --- | --- | --- | --- |
| 行业平均水平 | 8 000 | 55 | 10 000 | 20 |
| A | 1.500 0 | 1.236 4 | 1.500 | 0.825 |
| B | 1.062 5 | 1.183 6 | 0.700 | 0.630 |
| C | 0.750 0 | 1.203 6 | 0.650 | 0.675 |
| D | 1.375 0 | 1.274 5 | 1.600 | 0.850 |

（3）功效系数法。功效系数是指各项评价指标的实际值与该指标允许变动范围的相对位置。功效系数法是在进行综合统计评价时，先运用功效系数对各指标进行无量纲同度量转换，然后采用算术平均数或几何平均法，对各项功效系数求总功效系数，作为对总体的综合评价值，并进行比较判定。其评价分析的步骤有以下几个。

①确定反映总体特征的各项评价指标：$x_i (i = 1, 2, \cdots, n)$。

②确定各项评价指标的允许范围，即满意值 $x_i^k$ 和不允许值 $x_i^s$。满意值是指在目前条件下能够达到的最优值；不允许值是该指标不应该出现的最低值。允许变动范围的参照系就是满意值与不允许值之差。

③ 计算各项评价指标的功效系数 $f_i$。其计算公式如下：

$$f_i = \frac{x_i - x_i^s}{x_i^k - x_i^s}$$

④根据各项指标的重要程度，确定各项评价指标的权数。

⑤最后计算评价总体的总功效系数 $F$。一般应用加权算术平均法计算。然后根据 $F$ 值的大小排列其顺序或优劣。

$$F = \frac{\sum_{i-1}^{n} f_i}{n}$$

【例 10 - 6】　假定评价某地区工业部门的 4 个优质企业，现在要对这 4 个企业进行综合效益评价和排序比较。运用功效系数法进行综合分析评价和排序，为了计算简便只选定了 4 个指标及数据（表 10 - 9）。

表 10 - 9　假定 4 个企业的经济效益指标数据

| 企业名称 | 全员劳动生产率 /(元·人年增加值$^{-1}$) | 百元净资产 增加值/元 | 销售收入 /万元 | 销售收入 利税率/% |
|---|---|---|---|---|
| 满意值 | 12 000 | 70.1 | 16 000 | 17.0 |
| 不允许值 | 6 000 | 65.1 | 6 500 | 12.6 |
| A | 12 000 | 68.0 | 15 000 | 16.5 |
| B | 8 500 | 65.1 | 7 000 | 12.6 |
| C | 6 000 | 66.2 | 6 500 | 13.5 |
| D | 11 000 | 70.1 | 16 000 | 17.0 |

解：具体计算和评价过程如下分述：

第一步，确定各指标的满意值和不允许值。假定各项指标的最好值为满意值，最差值为不允许值。则全员劳动生产率的满意值是 A 企业的 12 000 元，不满意值为 C 企业的 6 000 元；百元净资产增加值的满意值是 D 企业的 70.1 元，不满意值是 B 企业的 65.1 元；销售收入的满意值是 D 企业的 16 000 万元，不满意值是 C 企业的 6 500 万元；销售收入利税率的满意值是 D 企业的 17.0%，不满意值是 B 企业的 12.6%，并将满意值和不允许值都列在表

10 - 9 中。

第二步，计算各企业各项指标的功效系数。

计算 B 企业的全员劳动生产率的功效系数：

$$f_i = \frac{x_i - x_i^s}{x_i^h - x_i^s} = \frac{8\ 500 - 6\ 000}{12\ 000 - 6\ 000} = 0.416\ 7$$

计算 A 企业的百元净资产的增加值的功效系数：

$$f_i = \frac{x_i - x_i^s}{x_i^h - x_i^s} = \frac{68.0 - 65.1}{70.1 - 65.1} = 0.58$$

其他计算过程类推，功效系数见表 10 - 10。

表 10 - 10　企业的功效系数

| 企业名称 | 功效系数 | | | |
|---|---|---|---|---|
| | $f_1$ | $f_2$ | $f_3$ | $f_4$ |
| A | 1.000 0 | 0.580 0 | 0.894 7 | 0.886 4 |
| B | 0.416 7 | 0.000 0 | 0.052 6 | 0.000 0 |
| C | 0.000 0 | 0.220 0 | 0.000 0 | 0.204 5 |
| D | 0.833 3 | 1.000 0 | 1.000 0 | 1.000 0 |

第三步，分别计算各个企业的总功效系数。

如果假设本例的所有指标的权数相同，因此采用算术平均法计算，采用公式 $F = \dfrac{\sum\limits_{i-1}^{n} f_i}{n}$ 计算各企业的功效系数。

A 企业的功效系数为：

$$F_A = \frac{\sum\limits_{i-1}^{n} f_i}{n} = \frac{1 + 0.58 + 0.894\ 7 + 0.886\ 4}{4} = \frac{3.363\ 8}{4} = 0.841$$

B 企业的功效系数为：

$$F_B = \frac{\sum\limits_{i-1}^{n} f_i}{n} = \frac{0.416\ 7 + 0 + 0.052\ 6 + 0}{4} = \frac{0.469\ 3}{4} = 0.117$$

C 企业的功效系数为：

$$F_C = \frac{\sum\limits_{i-1}^{n} f_i}{n} = \frac{0 + 0 + 0.22 + 0 + 0.204\ 5}{4} = \frac{0.424\ 5}{4} = 0.106$$

D 企业的功效系数为：

$$F_D = \frac{\sum\limits_{i-1}^{n} f_i}{n} = \frac{0.833\ 3 + 1 + 1 + 1}{4} = \frac{3.833\ 3}{4} = 0.958$$

由总功效系数可以看出：$F_D > F_A > F_B > F_C$，排列的企业名次为：D 企业第一、A 企业第二、B 企业第三、C 企业第四。

如果各项指标的权重不同，就必须采用加权平均的方法计算。

标准化处理。利用标准化处理，其前提是需要进行标准化处理的变量（即指标）服从正态分布。在标准化转换中，将变量值转换为数学期望值为 0、方差为 1 的标准化的数值。具体转换过程如下。

第一步，求出各个变量（指标）的算术平均数，即数学期望值 $\bar{x}_i$ 和标准差 $\delta_i$。

第二步，利用以下公式进行标准化处理：

$$\bar{x}'_{ij} = \frac{x_{ij} - \bar{x}_i}{\sigma_i}$$

式中，$\bar{x}'_{ij}$ 为标准化变量（指标）；$x_{ij}$ 为实际变量（指标）值；$\bar{x}_i$ 为各变量（指标）的算术平均数（数学期望值）；$\sigma_i$ 为各项指标的标准差。

第三步，进行标准化处理的指标中如果有逆指标，则要改变处理后的符号。

【例 10-7】　综合评价某年黑龙江垦区各分局对国家的贡献状况，需要进行综合排序，现根据表 10-11 所列指标采用标准化法进行消除量纲处理。

表 10-11　黑龙江垦区各分局评价指标

| 分局名称 | 第一产业生产总值/万元 | 人均生产总值/元 | 粮食总产量/吨 | 出口总额/万元 |
|---|---|---|---|---|
| 宝泉岭局 | 232 255 | 20 982 | 2 009 308 | 31 478.5 |
| 红兴隆局 | 365 373 | 18 728 | 2 423 644 | 36 996.2 |
| 建三江局 | 380 491 | 26 419 | 3 401 900 | 37 337.8 |
| 牡丹江局 | 312 157 | 26 897 | 2365 512 | 30 732.8 |
| 北安局 | 117 311 | 10 891 | 713 905 | 8 194.6 |
| 九三局 | 145 948 | 15 468 | 639 921 | 22 691.0 |
| 齐齐哈尔局 | 80 629 | 12 590 | 484 676 | 13 043.2 |
| 绥化局 | 77 393 | 21 623 | 289 917 | 11 583.0 |
| 哈尔滨局 | 26 451 | 15 876 | 94 612 | 9 266.4 |
| 总局直属 | 1 535 | 33 532 | 16 525 | 24 876.5 |

解：先分别计算被研究 10 个分局的每项评价指标的均值和标准差，然后计算标准化值，并将计算结果列在表 10-12 中。

宝泉岭局分局第一产业生产总值的标准化值：

$$x''_{11} = \frac{x_{11} - \bar{x}_i}{\sigma_i} = \frac{232\ 255 - 173\ 954}{132\ 405} = 0.440\ 3$$

宝泉岭局分局人均生产总值的标准化值：

$$x'_{12} = \frac{x_{12} - \bar{x}_i}{\sigma_i} = \frac{20\ 982 - 20\ 301}{6\ 720} = 0.101\ 3$$

其他标准化值计算以此类推。

表 10 – 12　各分局标准化处理结果数据表

| 分局名称 | 第一产业生产<br>总值/万元 | 人均生产<br>总值/元 | 粮食总产量<br>/吨 | 出口总额<br>/万元 |
|---|---|---|---|---|
| 均值 | 173 954 | 20 301 | 1243 992 | 22 620 |
| 标准差 | 132 405 | 6 720 | 1 133 672 | 10 829 |
| 变异系数 | 0.761 1 | 0.331 0 | 0.911 3 | 0.478 7 |
| 宝泉岭局 | 0.440 3 | 0.101 3 | 0.675 1 | 0.818 0 |
| 红兴隆局 | 1.445 7 | − 0.234 1 | 1.040 6 | 1.327 6 |
| 建三江局 | 1.559 9 | 0.910 4 | 1.903 5 | 1.359 1 |
| 牡丹江局 | 1.043 8 | 0.981 5 | 0.989 3 | 0.749 2 |
| 北安局 | − 0.427 8 | − 1.400 3 | − 0.467 6 | − 1.332 1 |
| 九三局 | − 0.211 5 | − 0.719 2 | − 0.532 8 | 0.006 6 |
| 齐齐哈尔局 | − 0.704 8 | − 1.147 5 | − 0.669 8 | − 0.884 4 |
| 绥化局 | − 0.729 3 | 0.196 7 | − 0.841 6 | − 1.019 2 |
| 哈尔滨局 | − 1.114 0 | − 0.658 5 | − 1.013 9 | − 1.233 1 |
| 总局直属 | − 1.302 2 | 1.968 9 | − 1.082 7 | 0.208 4 |

进行标准化处理后的数据值，围绕 0 上下波动，数据大于 0 说明高于平均水平，数据小于 0 说明低于平均水平。

4. 对评价结果的综合分析

选择合适的同度量处理方法对数据进行处理后，以及在得出的各个单个项目的评价结果的基础上，还需要根据被评价事物的性质和分析研究的目的，运用科学的综合评价方法求得综合评价结果。利用综合评价结果可以实现对评价对象的排序等分析，找出被评价的单位（或地区）之间的优劣、差距或不足，并进一步分析研究产生差距的原因，有针对性地提出相应的对策措施。

综合评价的方法也有多种，在此介绍加权算术平均综合评价法、功效系数评分法、加权几何综合评价法和平均指数综合评价法。如果各个指标的重要程度不同，就必须采取加权平均的方法。

（1）加权算术平均综合评价法。在进行综合评价时，如果构成指标体系的各个指标的权重相等，可以直接采用简单平均法进行综合评价。

采用加权算术平均综合评价法，就是计算综合评价指数，其基本计算公式如下：

$$综合评价指数 = \frac{\sum_{i-1}^{n} x_i W_i}{\sum_{i-1}^{n} W_i}$$

式中，$n$ 是评价指标体系中的指标个数；$x_i$ 是已经同度量处理过的第 $i$ 个评价指标的相对值，$i = 1，2，\cdots，n$；$W_i$ 为各项指标的权重，$W_i + W_1 + W_2 + \cdots + W_n = 100\%$。

加权算术平均综合评价法具有以下特点：本方法各项指标互相是独立的，各项指标之间可以相互补偿，评价的结果主要体现各项目各自的功能性。

**【例 10 - 8】** 仍然根据前面表 10 - 6 的数据对电视机质量进行综合评价，并经过其他方法得到清晰度、耗电量、外观效果和故障率 4 个指标的权重分别为 35、15、20、30，采取加权评分法综合评价质量。

**解：** 对于本品牌电视机的 4 个指标的平均得分进行加权计算，结果见表 10 - 13，并依据综合加权的计算公式求出结果：

$$综合评价指数 = \frac{\sum_{i-1}^{n} x_i W_i}{\sum_{i-1}^{n} W_i} = \frac{8\,251.5}{100} = 82.515（分）$$

综合评价的得分越高说明对电视机的评价越好。如果另一个品牌的电视机也进行加权综合计算，其得分是 95 分，则说明另一个品牌的电视机比本品牌的综合评价好。如果有多个品牌的同类电视机做综合分析评价，则可以依据计算得出的总分排序。

表 10 - 13 消费者对电视机质量的评分结果统计表

| 评价指标 | 平均得分（$x_i$）/分 | 权重（$W_i$） | 综合得分（$x_i W_i$）/分 |
|---|---|---|---|
| 清晰度 | 85.5 | 35 | 2 992.5 |
| 耗电量 | 78.0 | 15 | 1 170.0 |
| 外观效果 | 81.0 | 20 | 1 620.0 |
| 故障率 | 82.3 | 30 | 2 469.0 |
| 合计 | — | 100 | 8 251.5 |

（2）功效系数评分法。这里介绍的功效系数评分法，是在功效系数计算的基础上进行的，如果采取的是 100 分为满分，一般是依据实际情况规定达到一定效果时基本得分为多少，如 60 分，然后，其他的 40 分根据本单位的指标高低确定。这样一般采用的计算公式为：

$$d_i = \frac{x_i - x_i^s}{x^h - x_i^s} \times 40 + 60$$

式中，$d_i$ 为每项评价指标的功效系数计分；其他符号与前面同。60 是规定得分，这样其实是把达到一定水平确定为及格水平（如果 60 分为及格）。也有采用其他计分方法的，可能高于或低于60分，这要看评价者的评价出发点和评价目的。详细请看例题。

**【例10-9】** 根据4个企业A、B、C、D的4项经济指标，以及已经计算出的功效系数，即依据表10-10中已经计算出的功效系数，采用计分法评价。如果计分时总分采用100分制，如果确定企业每项指标评价时，达到行业平均数时得60分，则该企业在其他部分的得分最多40分，然后进行综合评价并排序。

**解：**

①采用各个指标权重相同时的简单平均值进行综合评价。

第一步，先计算各企业各项指标的功效系数分值。由于本例中的4个企业的各项指标，其中最高的就是行业最高，最低的就是行业最低，所以这4个企业的每项指标的得分都在60分以上，它们没有低于行业最低水平的。

计算时，如果规定企业的某项指标达到行业最高值的为100分，达到行业最低值的为60分，实际上被评价企业的得分是在60分和100分之间，所以，评价时被评价单位综合得分在100分之内，分数越高评价越好。比如，本例只是为了评价企业社会经济效果的优劣，进行排序即可。根据【例10-6】中的相关数据进一步计算。

计算B企业的全员劳动生产率的功效系数分：

$$d_i = \frac{x_i - x_i^s}{x^h - x_i^s} \times 40 + 60 = \frac{8\,500 - 6\,000}{12\,000 - 6\,000} \times 40 + 60 = 0.416\,7 \times 40 + 60 = 76.67(\text{分})$$

计算A企业的百元净资产的增加值的功效系数分：

$$d_i = \frac{x_i - x_i^s}{x^h - x_i^s} \times 40 + 60 = \frac{68.0 - 65.1}{70.1 - 65.1} = 0.58 \times 40 + 60 = 83.2(\text{分})$$

其他计算过程类推，功效系数分数见表10-14所列数据。

表10-14 企业的功效系数

| 企业名称 | 功效系数分值 | | | | 合计 | 简单平均分数/分 | 加权平均分数/分 |
| --- | --- | --- | --- | --- | --- | --- | --- |
| | 全员劳动生产率 $(f_1)$/(元·人年增加值$^{-1}$) | 百元净资产增加值 $(f_2)$/元 | 销售收入 $(f_3)$/万元 | 销售收入利税率 $(f_4)$/% | | | |
| 行业最高值 | 12 000 | 70.10 | 16 000 | 17.0 | — | — | — |
| 行业最低值 | 6 000 | 65.10 | 6 500 | 12.6 | — | — | — |
| A | 100.00 | 83.20 | 95.79 | 95.46 | 374.44 | 93.61 | 93.90 |
| B | 76.67 | 60.00 | 62.10 | 60.00 | 258.77 | 64.69 | 65.65 |
| C | 60.00 | 68.80 | 60.00 | 68.18 | 256.98 | 64.25 | 64.49 |
| D | 93.33 | 100.00 | 100.00 | 100.00 | 393.33 | 98.33 | 97.87 |

第二步，再计算每个企业的综合得分。如果这4个指标的权重作用相同，则可以采用简单平均法。

A企业的综合得分：

$$\overline{x}_i = \frac{\sum\limits_{i-1}^{n} x_i}{4} = \frac{100 + 83.2 + 95.79 + 95.45}{4} = \frac{374.45}{4} = 93.6125(分)$$

其他如此类推计算，结果列在表 10 - 14 中。依据计算出的总分可以做出综合评价结论并排序，即排名在第 1、2、3、4 位的企业，分别为 D、A、B、C 企业，它们的综合得分分别为 98.33 分、93.61 分、64.49 分和 64.25 分。

值得提出的是：当权重相同时，总和同均值的作用是一样的，所以这里使用总平均数比较的结果和使用总和数比较的结果、排序结果是一致的。

由总功效系数分数可以看出：D 企业 > A 企业 > B 企业 > C 企业。排列的企业名次为 D 企业第一、A 企业第二、B 企业第三、C 企业第四。这同以前计算过的平均值的排序结果是一致的。

② 采用加权平均分数进行综合评价。如果这 4 个分析指标的权重不同，假定通过其他方法计算出各个指标的权重系数依次为 32、25、15、28，就需要采取加权平均的方法综合评价这 4 个企业的综合经济效果。

计算 A 企业的综合评价得分：

$$\frac{\sum\limits_{i=1}^{4} x_i W_i}{\sum\limits_{i=1}^{4} W_i} = \frac{100 \times 32 + 83.2 \times 25 + 95.79 \times 15 + 95.46 \times 28}{32 + 25 + 15 + 28} = \frac{9389.7}{100} = 93.897(分)$$

其他以此类推计算，所得结果列在表 10 - 14 中。它们分别是：A 企业 93.9 分、B 企业 65.65 分、C 企业 64.49 分、D 企业 97.87 分。从所得到的加权平均计算结果看出，企业得分由高到低依次是 D、A、B、C，企业的综合效益评价的排名次序的第 1、2、3、4 名依然是 D、A、B、C 企业。

本例题中，之所以采用简单平均法评价和采用加权平均法评价时，得到的排名顺序一致，是因为企业之间在各项经济指标上差距较大，且经济效果好的企业在重要指标（权重大）上的经济成果也好。

（3）加权几何平均综合评价法。在综合评价时，评价的指标在指标体系中的作用都可能有所不同，所以一般都采用加权几何平均综合评价法。加权几何平均综合评价指数的计算公式如下：

$$加权几何平均综合评价指数 = \sqrt[\sum W_i]{\prod x_i^{W_i}}$$

式中，$x_i$ 是已经同度量处理过的第 $i$ 个评价指标的相对值，$i = 1，2，3，\cdots，n$；$W_i$ 为各项指标的权重，即 $W_i + W_1 + W_2 + \cdots + W_n = 100\%$（或 $=1$）。

加权几何平均综合评价法分析评价的特点：适用各个指标间关系较强的事物；对于指标值的变动，特别是较小值的变动反应更为敏感，比加权算术平均综合法更为敏感；评价的结果主要体现各个项目之间的均衡性；$x_i$ 只能是正值，不能是零或负值。

【例 10 - 10】　根据【例 10 - 6】和【例 10 - 9】的 4 个企业的功效系数分数，采用加权几何平均综合评价法评价其经济效果并排序。

**解：**A 企业综合经济效益评价的几何平均法得分：

$$\sum\nolimits^{W_i}\sqrt{\prod x_i^{W_i}} = \sqrt[0.32+0.25+0.15+0.28]{100^{0.32} \times 83.2^{0.25} \times 95.79^{0.15} \times 95.46^{0.28}} = 93.67(\text{分})$$

其他以此类推计算，企业 A、B、C、D 的计算结果分别为 93.67 分、65.23 分、64.35 分、97.82 分。所以，依据计算的数据，综合评价得分从高到低的顺序依然是 D、A、B、C 企业。

这里一定要注意的是，如果各个被评价单位的某项指标之间的距离较小，那么采取不同的评价方法，所得的评价结果及排名顺序可能出现不同。所以要依据被评价事物的实际情况，选择适合的评价方法。

（4）平均指数综合评价法。平均指数综合评价法是在选择确定了对总体评价的指标体系的基础上，将评价指标的实际数值与相对应的某种基准数值进行比较，得到个体指标的指数值，然后用事先确定好的每项指标的权数对所有个体指数进行加权平均。平均指数综合评价法可应用于动态评价，也可以用于静态评价。

①进行动态评价时，综合评价的总指数公式如下：

$$\bar{K} = \frac{1}{\sum\limits_{i=1}^{n} W_i} \left[ \sum\limits_{i=1}^{n} \frac{Q_{i1}}{Q_{i0}} \times W_i \right] = \frac{1}{\sum\limits_{i=1}^{n} W_i} \left[ \frac{Q_{11}}{Q_{10}} \times W_1 + \frac{Q_{21}}{Q_{20}} \times W_2 + \cdots + \frac{Q_{n1}}{Q_{n0}} \times W_n \right]$$

式中，$\bar{K}$ 为综合分析评价的总指数；$Q_{i1}$ 为第 $i$ 个评价指标的实际数值或报告期实际数；$Q_{i0}$ 为第 $i$ 个评价指标的基准数值，该数值的确定可以是历史的实际数值、计划规定数值或一定范围的平均数，或者基期实际数等；$W_i$ 为第 $i$ 个评价指标的权重系数。

动态平均指数综合评价法，用于分析评价同一单位、同一地区在不同时间上的差别、变动、发展态势等。

②进行静态综合评价的总指数公式为：

$$\bar{K}_j = \frac{\sum \left[ \dfrac{x_{ij}}{\bar{x}_i} \times W_i \right]}{\sum W_i} \times 100\%$$

式中，$\bar{K}_j$ 为第 $j$ 期（或地区、部门等）的综合评价指数值；$x_{ij}$ 为第 $i$ 个指标第 $j$ 期数据；$\bar{x}_i$ 为第 $i$ 个指标的平均值或标准值；$W_i$ 为第 $i$ 个指标的权数。

静态平均指数综合评价法，用来进行同一时间上的不同国家或地区、不同企业单位之间的综合评价，例如，综合评价比较企业之间、地区之间的差别状况或排序。

平均指数综合评价法适用于确定的评价指标都是数量指标时。应用平均指数综合评价法需要注意以下问题：

首先，以上公式适用于评价动态综合分析，如对某地区或企业的报告期同某一基期的比较，并进行综合评价时采用。

其次，对于逆指标（数值越低越好的指标），其要转换成正指标，才能加权平均计算，转换的方法是取其倒数。

最后，选择比较的标准很重要，对综合评价结果有影响。如果进行历史比较，或者进行地区之间的横向比较，选用平均数为标准；如果要评价研究对象的计划完成情况，则选择计划数为标准；如果要评价对象的增长变化、发展情况，则选择时间标准。

平均指数综合评价法的计算步骤如下：

第一步，确定评价指标，建立评价的指标体系。

第二步，分别计算各项评价指标与评价标准指标对比的指数，实现其评价指标的无量纲化。

第三步，用依据各项指标的重要程度确定的权数做加权平均计算，得出综合评价指数。

依据综合评价总指数，即可进行整体评价，就是指标值越大，总体的综合评价状况就越好。

**【例 10 - 11】**　现要对某地区的两个工业企业的综合经济效益进行分析，根据分析选择了 5 个经济效益指标，采用平均指数法进行综合评价。数据和计算过程见表 10 - 15。

表 10 - 15　甲乙两企业经济效益的综合指数

| 指标名称 | 计量单位 | 行业平均 | 权数/% | 2007 年 | | | | | |
|---|---|---|---|---|---|---|---|---|---|
| | | | | 甲企业 | | | 乙企业 | | |
| | | | | 指标值 | 指数 | 分数 | 指标值 | 指数 | 分数 |
| 全员劳动生产率 | 元/(人·年) | 8 000 | 15 | 12 000 | 150.00 | 2 250.00 | 11 000 | 137.50 | 2 062.50 |
| 百元净资产产值 | 元 | 55 | 20 | 68.0 | 123.64 | 2 472.73 | 70.1 | 127.45 | 2 549.09 |
| 产品销售率 | % | 80 | 15 | 90 | 112.50 | 1 687.50 | 95 | 118.75 | 1 781.25 |
| 销售收入利税率 | % | 17 | 25 | 20.0 | 117.65 | 2 941.18 | 22.0 | 129.41 | 3 235.29 |
| 资金利润率 | % | 30 | 25 | 35.0 | 116.67 | 2 916.67 | 37.2 | 124.00 | 3 100.00 |
| 经济效益指数 | 分 | — | 100 | — | — | 122.68 | — | — | 127.28 |

**解：**（1）分别计算甲、乙企业的各项经济指标与行业平均数对比的指数。

如甲企业的全员劳动生产率与行业平均数 8 000 之比：

$$x_{ij} \times 100\% = \frac{12\ 000}{8\ 000} \times 100\% = 150\%$$

甲企业的百元净资产产值与行业平均数 55 之比：

$$\frac{x_{ij}}{\bar{x}} \times 100\% = \frac{68}{55} \times 100\% = 123.64\%$$

其他以此类推计算，其计算结果见表 10 - 15。

（2）分别计算甲、乙企业的综合平均指数。

甲企业的综合评价总指数为：

$$\bar{K}_j = \frac{\sum \left[ \dfrac{x_{ij}}{\bar{x}_i} \times W_i \right]}{\sum W_i} \times 100\%$$

$$= \frac{2\,250.00 + 2\,472.73 + 1\,687.50 + 2\,941.18 + 2\,916.67}{100.00} \times 100\% = 122.68\%$$

乙企业的综合评价总指数为：

$$\bar{K}_j = \frac{\sum \left[ \dfrac{x_{ij}}{\bar{x}_i} \times W_i \right]}{\sum W_i} \times 100\%$$

$$= \frac{2\,062.50 + 2\,549.09 + 1\,781.25 + 3\,235.29 + 3\,100.00}{100.00} \times 100\% = 127.28\%$$

计算结果表明，甲、乙两个企业 2007 年的综合经济效益均好于同行业平均水平。从综合效益的平均指数来看，乙企业的 127.28% 高于甲企业的 122.68% 4.6 个百分点，说明乙企业比甲企业的综合评价更好些。

【例 10-12】 某企业 2007 年与上年相比较的主要经济效益指标见表 10-16，采用平均指数综合评价法评价其经济效果。

表 10-16 某企业各项经济效益指标完成情况

| 指标名称 | 计量单位 | 权重 $(W_i)$ | 2007 年 $(Q_{i1})$ | 2006 年 $(Q_{i0})$ | 个体指数 $(Q_{i1}/Q_{i0})$ | 加权 $[(Q_{i1}/Q_{i0})W_i]$ |
|---|---|---|---|---|---|---|
| 产品销售率 | % | 1.5 | 85.5 | 95 | 0.9 | 1.35 |
| 资金周转次数 | 次 | 1.5 | 3.3 | 3 | 1.1 | 1.65 |
| 净产出利税率 | 元/百元 | 2 | 26.25 | 25 | 1.05 | 2.1 |
| 资金利税率 | 元/百元 | 2 | 27.6 | 23 | 1.2 | 2.4 |
| 利税上缴率 | % | 1.5 | 78.75 | 75 | 1.05 | 1.575 |
| 全员劳动生产率 | 元/人 | 1.5 | 17 100 | 18 000 | 0.95 | 1.425 |
| 合计 | — | 10 | | | | 10.5 |

解：假定各项指标的权重系数是根据经验判断的，计算过程见表 10-16。本例是以 2007 年为报告期、与 2006 年进行比较的基础时期。

平均指标指数计算结果为：

$$\bar{K} = \frac{1}{\sum\limits_{i=1}^{n} W_i} \left( \sum_{i=1}^{n} \frac{Q_{i1}}{Q_{i0}} \cdot W_i \right) = \frac{1}{\sum\limits_{i=1}^{n} W_i} \left( \frac{Q_{11}}{Q_{10}} \cdot W_1 + \frac{Q_{21}}{Q_{20}} \cdot W_2 + \cdots + \frac{Q_{n1}}{Q_{n0}} \cdot W_n \right)$$

$$\bar{K} = \frac{10.5}{10.0} = 1.05 \ \text{或} \ 105\%$$

计算结果平均指数为 105%，表示该企业 2007 年比 2006 年综合评价好，即对 6 项主要经济指标的综合评价结果是 2007 年比 2006 年整体高 5%，所以，2007 年比 2006 年综合评价好。

# 10.5 统计分析报告

## 10.5.1 统计分析报告的概念和特点

1. 统计分析报告的概念

统计分析结果可以通过表格式、图形式和文章式等多种形式表现出来。文章式的主要形式是统计分析报告，它是全部表现形式中最完善的形式。这种形式可以综合而灵活地运用表格、图形等形式；可以表现出表格式、图形式难以充分表现的情况；可以使分析结果鲜明、生动、具体；可以进行深刻的定性分析。

统计分析报告是指运用统计资料和统计分析方法，以独特的表达方法和结构特点，表现所研究事物本质和规律性的一种应用文章。统计分析报告是统计分析研究过程中所形成的论点、论据、结论的集中表现；它不同于一般的总结报告、议论文、叙述文和说明文；更不同于小说、诗歌和散文；它是运用统计资料和统计方法、数字与文字相结合，对客观事物进行分析研究的结果的表现。

2. 统计分析报告的特点

（1）统计分析报告以统计数据为主体。统计分析报告主要以统计数字语言来直观地反映事物之间的各种复杂的联系，以确凿的数据来说明具体时间、地点、条件下社会经济领域的成就和经验、问题与教训、各种矛盾及其解决办法。它不同于用艺术形象刻画的文艺作品，也不同于旁征博引进行探讨研究的各种论文，而是以统计数字为主体，用简洁的文字来分析叙述事物量的方面及其关系，进行定量分析。

（2）统计分析报告以科学的指标体系和统计方法来进行分析研究说明。统计是社会认识的武器，着眼于社会经济现象总体的量的方面，并在质与量的辩证统一中进行研究。因此，统计分析报告是通过一整套科学的统计指标体系，进行数量研究，进而说明事物的本质。在整个分析研究中，运用一整套科学的方法，进行灵活、具体的分析。但它又不同于数学分析。数学分析方法撇开事物的质量，只分析抽象的数量关系和空间的形式。而统计分析报告是在质与量的辩证统一中研究量的方面基础上，研究说明事物质的规定性。

（3）统计分析报告具有独特的表达方式和结构特点。统计分析报告属于应用文体，基本表达方式是以事实来叙述，让数字说话，在阐述中议论，在议论中分析。在表现事物时，不是用夸张、虚构、想象等手法，而是用较少的文字、精确的数据，言简意赅、精练准确地表达丰富的内涵。统计分析报告在结构上的突出特点是脉络清晰、层次分明。一般是先摆数据、事实，进行各种科学的分析，进而揭明问题，亮出观点，最后有针对性地提出建议、办法和措施。统计分析报告的行文，通常是先后有序、主次分明、详略得当、联系紧密，做到统计资料与基本观点统一、结构形式与文章内容统一，数据、情况、问题和建议融为一体。

### 10.5.2　统计分析报告的类型

由于统计分析报告的内容和作用不同，统计分析报告的类型主要有下列几种。

1. 统计公报

统计公报是政府统计机构通过报刊向社会公众公布一个年度国民经济和社会发展情况的统计分析报告。一般是由国家、省一级及计划单列的省辖市一级的统计局发布的，如国家统计局关于 1999 年国民经济和社会发展统计公报。统计公报的特点：①政治性、政策性和权威性较强；②主要用统计数字直接反映方针政策的贯彻执行所取得的成就和问题，一般不做统计分析；③标题和结构比较固定；④写作严肃认真，用语郑重，概括性强，语言简练。

2. 进度统计分析报告

进度统计分析报告主要以定期报表为依据，反映社会经济的发展情况，分析其影响和形成的原因，如月度分析、季度分析和年度分析。从时间上看，它可分为定期和不定期的、期中的和期末的统计分析报告；从内容上看，它又可分为专题和综合统计分析报告两种。进度统计分析报告必须讲究时效，力求内容短小精悍、结构简单规范，看后一目了然。

3. 综合统计分析报告

综合统计分析报告是从客观的角度，利用大量丰富的统计资料，对国民经济和社会发展的规模、水平、结构和比例关系、经济效益及发展变化状况，进行综合分析研究所形成的一种统计分析报告。其主要特点：①内容上具有全面性、系统性、客观性；②使用大量丰富而广泛的统计资料；③统计分析方法运用灵活。

4. 专题统计分析报告

专题统计分析报告是对社会经济现象的某一方面或某一问题进行专门的、深入研究的一种分析报告。它的目标集中，内容单一，不像综合分析报告那样，要反映事物的全貌。正因为如此，专题统计分析报告更要求突破时间和空间的限制，根据领导和社会公众的需要灵活选题，做到重点突出、认识深刻。

5. 典型调查报告

典型调查报告是根据调查的目的、要求，有意识地选择少数有代表性的单位进行深入实际调查后所写成的报告。深入实际，进行调查研究，是各级领导、各部门了解情况，指导工作经常采用的一种工作方法。习惯上称为"解剖麻雀"，统计上叫作典型调查。其特点：一是内容上只反映少数单位的具体情况，不直接反映总体的全部情况，也不用根据这些单位的情况去推断总体的情况。二是直接取材，编写统计分析报告所使用的材料主要是典型调查所收集的第一手资料。因此，它比其他分析报告更具体、细致和生动。

### 10.5.3　统计分析报告的质量要求

统计分析报告的质量好坏，一般从两个方面来衡量：一是统计分析报告的深度和广度，即报告的内容是否丰富，对资料的分析和写作技巧如何；二是统计分析报告的时效性及产生的社会影响，即分析报告在实际工作中发挥的作用如何，也就是它的社会效益。后者是衡量分析报告质量的主要标准。从 1985 年起，国家统计局组织评选优秀统计分析报告，提出了 4 条评比标准，即基本质量要求。

（1）选题准确，能够紧密结合经济形势，配合党的中心任务，反映方针、政策的执行情况和效果，对党政领导的决策能起积极的作用。

（2）资料可靠，观点鲜明，分析深刻，提出一定的见解。

（3）时效性强，反映情况及时。

（4）主题突出，结构严谨，条理清晰，文字简洁。

这 4 条标准可概括为统计分析报告的"四性"，即准确性、时效性、针对性、逻辑性。当然，要写出一篇高质量的统计分析报告，还应在求"新"和求"深"上下功夫。

所谓"新"，是指创新。不仅内容有新意，形式也要新颖。要有所创新，就要树立新观念，研究新课题，挖掘新事物、新思想，选择新视角，反映新情况、新特点、新动态，写出新成就、新问题，分析新原因，总结新经验，提出新建议。所谓"深"，是指深入透彻。要掌握丰富的资料，进行深入的分析，达到对研究对象有深刻、透彻的认识。

### 10.5.4　统计分析报告的选题

选准题目是统计分析报告的首要任务。要达到这一要求，就要遵循选题的原则，选好课题的内容。讲究选题的方法，突出选题的要点。

1. 选题的方向

如何才能做到选题准确呢？根据统计工作多年的经验来看，一般应围绕以下重点来选题。

（1）领导关心的问题。

（2）具有现实意义的课题，或是与中心工作、全局性工作有密切联系的课题。

（3）国民经济发展中带有苗头性、动向性、突发性的问题。

（4）改革开放和社会主义现代化建设中出现的新情况、新问题、新经验。

（5）各方面有不同看法的重大问题。

（6）配合中心工作、重要会议提供材料的课题。

总之，要根据实际情况来选题，不要为了分析而分析。当然选题中还要对主观条件加以考虑——课题所需资料的来源渠道是否畅通、干部力量是否能胜任、时间是否赶得上领导决策的需要等。

2. 选题的技巧

统计分析报告的选题要在明确方向的基础上，注意结合以下"三点"来进行。这"三点"就是注意点、矛盾点和发生点。

（1）注意点是指管理过程中，领导和群众比较注意的地方。比如说，从全国来说，第一季度要总结工作，提出新的任务，制定年度工作计划，要开一些重要的会议，如每年的中央经济工作会议，会议的中心议题就成为"注意点"，到了第四季度要预计计划完成情况，做好下一年度的各项准备工作，此时的"注意点"又转移到本年计划的完成情况上来了。

（2）矛盾点是指管理过程中，问题比较集中、事情比较关键、影响比较大或争论比较多的地方。例如，近年来的市场疲软、扩大内需、开拓农村市场、下岗职工再就业、商品房投诉等问题，就是"注意点"。

（3）发生点是指管理过程中，事物处于萌芽状态，还未被多数人认识之时，即人们所说的新情况、新问题，新趋势，如近年来开展的消费信贷、商品房抵押贷款等。

总之，只要能抓住这"三点"来进行选题，统计分析报告就能发挥积极的作用，取得较好的社会效益。要抓好这"三点"，必须做到"六经常"，即：

①经常深入实际，深入群众，了解情况。

②经常了解党政领导的意图和工作动向。

③经常走访有关主管部门。

④经常研究统计资料。

⑤加强理论学习，经常阅读报刊。

⑥经常讨论研究，发挥集体智慧。

### 10.5.5　统计分析报告的写作要求

#### 1. 主题要突出

主题是统计分析报告的中心思想或基本论点。它像一根红线贯穿分析报告全文，是分析报告的灵魂与统帅。统计分析报告要根据统计研究的任务，抓住要解决的主要矛盾及矛盾的主要方面，开展分析工作。内容要紧扣主题，从统计资料反映的复杂社会经济现象中，抓住重点问题，突出主题思想加以阐述。

#### 2. 材料和观点要统一

统计分析报告必须以统计资料为依据，但不能搞资料堆砌，要用统计资料来说明观点。这就要求编写统计分析报告必须处理好材料与观点的关系。统计资料要支持报告所说明的观点，而观点要依据统计资料，做到材料与观点的辩证统一。如果材料与观点脱节，便失去统计分析报告的说服力。

#### 3. 判断推理要符合逻辑

统计分析报告的准确性，不仅是运用的统计数字要准确可靠，而且要准确地说明社会经济现象的本质和发展变化的规律。这就要求编写统计分析报告时要在统计资料的基础上进行深入分析，运用推理和判断的逻辑方法。判断是以准确的统计数字为依据的；推理是以充分的依据为前提的。正确的判断和推理，从事物发展上说，就是要有根有据，符合客观的规律性；从思维发展上说，就是要实事求是，合乎事物的逻辑性。判断和推理的结果，前后不能矛盾，左右不能脱节，要如实反映客观事物的内在联系。

#### 4. 结构要严谨

结构要严谨是指统计分析报告内容的组织、构造精当细密，无懈可击，甚至达到"匠心经营，天衣无缝"的地步。这就要求首先要思想周密，没有"挂一漏万""顾此失彼"；其次要组织严谨，没有"颠三倒四""破绽百出"。因此，结构能否严谨，首先取决于作者的思想认识和思路是否清晰、严密。作者只有充分认识与掌握事物发展的内在规律，才能把它顺理成章地表达出来。

5. 语言要生动、简练

统计分析报告的高质量，首先在于内容正确；其次要讲究辞章问题。如果用词烦琐，语言不通，词不达意，就不能较好地表述分析的结果。所以，写一篇较好的分析报告，要善于用典型的事例、确凿的数据、简练的辞藻、生动的语言来说明问题。切忌搞文字游戏，切忌词句堆砌、形式排比、华而不实。

6. 报告要反复研究、修改

写统计分析报告与其他文章一样，必须反复研究和反复修改，做到用词恰当，符合实际。对统计分析报告进行反复研究和修改，是为了检查观点是否符合政策、材料是否真实可靠、文章结构是否严密、文字是否言简意赅、表达是否准确得当。只有反复修改，才能写出好的统计分析报告。

## 相关知识图示

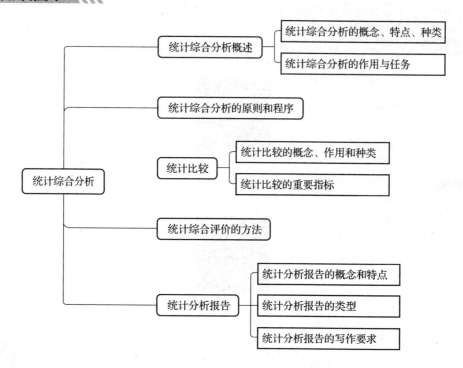

## 本章小结

统计综合分析是统计工作的最后工作环节，是前面各项目知识的综合运用。本章是围绕如何进行统计综合分析展开的。即在了解统计综合分析概念、特点及原则的基础上，学习怎样从确定研究课题开始，历经课题研究设计、资料准备、系统分析等步骤，最后形成统计分析报告。具体包括以下主要内容：

（1）统计综合分析的概念、种类和特点。

（2）统计综合分析的一般程序：选择并确定研究课题；课题研究设计；采集、积累与鉴别资料；进行系统周密的分析；得出结论，提出建议；根据分析结果形成分析报告。

（3）统计综合分析的一般方法。

（4）统计比较法的作用和种类。

（5）综合评价的概念和步骤。

（6）统计分析报告的概念、特点和种类。

（7）统计分析报告的结构及撰写统计分析报告的要点。

本章的重点是统计综合分析方法的运用，难点是统计分析报告的撰写，通过本章的学习，掌握统计综合分析方法的运用及统计分析报告编写的技巧，提高分析问题和解决问题的能力。

## 思考题

1. 什么是统计综合分析？其特点如何？其分为哪几种？

2. 统计综合分析的一般原则、程序是什么？

3. 统计比较主要有哪些指标？它们分别如何计算？

## 即测即评

## 延伸案例

# 参考答案

## 第1章 总 论

**思考题**

1. 答：

统计工作、统计资料和统计科学有着密切联系。统计工作的成果是统计资料。统计科学是统计工作实践经验的理论概括和科学总结，它源于统计实践，又高于统计实践、指导统计实践。

2. 答：

统计学的研究对象是指统计研究所要认识的客体，它决定着统计学的研究领域及相应的研究方法。随着统计学研究范围的不断扩大以及统计方法在社会领域和自然领域的有效应用，加之统计方法体系本身的不断完善和发展，统计学已从实质性科学中分离出来，成了一门认识现象总数量特征和数量关系的方法论科学，其研究方法是关于搜集、整理、分析和提供现象总体数量方面的原理原则和方式方法。

统计学特点可以归纳为以下五个方面：

（1）数量性 （2）总体性 （3）具体性 （4）社会性 （5）广泛性

3. 答：

统计工作的流程一般可分为统计设计、统计调查、统计整理和统计分析四个阶段。

**即测即评**

**一、单项选择题**

1. D 2. C 3. B 4. C 5. D

**二、多项选择题**

1. BDE 2. CE 3. AD 4. BCDE 5. ACD

**三、判断题**

1. × 2. × 3. √ 4. × 5. √

**四、综合应用题**

（1）总体是该市全部居民户，样本是抽取的 1 000 户，个体是某一户；如某一户的月消费总额是变量，1 000 户居民的月平均消费总额是统计量，该市居民的月平均消费总额是参数。

（2）某户居民每月支出额是数值型变量。

（3）某户居民每月食品支出额是连续变量。

（4）上述数据是观测数据。

## 第2章 统计调查

**思考题**

1. 答：

一份完整的调查方案的基本内容包括：确定调查目的和任务；确定调查对象和调查单位；确定调查项目，拟定调查表；确定调查的时间和方法；制定调查工作的组织实施计划。

2. 答：

统计报表是以一定的原始资料为依据，按照统一的表式、调查项目，统一的报送时间、报送程序，提供基本统计资料的一种调查方式。统计报表所包括的范围比较广泛，项目比较系统，分组比较齐全，指标的内容和调查周期相对稳定。因此，它是我国统计调查中取得统计资料的一种调查方式。

3. 答：

重点调查中的重点单位是从现象数量方面考虑的，即这些单位的标志值之和占总体全部单位总量的绝大部分。重点调查由于调查单位少，因此，比全面调查省时、省力，可以较少的代价及时地收集到总体的基本情况。

**即测即评**

**一、单项选择题**

1. A 2. B 3. C 4. C 5. A

**二、多项选择题**

1. ABC 2. BC 3. ADE 4. BC 5. ACD

## 第3章 统计整理

**思考题**

1. 答：

统计整理是统计工作的第三个阶段。经过统计调查所取得的统计资料，仅仅说明总体单位的具体情况，比较分散、零碎，也很不系统，不能深刻说明事物的本质。对这些资料进行加工整理，使之系统化、条理化、科学化，就可以得出反映事物总体特征的资料。统计整理实现了从个别单位的数量特征向总体的数量特征过渡，为统计分析提供了基础和前提。

2. 答：

事物性质的区分也可以通过事务数量的差异来表现，其关键在于正确确定按数量标志分组的界限。为此，应当注意：

（1）要依据统计研究的目的，先确定在已选定的数量标志下，可以分为多少个性质不同的组，然后确定各组成部分的数量界限。

（2）确定分组界限时，要考虑在不影响统计分析准确性的前提下，组限应尽可能取整齐数值。

3. 答：

组数和组距相互制约，组数越多，组距越小；组数越少，组距就越大。在异距数列中，应当根据研究的目的和现象的特点来确定组距和组数。在等距数列中，既可以先依据研究目的和数据特点确定出组距 $i$（或组数 $k$），然后利用 $k$、$i$ 和 $R$（全距）之间的关系 $k = R/i$ 计算出组数 $k$（或组距 $i$）；也可以先用斯德吉斯组数公式 $k = 1 + 3.322 \lg n$（$n$ 为总体单位数）求出组数 $k$，再利用 $i = R/k$ 计算出组距 $i$。

**即测即评**

**一、判断题**

1. √　2. √　3. √　4. √　5. ×

**二、单项选择题**

1. A　2. C　3. B　4. D　5. B

**三、多项选择题**

1. BCDE　2. ABC　3. ADE　4. CDE　5. ABC

**四、填空题**

1. 统计整理　总体特征　　2. 承前启后　继续深入　基础和前提

3. 原始资料　次级资料　　4. 汇总前的审核　汇总后的审核

5. 手工整理法　机械整理法

**五、计算题**

1. 解：（绘图略）

2. （1）按经济类型作简单分组的统计表。

| 按经济类型分组 | 企业数/个 | 职工人数/人 | 总产值/万元 |
|---|---|---|---|
| 国有企业 | 6 | 23 020 | 74 680 |
| 集体企业 | 6 | 3 355 | 3 467 |
| 个体企业 | 7 | 1 860 | 1 375 |
| 其他经济类型企业 | 5 | 3 820 | 3 764 |
| 合计 | 24 | 32 055 | 83 286 |

（2）按企业规模作简单分组的统计表。

| 按企业规模分组 | 企业数/个 | 职工人数/人 | 总产值/万元 |
|---|---|---|---|
| 大型 | 2 | 10 300 | 58 000 |
| 中型 | 7 | 18 600 | 22 740 |
| 小型 | 15 | 3 155 | 2 546 |
| 合计 | 24 | 32 055 | 83 286 |

（3）按经济类型和企业规模作复合分组的统计表。

| 按经济类型和企业规模分组 | 企业数/个 | 职工人数/人 | 总产值/万元 |
|---|---|---|---|
| 国有企业: | 6 | 23 020 | 74 680 |
| 大型 | 2 | 10 300 | 58 000 |
| 中型 | 3 | 12 600 | 16 600 |
| 小型 | 1 | 120 | 80 |
| 集体企业: | 6 | 3 355 | 3 467 |
| 大型 | — | — | — |
| 中型 | 2 | 2 600 | 2 740 |
| 小型 | 4 | 755 | 727 |
| 个体企业: | 7 | 1 860 | 1 375 |
| 大型 | — | — | — |
| 中型 | — | — | — |
| 小型 | 7 | 1 860 | 1 375 |
| 其他经济类企业: | 5 | 3 820 | 3 764 |
| 大型 | — | — | — |
| 中型 | 2 | 3 400 | 3 400 |
| 小型 | 3 | 420 | 364 |
| 合计 | 24 | 32 055 | 83 286 |

# 第4章　统计指标分析

**思考题**

1. 答:

数据的集中趋势是度量一组数据向某一中心值靠拢的程度,它反映了一组数据中心点的位置所在。度量数据集中趋势的指标主要包括平均数、众数、中位数和分位数。

2. 答:

数据的离散程度是反映各变量值远离其中心值的程度。度量数据离散程度的指标主要包括平均差、方差、标准差、基差,以及变异系数等。

3. 答:

(1) 如果数据是对称的,那么众数、平均数和中位数相等。

(2) 如果数据是左偏分布的,那么众数 > 中位数 > 平均数。

(3) 如果数据是右偏分布的,那么平均数 > 中位数 > 众数。

即测即评

一、单项选择题

1. C  2. A  3. D  4. B  5. A

二、多项选择题

1. BC  2. ABD  3. ABCD  4. AD  5. AD

三、判断题

1. √  2. √  3. ×  4. ×  5. √

四、计算题

1. 7月份人均日产量

$$= \frac{15 \times 30 + 25 \times 78 + 35 \times 108 + 45 \times 90 + 55 \times 42 + 65 \times 12}{360} = \frac{13\ 320}{360} = 37（件/人）$$

8月份人均日产量

$$= \frac{15 \times 18 + 25 \times 30 + 35 \times 72 + 45 \times 120 + 55 \times 90 + 65 \times 30}{360} = \frac{15\ 840}{360} = 44（件/人）$$

2. A市场销售蔬菜质量

$$= \frac{7\ 500\ 000}{3} + \frac{4\ 000\ 000}{3.2} + \frac{4\ 500\ 000}{3.6} = 5\ 000\ 000（千克）$$

B市场销售蔬菜质量

$$= \frac{3\ 750\ 000}{3} + \frac{8\ 000\ 000}{3.2} + \frac{4\ 500\ 000}{3.6} = 5\ 000\ 000（千克）$$

A市场蔬菜的平均价格

$$= \frac{7\ 500\ 000 + 4\ 000\ 000 + 4\ 500\ 000}{5\ 000\ 000} = 3.2（元/千克）$$

B市场蔬菜的平均价格

$$= \frac{3\ 750\ 000 + 8\ 000\ 000 + 4\ 500\ 000}{5\ 000\ 000} = 3.25（元/千克）$$

B农贸市场蔬菜的平均价格高。

| 土地按自然条件分组 | 甲生产队 | | | | 乙生产队 | | | |
|---|---|---|---|---|---|---|---|---|
| | 播种面积 | | 总产量/吨 | 单产/吨 | 播种面积 | | 总产量/吨 | 单产/吨 |
| | 绝对数/公顷 | 比重/% | | | 绝对数/公顷 | 比重/% | | |
| 山地 | 100 | 30 | 300 | 3 | 170 | 50 | 540 | 3.18 |
| 丘陵 | 133.3 | 40 | 600 | 4.5 | 119 | 35 | 560 | 4.71 |
| 平原 | 100 | 30 | 525 | 5.25 | 51 | 15 | 285 | 5.59 |
| 合计 | 333.3 | 100 | 1 425 | 4.28 | 340 | 100 | 1 385 | 4.07 |

乙生产队各种土地自然条件下的单产都比甲要高，所以乙生产队生产情况更好。

# 第5章 抽样推断

**思考题**

（略）

**即测即评**

**一、单项选择题**

1. A  2. B  3. C  4. C  5. D

**三、多项选择题**

1. ABDE  2. ACE  3. ABDE  4. BDE  5. ACE

**三、判断题**

1. ×  2. ×  3. ×  4. √  5. √

**四、计算题**

1. $n = 400$，$\bar{x} = 5\,000$，$\sigma = 595$ 小时，$t = 3$，$\sigma(\bar{x}) = \dfrac{\sigma}{\sqrt{n}} = \dfrac{595}{\sqrt{400}} = 29.75$，

$\bar{X}：[\bar{x} \pm t\sigma(\bar{x})]$，计算得概率保证程度为 99.73% 时，总体平均使用寿命的置信区间为 $[4\,910.75，5\,089.25]$。

2. $f = 1/20 = 5\%$，$n = 200$，$p = 4\%$，$t = 2$，

$$\sigma(p) = \sqrt{\frac{p(1-p)}{n}(1-f)} = \sqrt{\frac{4\% \times 96\%}{200} \times (1-5\%)} = 1.35\%$$

$P：[p \pm t\sigma(p)]$，计算得概率保证程度为 95.45% 时，这批产品的废品率为 $[1.3\%，6.7\%]$，故不能认定废品率不超过 5%。

3. $n = \dfrac{t^2 p(1-p)}{\Delta_p^2} = \dfrac{1.96^2 \times 98\% \times 2\%}{0.02^2} = 188.23$（只），应抽 189 只灯泡进行检验。

# 第6章 时间数列分析

**思考题**

1. 答：

时期数列：当数列中排列的指标为时期指标，各项指标都是反映某种现象在一段时期内发展过程的总量时，称为时期数列。时期数列有以下特点：（1）不同时期的总量指标可以相加；（2）数列中每个指标数值的大小与所属的时期长短有直接的联系；（3）每个指标的数值，通过连续不断的登记而取得。

时点数列：时点数列是反映现象在某一时点上（瞬间）所处的数量水平的时间数列。它具有以下特点：（1）不可加性；（2）指标数值的大小与时点间隔的长短没有直接关系；（3）指标值采取间断统计的方法获得。

2. 答：

原则：时期长短应一致、总体范围应一致、指标的经济内容应一致、计算口径应一致。

3. 答：

发展水平：在时间数列中，各项具体的指标数值称为发展水平，即该指标反映的社会经济现象在所属时间的发展水平。平均发展水平：指将不同时期的发展水平加以平均而得的平均数，又称序时平均数或动态平均数。

增长量也称增长水平，是表明某种现象在一段时期内增长的绝对量，它等于报告期发展水平与基期发展水平之差，即：增长量 = 报告期水平 − 基期水平。平均增长量也称平均增长水平，它是某种现象各逐期增长量的序时平均数，它可表明该现象在一定时间内，单位时间平均增长量的绝对量。

## 即测即评

### 一、判断题

1. ×　2. √　3. ×　4. ×　5. √

### 二、单项选择题

1. D　2. A　3. C　4. C　5. B

### 三、多项选择题

1. CE　2. ABC　3. BC　4. BDE　5. ABD

### 四、计算题

1. 300. 3 辆

2.（1）197. 3 万元。

（2）205. 3 人。

（3）2. 88 万元。

（4）4 月份的为 0. 98 万元；5 月份的为 0. 86 万元；6 月份的为 1. 05 万元。

（5）0. 96 万元。

# 第 7 章　统计指数分析

## 思考题

1. 答：

统计指数是指不能直接相加和对比的复杂现象综合变动的特殊相对数。统计指数的作用主要有三点：第一，综合反映社会经济现象总的变动方向和变动程度；第二，分析多因素影响现象的总变动中各个因素的影响大小和影响程度；第三，研究同类现象的变动趋势。

2. 答：

因素分析的主要内容包括两方面：

一是从相对数和绝对数两方面分析现象总体总量指标的变动各因素变动影响的程度。它是利用综合指数体系，从数量指标指数和质量指标指数的相互关系中，分析这种现象因素的变动影响关系。二是从相对数和绝对数两方面分析现象总体平均指标的变动受各因素变动的影响程度。它是利用综合指数编制方法原理，通过平均指标指数体系来进行分析。这里的"各个因素"是指简单现象总体，分为各个部分或局部的条件下各部分标志值的平均水平和总体中各部分单位数的结构。

3. 答：

平均数指数是对个体指数加权平均后求得的总指数，实际上仍是两个总量指标对比的结果。虽然采用了加权平均数指数和加权调和平均数指数的形式，但其计算结果在本质上仍是反映数量和质量指标的动态变动程度。它形成的指数体系和因素分析都是针对总量指标的。

平均指标指数则是平均指标对比后形成的指数，其形成的指数体系和因素分析是针对平均指标的。它分析平均指标中由标志值和数量结构（不同于数量）变动引起的影响，是对平均指标做进一步深入分析的手段，由可变指数、结构影响指数和固定构成指数组成。

### 即测即评

**一、单项选择题**

1. C  2. C  3. D  4. D  5. B

**二、多项选择题**

1. ABCDE  2. ACE  3. ABE  4. ABD  5. ABCDE

**三、判断题**

1. ×  2. ×  3. ×  4. √  5. ×

**四、计算题**

1. 三种产品的产量指数和价格指数分别为：

$$\bar{K}_q = \frac{\sum q_1 p_0}{\sum q_0 p_0} = \frac{137\,000}{116\,000} \times 100\% = 118.10\%$$

$$K_q = \frac{\sum q_1 p_1}{\sum q_1 p_0} = \frac{145\,000}{137\,000} \times 100\% = 105.84\%$$

2. （1）生产费用总指数 = 12.9/(12.9 − 0.9) × 100% = 107.5%

（2）因为 12.9 × 3% = 0.387（万元），所以，由于成本降低而节约的生产费用为 0.387 万元。

3. （1）由题意得：

$$\bar{K}_{qp} = \frac{\sum q_1 p_1}{\sum q_0 p_0} = \frac{210\,800}{204\,000} \times 100\% = 103.33\%$$

$$\bar{K}_q = \frac{\sum q_1 p_0}{\sum q_0 p_0} = \frac{220\,800}{204\,000} \times 100\% = 108.24\%$$

$$\bar{K}_p = \frac{\sum q_1 p_1}{\sum q_1 p_0} = \frac{210\,800}{220\,800} \times 100\% = 95.47\%$$

（2）由题意得：

$$\sum q_1 p_1 - \sum q_0 p_0 = 210\,800 - 204\,000 = 6\,800（元）$$

（3）甲产品：

$$\sum q_1 p_0 - \sum q_0 p_0 = 220\,800 - 204\,000 = 16\,800（元）$$

$$\sum q_1 p_1 - \sum q_1 p_0 = 210\,800 - 220\,800 = -10\,000（元）$$

结果表明，在价格水平不变的情况下，三种商品的销售量增长了 8.24%，由于产量的增长，产值报告期比基期增加了 16 800 元。

三种产品产值报告期比基期增长了 3.33%，增加 6 800 元。原因：由于产量增长了 8.24%，其增加了 16 800 元；由于价格下降了 4.53%，其减少了 10 000 元。

# 第 8 章　相关与回归分析

**思考题**

1. 答：

相关系数是直线相关条件下客观存在的，在数量上受随机因素的影响，具有不确定的相互依存关系。相关系数有如下特点：

第一，相关系数表现为数量上的相互依存关系，即一个现象在数量上发生变化，另一个现象也会相应地发生数量上的变化。

第二，相关系数在数量上表现为不确定的相互依存关系，即存在相关关系的两个变量，对应于一个变量的取值，另一个变量可能有多个数值与之对应。

2. 答：

相关分析的主要内容包括四个方面：

(1) 判断现象间有无相关性；

(2) 判断相关关系的表现形态和密切程度；

(3) 确定变量间相关关系的数学模型；

(4) 测定数学模型的拟合精度。

3. 答：

在实际工作中，如果运用相关理论判断现象间存在相关关系，而且相关程度又较高，这时，可依据相关数列配合一条直线，以此来代表现象间的一般数量关系，统计上称这条直线为回归直线，把这条直线的数学表达式叫直线回归方程。根据相关数列的资料配合直线方程，检验直线方程的拟合精度，并进行统计预测，这就是回归分析的基本内容。

回归分析的特点：(1) 回归分析的两个变量是非对等关系；(2) 回归分析中，因变量是随机变量，自变量是可控的。

**即测即评**

**一、单项选择题**

1. C　2. B　3. D　4. A　5. A

**二、多项选择题**

1. ABCDE　2. CE　3. CE　4. ACDE　5. ADE

**三、判断题**

1. ×　2. √　3. ×　4. ×　5. ×

**四、计算题**

1. 解：(图略)。由图可见，其表现形式为直线，相关方向为正相关关系。

2. 解：

| 产量 $(x)$/千件 | 单位成本 $(y)$/（元·件$^{-1}$） | $x^2$ | $y^2$ | $xy$ |
|---|---|---|---|---|
| 2 | 73 | 4 | 5 239 | 146 |
| 3 | 72 | 9 | 5 184 | 216 |
| 4 | 71 | 16 | 5 041 | 284 |
| 3 | 73 | 9 | 5 329 | 219 |
| 4 | 69 | 16 | 4 761 | 276 |
| 5 | 68 | 25 | 2 624 | 340 |
| 21 | 426 | 79 | 30 268 | 1 481 |

（1）求相关系数：

$$r = \frac{n\sum xy - \sum x \sum y}{\sqrt{n\sum x^2 - (\sum x)^2}\sqrt{n\sum y^2 - (\sum y)^2}} = -0.909\ 1$$

可见，产量与单位成本具有高度密切的负相关关系。

（2）建立直线回归方程：$y = a + bx$

$$b = \frac{n\sum xy - \sum x \sum y}{n\sum x^2 - (\sum x)^2} = \frac{6 \times 1\ 481 - 21 \times 426}{6 \times 79 - (21)^2} = -1.82$$

$$a = \frac{\sum y}{n} - b\frac{\sum x}{n} = \frac{426}{6} - (-1.82) \times \frac{21}{6} = 77.36$$

所以，$y = 77.36 - 1.82x$

3. 解：

相关分析与回归分析计算表：

单位：亿元

| 国内生产总值 $(x)$ | 财政收入 $(y)$ | 银行年末存款余额 $(z)$ | $xy$ | $yz$ | $x^2$ | $y^2$ | $z^2$ |
|---|---|---|---|---|---|---|---|
| 2.2 | 0.8 | 0.2 | 1.76 | 0.16 | 4.84 | 0.64 | 0.04 |
| 2.4 | 0.9 | 0.4 | 2.16 | 0.36 | 5.76 | 0.81 | 0.16 |
| 2.5 | 1.0 | 0.5 | 2.50 | 0.50 | 6.25 | 1.00 | 0.25 |
| 2.7 | 1.2 | 0.7 | 3.24 | 0.84 | 7.29 | 1.44 | 0.49 |
| 2.9 | 1.4 | 0.6 | 4.06 | 0.84 | 8.41 | 1.96 | 0.36 |
| 3.0 | 1.5 | 0.8 | 4.50 | 1.20 | 9.00 | 2.25 | 0.64 |
| 15.7 | 6.8 | 3.2 | 18.22 | 3.90 | 41.55 | 8.10 | 1.94 |

（1）国内生产总值（$x$）与财政收入（$y$）相关系数：

$$r_{xy} = \frac{n\sum xy - \sum x\sum y}{\sqrt{n\sum x^2 - \left(\sum x\right)^2}\sqrt{n\sum y^2 - \left(\sum y\right)^2}}$$

$$= \frac{6\times 18.22 - 15.7\times 6.8}{\sqrt{6\times 41.55 - (15.7)^2}\sqrt{6\times 8.1 - (6.8)^2}}$$

$$= 0.9941$$

（2）财政收入（$y$）与银行年末存款（$z$）的相关系数：

$$r_{yz} = \frac{n\sum yz - \sum y\sum z}{\sqrt{n\sum y^2 - \left(\sum y\right)^2}\sqrt{n\sum z^2 - \left(\sum z\right)^2}}$$

$$= \frac{6\times 3.9 - 6.8\times 3.2}{\sqrt{6\times 8.1 - (6.8)^2}\times\sqrt{6\times 1.94 - (3.2)^2}}$$

$$= 0.9022$$

（3）建立国内生产总值与财政收入的回归直线方程：

$$y = a + bx$$

$$b = \frac{n\sum xy - \sum x\sum y}{n\sum x^2 - \left(\sum x\right)^2} = \frac{6\times 18.22 - 15.7\times 6.8}{6\times 41.55 - (15.7)^2} = 0.9110$$

$$a = \frac{n\sum y}{n} - b\frac{\sum x}{n} = \frac{6.8}{6} - 0.911\times\frac{15.7}{6} = -1.2505$$

将 $a$、$b$ 代入方程 $y = a + bx$ 得所求直线回归方程：

$$y = -1.2505 + 0.9110x$$

## 第9章　统计预测

**思考题**

1. 答：

统计预测一般应遵循以下原则：

第一，连续性原则。就是要求按照事物发展的惯性规律，从已知的过去、现在，推测未来。

第二，类比性原则。要求注意到现象间的联系，通过类比来预测事物的发展规律。

第三，概率性原则或随机性原则。要求注意从偶然中发现必然，要通过对大量的偶然事物的反复研究和观察，判断事物发展的变化趋势。

2. 答：

统计预测的基本步骤：确定预测目标→收集统计资料→加工整理资料→建立预测模型→估计模型参数，进行预测→分析比较预测误差，改进误差。

预测目标决定着采用何种预测方法，收集什么资料。而真实、准确、完整的统计资料是进行预测的先决条件。为了保证资料的真实、准确、完整，统计资料在投入使用之前，要对其做初步分析，认真审核、订正。模型是对现象的一种简化和模拟。因此，预测时，要依据预测目标和所掌握的资料，对被预测现象做正确的简化，设计能满足预测目标的预测模型，然后用正确的统计方法估计出模型中的参数，进行预测。最后对预测结果进行分析，进一步改进预测方法。

3. 答：

统计预测误差就是统计的预测值与实际值的离差。预测误差的大小直接影响预测结果的准确性。因此，研究产生预测误差的原因，控制或减少预测误差，有利于完善和发展预测理论与方法。影响预测准确度的主要因素如下：

（1）数据资料的真实性和准确性，这是保证预测准确度的关键。

（2）主观判断的客观性和正确性，这是提高预测准确度的重要条件。

（3）统计方法的完整性和可靠性，这是影响预测准确度不容忽视的因素。

（4）模型的科学性和有效性，这是保证预测准确度的关键。

**即测即评**

**一、判断题**

1. × 2. √ 3. × 4. × 5. √

**二、单项选择题**

1. C 2. B 3. A 4. B 5. B

**三、多项选择题**

1. AB 2. BC 3. ABD 4. ABCDE 5. ABCD

**四、计算题**

1. 解：

（1）判断现象趋势的类型。根据已知资料计算一级增长量如下：

单位：万吨

| 年份 | 2010 | 2011 | 2012 | 2013 | 2014 | 2015 | 2016 | 2017 | 2018 | 2019 |
|------|------|------|------|------|------|------|------|------|------|------|
| 粮食产量 | 230 | 236 | 241 | 246 | 252 | 257 | 262 | 276 | 282 | 286 |
| 增长量 | — | 6 | 5 | 5 | 6 | 5 | 5 | 14 | 5 | 5 |

上表表明，各期（一次）增长量大体相同，可以判断趋势为直线型，可以用直线趋势方程进行拟合。

（2）计算直线趋势方程参数：

单位：万吨

| 年份 | 2010 | 2011 | 2012 | 2013 | 2014 | 2015 | 2016 | 2017 | 2018 | 2019 | 合计 |
|------|------|------|------|------|------|------|------|------|------|------|------|
| 序号（$t$） | 1 | 2 | 3 | 4 | 5 | 6 | 7 | 8 | 9 | 10 | 55 |
| 产量（$y$） | 230 | 236 | 241 | 246 | 252 | 257 | 262 | 276 | 282 | 286 | 2 567 |
| $ty$ | 230 | 472 | 723 | 984 | 1 260 | 1 542 | 1 834 | 2 208 | 2 538 | 2 860 | 14 651 |
| $t^2$ | 1 | 4 | 9 | 16 | 25 | 36 | 49 | 64 | 81 | 100 | 385 |

设 $\hat{y}_t = a + bt$ 则

$$b = \frac{n\sum ty - \sum x\sum y}{n\sum t^2 - \left(\sum t\right)^2} = \frac{10 \times 14\,651 - 55 \times 2\,567}{10 \times 385 - (55)^2} = 6.455$$

$$a = \frac{\sum y}{n} - b\frac{\sum t}{n} = \frac{2\,567}{10} - 6.455 \times \frac{55}{10} = 221.198$$

$\therefore \hat{y}_t = 221.198 + 6.455t$

预测 2020 年的粮食产量（$t=20$）：

$$\hat{y}_{20} = 221.198 + 6.455 \times 11 = 292.20（万吨）$$

预测 2024 年的粮食产量（$t=24$）：

$$\hat{y}_{24} = 221.198 + 6.455 \times 15 = 318.023（万吨）$$

2. 解：

（1）判定趋势类型。某地区人口数发展趋势判断表如下：

| 年份 | 2014 | 2015 | 2016 | 2017 | 2018 | 2019 |
|------|------|------|------|------|------|------|
| 人口数/万人 | 85.50 | 86.48 | 87.46 | 88.47 | 89.46 | 90.44 |
| 环比发展速度/% | — | 1.011 | 1.011 | 1.011 | 1.011 | 1.011 |

上表资料表明，该地区人口发展趋势属于指数曲线型，可用指数曲线拟合。

（2）用最小二乘法求曲线待定系数。最小二乘法曲线计算表如下：

| 年份 | $t$ | 人口（$y$）/人 | lg$y$ | $t^2$ | $t$lg$y$ |
|------|-----|----------------|--------|--------|-----------|
| 2014 | 1 | 85.50 | 1.931 97 | 1 | 1.931 97 |
| 2015 | 2 | 86.48 | 1.936 92 | 4 | 3.873 84 |
| 2016 | 3 | 87.46 | 1.941 81 | 9 | 5.825 43 |
| 2017 | 4 | 88.46 | 1.946 79 | 16 | 7.787 16 |
| 2018 | 5 | 88.47 | 1.951 63 | 25 | 9.758 15 |
| 2019 | 6 | 89.46 | 1.956 36 | 36 | 11.738 16 |
| 合计 | 21 | 90.44 | 11.665 48 | 91 | 40.914 71 |

设 $\hat{y}_t = ab^t$ 令 $y = \lg y$，$A = \lg a$，$B = \lg b$

则：
$$\lg y = \lg a + t\lg b = A + Bt$$

式中，

$$A = \frac{\sum \lg y}{n} - B\frac{\sum t}{n} = \frac{11.665\,48}{6} - 0.004\,887 \times \frac{21}{6} = \frac{11.562\,85}{6} = 1.927\,14$$

$\therefore b = 10^B = 10^{0.004\,887} = 1.011$

$a = 10^A = 10^{1.927\,14} = 84.55$

$\therefore \hat{y}_t = ab^t = 84.555 \times (1.011)^t$

（3）预测该地区 2020 年，即 $t=7$ 时的人口数为

$$\hat{y}_{2020} = 84.555 \times (1.011)^7 = 91.285（万人）$$

预测该地区 2024 年，即 $t=11$ 时的人口数为

$$\hat{y}_{2024} = 84.555 \times (1.011)^{11} = 95.368（万人）$$

3. 解：

二元回归方程最小平方法计算表如下：

| 年份 | 服装消费 $(y)$/亿元 | 可支配收入 $(x_1)$/亿元 | 服装价格指数 $(x_2)$ | $x_1^2$ | $x_2^2$ | $x_1 y$ | $x_2 y$ | $x_1 x_2$ |
|---|---|---|---|---|---|---|---|---|
| 2010 | 0.8 | 8.2 | 0.92 | 67.24 | 0.846 4 | 6.56 | 0.736 | 7.544 |
| 2011 | 0.9 | 8.8 | 0.93 | 77.44 | 0.864 9 | 7.92 | 0.837 | 8.184 |
| 2012 | 1.0 | 9.9 | 0.96 | 98.01 | 0.921 6 | 9.90 | 0.960 | 9.504 |
| 2013 | 1.1 | 10.5 | 0.94 | 110.25 | 0.883 6 | 11.55 | 1.034 | 9.870 |
| 2014 | 1.2 | 11.7 | 1.00 | 136.89 | 1.000 0 | 14.04 | 1.200 | 11.700 |
| 2015 | 1.4 | 13.1 | 1.01 | 171.61 | 1.020 1 | 18.34 | 1.414 | 13.231 |
| 2016 | 1.5 | 14.8 | 1.05 | 219.04 | 1.102 5 | 22.20 | 1.575 | 15.540 |
| 2017 | 1.7 | 16.1 | 1.12 | 259.21 | 1.254 4 | 27.37 | 1.904 | 18.032 |
| 2018 | 1.9 | 17.4 | 1.12 | 302.76 | 1.254 4 | 33.06 | 2.128 | 19.488 |
| 2019 | 2.0 | 18.4 | 1.12 | 338.56 | 1.254 4 | 36.80 | 2.240 | 20.608 |
| 合计 | 13.5 | 128.9 | 10.17 | 1 781.01 | 10.402 3 | 187.74 | 14.028 | 133.701 |

设二元线性回归方程为：

$$\hat{y} = b_0 + b_1 x_1 + b_2 x_2$$

式中，

$$b_0 = \frac{Db_0}{D}, \quad b_1 = \frac{Db_1}{D}, \quad b_2 = \frac{Db_2}{D}$$

根据标准方程组采用行列式的方法，分别求出：

$$D = 217.6, \quad Db_0 = 11.2, \quad Db_1 = 26.4, \quad Db_2 = -58$$

代入上式得：

$$b_0 = \frac{Db_0}{D} = \frac{11.2}{217.6} = 0.051\ 47$$

$$b_1 = \frac{Db_1}{D} = \frac{26.4}{217.6} = 0.121\ 324$$

$$b_2 = \frac{Db_2}{D} = \frac{-58}{217.6} = -0.266\ 5$$

所以得预测方程：$\hat{y} = 0.051\ 47 + 0.123\ 24 x_1 - 0.266\ 5 x_2$

当可支配收入为 19 亿元，服装价格指数为 115% 时的服务消费额为：

$$\hat{y} = 0.051\ 47 + 0.123\ 24 \times 19 - 0.266\ 5 \times 1.15 = 2.05（亿元）$$

## 第10章　统计综合分析

**思考题**

1. 答：

统计综合分析是指根据分析研究的目的，在实质性科学正确地指导下运用统计方法，以统计资料为依据，结合具体情况，从定性与定量结合上，对客观事物进行科学分析和综合研究，揭示其本质和规律性，提出解决矛盾的办法的一种逻辑思维活动。

统计综合分析具有以下特点：

（1）以统计数据为基础，定量与定性分析相结合。

（2）统计综合分析的目的在于提出办法，解决问题。

（3）综合运用多种分析方法。

根据统计综合分析的任务和研究重点不同，其形式综合归纳起来，主要有以下4种：

（1）专题性分析；

（2）总结性分析；

（3）进度性分析；

（4）预测决策性分析。

2. 答：

科学地进行统计综合分析必须遵循"实事求是"的基本原则。"实事"是客观存在的一切事物，"是"就是客观事物的内部联系，即规律性；"求"就是我们去研究。实事求是不仅是统计工作的生命线，更是统计综合分析的灵魂。

统计综合分析的一般程序如下：

（1）选择并确定研究课题；

（2）课题研究设计；

（3）采集、积累与鉴别资料；

（4）运用各种方法进行系统周密的分析；

（5）得出结论，提出建议；

（6）根据分析结果形成分析报告。

3. 答：

统计比较指标，从其比较方式来说，可以进行相比（除）比较和相差（减）比较，则一般公式主要有两类：

相比（除）比较指标的计算公式：

$$相比比较指标 = 比较对象指标 \div 比较标准指标$$

相差（减）比较指标计算公式：

$$相差比较指标 = 比较对象指标 - 比较标准指标$$

**即测即评**

**一、选择题**

1. D　2. A　3. B　4. C　5. A

**二、多选题**

1. ABCD　2. ABCDE　3. ADE　4. ACE　5. ABCDE

**三、判断题**

1. ×　2. √　3. √　4. √　5. √

# 参 考 文 献

［1］贾俊平.统计学基础——基于 R［M］.3 版.北京：中国人民大学出版社，2019.

［2］李洁明，祁新娥.统计学原理［M］.7 版.上海：复旦大学出版社，2017.

［3］贾俊平，谭英平.应用统计学［M］.3 版.北京：中国人民大学出版社，2017.

［4］张小菲.统计学原理［M］.北京：中国统计出版社，2016.

［5］张东光，袁岩.统计学［M］.北京：科学出版社，2018.

［6］中华人民共和国国家统计局，http//www.stats.gov.cn.